走进美生本体论
——人本生态美学的范式旋升

曾永成 著

四川大学出版社

图书在版编目（CIP）数据

走进美生本体论：人本生态美学的范式旋升 / 曾永成著． -- 成都：四川大学出版社，2025.8． -- ISBN 978-7-5690-8008-7

Ⅰ．Q14-05

中国国家版本馆 CIP 数据核字第 202581WB68 号

书　　名：走进美生本体论——人本生态美学的范式旋升
　　　　　Zoujin Meisheng Bentilun——Renben Shengtai Meixue de Fanshi Xuansheng
著　　者：曾永成
丛 书 名：思想文丛

丛书策划：张宏辉　张宇琛
选题策划：王　静　余　芳
责任编辑：余　芳
责任校对：敬雁飞
装帧设计：墨创文化
责任印制：李金兰

出版发行：四川大学出版社有限责任公司
　　　　　地址：成都市一环路南一段 24 号（610065）
　　　　　电话：（028）85408311（发行部）、85400276（总编室）
　　　　　电子邮箱：scupress@vip.163.com
　　　　　网址：https://press.scu.edu.cn
印前制作：成都墨之创文化传播有限公司
印刷装订：成都市火炬印务有限公司

成品尺寸：170 mm×240 mm
印　　张：24.5
插　　页：2
字　　数：407 千字

扫码获取数字资源

版　　次：2025 年 8 月　第 1 版
印　　次：2025 年 8 月　第 1 次印刷
定　　价：99.00 元

四川大学出版社
微信公众号

本社图书如有印装质量问题，请联系发行部调换

版权所有　◆　侵权必究

自序
Preface

这个文集的 28 篇文章是从我 40 多年间发表的近百篇与美学主题相关的论文中选出的（收入本书时略有修改）。这 40 多年，就是我的美学研究从系统论出发，到系统论与还原论两极结合的"感应论美学"，再到提出人本生态美学，最后走进美生本体论的元美学范式的过程。这个研究过程贯穿着一个主题，那就是人本生态美学理论范式的根本转换，我将此过程称为"范式突围"。所谓"范式突围"，从根本上说就是突破流行的审美学范式，而转向美生本体论的新范式。

从我在 1982 年提出运用系统原理研究审美开始，约 30 年，我的思维一直在审美学的圈子里逡巡，即把美学仅仅看作对审美活动的阐释。对于这种传统观念，虽然我在内心深处不以为然，却又不知如何是好。我认为，人本生态美学绝不只是注入生态理念的审美学。我退休后，有朋友再三催促我写一本专著，把人本生态美学的学理加以系统阐述。我试着写了个"纲要"，很不满意。直到从达尔文的性选择理论认识到美感对于动物进化以至人类生成的作用，特别是从怀特海的美学思想中领会到他在宇宙整体视域下揭示的世界自我生成中审美性与生态性相统一的规律，理解了他说的"率直的真"就是美的深刻内涵，"世界和人向美而生"的本质豁然敞亮，终于看到美学研究的出路和未来。原来，审美活动和艺术创造都只不过是世界向美而生过程中具有不同意义的特殊环节。按照马克思关于感性事物都是对象性关系存在的"唯物主义原理"，世界先生成了美，继而生成有美感需要的生命体，然后才可能有审美活动这种特殊的对象性活动。于是，一种新的美学范式便跃然眼前，人本生态美学应该以美生本体论作为自己的理论范式，在世界向美而生的进程中去认识审美和艺术的特殊性质和功能。

接下来，当我为一种美学研究丛书撰写马克思《1844年经济学哲学手稿》的导读时发现，马克思的美学思想正是以美生本体论为总体格局的，他的审美论和艺术论都包含在这个总体格局之中。以生态思维阐释马克思美学思想而提出的人本生态美学，终于从审美学范式的圈子里突围出来，找到了美生本体论的新范式。

不过，这个突围首先是"返本"，即返回到康德开创的有机系统论美学的根基中去。但又不是回到原地的重复，而是在这个原生根基的基础上实现了一次螺旋式的提升，这就是"旋升"。

我从对马克思美学的系统论阐释出发，经过达尔文、杜威和怀特海，最后回到康德的有机系统论的自然辩证法。这个自然辩证法是开启其美学思想奥秘的钥匙，是研究美学的根本方法。因此，返回到这里乃真正的"返本归真"。但返本绝不是简单的重回起点。这不仅是因为康德的有机系统论比起我所持的系统观念深刻得多，更是因为其对康德美学的本体论有所超越。从马克思到怀特海，由于现代科学的支撑和引入，康德的本体论中由对象性介质缺失造成的现象与本体的割裂致使其本体论结构不完整的问题最终得到了解决。

于是，一个"致广大而尽精微"的思维格局展示出来。所谓"致广大"，是说世界存在本体的宏观一极的终极整体；所谓"尽精微"，是说对世界微观一极的原初存在的终极认识。怀特海以"宇宙整体"为宏观（宇观）一极，以"振动和波"为微观（渺观）一极，在这两极的结合中展示世界本体存在的真实，这样就弥补了康德的理论缺失。这样把系统观与还原论结合起来的本体观和方法论，对于康德的"物自身"理论来说，当然是一个极为重要的跃迁和提升。由于这是返回起点又经过不断深化才获得的提升，具有螺旋形上升的特征，因此本书的命名采用了"旋升"这一概念，较贴合我研究理路的实况。

其实，我在40多年前运用系统原理阐释马克思美学后，很快就转向对以"节律感应"为结果的审美本体特性的探究,就具有了"致广大而尽精微"的研究格局。在1991年出版的《感应与生成——感应论审美观》的"余论"中,我提出了"大审美观:在还原论与系统观的两极张力之中"的原则性的方法论。不过,我后来很长时间都陷在审美学范式的圈子里无法实现突围,直到深入探究了怀特海的有机哲学的美学底蕴,才突破流行的审美学范式。原来美学首先应探究的是世界向美而生的本质和过程,只有在这样的美生本体论的框架中,审美学和艺术学才能找到自己的根基。审美也好,艺术也好,一切都是为了世界和人的向美生成。康德说没有关于美的科学。只有在"致广大而尽精微"的格局中才可能深刻领会这一论断的深刻含义,也才能从根本上理解美和审美及艺术的生态本性和实践精神。从康德到马克思、杜威和怀特海,甚至还有海德格尔和伽达默尔,都是在这样的格局中展开他们的美学思维的。

这样的美学范式,在宇宙整体的视域中将自然主义与人本主义有机统一起来,也将科学精神与人文关怀有机统一起来,通过对有机系统中多样统一的目的性生成规律的揭示和阐释,最终使作为自然最高目的的人与自然生成的生态性的终极规律得以统一,因此称其为"人本生态美学"。这样植根于世界存在本体根基之中的美学,就是对世界向美而生的存在之真的澄明。由于世界原本就是诗性的存在,美学理所当然应是"诗性的哲学"。

这样的美学范式深度唤醒和大力敞亮美和审美的生态本性,把生态性与审美性统一于"生、和、合、进"的价值和功能追求之中,以自觉而有效地助力世界和人向美生成的生态文明实践进程,因而内在地具有由康德发端、为马克思所力倡的实践主体精神。因其对存在之真探本寻根的终极性质,所以是"元美学",亦即作为"第一哲学"的美学。

这样的美学范式就是我说的"美学自身生态学化"所应该达成的理论形态。

这本文集所展示的就是我主要根据马克思的美学思想而主张和阐发的人本生态美学的理论范式的突围之路。经历了40多年的彷徨和探究，终于达成向美生本体论这个美学元理论范式的返本和旋升这一目标。这里说的"返本"还包括向中国传统美学思想的回归，以及对其的吸收和整合。通过中西美学智慧的会通和融合，一种具有"类本质"精神的"世界美学"有望生成。

  我在成都大学中文系及现在的文学与新闻传播学院工作了 14 年，而退休已逾 17 年。衷心感谢院领导对我的学术成果的关注，让我编出这个文集。回顾我走过的"突围"之路，深感自己学术生涯之幸运和幸福。在此，谨诚挚祝愿学院的学术研究在空前广阔的空间里取得更多更精彩的成果，为成都大学的学术繁荣做出更多更大的贡献。后来者居上，这是肯定的。

曾永成
2024 年 6 月 18 日

目录
Contents

上编：
在系统论与感应论的结合中起步

狄德罗"美在关系"说辨析 …… 002
    一、关于美的三对基本概念 …… 003
    二、关于美的客观性 …… 006
    三、关于美的具体性 …… 009
    四、究竟什么样的关系是美？ …… 011

运用系统原理进行审美研究试探 …… 014
    一、在"自然向人生成"的系统运动中考察美的本质 …… 015
    二、在具体的关系系统中考察具体事物的审美性质 …… 017
    三、在审美的主体和对象所处的系统中考察审美感受 …… 019
    四、在社会多系统的关系中考察审美关系的实现条件 …… 021

马克思怎样论审美关系？
    ——兼论马克思主义美学的逻辑起点 …… 024

美学应把审美活动作为一种关系来研究
    ——就美学对象问题同王一川同志商榷 …… 036

审美特性"初感"再思 …… 040

"后实践美学"：前进还是倒退？
　　——对世纪之交中国美学理论走向的思考 …… 055
　　一、"实践美学"与"实践本体论美学"之辨 …… 055
　　二、正确把握实践和美学之间的中介与切入点 …… 057
　　三、不能离开实践唯物主义去认识"生命"和"生存" …… 061
　　四、使美学陷于自我幽闭的非实践功能论 …… 064

中编：
人本生态美学的创立和阐述

从生成本体论到人本生态观
　　——对马克思"自然向人生成"说的生态哲学阐释 …… 070
　　一、马克思的"自然向人生成"说 …… 071
　　二、生成本体论：对既有本体观的序化整合 …… 073
　　三、人本生态观：基于生成本体论的生态学综合 …… 076

人本生态观与美学问题 …… 082
　　一、审美活动的生态本源 …… 083
　　二、审美价值的生态尺度 …… 085
　　三、精神之美的生态定位 …… 088
　　四、自然之美的生态意蕴 …… 091

我们需要什么样的生态观？ …… 093

人本生态美学的几个回归和深化 …… 096
　　一、回归生态本性，向审美天性深化 …… 097
　　二、回归物性本真，向生态功能深化 …… 099
　　三、回归实践本义，向生态人格深化 …… 103

人本生态美学的思维路向和学理框架 …… 107

人的本质：从费尔巴哈到马克思
——对《关于费尔巴哈的提纲》中一个重要观点的理解 …… 118
 一、费尔巴哈究竟怎样论述人的本质？ …… 118
 二、马克思是怎样批评费尔巴哈的？ …… 121
 三、马克思究竟怎样论述人的本质？ …… 123
 四、从实践关系认识人的社会性的实质 …… 125

"自然界的人的本质"：人本生态美学的重要理论基石 …… 128
 一、两处文本和必要的理解前提 …… 128
 二、"自然界的人的本质"的三层含义 …… 130
 三、对几个相关问题的初步回答 …… 134
 四、人本生态美学的重要理论基石 …… 137

达尔文：爱与美的理论
——人本生态美学的科学基点 …… 142
 一、美在生物进化和人类生成中的重要作用 …… 143
 二、动物美感是人类审美活动的生物性前提 …… 146
 三、对人类的爱美天性的深层解答 …… 148
 四、人本生态美学的审美生成论的直接起点 …… 151

返本归真：杜威的审美经验论中的生态思维 …… 155
 一、恢复审美经验与生活的正常过程之间的连续性 …… 156
 二、回归审美经验本来的动态的和生命整体的生态真实 …… 158
 三、从想象性阐释审美经验的整体性和理想趋向的生成机能 …… 162
 四、艺术作品的创作是对审美经验的具有表现意义的再现 …… 165

节奏揭秘：杜威艺术审美本体特性论的生态内涵 …… 169
 一、生成性作为"一个经验"具有审美性质的生态基础 …… 170

二、艺术审美形式及其表现性在经验中形成的生态内涵 …… 174

　　三、表现与能量融于一体的节奏是艺术的共同模式 …… 176

作为自然界的自我意识的人本生态观及其美学 …… 182

　　一、思维视域的整体性：
　　　　在"自然向人生成"的生态大系统中审视审美问题 …… 183

　　二、本体存在的对象性：
　　　　在事物生态的对象性关系中考察审美的本体存在 …… 185

　　三、主体精神的全面性：
　　　　从实践的生态内涵揭示审美关系主体的全面性质 …… 188

　　四、自我超越的生成性：
　　　　从生态系统自我生成的规律认识审美价值和功能 …… 191

　　五、艺术追求的自然性：
　　　　把世界的生态自然性确立为审美追求的最高原则 …… 193

下编：
向美生本体论的美学范式推进

致广大而尽精微的思维进路
　　——理解《巴黎手稿》美学思想应重视的几个问题 …… 198

　　一、关于自然主义和人道主义相统一的总体精神 …… 199

　　二、关于对"自然向人生成"过程的整体性的理解 …… 203

　　三、关于生态世界观对于深化美学思维的重要意义 …… 205

　　四、关于应当重视探究审美活动本体特性的问题 …… 210

　　五、关于与中国古代美学思维精华相互融通的问题 …… 214

马克思"对象性关系"说的生态意蕴和美学意义 …… 217

　　一、《手稿》中关于对象性关系的论述 …… 218

    二、对象性观点的生态哲学意蕴阐释 …… 224
    三、审美活动中的对象性关系及其特殊对应性 …… 228
    四、审美活动中对象性关系的生产功能 …… 231

从怀特海生命形态观看生命之美的生态性质 …… 236
    一、生命有两种不同的存在形态 …… 237
    二、对宇宙和自然界生命的三重论证 …… 239
    三、两种生命形态之间密不可分的生态关系 …… 241
    四、生命之美是其生态关系性质的终端显现 …… 246

原天地之美而达万物之理
    ——论怀特海有机宇宙论的生态美学意义 …… 250
    一、天地之美与万物之理 …… 250
    二、哲学与诗歌同属一类 …… 253
    三、审美经验与宇宙体系 …… 257
    四、美学价值与哲学起点 …… 259
    五、自然之道与生态美学 …… 261

从怀特海看宗白华美学的世界性品格 …… 265
    一、第一次握手中的邂逅 …… 265
    二、宇宙目的与审美本源 …… 268
    三、创进生成与创造活力 …… 272
    四、生命形式与宇宙精神 …… 276
    五、节奏和力与生命之舞 …… 279
    六、世界美学与深生态学 …… 283

《向美而生的人：怀特海有机哲学的人学内涵》前言 …… 286

人本生态美学的学理性及对现实问题的回应
    ——曾永成教授访谈 …… 297

追溯人本生态美学的近代源头
——康德"自然辩证法"的生态思维内涵阐释 …… 310
一、在自然目的论的共同基础上生发的生态思维 …… 310
二、自然辩证法是"自然目的论"的先验根基 …… 313
三、自然辩证法决定了美和审美的生态本性 …… 315
四、回归康德美学的美生本体论的整体论格局 …… 317
五、人本生态美学的本体特性探究与康德美学的联系 …… 319
六、追溯人本生态美学近代源头的意义 …… 322

康德"批判哲学"走向美生本体论的思维进路 …… 325
一、方法论：宇宙生成视域中的有机系统思维 …… 326
二、认识论：知性的界限与对"物自身"的信仰 …… 328
三、实践论：意志自由对知性界限的超越 …… 330
四、本体论：从鉴赏判断走向对本体目的性的确认 …… 334
五、康德批判美学的思维进路和总体结构 …… 339

从康德"自然辩证法"看《周易》的有机系统思维 …… 342
一、"周易"的字义所蕴含的自然本体论系统思维 …… 343
二、从周易卦象的整体图形看其系统整体性 …… 345
三、从自然生成论看"易道"生生不易的整体生命精神 …… 348
四、从"道气"关系看"气"对于"道"本体的意义 …… 350
五、《周易》中的"结构"形式在"道气"关系中的作用 …… 352

康德美学是当代生态美学的思想渊薮和理论根基
——曾永成教授访谈 …… 357

上编：

在系统论与感应论的
结合中起步

狄德罗"美在关系"说辨析

恩格斯在《反杜林论》中曾说，18世纪的法国人几乎全都为形而上学的思维方式所支配，"可是，在本来意义的哲学之外，他们也能够写出辩证法的杰作"①。他把狄德罗的《拉摩的侄儿》就看作这样的杰作。确实，在法国的启蒙主义思想家中，狄德罗的辩证法思想是比较丰富的，并且在一定程度上把相当彻底的唯物主义同辩证法思想结合起来了。这在他的"美在关系"说中表现得尤为鲜明和突出。狄德罗的"美在关系"说不仅构成了一个严密深刻的独特的美学体系，并且贯穿于他的艺术理论中，得到了更加深入具体的发挥。它对于我们认识美的本质、探讨美的客观性和具体性、研究审美知觉的规律等，都有非常重要的启发作用。狄德罗的"美在关系"说主要是在《美之根源及性质的哲学的研究》（又称《论美》）一文中阐述的，内容相当丰富。这里，仅从以下几个重要方面对其进行考察，谈谈自己的一些肤浅的理解。

---

① 恩格斯：《反杜林论》，人民出版社，1970年版，第17-18页。

一、关于美的三对基本概念

要对狄德罗的美论有一个比较深入的认识,首先必须准确地理解他提出的几组基本概念:"在我身外的美"和"与我有关的美","实在的美"和"见到的美","实在美"和"相对美"。

狄德罗认为,在事物的性质中唯一具有使事物美的能力和效力的,就是关系。"由于这种性质,美才发生、增加、变化无穷、衰谢、消失。而且这只有关系的概念才能产生这样的效力。"[1]"不论关系是什么,我认为组成美的,就是关系。"[2] 事物的关系普遍存在、复杂多变;决定着一个事物是否美的那些关系还必须为人们所感知,即"在悟性中唤醒关系概念",才能被人知觉到。由此而生出不同的美的概念来。

狄德罗"把一切本身有能力在我的悟性之中唤醒关系概念的东西,称之为在我身外的美;而与我有关的美,就是一切唤醒上述概念的东西"[3]。结合他所举的卢浮宫的例子,这里两个关于美的概念的含义就很清楚了。他说:"不论有人无人、卢浮宫的门面并不减其美。但这种美仅仅是对于身心构造和我们一般的可能有的人们而说的;因为,对于别的人们,卢浮宫的门面可能既不美也不丑,甚至是丑的。由此可见,虽然没有绝对的美,对我们来说,却有两种美,一种实在的美,一种是见到的美。"[4] 显然,卢浮宫的美作为客观存在的美,是以其本身的能力,即本身所存在的一定性质的关系而使我知觉到美的,它的美不受我的主观意志的影响而作为一种客观关系存在着,它是"在我身外的美",也就是"实在的美"。在实际生活中,这种"在我身外的""实在的美",还得唤醒观赏者心中的关系概念,才能使观赏者见到它的美。由于观赏者的主观条件(比如个人的审美趣味、审美理想、审美能力)和观赏时与对象的具体关系等的不同,主体对客观存在的美往往视而不见,美的也可能看成不美不丑甚至

---

[1] 文艺理论译丛编辑委员会:《文艺理论译丛(第一期)》,人民文学出版社,1958年版,第18页。
[2] 文艺理论译丛编辑委员会:《文艺理论译丛(第一期)》,第24页。
[3] 文艺理论译丛编辑委员会:《文艺理论译丛(第一期)》,第18页。
[4] 文艺理论译丛编辑委员会:《文艺理论译丛(第一期)》,第19页。

是丑的。这样一来，在实在的美中，就有一些为"我"（观赏者）所见到的美了。这种为"我"所见到的实在的、在"我"身外的美，就是"见到的美"，亦即在"我"心中唤醒了关系概念的东西。这里，这些实在的美再也不是与"我"无关的在"我"身外各自存在着，而是已经被"我"看见，因此是"与'我'有关的美"。狄德罗把美分成"在'我'身外的美"和"与'我'有关的美"，前者无非是指一切实际存在着，具有使事物之所以为美的关系，因而"本身有能力在我的悟性之中唤醒关系概念"的美，也就是实在的美；后者则是指实际存在的美中已经为"我"所感知，已经唤醒了悟性中的关系概念的那些美，也就是见到的美。见到的美是统一于实在的美的，它是实在的美中已经为"我"所见到的那一部分。

在分析卢浮宫的例子之后，狄德罗就两种美做了结论。他说："由此可见，虽然没有绝对的美，对我们来说，却有两种美，一种实在的美，一种是见到的美。""实在的美"和"见到的美"分别就是"在我身外的美"和"与我有关的美"，其对应关系是很明显的。

在狄德罗看来，"同一对象、不管它是什么，都可以孤立地、就它本身来考虑，或者就它与其他对象的关系来考虑"[①]。若就其本身考虑而具有了使之为美的关系，那么，这种美就是实在美；若是就它与其他对象的关系来考虑，就有了相对的美。就相对美来说，又有两种不同的情况。

事物的外部关系是多层次的。"一株郁金香可以在郁金香中或美或丑，在花中或美或丑，在植物中或美或丑，在自然物中或美或丑。"[②] 就是因为这一株郁金香所处关系层次不同，范围广狭不同，它在不同层次、不同范围中见出的关系不同，美丑也就不同。这是相对美的一种含义。

事物所处的关系是多性质的。一个本身无所谓美丑的事物处在一定性质的关系中可能或美或丑。狄德罗以"他就死"这句台词为例，说明了这个道理。他说：这句话在高乃依的《贺拉斯》中，由于它所处的关系而是美的，因而"于是原来不美不丑的答话'他就死'，以我逐步揭露其与环境的关系而更美，终于成为绝妙好词"，但在莫里哀的《史嘉本的诡计》

---

① 文艺理论译丛编辑委员会：《文艺理论译丛（第一期）》，第20页。
② 文艺理论译丛编辑委员会：《文艺理论译丛（第一期）》，第20页。

中由于处于另一种性质的关系之中，因而从史嘉本的口中说出来，"便成为可笑了"①。同一事物处在不同性质的关系中而美丑不同，这是相对美的第二种含义。

另外，事物有不同方面的关系，从不同角度观察同一事物的不同方面，所见到的美也会不同。"在某一对象中或者就习俗考虑关系，那就有了道德的美；或者就文学作品考虑关系，就有了文学的美；或者就音乐曲调考虑关系，就有了音乐的美"，如此等等，"不管在什么对象上，不管从哪一方面来考虑同一对象的关系，美有不同的名称"②，亦即有不同的美。这种情况从一些稍许复杂、同周围事物存在着多方面关系的事物中，就可看到。有的事物从这一角度看去美，从另一角度看去又不美了，如具有形式美的事物或人不见得有道德的美。这种情况其实可以包含在前面第二种含义之中。

实在美和相对美作为存在于同一对象身上而互相联系的两种美，在狄德罗看来，它们的关系也是随着事物的不同而有相对不同的划分。他说："假如不采取一朵花或一条鱼而一般化，采取一种植物或一种动物；假如特殊化而采取一朵玫瑰花或一条比目鱼，都将会作出相对美和实在美的区分。"③就同一对象来说，可以有实在美，也可以有相对美。狄德罗认为，不论从自然中采用例子，还是从绘画、道德、建筑、音乐中借取典范，他总可以发现那本身具有唤起关系概念的东西，而称之为"实在的美"；也总可以发现那些唤起将其他事物加以比较的适当关系的东西，而称之为"相对的美"。④ 这在有的事物身上是两者并存的，如一朵花、一条鱼；在有的事物身上则不一定同时存在，如"他就死"那句台词。

从以上的分析可以看出，与"在我身外的美"相当的"实在的美"和与"相对美"对应的"实在美"，具有不同的含义：前者是指实际存在的美，后者则是指源于事物自身关系的美，可称其为"自在美"。在狄德罗

---

① 文艺理论译丛编辑委员会：《文艺理论译丛（第一期）》，第22页。
② 文艺理论译丛编辑委员会：《文艺理论译丛（第一期）》，第20页。
③ 文艺理论译丛编辑委员会：《文艺理论译丛（第一期）》，第20页。
④ 文艺理论译丛编辑委员会：《文艺理论译丛（第一期）》，第21页。

看来,一切实际存在的"在我身外的美",或是以自身关系而美的"实在美",或者是因与他物的一定关系而美的"相对美"。有的学者把"实在美"归于"相对美"之中,这显然不符合狄德罗的原意。

二、关于美的客观性

从前文对狄德罗的关于美的几对基本概念的考察可以看出,这位启蒙主义思想家是站在严格的唯物主义立场上主张美是客观存在的,他提出了关于美的本质的相当彻底而且严密的唯物主义观点。

他明确指出,决定美是否存在的关系,不是对象同观赏者之间的关系,而是事物内部的和与他事物之间的外部的客观关系。这种关系是客观存在的,事物的性质也正是在这种关系中表现出来的。正是这种关系的客观性决定了狄德罗所说的美的客观性。他说:"美是一个我们应用于无数存在物的名词","这些存在物皆有一种性质而美这一名词即其标记"[①]。也就是说,使事物得以美的一定性质的关系是存在于客观存在物身上的。这种关系在唤醒"我"这个观赏者心中的关系概念时,"我的悟性没有给事物添一点东西进去,没有去掉一点东西。不管我想到或一点也没有想到卢浮宫的门面,其一切组成部份(分)照旧有这种或那种形式,其各部份(分)间也照旧有这种或那种安排。不论有人无人、卢浮宫的门面并不减其美"[②]。不仅卢浮宫如此,桂林山水之美,《红楼梦》语言之美,西施、王嫱容貌之美,都是客观存在着的;不管观赏者是否见到它、承认它,都依然故我地存在着的。狄德罗在"与我有关的""见到的美"这个概念之外,明确提出"在我之外的""实在的美"的概念,足见其唯物主义立场之坚定和鲜明。在他看来,"与我有关的""见到的美"无非就是客观存在的美同"我"这个观赏者发生了联系,因而为"我"见到的一部分而已,它们都统一于客观存在。以《红楼梦》为例,它确实是美的,这是它

---

① 文艺理论译丛编辑委员会:《文艺理论译丛(第一期)》,第18页。
② 文艺理论译丛编辑委员会:《文艺理论译丛(第一期)》,第19页。

自身存在的实在的美。但是我作为读者却并不能完全认识和感知它的美，而只能见到其中的这些美或者那些美。难道能够说那些我没见到的美就不存在吗？

狄德罗说"见到的关系""见到的美"，这种客观的美同"我以为美"决定于观赏者主观虚构的美，二者是决然不能相容的。他所说的实在美（自在美）和相对美，无论见到与否，也都是客观存在着的。比如"他就死"这句台词，也许由于演员念白而有一定本身音响关系表现出来的节奏和音色的美，这可以说是它的自在美，但以其内容来说，孤立地这么一句话无从判断其美丑。但是它在高乃依的戏中就见出其美来了。这种美是相对美。这个关系是客观存在的。当我们察知了这些关系而体会到这句话所反映的特定关系时，它就成了我们所见到的美。"我"所见到的这种相对美不仍然是客观地实际存在着的吗？可见，无论是自在美还是相对美，无论我见到了它还是没有见到它，它们都归根结底是实在的美，是客观存在的美。有的同志认为"实在的美"和"见到的美"对于狄德罗还是分裂的、对立的、还没有统一的，显然不符合实际。

狄德罗的美的本质论的唯物主义彻底性，还充分表现在他对所谓"智力的或虚构的关系"的排斥上。他说，在实在的关系和见到（察知）的关系之外，"还有第三种关系；那就是智力的或虚构的关系，这种关系好像是被人类的悟性放到事物中去的"①。这是主体通过想象加之于对象的。"所以我说一个存在物，由于我们注意它的关系而美，我并不是说由我们的想象力移植过去的智力的或虚构的关系，而是说那里的实在关系，借助于我们的感官而为我们的悟性所注意到的实在关系。"②可见，狄德罗所说的决定事物美的关系，是严格地限制于客观存在的事物关系的，没有给美在主观说留下任何一点插足之地。

在狄德罗看来，观赏者作为主体同对象的关系，对于对象自身存在的关系是不能有所增减的。客观存在的美又根据内部关系和外部关系而分为自在美和相对美。过去，有人在这种关系之外又添上了个"对象与人（客

---

① 文艺理论译丛编辑委员会：《文艺理论译丛（第一期）》，第23页。
② 文艺理论译丛编辑委员会：《文艺理论译丛（第一期）》，第24页。

体与主体）之间的关系"，是有违于狄德罗的原意的。因为主体与客体的关系十分复杂（正如狄德罗花了很多篇幅所描述的），主体对客体的反映就有不同的情况。他可能见到了客体的自在美，也可能见到的是相对美，还可能是主体凭自己的想象力在客体中放进和增加的某种客体并不实际存在的关系，使之看起来美。这最后的一种只能说是虚构的美，正是被狄德罗明确地排斥于"实在的美"之外的。

这里，还要谈谈对狄德罗的美的定义中的"唤醒关系概念"这一说法的理解。正确理解这个提法对认识狄德罗美论的彻底唯物主义精神是很重要的。我认为在"唤醒关系概念"这个提法中，狄德罗已经猜测到了美感的产生是由于观赏者在对象身上肯定了自己的美的观念。他认为美是一切自身就有能力使我们肯定自己的美的观念（唤醒关系概念）的那些关系。观赏者面对这种实在的美，只有自己本身具备了这种美的观念，这些观念才有可能在对象中得到肯定，而被对象所唤醒。这样的对象就成了与我有关的我所见到的美了。马克思在《1844年经济学—哲学手稿》中说："正如只有音乐才能唤醒人的音乐感觉，对于不懂音乐的耳朵，最美的音乐也没有意义，就不是它的对象，因为我的对象只能是我的本质的表现。"[①] 狄德罗所说的"唤醒"同马克思所说的"唤醒"何其相似！对于"不懂音乐的耳朵"，"最美的音乐"作为实在的美决不会因其不懂而不存在。它由于耳朵不懂音乐而不能成为对象，也就是与耳朵无关地处在耳朵之外。如果是懂得音乐的耳朵，这最美的音乐就成为它的对象，成了与它有关的、为它所见到的最美的音乐了。狄德罗的美的知觉的反映论观点，进一步确证了他的唯物主义美论的彻底性。在批判贝克莱的主观唯心主义时，狄德罗曾说："在一个发疯的时刻，有感觉的钢琴曾以为自己是世界上存在的唯一的钢琴，宇宙的全部和谐都有发生在它身上。"[②] 那种以为只有感知到了美才算美，没有感知的美即不存在的观点，不是就很类似这架钢琴吗？

---

① 转引自朱光潜：《谈美书简》，上海文艺出版社，1980年版，第54页。
② 转引自列宁：《唯物主义与经验批判主义》，人民出版社，1972年版，第24页。

三、关于美的具体性

在狄德罗之前,哈奇生就提出了绝对美和相对美的概念。狄德罗对哈奇生的这一观点是持批判态度的。狄德罗认为哈奇生"并不将绝对的美理解为事物中那样固有的性质,它自身就使事物美,与看事物和下判断的心灵毫无关系"①,而是把美看成"精神的知觉",美决定于"美的内部感官"。狄德罗所说的"实在美"则是事物客观存在的自身关系,这同哈奇生的唯心主义的绝对美是根本不同的。狄德罗的相对美较之哈奇生的相对美的含义也大不相同。正如狄德罗所说:"至于相对的美,他们将它理解作人们在对象中所察觉的美,是与它们之为某些其他对象的摹仿和影响合并起来考虑的。"② 同哈奇生立足于对对象摹仿的相对美不同,狄德罗的相对美反映了事物关系的客观性和具体性,有着丰富且深刻的内涵。可见,虽然狄德罗使用的概念与哈奇生有关,但这些概念的内容却与哈奇生有不容忽视的本质区别。

从表面看,似乎狄德罗所说的实在美(自在美)只是事物固有的一些形式因素。他举例说:"假如我孤立地考虑这朵花或这条鱼的话,我所意味的没有别的东西,不过是我在组成它们的各部份之间,看到了秩序、安排、对称、关系因为所有这些字眼只是以不同的方式来观察关系本身而已。"③ 分析卢浮宫的例子,也指的是一切组成部分的这种或那种形式,其部分间的这种或那种安排。那么是不是说,事物的"自在美"就只在于形式呢?狄德罗的阐述直接受所举例子的限制。事实上,无论是"自在美"还是"相对美",都可能既有形式也有内容的美。这是要具体分析的。自在美和相对美及其相互关系,显示了狄德罗关于美的具体性的思想。

---

① 文艺理论译丛编辑委员会:《文艺理论译丛(第一期)》,第7页。
② 文艺理论译丛编辑委员会:《文艺理论译丛(第一期)》,第8页。
③ 文艺理论译丛编辑委员会:《文艺理论译丛(第一期)》,第20页。

所谓美的具体性，不只是通常所说的作为美的特征的感性具体性，它的含义要深刻得多。它指的是事物在具体的关系中有具体的美这一规律。美的这种具体性，自然正是由美的感性具体特征造成的。因为，任何感性具体的个别事物都存在着多方面、多性质、多层次的关系，其性质也恰恰是由这些关系所决定，而表现为个性与共性、特殊性与普遍性、个别与一般的多样的统一。从狄德罗对美的论述可以看出，他对事物关系中个别与一般、个性与共性、绝对与相对的关系的认识，已经达到了相当深刻的程度。他的客观美实际上就是绝对性和相对性的统一；无论自在美还是相对美都是这种具体统一的表现。狄德罗说："将美放到关系的知觉中……你的注意便立即集中在时、空的一点。"① 他主张时间和空间是事物运动的两种形式，事物的关系是存在于时空之中的，因此，事物的美也就是一定时空中的关系。随着时间的流逝和空间的转换，事物的关系也就会发生变化。事物关系的这种具体性，使美也只能是具体的。一方面，在事物本身的时空变换中其内外部关系在变，因而实在的美也在变；另一方面，观赏的人的主观条件也受时空变化的影响，因而见到的美也在变。这种具体性的特点要求我们，对任何事物都不能一概简单地、抽象地考察它美不美，随时随地不能忘了关系的具体性。比如，姑娘们的花裙子，单独看来是美的，但在广场上上百人排成横队，远远看去，花裙子就失去本来的鲜明艳丽，成了一片灰色，远不如一色的裙子看上去壮观。这里就不仅见出了自在美和相对美的区别，而且也见出了美的绝对性和相对性的统一和转化。就一条花裙看，其色彩线条的关系见出或和谐或对比等不同的美，这是自在美，它无论在哪里，只要我们着眼于这条裙子的特定关系，就总是美的。当它处在大队伍中，从远处看来是几百条裙子连成的一片，每条裙子自身的关系消融在大队伍的一片灰色的关系之中，裙子自身的美并不因此失去，只是不为我们所见。如果我们在视野之内仍然见到这条裙子的自身关系，它就仍然能成为我见到的美，同时也在与其他花裙的比较中见出不同的相对美。事物的关系就这样在时空中变化着，而显出美的绝对性和相

---

① 文艺理论译丛编辑委员会：《文艺理论译丛（第一期）》，第26页。

对性的辩证统一。这也就是同一事物在某种情况下美而在另一情况下则不美，在某一方面美而在另一方面则不美的根本原因。

总之，要判断一个事物是不是美，决不能脱离具体的"时空的一点"，不能脱离事物的自在美和相对美在具体条件下的联系和变动。在复杂的美丑混杂中，人们常常以他们所见到的主要的方面为依据做出判断，或说它美，或说它丑。这当然是合乎情理的。不过，我们不能因此就忽视和忘记了对事物的具体分析。具体地分析具体的事物，这个实事求是的原则在对待美的问题上也必须彻底坚持才对。

狄德罗关于实在美（自在美）和相对美及其相互关系的思想，启发人们深入认识美的具体性，因而也揭示了美的变动性、发展性。他说："运动往往是在被孤立地对待的存在物之中、或在加以比较的几个存在物之中，建立起极其繁多的惊人关系。"[1] 他特别提到自然界中的关系往往是"偶然配合的结果"，就更增加其多样性、复杂性和灵活性了。世界又是在运动中向前发展，因此，正如狄德罗自己所说："将美放到关系的知觉中，你就有了从世界诞生起直到今天它的进步史。"[2] 这部美的进步史，必然是狄德罗的"美在关系"说所揭示的美的客观性和具体性的雄辩证明。

四、究竟什么样的关系是美？

"美在关系"在狄德罗的阐述中即美是关系。形式逻辑告诉我们，判断中的宾语和主语的外延和内涵不见得是相等的。那么，在这个命题中，"关系"和"美"是不是可以互换呢？看狄德罗给美下的定义，似乎该是可以的。"一切能在我们心里引起对关系的知觉的，就是美的。"[3] 简而言之，不就是"关系即美"吗？但是，从他的具体阐述中却可以看出，他实际上不是这样看的。他说："依一物的本性而言，依它激起我们对最大

---

[1] 文艺理论译丛编辑委员会：《文艺理论译丛（第一期）》，第32页。
[2] 文艺理论译丛编辑委员会：《文艺理论译丛（第一期）》，第26页。
[3] 文艺理论译丛编辑委员会：《文艺理论译丛（第一期）》，第34页。

量关系的知觉而言，依它所引起的关系的本性而言，它是好看、美、更美、很美或丑。"① 可见，关系不是都美，也可能是丑的。

那么，究竟什么关系才是美呢？

对于这个问题，狄德罗还没做出理论上的明确回答。但是，他也并非没有做任何回答。我们可以从它对美的关系所做的大量具体分析中找到回答这个问题的一些蛛丝马迹。

1. 在解释美时，狄德罗说："我说'一切'，但却除去了有关味觉和嗅觉的性质……当人们说这一条比目鱼美，这一朵玫瑰花美时，是考虑玫瑰花和比目鱼的其他性质，而不是有味觉、嗅觉感官的性质。"② 这就是说，狄德罗是把作用于味觉、嗅觉的关系排除于美的关系之外的。

2. 从他对"他就死"这句台词的相对美的分析可见，社会生活中的美的关系，就是要符合道德、正义，表现出人的美好品质。

3. 他说："在精神作品中，美的就是要题材真实、思想高超、表现正确、方式新颖与结构匀称。"③ 这是对艺术美的要求。相反，题材虚假、思想平庸，没有相适应的形式，就是不美的或丑的了。

4. 他又说："真、善、美是些十分相似的品质。在前面的两种品质之上加以一些难得而出色的情状，真就显得美，善也显得美。"④ 这就是说，真和善是美的基础，它们虽然本身并不一定就是美，但不真不善的东西肯定是不美的，真和善之上还要加以一些"难得而出色的情状"，这也许并不只是指的形式美。那么它还指什么呢？

5. 他还说："凡有感情的地方就有美。"⑤ 那么，凡是与感情无关的关系，或不能引起感情的关系，就一定不美了。诚然，这话还嫌笼统了些，但它也可以从一个重要的角度给我们以启发。这个看法似可作为以上观点的重要补充。

---

① 文艺理论译丛编辑委员会：《文艺理论译丛（第一期）》，第21页。
② 文艺理论译丛编辑委员会：《文艺理论译丛（第一期）》，第29页。
③ 文艺理论译丛编辑委员会：《文艺理论译丛（第一期）》，第33页。
④ 文艺理论译丛编辑委员会：《文艺理论译丛（第四期）》，人民文学出版社，1958年版，第70页。
⑤ 文艺理论译丛编辑委员会：《文艺理论译丛（第一期）》，第33页。

狄德罗的这些论述，有关于美的本质的，也有关于美的特征的（有关于内容的，也有关于形式的）。综观这些见解，可以强烈地感觉到其中洋溢着启蒙运动思想家先进的思想原则和社会理想。他也说过"回到自然"和"人的天性"，但是只要联系到这些观点的具体针对性，我们就会从中体会到那蓬勃奋发要摧毁黑暗的封建制度推动社会前进的战斗精神。其间，已经回响着同后来的车尔尼雪夫斯基在论述"美是生活"时十分相似的声音。但是，由于时代的具体原因，狄德罗哲学思想和美论中的辩证法因素无论是在当时还是在后来都没有得到充分的重视。既然车尔尼雪夫斯基对黑格尔的辩证法是那么厌恶，认为"要形成一种科学的思想方法，读他（指黑格尔）的著作显然是徒劳"[1]，他自然也就不会注意到狄德罗的"关系"说了。这就必然对他的思想，包括美学思想，造成意义十分深刻的消极影响。

纵观整个西方美学史，狄德罗的"美在关系"说是占有重要地位的。从前面的辨析可以看到，首先在美的客观本质上，其次在美的具体性和美的特征上，狄德罗的"美在关系"说都有明确、完整而深刻的观点，它不仅是彻底唯物主义的，也有丰富的辩证法因素，还体现着先进的生活理想。不难看出，在唯物主义方面，它不仅同一切唯心主义美论相对立，而且也比车尔尼雪夫斯基的更深刻、严密；在辩证法方面，虽不如黑格尔的宏博精深，但在认识美的具体问题上似也有强过他的地方。

（《四川师院学报》社会科学版1981年第3期）

---

[1] 车尔尼雪夫斯基：《生活与美学》，周扬译，人民文学出版社，1957年版，序言第4页。

运用系统原理进行审美研究试探

自 20 世纪六七十年代以来，普通系统论在西方和苏联先后传播开来并得到迅速发展。这一理论加深了对辩证法关于事物普遍联系的规律性的认识，也启发人们重视并深入发掘马克思理论和方法中的系统性原则。现代科学技术革命和社会实践已充分证实了这一理论的正确性和重要的方法论意义。借鉴现代科学发展的经验，我们也应该充分重视把系统论的基本原理运用到审美研究中，以探索审美研究的新课题和新角度。

根据系统原理，自然界、人类社会和意识的一切现象，无不处在一定的系统之中，又无不自成一个系统。在每一个系统内，整体与部分、部分与部分以一定的方式组织成相互密切联系的整体。系统原理强调事物的整体性，认为事物的质并不是各个部分的简单相加，而是由组成该事物整体的各个部分（或因素）在一定结构和程序中相互作用和制约的结果。这就是所谓事物的系统质（又称为"非加和性的"或"集成化的"质）。对事物的这种质的揭示，说明了事物的某些不能仅归结于自身而与其所处整体不可分离的属性的根源。系统质并不一定都物化在组成该系统的事物身上，而往往是存在于同其他事物的联系之中。对事物联系的系统性和事物的系统质的揭示，克服了将事物先分析为各部分而后加以综合这种传统方法的局限，也避免了简单因果论和线性因果论的缺陷，开拓了从整体出发、从整体与部分的有机联系中考察事物的新方法。这就使我们能在事物的网状立体的系统联系中更充分地认识具有有机和复杂联系的事物。

人类的审美活动也是一个特殊的系统性领域。对于这一领域中的规律，自然也必须遵循系统原理所指示的方法加以全面的研究，才可能尽量地揭开这一领域的全部复杂性。否则，人们在对审美活动进行考察时就难免会把研究的对象从其所处的复杂的系统性联系中孤立出来，而且有时把它本身也只看作一个混沌的实体。在我们的美学研究中，曾由于在考察对象时注意了事物的系统性联系，因而在某些方面取得了重大进展。同时，又由于对系统原理的掌握和运用还并不自觉和充分，才造成了"各执一隅之见"而"欲拟万端之变"的困境。这就需要我们从方法论上认真总结审美研究的经验教训，以便借助方法论的改善使审美研究有实质性的突破。全面地运用系统原理指导审美研究，它所展示的美妙前景是令人神往的。这里，仅谈谈自己在思索这一方法论问题时的粗浅感想。

一、在"自然向人生成"的系统运动中考察美的本质

马克思批判地继承了康德关于"自然向人生成"的自然客观目的论观点，指出："社会是人与自然的完成了的本质的统一体。""全部所谓世界史乃不过是人通过劳动生成的历史，不过是自然向人生成的历史。"又说："历史本身是自然史的一个现实的部分，是自然界生成为人这一过程的一个现实部分。"[①] 这就把自然和人、自然和社会统一在一个宏大浩瀚，囊括一切事物，而以人的实践为核心、以人与自然和人与人的矛盾为基本矛盾的系统之中，并揭示了这一系统的客观运动进程。"自然向人生成"，就是对这一系统的系统质的最简洁的概括。马克思主义实践的唯物主义及其整个学说就是以这个系统为对象并正确地反映了这一系统的根本规律。这一系统的运动过程分为两个阶段：第一个阶段指人尚未从动物中分化出

---

① 马克思：《经济学—哲学手稿》，何思敬译，人民出版社，1956年版，第84、87页。

来成为实践主体之前，这是自然向人生成的非现实的阶段；第二个阶段指从人的诞生开始的历史，即自然界生成为人这一过程的现实的阶段。在第二个阶段中又有两次关键性的飞跃，一是由劳动造成的从猿到人的飞跃，一是由共产主义实现的从自然的、自在的、片面发展的人向社会的、自由的、全面发展的人的飞跃。有了这个系统的大轮廓就抓住了人也作为其中一个部分的自然系统的客观结构（组织性）和运动的整体质。这个"自然向人生成"的系统运动规律的肯定性的感性显现，就表现出事物运动和结构的节奏、规律、生气、风神和情致。正是事物的这种属性或事物属性传达的这种信息，才是所谓美的基本特征。"自然向人生成"的系统运动，就是人的本质生成发展的具体的历史过程。

像自然科学和社会科学中展示的共同规律一样，存在于自然物身上的表现"自然向人生成"的系统质的属性，只有在人的本质发展起来后才会逐步被认识和发现，同样，存在于较低阶段的表现"自然向人生成"的系统质的属性，也只有在人的本质发展的较高阶段才能真正理解。人类需要的结构层次和个体与类的矛盾，更增加了人类感知美的过程的复杂性。一般地说，人们总是从与自己的需要直接相关的层次和角度去感知事物。因此，事物的实用的（包括物质的"功用"和道德的"善"）方面往往最先进入审美领域。许多事物，特别是自然物，常常是先以其社会性关系或作为某种社会信息的载体而成为审美对象，其自身固有的审美属性（如自然属性和形式属性）却是后来才逐步被人发现的。我国自然美欣赏中从"比德"到"气韵"，绘画艺术中从"写实"到"写意"的发展线索就是生动的例证。

"自然向人生成"是一个在矛盾斗争中曲折前进的辩证发展过程。每一个事物在这个运动过程的链条中都处于承前启后的地位，表现出过程在一定阶段或一定方面的特征，从而在具体关系中反映或折射出系统质。因此，不仅运动过程中的痛苦、挫折、毁灭、牺牲以其与整体质的关系而具有特殊的审美性质，就连丑也在具体关系中成为审美对象。悲剧震撼人心的力量就正在于它是"自然向人生成"的辩证过程的严峻性的集中表现。

以人对老虎的审美关系为例吧。当猎手们把身披虎皮作为自己的劳动业绩和勇敢机智的表现时，人们欣赏的是"对象化"到虎皮中去的猎人的本质力量。当实践使人们认识到这种本质力量对于人类的自我生成的重要意义并感受到其中那表现"自然向人生成"的规律的感性律动时,就把老虎的"虎虎生气"作为它的基本的审美特性了。而"回眸时看小於菟"的"母爱"形象也因同样的道理得到肯定,并且因与老虎凶猛的特性相关联而具有更强烈的意义。不知什么时候,老虎还以社会一员的身份闯进了社会生活,有时是忘恩负义的学生,有时又是知恩图报的病主,同人发生了更丰富多样的审美关系。这些关系已属于艺术创造,尽管与老虎本身的某些属性有关,但毕竟主要是社会意识的特殊的类比、象征和寄托。综观老虎的这些审美特性,无论属于什么形态,不都是以肯定"自然向人生成"的系统质才成为真正的美吗?

在自然与人相统一的系统中抓住"自然向人生成"的系统质,这是马克思主义哲学的根本,也是马克思主义伦理学和美学的根本。正是在系统质中,才见出了真、善、美的统一。对于审美研究来说,抓住这个系统质不仅对考察美的本质有直接的关键性的意义,而且可以找到把自然美和社会美在差别中统一起来的真实途径。

二、在具体的关系系统中考察具体事物的审美性质

对于具体事物或事物的某种具体特征来说,要判断其审美性质,也应当将其放在确定的具体关系系统之中去考察。同一件衣服,甲穿则美而乙穿则不美,是因为这件衣服在甲身上和在乙身上分别处于两个由身高、体型、肤色、发式等不同因素构成的不同关系系统之中,受到其系统质的影响,这才显出了审美性质的差别。在这里可以清楚地看到系统质超越个体的特性。古人说:"靥辅(酒窝)在颊则好,在颡则丑;绣以为裳则宜,以为冠则讥。"[①] 又说:"横看成岭侧成峰,远近高低各不同。不识庐山真面目,只缘身在此山中。"[②] 还说:"逢比之尽忠,死何尝不美?江总

---

① 《淮南子·说林训》。
② 苏轼:《题西林壁》。

之白首,生何尝不恶?……富贵有时而可恶,贫贱有时而见美。"①这些都说明不能离开事物所处的具体关系系统去考察其审美性质。事物的审美性质决定于系统质这一规律,表现为美的具体性和整体性。不少人在日常的审美经验中体会到了这个道理,因此他们穿着打扮总能"得体"和"入时"。那些盲目模仿者却弄巧成拙——"画虎不成反类犬",就因为他们悖于此理。在行的艺术家总是从整体效果出发去处理每一个细节,并往往为此而忍痛割爱,这是由于他们实际上懂得美的具体性和整体性。时下颇为流行的从文学名著中摘精掇萃以广招徕的写作指南之类,其所以错误,就在于往往肢解了形象的整体,违反了由美的具体性和整体性共同构成的艺术规律。

在现实中,事物所处的关系复杂多样甚至混乱芜杂,显示事物审美性质的具体关系常常既不稳定又不清晰,这就造成了审美的困难甚至错误。艺术反映现实。艺术家要对现实中的关系加以选择、提炼、限定,按照作者的观察和理解把这些关系更加清晰而集中地表现出来,才能使事物的审美性质显示得更加强烈,便于人们感知和把握。对艺术的这种作用,狄德罗和莱辛早就有过明确的论述。狄德罗说:"在自然界中我们往往不能发觉事件之间的联系,由于我们不认识事物的整体,我们只在事实中看到命定的相随关系,而戏剧作家要在他的作品的整个结构里贯穿一个显明而容易觉察的联系;所以比起历史学家来,他的真实性要少些,而逼真性却多些。"②莱辛也说:"艺术的使命就在于使我们在美的王国里省得自己去进行这一选择工作,使我们便于集中自己的注意力。"③我国古代美学中的"山形面面观、步步移""移步换形"和"气韵""意境"等说,也都体现了在具体的关系整体中表现美的精神。在生活中把握并在艺术中鲜明地表现出显示事物审美特性的具体关系系统的整体,这正是艺术家,特别是偏于"再现"的艺术家的主观能动作用的一个重要方面。

这个道理在欣赏老虎的例子中也可得到证明。铁栅和深井把老虎伤人

---

① 叶燮:《原诗》。
② 朱光潜:《西方美学史》上卷,人民文学出版社,1979年版,第354页。
③ 朱光潜:《西方美学史》上卷,第433页。

的凶残一面排除了,其美的特征得以更鲜明而稳定地表现出来。把老虎画在纸上,不仅排除了不美的因素,而且使它具有在大自然中那样自由的生命状态,经过艺术加工,其美的特征在一定意义上显得更充分了。这类事例在艺术中随处可见。艺术要显示自己在审美认识上的优越,就必须重视这种作用。

三、在审美的主体和对象所处的系统中考察审美感受

一个审美对象自身是一个系统,又处于复杂的多系统的关系中。一个审美主体本身也是一个由生理、心理、经历、修养等因素构成的包含了多系统的复杂系统整体,而且同样处在社会存在和社会意识的多系统之中。这样一来审美主体在欣赏对象时所产生的审美感受就必然受到这多个系统的复杂影响。

例如,稚气十足的儿童到公园看虎,竟然想直接同虎玩耍,大一点的孩子则绝不会干这种傻事。一般的人唯见虎之皮色身姿而流连,受害者不忘其尖牙利爪而趋避。这些都是不同主体作为一个整体而受其意识系统作用的结果。又如,同是欣赏巫山神女峰,熟悉有关神话传说的人陶醉于生动的形象世界,仅知其峰名者也会依稀看见一个亭亭玉立的少女。而什么也不知道的游客呢?或者面对奇山异石突发奇想,自己想象出一段美妙故事来暗自品味,或者只从那六米高一块石灰岩的形态及其与周围环境的关系中欣赏它的峭拔和奇崛,恐怕也还有人徒见一块顽石耸立而无动于衷。对象一也,各人所见不同,因此所感亦不同。这种现象是由主体的审美注意和想象所发挥的作用与审美能力和趣味的结构差别所造成的。要正确认识这种普遍的审美现象,就必须注意由主客体双方所处系统的作用产生的中间环节。在这里,作为对象和主体认知的中间环节的是审美意象,而审美认知又是意象与判断之间的中间环节。审美意象是主体感知对象时由于主观意识系统的作用而形成的一个主客观结合的意中之象。它所具有的信息已是经过主体对对象特征的选择甚至改造后直接为主体所接受了的。意象的存在说明不同主体对对象的认识和判断实际是针对自己在对象中所看

见的、感到的那些特征和关系做出的。审美认知是主体以自己的审美理想（趣味）为尺度对所见到的对象即意象进行判断的心理活动。通过认知，主体得以感知到意象同自己的关系，据此而做出以审美判断为基础的情感反应，美感或丑感便油然而生。这样，在审美过程中，对象和主体之间就有了作为主体对对象的反映的审美意象和作为对对象与自己关系的反映的审美认知这两个重要的中间环节，然后才有主体的情感反应，即审美态度的情感表现。由此可见，主体的审美判断和情感反应已具有十分强烈的主观色彩。我们既不能把对象本身的性质同主体所见到、感到的意象等同，更不能把对象自身的性质同对象与主体关系的性质相等同。美感可能发生错误。即使同是正确的，也还有品格色彩的差异。因此，就不能仅凭主观性的美感来判断事物的审美性质。如果我们的分析不仅限于这个审美心理过程的系统，那么，影响审美判断的因素之复杂多样就可想而知。

审美意象作为主体和对象两个系统的系统质相互作用的结果，实际上不同程度地反映了自然与人的统一系统的系统质，它的物化形态就是艺术。艺术家用物质手段把仅为他所见的意象从意识领域搬到现实世界，正如画家把他从"眼前之竹"所得到的"胸中之竹"描绘出来，使之成为"手中之竹"一样。这样一来艺术家所见的美就具有社会的传达性。审美意象所具有的多系统质的复杂特征使它不仅仅在艺术研究和美感研究中占有特殊的地位。人们谈到的科学美，如"公式美"，实际是在公式中潜在的美。科学家能欣赏它，是因为这公式在他的想象中可以展现为一个具有自由律动的意象，从而作用于他的精神视觉和精神听觉。艺术创作要先有一个意象世界撩拨得艺术家不能自己。一般人也常能在遐想和幻境中自得其乐。如果意象美存在的话，那么把美的客观性同物质性等同的看法就值得怀疑。审美研究中许多争论的解决恐怕正有待于打开审美意象这个"结"。我们应当在对意象的已有研究成果基础上，借助系统原理和其他科学方法，得到更深入的认识。

四、在社会多系统的关系中考察审美关系的实现条件

人对现实的审美关系怎样才能建立起来？这个问题只有在对人与现实的总体关系和对社会多系统关系的考察中才能明白。

不是任便什么人和任便什么事物之间都能建立审美关系的。马克思说："对象如何对他说来成为他的对象，这取决于对象的性质以及与其相适应的本质力量的性质。"① 任何事物要成为审美对象，必须具有审美特征。任何人要成为审美主体，也必须具有与对象审美特征相适应的审美能力。但是，是否这样的人和事物之间在任何情况下都能建立起审美关系呢？也不是。只有在主体与对象能够达到自由观照和情感契合的条件下，审美关系才能真正实现。与对象审美特征相适应的审美能力当然是达到自由观照的必要条件。但是，这只是主体能从对象的感性特征敏锐感知到其内在意蕴的自由（所谓"应目会心"）。然而，只有这种自由还是不够的。马克思说"囿于粗陋的实际需要的感觉只具有有限的意义。对于一个饥肠辘辘的人说来并不存在着食物的属人的形式"。"忧心忡忡的穷人甚至对最美丽的景色都无动于衷。"② 由此可见审美需要同其他各种需要的密切关系。"审美带有令人解放的性质。"③ 然而这种解放却不是随心所欲的自由。进入审美关系的人必须摆脱狭隘的物质欲望和狭隘的功利要求（这或者是由于这些要求已基本满足，或由于主观精神力量的强大和精神境界的广阔，也可能由于主体的无知而未意识得到），达到"重己役物"的境地。因此必须从改善人的外部自然和内部自然这两个方面来"解放"人的审美需要，使其感觉到心灵处于自由状态，才能达到真正的自由观照。主体的情感从狭隘的生活需求中解放出来取得自由是实现主客体情感契合的条件之一。要全面实现这种契合，对象也必须在主体看来是不存在现实的威胁、敌对和危害的（这同样或者是由于对象的有害因素得到了现实的克

---

① 马克思：《1844年经济学—哲学手稿》，刘丕坤译，人民出版社，1979年版，第79页。
② 马克思：《1844年经济学—哲学手稿》，第79页。
③ 黑格尔：《美学》第一卷，朱光潜译，商务印书馆，1979年版。

服或限制，或者是由于主体精神力量的强大，当然仍可能是由于无知而未意识到）。由此可见，审美的主体和对象不仅要各自具备相应的条件，而且还必须处在具有相应的现实条件的情境之中，方能真正建立起审美关系来。这里，我们又看到审美情境在审美中的重要性，也看到审美情境的实现同人类整个实践的关系。

在人类审美关系的发展历史中，不同社会地位的人享有审美情境的机会和水平是大不相同的，他们获得这种审美情境的手段和方式更是大相径庭。以全人类的解放为目标之一的共产主义运动正是为最广大的人民群众逐步创造最全面最充分的审美情境的过程。列宁曾说，为了使托尔斯泰的作品和其他优秀的艺术品能为人民群众所享有，必须首先进行反对使千百万人陷于愚昧、卑贱、苦役和贫穷境地的社会制度的斗争，必须使他们享有面包和文化。今天，我们正在为发展高度的物质文明和高度的社会主义精神文明而奋斗，这正是从根本上为广大人民群众创造自由而全面的审美情境的基本条件。为了促进这一过程，美学就应当遵循系统原理所揭示的方法，对审美情境的特点及其实现条件做全面的研究。这样，美学将进一步扫除它那曾经仿佛是不食人间烟火的"重玄"气味，为切实地帮助人民群众解决一些审美生活中的具体问题当好参谋。美学这样做了，就能使一切形态的美都充分地发挥其作用，使人民群众充分地享受美，并在广泛活跃的审美活动中更好地美化自己和整个社会。

在"自然向人生成"的系统运动中，人类通过艰巨的实践终将实现共产主义，从而达到人类对在全部历史中发展起来的自身本质力量的全面占有和自由发展，成为从内到外都美的新人。审美活动，作为人对自身本质力量的肯定和享受，首先属于人的生活目的本身，同时它又是人借以发展自己的手段。它像是生活的花朵，既显示着生活的怡神风韵，又包孕着更美好的新生活的种子。但是，"在私有制下，人们享受的对象不同，彼此对立隔绝，所以人的感觉是片面的、狭隘的、异化的，不同的人对于对象的肯定和确认是不同的，甚至达到人们完全失去对象，无法确认世界的程度。所以，只有共产主义下的人的感觉，才具有真正证明唯物主义本体论的性质"①。也只有在共产主义的条件下，才能最终解决美的主观合目的性（主观自由性）与美的客观合目的性（客观必然性）之间的矛盾和对立，实现审美认识论和美的本体论的真正统一。

我们运用系统原理稍稍窥视了一下审美领域中几个重要的方面。这个粗略的考察告诉我们，运用系统原理研究审美活动，不仅必须从"实体中心"转向"系统中心"，而且还得从"单一系统中心"转向"多系统中心"。只有这样，才能在多维多层次的立体考察中全面揭开人类审美活动的秘密。这个考察也告诉我们，美学基本理论对审美活动一般规律的研究，其范围是十分广阔的。恩格斯在谈到政治经济学对经济关系的研究时说："既然这是一种关系，这就表示其中包含着两个相互关联的方面。我们分别考察每一个方面；由此得出它们相互关联的性质，它们的相互作用。"②对于审美研究来说，就至少有四个大的方面必须研究：审美对象，审美主体，审美过程中主体与对象的相互作用和审美关系的性质、作用与发展规律。由此可知，把人类整个审美活动中所展现的审美关系作为自己研究对象的美学，决不能仅限于研究美、美感和艺术美；这些内容无论怎样重要，都毕竟不是审美活动的全体，何况离开对审美关系的总体认识，也难于对这些方面有真切的把握。同时，也只有把整个审美关系作为美学的对象，才能摆脱目前某些美学理论体系那种以文艺理论为主、若干美学理论"盖尖"的状况，使美学真正以自己独立而完整的学科面貌出现。

（《四川师院学报》社会科学版1982年第4期）

---

① 杨适：《马克思〈经济学—哲学手稿〉述评》，人民出版社，1982年版，第114页。
② 中共中央马克思恩格斯列宁斯大林著作编译局：《马克思恩格斯选集》第二卷，人民出版社，1972年版，第122-123页。

马克思怎样论审美关系？
——兼论马克思主义美学的逻辑起点

什么？"马克思怎样论审美关系？"马克思在哪里论过审美关系呀？

是的，从字面上看，马克思确实没有过"审美关系"的提法。但是，马克思又确实对这种关系有过深入的论述，揭示了它的基本特征，论述了它产生和发展的根源。这一切，首先就体现在马克思的《1844年经济学—哲学手稿》（以下简称《手稿》）中。正是这些内容，构成了马克思美学思想的重要组成部分。研究马克思《手稿》的美学思想，研究马克思主义美学，若忽略了这方面的内容，是绝对得不到整体性的认识的，也是不能把握马克思主义美学思想的丰富内涵的。

值得注意的是，尽管马克思早已论述过审美关系，而在今天的美学界，或根本否定审美关系这样一种特殊关系的存在，或以审美关系概念"模糊"而不予一顾，即使主张审美关系是美学研究对象的同志，对于究竟什么是审美关系，也常是轻描淡写，语焉不详。这种理论上的忽略，恐怕正是造成美学理论的某种贫乏和单调症候，在一些重大理论问题上失去整体观念的重要原因。因此，把马克思关于审美关系的论述揭示出来具有十分迫切的理论意义。由于这又直接关系着如何看待马克思主义美学的逻辑起点，所以笔者顺便也就这个问题谈些一己之见，并商榷于有关论者。

一

"自然与人—实践—共产主义",这就是马克思《手稿》的中心线索。在这里,"人与自然的关系"是年轻的哲学家视野之中的基本问题;"实践"是人发挥主体能力自觉地处理同自然的关系的感性活动;经过实践,人的本质力量实现对象化,产生了自然人化的全面成果,实现了人与自然相统一的理想,这就是共产主义。《手稿》所勾画的这个抽象粗略的轮廓,展示了"自然向人生成"的根本运动规律。

既然马克思首先以人与自然的关系为自己理论的横向视野和纵向视程,把人的本质力量的全面自由的发展、肯定和享受及其现实条件作为自己的中心议题,当然也就不可能把人同自然之间的审美关系置之度外。从人的实际生活看,审美生活是其重要的部分,并随着人的本质的发展而愈来愈具有重要的意义。从理论的前提看,马克思批判地继承了德国古典哲学的一个重要特征,那就是从康德到黑格尔、费尔巴哈都表现得很突出的把美学作为哲学体系的有机组成部分。可惜的是,不知始于何时,形成了一种偏狭的理论惯性,一谈到美学,特别是哲学的美学,突显在前的就是美的本质问题,而且这个问题还大有弥漫全部视野、覆盖整个美学领地之势。似乎美学史上谁也不曾论述过审美关系。马克思的有关论述,尽管常常为人们所征引,却并不被认为是在谈论审美关系。同马克思的这样一个重要的美学思想失之交臂,以致贻误美学研究,实在是令人扼腕。

那么,马克思究竟是怎样论述审美关系的呢?

首先,马克思指出审美关系是人同自然的一种特殊精神关系。他在谈到"人(和动物一样)赖无机自然界来生活"时指出:"从理论方面来说,植物、动物、石头、空气、光等等,或者作为自然科学的对象,或者作为艺术的对象,都是人的意识的一部分,都是人的精神的无机自然界,是人为了能够宴乐和消化而必须事先准备好的精神食粮。"[①]这就是说,自然作为艺术的对象,满足的是人的一种特殊精神需要。这同自然作为科学的对象所满足的精神需要不同。自然科学把自然作为认识的对象,满足

---

① 马克思:《1844年经济学—哲学手稿》,第49页。

的是人的认识需要，要把握的是自然本身的客观状况及其规律。自然作为艺术的对象，则满足的是人的审美需要，被把握的是其审美特征及其对人的审美效应。

其次，马克思认为审美关系是对象特性与主体本质之间的一种特殊对应关系。他说："对象如何对人说来成为他的对象，这取决于对象的性质，以及与其相适应的本质力量的性质；因为正是这种关系的规定性造成了一种特殊的、现实的肯定方式。眼睛对对象的感受与耳朵不同，而眼睛的对象不同于耳朵的对象。每一种本质力量的独特性，恰恰是这种本质力量的独特的本质，因而也是它的对象化的独特方式，它的对象性的、现实的、活生生的存在的方式。"[1] 在马克思看来，人与周围世界的关系是多种多样的，每一种关系作为人的生命活动的表现，都是对象的性质同主体的与之相适应的本质力量之间的一种特殊对应关系。这也就是马克思所说的"这种关系的规定性"。事有凑巧，马克思正好是以审美事实为例来说明这种对应关系的。他说："只有音乐才能激起人的音乐感；对于不辨音律的耳朵来说，最美的音乐也毫无意义，音乐对它来说不是对象，从而它只能象我的本质力量作为一种主体能力而自为地存在着那样对我说来存在着，因为对我说来任何一个对象的意义（它只是对那个与这相适应的感觉说来才有意义）都以我的感觉所能感知的程度为限。"[2] 人们从这段话中引申出对于美的本质的不同观点来，却都忽视了它的主要意旨是在说明音乐欣赏作为一种特殊关系所具有的特殊规定性，即审美关系的规定性。在马克思看来，人欣赏音乐，是人同音乐之间的一种关系，而"这种关系的规定性"就是由具有能辨音律的耳朵的人（主体）和音乐（对象）之间相互对应而构成的，两者缺一不可。这就是说，审美关系是具有审美能力的人与具有审美特性的对象之间的一种特殊对应关系。不具此种规定性，就不是审美关系。

再次，马克思还论述了认识关系、功利关系对于审美关系的制约性及审美关系得以实现的现实条件，从而启发我们认识审美关系中两个方面

---

[1] 马克思：《1844年经济学—哲学手稿》，第79页。
[2] 马克思：《1844年经济学—哲学手稿》，第79页。

（主体和对象）相互关联的特殊性。审美关系作为一种对象性质与主体本质的特殊对应关系，并不是只要具备了这些特性之后就一定能建立和实现。由于审美的需要在人的需要结构中位于较高的层次，必待较低层次的需要得到一定满足才能释放出来。马克思正是从这一心理学的角度进一步揭示了审美关系的性质：它是在认识自由和功利自由基础上的一种情感自由关系。他认为主体要有能辨音律的耳朵才能获得音乐感，这就肯定了认识自由的前提地位。又说："囿于粗陋的实际需要的感觉只具有有限的意义。对于一个饥肠辘辘的人说来并不存在着食物的属人的形式，而只存在着它作为食物的抽象的存在。"还说："忧心忡忡的穷人甚至对最美丽的景色都无动于衷；贩卖矿物的商人只看到矿物的商业价值，而看不到矿物的美和特性。"① 马克思用这些朴素的事实说明了自己的观点。在马克思看来，作为审美主体的人只有在处于认识自由和功利自由中时，才能有感官和情感的自由，才可能使审美的需要，因而也使审美的能力得到解放，才可能实现审美。马克思的这一见解，既肯定了德国古典美学中关于审美的自由性的认识，又超越并改造了认为审美"无利害""超功利"等错误，具有十分重要的意义。

最后，马克思还指出了审美关系是人对自己本质的一种特殊的肯定方式和享受方式。人在实践中一方面把自己的本质力量对象化，同时也肯定、享受并发展着自己的本质力量。由于对象与主体性质的对应关系不同，这种肯定和享受的方式也是不同的。马克思说："人不仅在思维中，而且以全部感觉在对象世界中肯定自己。"② 劳动活动使人的本质力量得以发挥和表现，这是一种肯定和享受的方式；人消费自己的劳动成果以满足物质的欲望，也是一种肯定和享受的方式。审美关系是一种什么样的肯定和享受的方式呢？在马克思看来，"正是这种关系的规定性造成了一种特殊的、现实的肯定方式"。也就是说，在审美关系中，主体与对象特性的特殊规定性，在彼此的相互作用中使主体获得美感享受。当马克思用音乐欣赏为例来说明这种关系时，实际上也就把这种肯定和享受方式的特

---

① 马克思：《1844年经济学—哲学手稿》，第80-81页。
② 马克思：《1844年经济学—哲学手稿》，第79页。

性说明了。在音乐欣赏这样一种审美关系中，就是要用音乐的"美"来对"懂音律的耳朵"发生作用，以"激起人的音乐感"，这才显示出音乐的意义来。因此，可以说，审美关系也就是一种美感享受方式。

马克思对于审美关系基本性质的这些论述，尽管还不完整和充分，却很深刻。这些建立在平易朴素的事实基础上的论述，让我们看到人与自然之间的一种特殊的精神关系，即审美关系，这种关系确实是存在着的，它的轮廓并不模糊。恰恰是这种关系才是美学的研究对象；否认这种关系的存在实际上就是否定美学本身。

值得注意的是，马克思对审美关系这样一种特殊的"关系"论述，在方法上同后来恩格斯有关研究"关系"的方法的论述是不谋而合的。恩格斯在讲到政治经济学对经济关系的研究时说："我们来分析这种关系。既然这是一种关系，就表示其中包含着两个相互关联的方面。我们分别考察每一个方面；由此得出它们相互关联的性质，它们的相互作用。"①这对我们理解马克思对审美关系的论述，对我们全面深入地分析审美关系都有直接的指导意义。

二

马克思对审美关系的论述直接关系到对马克思主义美学逻辑起点的理解。

恩格斯在谈到政治经济学研究中历史的与逻辑的方法的统一时说过："历史从哪里开始，思想进程也应当从哪里开始，而思想进程的进一步发展不过是历史过程在抽象的、理论上前后一贯的形式上的反映，实际上摆在我们面前的、最彻底的和最简单的关系出发，因而在这里是从我们所遇到的最初的经济关系出发。"②既然马克思主义政治经济学的逻辑起点是

---

① 中共中央马克思恩格斯列宁斯大林著作编译局：《马克思恩格斯选集》第二卷，第123页。
② 中共中央马克思恩格斯列宁斯大林著作编译局：《马克思恩格斯选集》第二卷，第122-123页。

"关系",是经济关系,那么,马克思主义美学的逻辑起点也应当是"关系",只不过是一种特殊的关系,即审美关系。

但是,肖君和在《试论马克思主义美学的逻辑起点》(以下称《起点》)一文中却认为"马克思主义美学的逻辑起点或基本前提是'联系',或者,讲具体一点是人和自然之间的联系"①。作者在举出马克思、恩格斯的大量言论作为自己观点的似是而非的佐证后,还特地把"联系"同"关系"做了理论上的辨别,他认为:"所谓'关系',指的是事物之间的连带情况,仅仅意味着'有关'、'相关'。'联系'是'关系'的一种,但不止于一般的关系,而是事物内部矛盾双方或事物之间相互依赖、相互制约、相互作用、相互转化的关系。"②这个看法显然是不符合马克思、恩格斯的思想的。

如前所述,马克思、恩格斯正是把人同自然的关系作为出发点的。在马克思看来,"关系"这个概念有着严格的理论内涵,同一般所谓相互关联或普遍联系有着重要的区别。与《起点》的看法正好相反,马克思认为"关系"是人与自然之间才有的一种特殊的联系,而事物之间普遍存在的联系,比如动物等与周围环境的联系,并不就是"关系"。因为,只有具有主体性的人才同自然之间发生"关系"。马克思、恩格斯明确指出:"凡是有某种关系存在的地方,这种关系都是为我而存在的;动物不对什么东西发生'关系',而且根本没有'关系';对于动物说来,它对他物的关系不是作为关系存在的。"③这里说得何等明白啊!

要怎样理解马克思、恩格斯的这个观点呢?

我们知道,人同动物一样本来都是自然的一部分,是赖自然界为生的。但是,人同动物又有根本的区别。动物和它的生命是直接同一的,动物不把自己同自己的生命活动区别开来,它就是这种生命活动,人则使自

---

① 肖君和:《试论马克思主义美学的逻辑起点》,《当代文艺思潮》1984年第4期,第39页。
② 肖君和:《试论马克思主义美学的逻辑起点》,第41页。
③ 中共中央马克思恩格斯列宁斯大林著作编译局:《马克思恩格斯选集》第一卷,人民出版社,1972年版,第35页。

己的生命活动本身变成自己意志和意识的对象。因此，人以自己的自觉性把自己同自然相区别，把自然界看作对象，积极地能动地对待自然界，使之成为"为我"的存在。这样，人就有了从根本上区别于动物的主体性。正是人的主体性，使他超出于动物，不再只是一种对象性的存在，这同时也是主体性的存在。凭着这种主体性，人才同自然之间建立起主体与对象的关系——一种超出于一般联系的特殊联系。这种"关系"首先现实地表现在人的实践之中，并在实践中不断丰富和发展。这就是"关系"同"联系"不同的地方。

《起点》一文曾经引用彼德罗夫斯基主编的《普通心理学》中对情感奥秘的论述来论证自己的观点。然而，这段论述却恰恰说明了"关系"与"联系"的区别。这段论述是这样的："'情感'——这是人的各种现实关系，亦即需要的主体与对他有意义的客体的关系在他的头脑中的反映。'关系'这个概念运用在心理学中有两个方面的意义：第一，是指客观上形成起来的主体与客体的相互联系（客体关系）；第二，是指这些联系的反映或体验（个人的主观态度）……只有当谈到有机体与满足需要或阻碍这种满足的客体的关系（这些关系表现在体验之中）在大脑中的反映时才应该运用'情感'这一科学术语。"（着重号为原引者所加）在这段话中，他特地指出了"关系"是一种特殊的联系，即"主体与客体的相互联系"，后面谈到"这些联系"时，恰恰是指这特定的联系而言的。如此醒豁明晰的意思，居然被《起点》一文抹杀乃至颠倒，难免令人惊异。

以"关系"为马克思主义美学的逻辑起点，正体现了实践论在马克思主义学说中的重要地位。当我们说马克思主义美学的理论基础是认识论与历史唯物主义相统一的实践论时，也就是要求它必须以人与自然的"关系"为出发点。从实践出发并不意味着直接从实践中寻求美的本质和根源。实践是人与自然的"关系"的表现，是人同自然一切关系的基础。因此，从实践出发，首先就应当抓住实践中人与自然的关系的深刻内容，并进而揭示出审美关系的特殊规定性。同时，也只有从严格意义的"关系"来把握马克思主义美学的逻辑起点，才能认识到审美关系作为人对自然的一种主体性关系的本质，才能把审美关系放到人与自然的实践关系的基础之上和系统之中去考察。由此，也才能真正领悟所谓"实践美学"的精髓。

三

　　《起点》一文为论证其中心论点，列举了马克思、恩格斯的八处论述。在我看来，无论是马克思谈劳动的过程，谈人的生产能按照美的规律造型，谈"历史之谜"的基本内容，还是恩格斯谈典型环境中的典型人物，都是基于人与世界的"关系"来谈的。《起点》无视自己所引述的马克思的论述中明明白白说的"这种关系的规定性"，硬把"关系的规定性"简单地说成"人与自然之间的现实的联系"。如此牵强，是很不恰当的。

　　这里我们要着重谈谈对《起点》引以为首要依据的一段话的理解。《起点》根据马克思、恩格斯在《神圣家族》中针对施里加说的一段话，硬说马克思、恩格斯在这里虽然没有谈"美"学，但"玛丽花"在这里是美的象征。马克思、恩格斯说玛丽花，就是说的"美"。于是就从这段话中摘取一些片段，得出结论说："马克思、恩格斯指出美是'人和自然之间的联系'，'自然的合乎人性的联系'"。这里的臆断是惊人的。为了弄清马克思、恩格斯的原意，有必要看看他们的这段原话究竟是怎么说的。

　　在《神圣家族》中，马克思、恩格斯在批判施里加对雏菊（玛丽花）的设计跟鲍威尔对圣母的设计有异曲同工之妙，"在雏菊身上构成鲁道夫和世界这两者的思辨的统一"时写道："除了房屋主（当事的'个人力量'）和他的房屋（'客观基础'）之间所存在的实际关系以外，神秘的思辨和思辨的美学都还需要第三个因素，需要具体的、思辨的统一，即需要把房屋和房屋主集诸一身的主客体。既然思辨不喜欢仔细研究天然的中介，那么它就看不出，对于一个人（例如对于房屋主）是'客观基础'的'世界秩序的一鳞半爪'（例如房屋），对于另一个人（例如对于这栋房屋的建造者）则是'史诗式的事变'。批判的批判指责'浪漫主义艺术'的'统一教条'、可是它现在却力求获得'真正统一的整体'、'现实的统一体'，并且抱着这个目的，用虚幻的联系、神秘的主客体来代替世界秩序和世界事件之间的自然的合乎人性的联系，这就像黑格尔用那一身兼为整个自然界和全体人类的绝对的主客体——绝对精神来代替人和自然界之间的现实的联系一样。"①

马克思、恩格斯在这里谈到"美"了吗？显然没有。他们在这里批判的是鲍威尔和施里加的思辨唯心主义。施里加的"神秘的思辨和思辨的美学"妄图在主体和对象之外找到一个把两者集诸一身的主客体，从而把作为客观基础的对象消融于主体的思辨精神（自我意识）之中。这样的主客体当然是不存在的，恰如黑格尔的绝对精神并不存在一样。无论是施里加的主观唯心主义还是黑格尔的客观唯心主义，都抹杀了主体和对象之间存在的"实际关系"和"人和自然界之间的现实的联系"。马克思、恩格斯的论述十分明白地指出，正是由于抹杀了这些"客观关系"和"天然的中介"（因为"关系"总是凭借一定的中介而发生和表现出来的），所以不能理解为什么不同的主体会对同一对象有不同的感受。马克思、恩格斯在这里强调的正是作为主体的人同对象之间的关系的特殊规定性，乃决定于彼此的特殊性质和关联。因此，他们要求正视"世界秩序和世界事件之间的自然的合乎人性的联系"。这里的"自然的合乎人性的联系"，恰恰是针对施里加的"虚幻的联系、神秘的主客体"而言的，"自然的"就是现实的，"人性的"就不是神秘的。归结起来，马克思、恩格斯强调的就是要从人与客观世界之间存在的"实际关系"，也就是人和自然之间的现实联系出发来认识生活。这些论述以玛丽花为中介一下子就拉到美的本质问题上去，实在未免唐突。

在谈到玛丽花的形象时，马克思、恩格斯确实谈到了玛丽花同自然的关系，并对这种关系报以热烈赞赏的态度。但是，在这些论述中，也绝没有《起点》所引申的意思。马克思、恩格斯是怎样谈论玛丽花与自然的关系的呢？

当谈到玛丽花时，他们说："尽管她处在极端屈辱的境遇中，她仍然保持着人类的高尚心灵、人性的落拓不羁和人性的优美。"又说："在大自然的怀抱中，资产阶级生活的锁链脱去了，玛丽花可以自由地表露自己固有的天性，因此她流露出如此蓬勃的生趣，如此丰富的感受以及对大自然美的如

---

① 中共中央马克思恩格斯列宁斯大林著作编译局：《马克思恩格斯选集》第二卷，第213页。

此合乎人性的欣喜若狂。"在谈到玛丽花的善良时又说："她之所以善良，是因为太阳和花给她揭示了她自己的像太阳和花一样纯洁无瑕的天性。……是因为她还年轻，还充满着希望的朝气。"① 显然，马克思、恩格斯并没有论美，而恰恰是在论玛丽花与大自然美之间的审美关系。在他们看来：

第一，玛丽花之所以能对大自然美生发"欣喜若狂"的感受，能建立这样融洽而热烈的审美关系，是由于玛丽花的主体本质（纯洁无瑕的优美的天性）同大自然美的特性相互对应的结果；

第二，这种关系之所以得以实现，是因为玛丽花"在大自然的怀抱中，资产阶级生活的锁链脱去了"，她"可以自由地表露自己固有的天性"；

第三，玛丽花的强烈的美感是由"大自然美"引起的，大自然本身就有美存在着，而不是在玛丽花与自然的联系中才有美。

马克思、恩格斯还特地指出，玛丽花与大自然美之间的关系，在老教士拉波特眼里就不同了。在他看来，"大自然美"乃"造物之美"，"玛丽花对于大自然美的纯真的喜爱变成了宗教崇拜"。由于拉波特的教诲，"对于她，自然已被贬为适合神意的、基督教化的自然，被贬为造物。晶莹清澈的太空已经被黜为静止的永恒性的暗淡无光的象征"。② 显然，由于主体本质的不同，一个同自然美建立起纯真热烈的审美关系，另一个发生了神秘的宗教关系，一个表现出纯洁无瑕的天性的激动和欢欣，另一个却是贬抑了人的全部天性的笃信和虔诚。

从以上分析可以见出，马克思、恩格斯的这些论述所包含的美学启示仍然在于对审美关系的认识，一下子径直拉到"美"的问题上去，是既不符合事实，也不利于认识马克思主义美学的逻辑起点的。

---

① 中共中央马克思恩格斯列宁斯大林著作编译局：《马克思恩格斯选集》第二卷，第215—217页。
② 中共中央马克思恩格斯列宁斯大林著作编译局：《马克思恩格斯选集》第二卷，第220页。

四

马克思主义美学的逻辑起点应当是人与自然的"关系"这样一种特殊的主体性联系，具体地说应当是审美关系。然而，目前的美学各派在阐发自己所理解的马克思主义美学时，大都一头扎在美的本质问题上。这种理论的惯性顽强地主宰着美学研究的现状，也限制着它的活力。影响所及《起点》亦未幸免。由于这种惯性，自然轻视审美关系问题的重要性。须知阻碍我们接近真理的，常常不是未知的东西，而是已知的东西。先哲的告诫值得我们引以为鉴。明确认识人同自然的关系，具体地说审美关系是马克思主义美学的逻辑起点，对于美学理论的研究和发展有决定性的意义。在我看来，至少有以下几个方面值得重视。

第一，有助于对美学的特殊对象的确定和认识。长期以来，关于美学的对象，歧义纷出，莫衷一是。其实大多各执一隅，欲以偏概全。只有审美关系才全面地包含了美学对象的内容和范围，并将其作为一个系统呈现在我们面前。如前所述，作为一种特殊的关系，审美关系既包括了审美对象，也包括了审美的主体，还包括了两个方面的相互关联和相互作用。人们在争议中将其作为美学对象提出的美、艺术美、美感经验等，不是都包含在这一关系的整体结构之中，并在整体中显示出内在有机的联系来吗？在这样一个多因素多层次的有机动态系统中，才真正展示了审美活动的系统性面貌，便于全面地运用系统原理展开立体化的研究，以不断揭开美学领域内的各种奥秘。

第二，有利于展开美学理论体系的丰富内容。今天流行的美学理论，一般都只是在美和美感的问题上徘徊，难免给人以贫乏、单调的感觉。这同美学的学科地位是极不相称的。真正以审美关系为对象的美学，首先就必须考察审美关系的基本性质和特征，其在人类生活中的地位和作用及它是如何产生、发展的，艺术活动在审美关系中的地位又是怎样，等等。仅仅这些问题就必然大大丰富了美学理论的内容。过去，由于不重视审美关系，缺乏对审美关系的系统深入的研究，马克思《手稿》的美学思想及其对美学研究的指导意义也狭隘化了。这些，随着对审美关系的认识的深入，一定会极大地改善。把审美关系作为一个系统来研究，美学理论体系的广度和深度，都将有极大的改观。

第三，可以推动美的本质的探讨走向深化。比如美的客观性问题，离开了对审美关系系统的考察，是很难真正弄清的。人们常常把审美和美混淆，把对象是否客观地存在着美同这美是否为主体所感知混淆，这就必然导致以美感决定美的结论。这种混淆在自然美的客观性问题上表现得特别突出。又比如美与认识、功利的关系，由于对审美关系在人与自然关系的多层次多方面结构中的地位缺乏深入研究，以致把认识关系、功利关系同审美关系搅在一起，弄不清它们在不同层次和方面的相互联系，也就难以弄清真、善同美的关系了。可以说，目前美学界关于美的本质的已经陷于僵局的争论，只有在认真考察审美关系的前提下，做到以整体统率局部，才可能为其注入生气，有所突破，在更廓大的理论视野中使认识得以推进。否则，由这种僵局酿成的对美的本质问题及其研究的怀疑，势必日甚一日。

第四，启示开拓对审美意识的系统研究。美学理论中关于美感问题的研究显得特别贫乏。为了克服这种贫乏，人们曾求助于各种学派的心理学，当然不无成果。但是，要真正克服这种贫乏，还是必须从审美关系的整体观出发，认识到美感只是审美关系中主体同对象相互作用后的意识产物。这个相互作用的过程，就是主体已有审美意识能动地反映对象而进行一系列意识活动的过程。因此，在审美关系中，不是只有美感，而是存在着一个多形态的审美意识系列。比如，主体在既往实践中形成的，作为审美主观条件的审美意识就有审美需要、审美能力、审美理想等；主体在审美反映中产生的，作为审美反映产物的审美意识有审美表象和意象、审美认知和判断、审美情感体验（美感或丑感）等。在这两类审美意识的系列中，每一种形态都有各自的性质、特征、结构、地位、作用需要研究，需要逐一考察并研究其整体联系。这一切也必然使美学理论得到充实。

以上所举，只是择要而论。我们相信，随着审美关系真正受到重视，它对开拓美学学科领域的意义还会更充分地显示出来。因此，我们呼吁：美学，重视马克思对审美关系的论述，把"关系"作为自己的逻辑起点吧！

（《成都大学学报》社会科学版1985年第2期）

美学应把审美活动作为一种关系来研究
——就美学对象问题同王一川同志商榷

近年来,主张美学研究对象是审美关系的人越来越多。周来祥同志亦持此见,并对之做过较为具体的论述。①王一川同志就此与之商榷,明确表达了"美学对象不是'审美关系'的主张"②。

诚然,在周来祥同志对审美关系的论述中,确有值得商榷之处。比如,沿袭德国古典哲学从人的知(理智)、意(意志)、情(情感)三种心理因素出发划分认识、伦理、审美三种关系,认为审美是一种情感关系等,都未必完全恰当。王一川同志在这些问题上的质疑是值得重视的。但是,王一川同志连对"审美关系"这个提法本身也是反对的,认为美学研究的对象应是审美活动,而不是审美关系,这实在令人惊讶。按寻常人的眼光,在人的"活动"中包含着"关系",人的"关系"也要表现为"活动",二者指的是一回事,本不该如此抵触的。然而,王一川同志却说:"'关系'是一个模糊的概念,不宜用来指称美学研究的对象。"我们不禁要问,如果说"关系"

---

① 周来祥:《美学问题论稿——古代的美、近代的美、现代的美》,陕西人民出版社,1984年版。
② 王一川:《美学对象不是"审美关系"——与周来祥同志商榷》,《江汉论坛》,1985年第3期。

是一个模糊的概念，"活动"难道不也是一个模糊的概念吗？即便说"关系"这个概念模糊，科学的任务不正是通过从抽象上升到具体的思维过程使之逐步明晰起来吗？我们知道，哲学研究思维与存在的关系，政治经济学研究生产关系。这些学科都可以某种"关系"为研究对象，为什么美学就不可以研究审美关系呢？

他又说，"如果美学研究审美关系"，"似乎美学研究的对象是'人与自然'的某种静止不动的关系，它们是固定的，而不是永恒地发展变化的、不断地升降起伏的"。为什么"关系"就是"静止不动"的呢？审美关系同别的关系一样，都是在人对自然的实践这一最根本的关系中形成的。人类的实践是历史的过程，是"永恒地发展变化的，不断地升降起伏的"，那么，审美关系也就不会是"静止不动"的。马克思主义的哲学和政治经济学都研究一定的关系，却并不见这些关系"静止不动"。恰恰相反，这些关系都表现出历史运动的本质。由此可见，"关系"和"静止不动"并没有注定不可解的必然联系。

他还说："使用审美'关系'这一概念，仿佛是把人与自然处在同一个层次上，忽视了人作为主体的能动性。"对于这一点，倒是应当多说几句。在马克思、恩格斯看来，恰恰是在"关系"中，才体现了人的主体性。值得仔细分辨的是，"关系"这个词在日常用语中的含义比较含混，往往同"联系"同用，似乎事物客观存在的普遍联系都可称之为"关系"。但是，马克思、恩格斯在《德意志意识形态》中，曾专门把"关系"同事物之间的对象性联系加以区别，赋予它严格的、特定的理论内涵。他们说："凡是某种关系存在的地方，这种关系都是为我而存在的；动物不对什么东西发生'关系'，而且根本没有'关系'；对于动物来说，它对他物的关系不是作为关系存在的。"联系上下文，这段话的意思很明白：首先，"关系都是为我而存在的"。"我"是人在自觉意识中对自我个体意志及其整个生命存在的意识。这就是说，"关系"恰恰是为主体而存在的，只是因主体而存在的。没有作为主体的"我"，就没有"为我而存在的"关系。其次，"动物不对什么东西发生'关系'"。这就是把人的"关系"（一种主体性联系）同动物的"关系"（实为对象性联系）区别开来了。由此可见，正是在"关系"中人的主体性才得以体现。审美关系，就是人作为审美主体，把周围世界的审美信息作为对象的一种具有特殊规定性的关系。离开人这个主体，离开人的能动性，就不可能有这种关系。

至于说"活动"，不仅人有，动物也是有的。动物的生命活动，是一种本能的活动，同人的生命活动是有本质区别的。这种区别就在于，人是有意识的、自觉的，是把周围世界作为"为我而存在的"对象来对待而与之建立关系的。由此可见，同王一川同志的看法相反，恰恰是用"活动"这一概念，才"忽视了人作为主体的能动性"，因为"活动"一词没有像"关系"一词那样，把人同动物的本质区别明确地表达出来。

美学应当研究审美关系，应当研究这一体现了人的主体性的特殊关系。尽管在考察之初，这种"关系"还在审美的活动中表现为一个混沌的整体，还是模糊的。但是，只要我们抓住"关系"对其进行分析和综合，就一定会获得越来越明晰清楚的认识。在这里，恩格斯在谈到政治经济学的方法时说过的一段话，对于我们是有直接的启示意义的。他说："我们采用这种方法，是从历史上和实际上摆在我们面前的、最初的和最简单的关系出发，因而在这里是从我们所遇到的最初的经济关系出发。我们来分析这种关系。既然这是一种关系，这就表示其中包含着两个相互关联的方面。我们分别考察每一个方面；由此得出它们相互关联的性质，它们的相互作用。"[①] 美学不是应当如此去研究审美关系吗？

恩格斯这里所说的方法，也正是马克思的方法。早在《1844年经济学—哲学手稿》中，马克思就曾说道："对象如何对他来说成为他的对象，这取决于对象的性质及与其相适应的本质力量的性质；因为正是这种关系的规定性造成了一种特殊的、现实的肯定方式。"马克思明确指出这是一种"关系"，并要求从对象的性质和主体（"他"）的本质力量的性质的特殊对应中认识"这种关系的规定性"。更值得美学研究者庆幸的是，马克思用了音乐欣赏这样一个体现审美关系的活动来说明这个一般道理。事实说明，正是马克思首先在《1844年经济学—哲学手稿》中把审美

---

① 中共中央马克思恩格斯列宁斯大林著作编译局：《马克思恩格斯选集》第二卷，第122-123页。

活动当作具有一种特殊规定性的"关系"来看待的。应当说，对审美关系的特殊规定性及其同人类实践的关系的揭示，正是《1844年经济学—哲学手稿》中最重要的美学内容。

  从以上的分析可以看出，"关系"是比"活动"具有更深刻的理论内涵的概念。当然可以说美学研究的对象是审美活动，但是却应当把它作为审美关系来研究。严格地说，只有审美关系才是美学的真正对象，才能鲜明地揭示审美关系中人的主体性的内容和实质。把"活动"同"关系"对立起来是没有道理，也没有意义的；而把"活动"作为"关系"来研究，才能展开科学的分析，综合研究结果后获得对审美关系的具体整体的认识。若能如此，审美关系就不会再是模糊的了。

（《江汉论坛》1986年第2期）

审美特性"初感"再思

这里说的"初感"或称"第一感受",指审美活动中审美主体最先获得的直觉性感受。这种"初感"虽然朦胧,却发于至诚,得之幽微,常有真知灼见的胚芽,因而总为世人所珍视。这里,我们借它来指称人类对审美特性的初期感受和认识。在这种整体性的直觉型思维中,包孕着对审美活动特性的单纯而直接的感悟。因此,对这种"初感"的再思,有助于对审美活动特性的把握。

美学应当把审美活动作为一种具有"特殊规定性"的"关系"来考察。正是"关系"才体现了人类活动的主体性。美感,是人类的这种特殊的肯定和享受方式的体现,是主体与对象在特定的对应和关联中相互作用的结果。因此,审美活动的特性又集中地表现于美感的特性。拙作《审美关系基本性质略论》谈到审美关系中主体本质的全面肯定和享受时曾说:"在这种享受中,人的感性的和理性的、自然的和社会的全面本质在情感的体验中与客观世界的运动特性相谐合感应。审美快感正是以这种主体全面本质的肯定和享受表现出'人天相应'、个体与整体相感的特殊关系。由这种感应和谐中产生的愉悦和对对象的爱悦,又进一步推动了'人天合一',推动了人与自然、个体与社会的统一与和谐。审美过程中的体验和移情等心理活动,就是这种人天之间、物我之间相应相感的表现。正是这种相应相感，才是审美快感的根本特征所在。因此，并不是审美过程中的任何情感活动都是美感，也不能把主体的任何感动都同美感等同起来。只有当主体在一切情感活动推动下，由于与对象的审美特性相激荡、相应相感，而感受到一种与之和谐的内心愉悦和对自己所肯定的对象的爱悦时，才享受到了美感。"[1] 这段话在表述上尚有值得斟酌之处，但基本上道出了我对审美的感应特性的看法。在我看来，审美快感来自主体与对象之间的"节律感应"，审美活动是一种"节律感应"活动，审美关系也就是一种"节律感应"关系。

这个看法，只是肯定了美学史上对审美特性的"初感"，却语焉未详，有必要进一步加以阐述。

一

无论东方和西方，古代的思想家都曾明确谈到人与自然运动之间和谐感应的关系。古代希腊的毕达哥拉斯认为，"整个的天是一个和谐，一个数目"，人的生命也是一个和谐体，遇到外在的和谐便产生一种感应，产生快感。而对人天感应谈得最多也最深入的，是中国古代的哲学及其美学。

欧洲古代哲学偏重于世界本体和本源的探求，因此其美学也主要聚焦对美的本体的考察。与此不同，中国古代哲学更重视人与周围世界（自然和社会）的描述和探讨。在关于人天关系，即所谓小周天和大周天关系的各种见解中，"天人合一"说占了主导地位。正是以"天人合一"说为基础的"天人感应"说触及了审美特性的奥秘。

我国自先秦以来，许多哲人从朴素的整体观出发，从不同方面谈到"天人合一"。孟子的"上下与天地同流"，老子的"人法地，地法天，天法道，道法自然"，以及庄子的"天地与我并生，而万物与我为一"，都强调天人，即自然与人生的统一。荀子主张"明于天人之分"，又主张

---

[1] 曾永成：《审美关系基本性质略论》，《四川师院学报（社会科学版）》，1983年第4期，第32页。

"制天命而用之",仍然肯定了天人的统一性。尽管这种朴素的人天观为唯心主义哲学和狭隘的政治功利所歪曲利用,但其中包含的天人同源、同构对应和运动节律("气")感应等,仍然是合理的认识。正是由于有这种统一性,人才不仅能知天、制天、用天,而且人的生命活动节律(从个体心理系统的微观节律到群体实践活动的宏观节律)也有同天地自然的宇宙节律趋于一致,达到和谐的可能和要求。《易传》曰:"天行健,君子以自强不息。"这是要求人天一致,不断进取。庄子说,"圣人者,原天地之美而达万物之理",要与"虚静恬淡,寂寞无为"的"万物之本"相与游乐,则是另一种性质的感应自然之美以达于无所待的自由和谐之境的要求。

在这种人天观所揭示的人天关系系统中,包含了人对自然的认识、功利和审美三个层次的关系:就天之为人所知因而人得以察天知天来说,是认识关系;就天之为人所用因而人得以受利于天来说,是功利关系;就天之能够与人相感因而使人在自由和谐的感应中泯灭天人界限,得以怡然自乐来说,则是审美关系。"天人感应"说还以其整体性包容和涵盖认识与功利两种关系于内,而主要从审美关系的层次上表达了对天人关系的认识。先秦美学对于主体如何才能在认识和功利自由的前提下进入审美关系论述甚丰,揭示了审美在人类生活系统中所处的结构层次。

后来的司马迁"究天人之际",就是把人天关系作为自己研究的对象,而"通古今之变",则无非对人天关系的纵向运动进行考察罢了。而董仲舒在前人的基础上明确提出"天人感应"说。揭开董仲舒学说的神学目的论之外衣和在本源解释上的神秘主义,他对天人感应现象的描述不乏真实和深刻之处。他把人看作万物之长,因而人能"上参天地",他又看到自然现象的运动变化同人的生命活动特别是情感活动之间存在着类似和对应,因而彼此相感而动,有相应而生的可能性与必然性。董仲舒从人的生成中寻找感应的根源,说"人生于天,而取化于天",因此,人的情感变化也可与四时之气对应,"喜气者诸春,乐气者诸夏,怒气者诸秋,哀气者诸冬,四气之心",即此之谓。

我国古代传统的"物感说",认为"气之动物,物之感人,故摇荡性情,形诸舞咏",正是讲的自然之"气",即自然的运动节律如何在多层次的感应中最终"摇荡性情"而激起人的节律性的情感表现。这种看法，董仲舒先从哲学的高度就说得很明白了。他特别注意到人天之间同态对应相感的现象，说"气同则会，声比则应"。他以琴瑟之事验证说，在调琴瑟时，"鼓其宫则他宫应之，鼓其商则他商应之。五音比而自鸣，非有神，其数然也"。特别值得注意的是，董仲舒没有把感应的原因归之于神，而归之于其"数"。所谓"数"，即指规律、必然，同时也应当含有定量的意思。倘若这样理解还说得过去，那就意味着，董仲舒已经从事物运动的具有复杂数量关系的节律形式特征中找到了相应相感的基原。

董仲舒从"气"及其"数"敏锐地觉察到事物同类相感的根源，这个深刻的见地后来却被忽略了。比如刘勰，当他说到"四时之动物"时，就只看到"情以物迁"的表面现象。其实，异质的事物（如人与天、情与物）之间之所以能相感应，其中最重要的中介就是运动节律这个媒介，也就是董仲舒所说的有"数"之"气"。这种看法，作为对审美特性的"初感"，尽管还处在胚胎阶段，但已含蕴着无限的生机了。

二

可惜，"节律感应"说本身后来没有多大发展。不过，在人们关于审美对象特性的认识中，它仍间接地得到肯定。正是从这种"感应"说出发，到魏晋间，"气韵"之说才得到充分发展。谢赫总结绘事"六法"，首标"气韵生动"。细释起来，这四个字是说，绘画必须有生气灌注，这"气"使形象显出音乐节律般的韵致，因而栩栩如生、跃跃欲动。

宗白华先生以他丰富而精微的审美经验为据，明确指出："气韵，就是宇宙中鼓动万物的'气'的节奏、和谐。"他说："绘画有气韵，就能给欣赏者一种音乐感。六朝山水画家宗炳，对着山水画弹琴，'欲令众山皆响'，这说明山水画里有音乐的韵律。明代画家徐渭《驴背吟诗图》，使人产生一种驴蹄行进的节奏感，似乎听见了驴蹄答答的声响。这是画家微妙的音乐感受的传达。其实不单绘画如此。中国的建筑、园林、雕塑中都潜伏着音乐——即所谓'韵'。西方有的美学家说：'一切的艺术都趋向于音乐'。这话是有部分真理的。"① 宗先生最后一句话还有所保留，其实大可不必。在德国古典美学中，歌德和黑格尔都再三强调"生气灌注"对于艺术美的意义。黑格尔认为，作为理念的感性显现的美，必须在内容和形式的有机整体中显出生气灌注，才是美的。他们的"生气灌注"说跨越巨大的时空距离，与我国的"气韵生动"说遥相呼应。这不正是东西方艺术在近代以来彼此渗透汇流的契机吗？美学思想的这种不谋而合，不是也正好说明"气韵"或"生气"对于美的意义吗？宗先生明确指出，美"是万物形象里节奏旋律的体现"②，正是探到了美的根底。

"气韵"之说，从审美对象一方的特性揭示了审美的特性。为什么一定要"气韵生动"才美呢？因为必须有"气韵"这样的生气节律，才可能使主体与之发生"节律感应"，并在和谐的感应中获得肯定性的审美情感反应。

洪毅然先生在《"气韵"新解》一文中谈到一位外国美学家所描述的一个心理实验。在这个实验中，处在密封的圆球形屋内的受试者，对黑暗中忽现的一片光明，以及对随后出现于一片空白的壁上的黑点，由黑点延伸成的水平直线，在直线一端接着出现垂直线，然后在另一端又出现垂直线，接着围成正方形，或者由水平线和垂直线组成向上向下相间连续、具有前进动势的图形，这样由于线性图形愈来愈具有"多样统一"的特点，受试者就一次又一次引起节律性的心理跃动，并发生明显的情感反应。洪先生通过这个事实说明，之所以"统一变化"能成为审美中一条不能抹杀的原理，是"因为它确实具有视觉心理规律之生理机制的客观基础作为根据的。其根据就是：一切活的有机个体的生命即运动——活动。动意味着生，不动意味着死。属于整个有机体之组成部分的视觉器官，自然也是这样"。而"气韵"，正是与人的这种心理机制相对应的对象性特征。他说："其'气'之流转运行，凡属合乎'变化统一，统一变化'规律者，遂有某'节奏感'、'韵律感'，即是和谐生动之韵致（否则无韵致）。'气

---

① 宗白华：《美学散步》，上海人民出版社，1981年版，第44页。
② 宗白华：《美学散步》，第143页。

韵'、'气韵',无非指此而言。"①洪先生的见解也说明,正是"气韵"才可能在与主体生命活动的节律特征的对应中使之产生美感。

这种经由"节律感应"而获得美感的现象,在音乐欣赏中表现得最为直接。托尔斯泰曾经描述自己听音乐的感受说:"有一次,我散完步之后,带着沮丧的心情走回家来。将走近家门口的时候,我听到村妇们在大轮舞中高声歌唱。她们在欢迎和祝贺我的出嫁之后首次归宁的女儿。在这伴有呼叫声和碰击镰刀声的歌唱中,有一种那样明确的欢欣、爽朗和坚毅的感情表达出来,竟连我自己也没有注意到自己是怎样受了这种感情的感染;我带着比较高兴的心情走向家门,等我到家的时候,我已经变得欢欣和愉快了。我发现家里所有听这歌唱的人都怀着同样欢欣鼓舞的心情。"在《克莱采奏鸣曲》中,托尔斯泰谈到音乐的可怕作用时,也描述了这种由"节律感应"达到感染的强大得不可抗拒的力量。

音乐如此,其他艺术也如此,自然美仍然如此。范仲淹的《岳阳楼记》中所描述的洞庭湖在不同天气中呈现的不同节律特性分别激发了审美主体的不同情感节律。"节律感应"正是一切审美活动的共同特性所在。

三

审美关系作为人对世界的一种主体性关系,既是超自然、超生物的,又以人的自然—生理属性为基础,并有其前社会的自然—生理根源。这个基础和根源就在动物的"潜美感"中。

有的研究者在考察人类审美活动时,重新肯定了达尔文的观点,十分重视达尔文所说的动物的美感能力。②在达尔文看来,那种纵使不是欣赏至少也是觉察拍子和节奏的音乐性的能力是一切动物所特有的,而且毫无疑问,这决定于它们神经系统的一般生理特征。我们可把达尔文所说的动

---

① 洪毅然:《"气韵"新解》,《美学》第四卷,上海文艺出版社,1982年版,第278、284页。
② 参见黄海澄:《从马克思主义和现代控制论观点看审美现象》,《世界艺术与美学》第三辑,文化艺术出版社。

物的这种美感称为"潜美感",而动物的潜美感的秘密就在于生理—心理整体性生命"节律感应"的和谐体验。动物对色彩的敏感,其实也是由特殊的光波节律引起感应的结果,与人对"拍子和节奏的音乐性"的觉察实无二致。

节律普遍存在于物质世界之中,并以一定的信息表征出来。自然界按一定的节律运行,宇宙间的事物按一定的节律运动,生物也按一定的节律生活、发育和发展。生物的生命节律,是其生命活动的系统性整体效应中的特殊的生命表征,是在其生成环境节律的制约下形成和进行的。在生物生成过程的几百万年中,宇宙间的自然节律在生物体的基因上打下深深的烙印,只有那些生理和行为适应环境节律的生物才生存下来。这是因为,一般说来,只有当生物的生命节律与环境节律相适而又能维持其固有节律的有序性与和谐时,才能有正常健旺的生命活动。节律的反常干扰,必然会引起生命节律的反常,甚至会干扰和破坏生命活动的正常秩序,严重时还会造成死亡。超阈限的声波、光波和运动振荡对人的生命的危害就是这样造成的。人们津津乐道的用音乐刺激西红柿生长和奶牛产奶的事实,就说明了这种"节律感应"的作用。今天的"胎教音乐"也是凭借这种"节律感应"才发挥作用的。色彩可以调节或激发动物和人的情绪的奥秘也在于此。达尔文特别感兴趣的动物羽毛色彩在性选择上的微妙作用,恐怕一方面是由于这样的羽毛色彩表征了旺盛的生命力,另一方面也是由于色彩的电磁波特性对其生理节律的激发促进了性要求和性快感。可见,"节律感应"是生物生命活动的重要内容,是其生命活动机能的重要调节手段。

哲学家对生物的反应功能的研究指出,在生命进化的基础上,出现了日益复杂的反应形式,这种形式是生物所固有的,是生物适应不断变化的环境条件的机理。而生命诞生本身就意味着第一个生物反应形式——感应性的出现。感应性是一切生物所固有的特性。在生物进化过程中,所有其他更高级的反应形式都是在感应的基础上产生的。在原始结构的机体中,生物体的各个部分都有同等的受环境影响的感应能力。到了较复杂的生物组织,它的各个组成部分同周围环境直接接触后会逐渐消失,分化出来几种专门组织。这些组织专门接受某些影响,成为生物体和环境的媒介,也就形成了专门的反应器官。[①]而人的审美反应器官是会接受不同形态的具阈限性的运动节律的。

人是从自然界生成的,从动物而来又远远超越动物。人既是一个高度发展的生物机体,当然也有其独特的生命节律,因此人也有生命"节律感应"的活动。不过,这种生命"节律感应"的机能和要求同人的饮食和生育等生命活动一样,在人的生成过程中,必然会受到社会系统生活节律的深刻制约。这样一来,人的生命活动节律就比其他生物具有更丰富的层次、更复杂的结构、更微妙的系统效应。生理节律,这是包括植物在内的一切生物都有的。但是,人类的生理节律和心理节律却是在社会实践的生活节律中熔冶而成,必然会反映社会系统质的特性,积淀深沉的社会历史内涵。在人的心理节律中,思维和受思维制约的高级社会情感的节律,作为人类主体性的体现,则是动物所无,为人所独有的。特别是人的渗透和灌注着理性内容的情感——情致(或"情志")的节律,既与生理节律密切联系、相互作用,又是意志和认识活动的产物,因此情致成为人的生命节律的最充分而微妙的本质性表现。人的生命系统节律就这样体现了自然与社会、感性与理性、个体与整体、有限与无限的统一。在审美活动中,审美主体通过对有限对象的无限意蕴的领悟和节律的感应,感性地体验到个体生命存在的自由程度,在情感的契合无间中消泯了物我界限,达于精神自由之境。正是这种在"节律感应"的和谐中获得的精神享受才是真正的美感。这种情感同别的情感(比如理智感和道德感)的区别也就在这里。

因此,把审美关系说成情感关系,以区别于理智和意志的关系,显然是不够的,因为并非任何情感关系都是审美关系。

如果说达尔文揭示了人类美感的自然—生物基础和根源,那么马克思的实践唯物主义的自然人化学说则解答了人的感性如何从自然感性变为人的感性的问题,因此,也同时回答了人的生命节律如何发展为人的生命节律的问题。人的生命节律,是理性与感性相统一的,是其生成环境和实践

[①] 乌克兰科学院哲学研究所:《恩格斯与现代自然科学》,丁祖永等译,中国社会科学出版社,1984年版,第111-112页。

活动系统节律的产物，气候的鲜明节律和山川地貌的节律特征，不仅直接制约着人的生命节律，还通过对人的生产和生活实践的制约影响人的生命节律。至于我们民族的社会生活历程和文化传统等，更要在生命节律上打上鲜明的烙印。这就形成了我们民族的特殊的生命节律。不同人种、不同民族乃至不同社会地位和生活境遇的人的审美趣味的差别，就是这样造成的。

四

审美的特性在于运动节律的感应，这种"节律感应"活动是多种多样的。长期以来，美学把审美仅仅看作静态的"观照"性活动，却把那些至今占有重要地位的由主体直接参与活动的审美方式遗忘了。恰恰是在这些方式中，审美的"节律感应"性体现得最为直接和鲜明。

自娱性的舞蹈就是这样的审美方式。从古及今，都有群众性的舞蹈，人们通过直接参与的节律性运动达到审美目的。这种舞蹈在人类史前阶段就已是相当完美的艺术了。根据苏珊·朗格的说法，舞蹈是人的本质的第一个对象性活动，第一种真正的艺术。这类舞蹈从与大自然节律相感应的劳动和巫术内容到出自心灵节律感应的情感表现，无不直接体现出审美"节律感应"的特性，尤以原始舞蹈表现得充分。诚如格罗塞所说："现代的舞蹈不过是一种退步了的审美的和社会的遗物罢了，原始的舞蹈才真是原始的审美感情底最直率、最完美，却又最有力的表现。"[1] 他还认为："原始人类无疑已经在跳舞中发现了那种他们能普遍地感受的最强烈的审美的享乐。"[2] 这种审美的享乐就是从强烈的人天"节律感应"中获得的。

原始舞蹈包含了运动着的人体节律（实际是全身心的节律）与周围世界运动节律的多层次感应：或者是人的生命活动同大自然或宇宙节律相感应，以体验生命的存在与活力；或者是与生产活动的节律相感应，体验并追求制天命而用之、顺天命而乐之的自由；或者是在群体的节律运动中相

---

[1] 格罗塞：《艺术的起源》，蔡慕晖译，商务印书馆，1984年版，第156页。
[2] 格罗塞：《艺术的起源》，第165页。

互感应，以体验和培养人际关系的和谐。格罗塞曾以惊叹的口吻谈到狩猎民族舞蹈动作的整齐一律，他说："在跳舞的白热中，许多参与者都混合而成一个，好象是被一种感情所激动而动作的单一体。在跳舞期间他们是在完全统一的社会态度之下，舞群的感觉和动作正象一个单一的有机体。原始舞蹈的社会意义全在乎统一社会的感应力。"① 这自然使我们想起了青海大通县出土的陶盆上的舞蹈图纹。那五人一组手牵手的群舞，动作是那样协调一致，优雅自如，不是"正象一个单一的有机体"吗？在和谐的感应中，每一个舞者都那样怡然自乐。这个陶盆外面画有三条挽了结的线，寄寓了增强群体团结的用意。当部落人群围着这个陶盆，像画中人那样在整齐一致的节律中舞蹈时，不正是通过节律的感应来达到联结感情的目的吗？

我国古代葛天氏之民的舞蹈，则主要表现了人与自然之间的"节律感应"。这种"节律感应"又是依据生产活动节律以八阕歌词为中介来展现的。即使在后代的舞蹈中，这种感应关系也依然存在。傅毅的《舞赋》描写当时的舞蹈演员在表演中，"修仪操以显志兮，独驰思乎杳冥。在山峨峨，在水汤汤，与志迁化，容不虚生"。通过心灵活动这个中介，演员的舞姿表情仍然在自然节律中盘桓回旋。

这种情况在现代舞中也仍然保持着。现代舞的先驱邓肯曾说："自最初我的跳舞便是表现人生。幼年的时候，我跳着生物自然发育之舞。成年的时候，我跳舞便感觉得人生悲哀的暗潮，冷酷的残忍，前进中的挫折。"② 她强调追求心灵的表现。而心灵的节律正是对人生节律的体验和感应。

无论是原始的还是现代流行的群众性舞蹈，当然都可以在观赏中获得内在"节律感应"（所谓"内摹仿"，但并不限于肌肉、内脏器官的运动）的享受。然而，参与者所获得的全身心的感应之乐，却是观赏者难以充分享受和领略的。无论是原始人还是今天的年轻人，不都更喜欢追求自娱性舞蹈中的快乐吗？

---

① 格罗塞：《艺术的起源》，第170页。
② 转引自汪流等：《艺术特征论》，文化艺术出版社，1984年版，第344页。

宗白华先生特别推崇"舞"的审美意义。他说:"尤其是'舞',这最高度的韵律、节奏、秩序、理性,同时是最高度的生命、旋动、力、热情,它不仅是一切艺术表现的究竟状态,且是宇宙创化过程的象征。艺术家在这时失落自己于造化的核心,沉冥入神,'穷元妙于意表,合神变乎天机'。'是有真宰,与之浮沉',从深不可测的玄冥的体验中升化而去,行神如空,行气如虹。在这时只有'舞',这最紧密的律法和最热烈的旋动,能使这深不可测的玄冥的境界具象化、肉身化。"[①]他又说"舞"是"自我"对所体悟的"道"的节奏的最直接、最具体的自然流露。"'舞'是中国一切艺术境界的典型。中国的书法、画法都趋向飞舞。庄严的建筑也有飞檐表现着舞姿。"[②]显然,"舞"在这里具有双重的审美意义,它既可是观照中的感应对象,也可是舞蹈者自我的感应过程,并在其中达到审美的境地。而以"舞"为魂的中国艺术,无不以"气韵生动"为美,无不体现这种"节律感应"的特征。

除自娱性舞蹈外,还有具有自娱效果的咏歌、吟啸和弹奏等艺术形式能体现"节律感应"。这些活动的主体以各种不同的节律形式,抒发那感于物而动的情,在忘情无待的物我同一之境中感受个体的自由。魏晋间,啸傲山林是许多文人的特殊审美方式。阮籍、孙登就是善啸的著名人物。成公绥的《啸赋》专门描写这种活动,其中写道:"若乃游崇岗,陵景山,临岩侧,望流川,坐磐石,漱清泉,藉皋兰之猗靡,荫修竹之蝉娟,乃吟咏而发散,声骆驿而响连。舒蓄思之悱愤,奋久结之缠绵,心涤荡而无累,志离俗而飘然。"这种吟啸作为无言歌,并不是要别人欣赏的。审美主体通过这种自由性的节律活动,疏导调节自己的心灵节律,与山林自然相与和谐。这种活动,在今天也是常见的。至于自娱性的咏歌,则更加普遍。

另外,我国传统的书画操作过程,通过蓄气、引气、行气的节律性活动,身心交融,心手相应,灌注生气于毫端,流布气韵于纸上。在整个书画过程中,艺术家的生理—心理节律与"师法自然"而来的意象节律相

---

① 宗白华:《美学散步》,第69页。
② 宗白华:《美学散步》,第67页。

与婉转、伴随驰骤，也是一种较强烈的"节律感应"活动。这样的书画活动，显然可以使主体身心节律得以激发、疏导和调节，从而达到新的有序和谐。书画活动之所以有明显的强身健体、怡情悦性之效，以致被看作"弱气功"，当成养身之道，其缘由盖在于此。

不仅与艺术创作有关的这些活动以其"节律感应"特征对主体本身具有审美意义，在人的其他生命活动中也到处存在这种审美因素。庄子描述庖丁解牛的动作"合于《桑林》之舞，乃中《经首》之会"，劳动者于"游刃有余"的自由活动中的怡然之情溢于言表。高尔基在《我的大学》中满怀激情地描写了码头工人们的一次抢运粮食的劳动，他写道："那种狂热劲头儿，真象是他们渴望劳动，早就盼望来享受这种传递四普特重的米袋和扛着货包赛跑的乐事了。他们象儿童迷恋游戏似的，干得那么愉快、陶醉……"，"我觉得我周围的人是在跳舞狂欢"。这种劳动中的美感来自劳动活动的节律，而劳动本身的创造性意义使这种节律活动进入自由境界。

现代美学要想深入人类生活的各个领域，特别是劳动领域中去，就必须重视劳动者在劳动过程中身物、心物、心身之间的"节律感应"的审美意义。所谓"劳动美学"，就其实践方面的目的来说，是要提高劳动过程的审美性，使劳动真正成为人的享受，同时推动劳动者在自由劳动中的创造力的发挥，而绝不是要使劳动活动或劳动者成为他人静观的审美对象。当然，真正自由的劳动也可以成为这样的对象，但这不是劳动美学所要解决的主要任务。不理会审美的"节律感应"特性并在这上面下功夫，劳动美学就不可能较好地发挥其实际作用。

可见，突破审美即观照的传统看法，重视审美的"节律感应"特性，无论是从美学的实际运用还是理论发展来看，都具有十分重要的现实意义。面向现代化的美学，应当克服传统观念的偏狭。

五

当宗白华先生论述到"气韵"的含义时，他曾说，音乐的节奏是"道"和"艺"的本体。"《易》云：'天地氤氲，万物化醇'。这生生的节奏是中国艺术境界的最后源泉。"而"音乐和建筑的秩序结构,尤能直接地启示宇宙真体的内部和谐与节奏,所以一切艺术趋向音乐的状态,建筑的意匠"①。

建筑被称为"凝固的音乐",而音乐被称为"运动的建筑"。这说明静态和动态的艺术是可以互相转化的。在静态的艺术中,色彩、线条的动势及其节律较易感受和理解,而图形和形体的节律似乎比较玄乎。这需要进一步说明。

以雕塑为例,固然其轮廓和衣纹装饰都可以线条呈现出运动感,但其运动节律更是通过形体的凹凸显示出跳动的光影效果,迈约尔的作品在丰满的形体中显示出达到极致的量感。整体的张力结构是在形体的各种尺度和比例的变化中形成的。这种张力结构与欣赏者的生理—心理节律的张力结构异质同构,在一定条件下也会相互感应。所谓"内摹仿"的感应现象,就是这样形成的。

郑板桥题柱石画诗道:"谁与荒斋伴寂寥,一枝柱石上云霄;挺然直是陶元亮,五斗何能折我腰!"他从柱石上看到的"挺然"之势,就是一种张力结构所显示的运动节律。由于这种张力结构与陶渊明的气节的节律特征相似,他才从中见出陶元亮的形象来。又由于其张力结构与他自己节操的张力结构相似,这才引以为"伴",在和谐的感应中,怡悦之情油然而生。

格式塔心理学对视觉艺术所做的研究,揭示了这种特殊对应的规律。阿恩海姆在《艺术与视知觉——视觉艺术心理学》中说:"不动之动是艺术品的一种极为重要的性质。"②又说:"任何一种艺术品,都是围绕着一个主要的运动旋律组织起来的。"③他认为知觉式样的力的结构正是表现性的基础,并举例说:"一根神殿中的立柱,之所以看上去挺拔向上,似乎是承担着屋顶的压力,并不在于观看者设身处地地站在了立柱的位置

---

① 宗白华:《美学散步》,第66-67页。
② 鲁道夫·阿恩海姆:《艺术与视知觉——视觉艺术心理学》,滕守尧、朱疆源译,中国社会科学出版社,1984年版,第569页。
③ 鲁道夫·阿恩海姆:《艺术与视知觉——视觉艺术心理学》,第599页。

上，而是因为那精心设计出来的立柱的位置、比例和形状中就已经包含了这种表现性。只有在这样的条件下，我们才有可能与立柱发生共鸣"。① 显然，在阿恩海姆看来，正是由于柱子形体所具有的张力结构使人与之发生感应而使我们与立柱产生共鸣。

总之，静态的形体通过其张力结构也表现出一定的节律效应。值得注意的是，这个审美事实同现代物理学所揭示的物质波粒二象性之间存在着巧妙的对应关系。

我们知道，经典物理学揭示了物质的两种基本属性：粒子性和波动性。所谓粒子性，指的是物质的质量、能量和动量在空间的集中，物质有明确的界面和准确的空间定位，物质的运动有一定的轨道，速度可大可小，也可以静止，不同粒子相遇时发生碰撞，具有不可入性，等等。粒子性是物质具有间断性的表现。所谓波，就是某种物质在介质中传播时形成的机械振动。物质的波动性，指的是能量在空间的连续分布和传播扩散，物质运动状态和空间分布状态的变化具有周期性，不同波相遇时遵循迭加原理，在一定条件下可以互相加强或者抵消，没有不可入性，等等。波动性是物质具有连续性的表现。现代物理学突破了这种绝对划分的观点，而把物质的粒子性和波动性统一起来，认为这是在微观领域中物质同时具有的两种属性。实验证明，不仅光波具有粒子性，电子及分子、原子、中子等微观实物粒子确实同时具有波动性。波动性和粒子性两种属性，不仅是相互对立、相互排斥的，而且是相互依存、相互转化的。在一定条件下，粒子性的要素可以转化成波动性的要素，波动性的要素也可以转化成粒子性的要素。同时，这种转化不是绝对的，不是轮流地单独出现某一特性，而是在某种情况下粒子性比较显著，而在另外的情况下则波动性又表现得比较明显，它们都并不排斥对立面的同时存在。事实上，波动性和粒子性总是同处于微观粒子这个统一体中，有时甚至可以同时明显地表现出来。这就是说，波是物质的恒常属性。既然如此，我们是否可以认为，格式塔心理学所说的图形的横向张力结构，实际上也可统一于纵向性的节律运动

---

① 鲁道夫·阿恩海姆：《艺术与视知觉——视觉艺术心理学》，第624页。

中。那么，一切事物和信息的节律特征，包括静态形体的节律特征，是不是可以在这里找到物理学的基础呢？

  我们凭借现代美学家的卓见和现代物理学的启示，联系审美活动的实际对审美特性"初感"的再思，力求更具体地揭开审美活动的奥秘。针对这个美学理论中的根本性的课题，需要多学科的"会诊"，运用系统性的方法作多元多向的立体化考察。我们的"再思"不过是提出问题，希望引起更多的研究者注意罢了。

（《四川师范大学学报》社会科学版1986年第2期）

"后实践美学":前进还是倒退?

——对世纪之交中国美学理论走向的思考

世纪之交中国美学的理论走向,已成为一个引人注目的话题。近年来,因兴起于所谓"实践美学"之后而被称为"后实践美学"的"生命美学"或"生存美学"为一些学人所看好,以为是对"实践美学"的"超越"且孕育着美学走出理论困境的生机。对这一观点的认识,实际上意味着对美学理论走向的选择。"后实践美学"是在"实践美学"的基础上继续前进,还是向后倒退?对此,笔者不能不有所思考。

一、"实践美学"与"实践本体论美学"之辨

在 20 世纪 50 年代中期的论争中形成的中国当代美学的几个主要学派,都曾把"实践"作为自己的某种理论基点。不仅朱光潜曾从实践中主观与客观相结合的内涵论证其美是意识形态的观点,而且蔡仪也曾从生产实践的规律阐释他的"美在典型"论。但是,人们并不把这些观点称为"实践美学",而是特定指称李泽厚的以实践为世界本体因而实践是美的根源的观点。显然,把这种观点泛泛地称为"实践美学"并不准确,而应称之为"实践本体论美学"。这是因为,从"实践"出发考察审美活动的美学,

以其对"实践"的理解不同而出现见解分歧，甚至相互对立，比如马克思的美学作为实践唯物主义的美学，就是"实践美学"中的一种，而它同所谓"实践本体论美学"是大相径庭且不可混同的。

在马克思的启示下，从实践来揭示种种美学之谜，特别是审美和美的本质之谜，这对于中国当代美学来说无疑是一个重大的理论选择。这一选择使许多人自觉地把审美活动置于实践的基础上或系统中来考察，使美学理论的面貌为之一新。也正是由于选择了这个决定性的理论基点，美学才得以努力面向实践，开始从"玄学"转向对"实学"的追求。在某种意义上，"实践美学"可说是中国当代美学的主要潮流。在这个主潮中，声势最宏、影响最大的无疑是"实践本体论美学"。在一个不短的时间里，它甚至被当作对马克思美学思想的权威解释而为人们所接受。从 20 世纪 70 年代末起，面对由于诸如自然美等问题未能自圆其说而遭受的批评，持论者曾着力于对"人化自然"进行全面性的阐发来予以补救。在美的根源问题上，20 世纪 80 年代初曾有过针对"劳动创造了美"这一命题执马克思的观点加以阐释的驳难，其理论矛头直指"实践是美的根源"即实践本体美论这一要害。但是，这些批评都未能对其理论优势有所触动。到 20 世纪 90 年代初，还从实践本体论的主体论引申出"告别革命"这样立意于世纪性总结的命题。除开上述批评外，20 世纪 80 年代末以来，先后有针对其"理性积淀"说的"突破"论和针对其"实践本体"说的"超越"论，并最终在"生命美学"或"生存美学"的名义下汇合，以"后实践美学"的旗帜张扬非实践的理论取向。

所谓"后实践美学"，意在"超越实践美学"。在我看来，被称为"实践美学"的"实践本体论美学"确实需要超越，但不是抛弃"实践"，用哲学代替历史唯物主义，或用"生存"取代实践来实现超越。这些"超越"论开出的药方之所以不妥，首先是因为它们对"实践本体论美学"的失误号错了脉。应当说，"实践本体论美学"也好，其他"实践美学"观也好，在取得不少具有真理性和富于启发性的思维成果的同时，都存在着某些根本性的理论迷失。比如，流行的"主客观统一说"也声称从"实践"立论，但其对实践的理解却基本上是黑格尔的思路，即仅把实践理解为精神的活动，这显然是不符合马克思的实践唯物主义对实践所作的质的规定的。如果说马克思的美学也可称之为"实践美学"的话，那么，它应当是唯物主义的实践美学，而不是任何其他的实践美学。当初马克思和恩格斯把自己的学说称为"实践的唯物主义"，既超越了一切旧唯物主义，也在扬弃中吸取了唯心主义的合理因素。同唯心主义的实践观不同，实践唯物主义把实践看作人的自由自觉的活动，是人改造外部世界的感性的即物质的活动，是人将自身本质力量（包括肉体的和精神的力量）对象化的活动。这种活动不仅要以客观存在的物质世界为对象，而且活动的主体也是物质运动高度发展的产物，它的精神存在是以其物质存在为基础的。显然，这种实践的唯物主义包含了历史唯物主义，却又不止于此；它还包含了马克思主义哲学的本体论和认识论的内容。实践唯物主义作为马克思主义的新哲学，它的对象也不只是历史，它是以包括人在内的整个自然界、包括历史在内的整个自然史为对象的。在这个系统性的哲学中，历史唯物主义居于主导性地位，也正是它赋予这个新世界观以崭新的整体色彩。但是，长期以来，由于对实践的尊崇我们将其抽象化和至圣化，不仅不能看到实践作为物质运动的高级形式必须以物质存在为前提，而且不能从实践对自然进行反观，因此也就不能全面理解实践唯物主义的深刻内涵。今天，以"后实践美学"的"超越"论引发的理论反思为契机，对"实践美学"特别是"实践本体论美学"的失误进行冷静的思索和探讨，尽力找准症结所在，对实现美学在世纪之交的真正超越至关重要。

二、正确把握实践和美学之间的中介与切入点

传统的美学是作为哲学的组成部分或理论引申而存在的，马克思主义美学也不例外。中国当代美学已不只是哲学的美学，但其主导形态还是哲学的。毋庸讳言，我们在进行马克思主义美学研究时，往往疏于对马克思主义哲学和美学原态理论的深入领会和全面把握，而是以对马克思主义的流行甚至片面的阐释为中介，并且在运用马克思主义哲学于美学研究时又缺乏自觉的中介观念，因此常常陷入从哲学原理向美学理论的直接演绎和引申的误区，"美的客观性即美的物质性"的论断就是十分典型的一例。

忽视或回避审美活动的特殊性，缺少中介转换和过渡，也就势必造成哲学介入美学的切入点的错位。

作为当代中国美学主潮的"实践美学"各派，都不约而同地直接从实践中去寻求对美的本质的解答。实践当然与美的本质有关，因为实践决定并表现着人的本质，而美的本质又决定于人的本质已成为大家的共识。显然，在实践与美的本质之间，首先有"人"这个中介，进一步还有"审美"这个中介，因为美的本质是相对于人的审美需要和由此发生的审美活动而存在的。在这里，对实践和在实践中形成的人的本质的哲学阐释尽管异见不少，但各种分歧甚至对立的见解在互补中呈现出的整体面貌，已足以形成基本的认识。然而，美学作为一门学科赖以安身立命的基点，也是美之为美的本体追寻，却在于对"何谓审美"或"审美何为"这个问题的实证的考察之中，但这个问题却并不是哲学所能直接回答的。不能用实践直接说明审美的特性，正如不能用饮食活动说明认识活动一样。审美活动作为人体验和享受自身应然本质的一种生活活动，应当具有其自身活动方式上的原生特性。只有对这种原生特性有所认识，才能对实践与审美，乃至实践与美的本质关系，有较为真切的把握。"实践本体论美学"从实践中推论出美是自由的形式，其中的"自由"虽然可从实践获得本质定性和具体内涵，而其"形式"却是没有根底的理论独断。不仅"实践主体论美学"是这样，可以说立足于形式的整个美学都是这样。美和审美为什么离不开形式？万事万物皆有形式，美和审美的形式有何特性？美和艺术的形式难道仅仅是作为形象和符号而成为生命意义的载体？美和审美的形式引起美感的秘密何在？形式的感性动力作用的生命根据是什么？美学必须予以科学回答的这些问题，是不能直接从实践，也不能直接从哲学得到解释的。如果美学总是满足于哲学的"玄思"，而不对审美活动做科学的研究，"审美"这个根本范畴就永远只是一个黑箱，美学自身的自主地位和存在权利也会因此遭到根本上的怀疑。应当看到，在世纪之交，无论是中国美学还是西方美学，都已显示出揭开"审美之谜"的理论征兆，已经出现了一批前沿性成果。即使是所谓"后实践美学"，也有意努力解开这个关乎美学自身命运的整体性和前提性难题。

不能直接从实践推衍出对审美活动和美的本质的认识，这并不意味着实践同美学无关。实践作为人类生命活动的本质性和基础性的内涵，同审美和美的关系至为重大，至为密切。不过，这种关系是在更深的层次上发生的，不应被理解得那么直接。从实践与审美的关系说，正是实践才使动物的"原美感"活动提升为人的审美活动，使之成为人的主体性活动，成为一种审美"关系"，并且实践还深刻地制约着审美活动的演变和发展。从实践与美的关系说，正是实践才使动物的美提升为人的美，才使美不再局限于物质世界而在精神世界开放得更加绚丽灿烂，才给自然性的美赋予了社会的人的内涵，才使美的自然生成进入美的自觉创造，使美的规律得到自觉的把握和充分的实现。"实践本体论美学"断定实践是世界的本体，也是美的根源，把自然事物的美一概视为社会性的美，或者将自然美都看作人的本质通过意识在精神上对象化（实为拟人化、人格化），或者把自然美由于实践而能够为人所欣赏看作由于实践的"人化"而变为美，这种观点断然否定美在整体上所应有的先于实践或外于实践的物质的和自然的（天然的）本原性，显然不符合审美发生学所揭示的事实。

  否认或轻视人类审美活动的生物性前提，把人类审美活动独断地同动物"原美感"活动隔绝和对立起来，可以说是美学自掘根基、数典忘祖的虚妄，也背离了马克思哲学的人本主义与自然主义高度统一的精神。达尔文对动物美感的描述和阐释，普列汉诺夫、高尔基等人对人类审美的生物基础的肯定，都不为我国的主流美学所正视。马克思的"劳动创造了美"的命题，被从具体语境中割裂出来并抽象化，陷入与"劳动创造了人"这一命题所曾陷入的同样无本无源的理论困境中。实际上，人类的劳动实践乃至人的社会性都有其生物前提（自然基础）。人类的劳动实践能力，不是一朝一夕突然获得的，而是动物在漫长的生命活动中习得和积累起来的。人的实践之所以能按美的规律进行，不是因为只在实践中才存在美的规律，而是因为美的规律被人自觉地掌握；美的规律是先于实践的。可以说，如果大自然中本不存在美的规律，就不会有自然向人的生成，就不会有人的实践和实践的人。离开自然本体和自然规律片面地高扬实践，把人的以对象性联系为基础的主体性抽象地加以扩张，必然导致唯意志论和极端的人类中心主义（或"唯人论"）。这种观念及其实践所引发的自然界的报复已引起全球性的关注和忧虑。为世人瞩目的生态问题提醒着人们千万不能忽视大自然作为人类生命根基的地位。在西方一些明智的学者看来，生态学是受美学理论支配的现代化新浪潮，是寻求美学的现代化意义的一个重要契机。生态学启示我们，实践不是美的根源，自然界运动中隐在的美的规律才是美的根源，它同时也是实践之所以能创造美乃至实践本身之所以美的原因。

从思维结构上说，"实践本体论美学"只看到了人与自然之间以实践为中介的共时态关系，而没有去注意凝聚于共时态中的历时态联系；只看到人通过实践与自然发生关系的事实，却并不在意自然界在其自身运动中生成人这一过程。马克思关于"历史本身是自然史即自然界成为人这一过程的一个现实部分"[①]的观点所包含的哲学视野被忽略了。马克思的自然哲学作为生成哲学，同后来恩格斯的自然辩证法思想是一致的。在这种整体性的生成哲学看来，实践作为自然生成人的关键性环节，当然也是体现人的自觉能动的生成性的最高生命形式。马克思主义在一个半世纪的发展进程中，从揭示人类实践的能动性到重视自然辩证法（晚年恩格斯）和人类学研究（晚年马克思及恩格斯）、强调唯物主义（列宁）、坚持实事求是（从毛泽东到邓小平），正体现了要把人的能动实践建立在唯物主义基础上的原则精神。人的主体性，首先在于正确认识外部世界和内部世界的客观实际，并努力按客观规律实践。而实践本体论则导致实践决定一切甚至实践可以随意"创造"历史的结论。凭这样的实践去创造美，就极可能脱离美的规律，以随心所欲的形式上的自由取代真正的自由，致使审美价值的审视和判断也陷入相对主义和虚无主义。什么"创造"都可在实践至上的名义下被冠之以"美"，被视为"美"，如果任其张扬，美学自身也必然随之消解；即使还有被称为"美学"的话语喧嚷，也不过是没有灵魂的应景的包装和媚俗的辩词。

"实践本体论美学"在哲学思维结构上的局限，使其陷于"目中无物"的片面，这才是它的症结所在。无论是要"超越"它还是"发展"它，特别是在今天这个高扬"实事求是"精神的时代，都必须克服这种片

---

① 马克思：《1844年经济学哲学手稿》，人民出版社，1985年版，第85页。

面性。应当回到马克思的实践唯物主义的美学观,从自然生成哲学的总体视野去全面认识实践的内涵和本质,进而全面认识人的本质,并由此寻求实践哲学与美学之间必要的中介和切入点,不然,我们的美学理论难于有实质性的进展。

三、不能离开实践唯物主义去认识"生命"和"生存"

所谓"后实践美学"主张以"生命美学"和"生存美学"来"突破"和"超越""实践美学",其理由是:实践只是部分,生命存在是整体;实践只重群体性、物质性、理性与现实性,相对于人类生存应有的个体性、精神性、超理性、超现实性等乃是异化;等等。这些看法,在对"实践本体论美学"的批评中也含着对马克思主义实践观的误解。如果对此不予明辨,那么,对"实践本体论美学"的超越实际上会滑向对实践唯物主义美学的背离。

首先是实践与人的生命的关系问题。在实践唯物主义人学的生命观看来,实践既是人的生命活动的基础,也是人的生命的本质内容和具体表现。离开实践,就不能认识人的生命的本质。在《1844年经济学哲学手稿》中,马克思频繁使用"生命活动"的提法。他说:"生命如果不是活动,又是什么呢?"[①]"一个种的全部特性、种的类特性就感动生命活动的性质,而人的类特性恰恰就是自由的有意识的活动。"[②]"动物不把自己同自己的生命活动区别开来,它就是这种生命活动。人则使自己的生命活动本身变成自己的意志和意识的对象……有意识的生命活动把人同动物的生命活动直接区别开来。"[③]在马克思看来,审美活动不过是人的一种特殊的生命活动方式,是一种以美为对象、以获得美感享受为目的的活动方式。马克思的实践观实际上包含和体现着他的生命观,即实践唯物主义

---

① 马克思:《1844年经济学哲学手稿》,第51页。
② 马克思:《1844年经济学哲学手稿》,第53页。
③ 马克思:《1844年经济学哲学手稿》,第53页。

的人学生命观。①这种生命观揭示了作为实践主体的"现实的人"的生命本质和内涵。倘若实践的主体不是活生生的生命,实践又从何谈起。何况正是实践把人的生命活动同动物的生命活动区别开来,使人的生命成为人的生命。生命美学首先必须正确认识人的生命,而这离开了实践是根本不可能的。人的生命活动当然不只是实践,但实践却是其中最重要最本质的部分,是使人的生命同动物的生命相区别的决定因素。在人的生命中,实践是一种"普照的光",把自己特殊的光彩投射到人的生命的各个方面。应当说,时至今日,我们对实践在人的生命活动中的地位的认识还远未深透全面,就要贸然把它从"生命"中排除,回到对所谓生命本体的直接观照,未免过于浮躁。试想:没有实践内容的生命本体,该是一种什么样的生命存在呢?由观照这种生命本体而生的美学,还够得上"人学"的品位吗?

其次是实践与理性的关系问题。无论是"突破"论者还是"超越"论者,无论是他们对"实践本体论美学"的批评还是对实践本身的评述,都秉承流行生命哲学非理性和反理性的倾向,只把实践看作理性的,因而实践美学也只是理性主义美学。这种对实践的理解并不符合马克思主义实践观的本意,而是对其根本精神的误解。在马克思看来,实践当然是理性的,但它首先是感性的,因为实践唯物主义本来就是"把感性理解为实践的唯物主义"。实践是人的本质感性的、对象化的活动,而人的"全面本质",按照马克思的说法,包括了"视觉、听觉、嗅觉、味觉、触觉、思维、直观、情感、愿望、活动、爱"②。在谈到人的需要时,马克思和恩格斯都明确肯定了吃、喝、性行为等基本需要的地位。马克思还强调人的感觉和感性的丰富性:"人不仅通过思维,而且以全部感觉在对象世界中肯定自己"③。他还说:"人的感觉、激情等等不仅是在[狭隘]意义上

---

① 详见拙文《马克思人学生命观论略》,《成都大学学报(社会科学版)》,1996年第4期。
② 马克思:《1844年经济学哲学手稿》,第80页。
③ 马克思:《1844年经济学哲学手稿》,第82页。

的人本学的规定,而且是对本质(自然)的真正本体论的肯定。"①"激情、热情是人强烈地追求自己的对象的本质力量。"②在马克思看来,人是从自然生成的,它首先是一个自然的、感性的存在物,必然有其感性的生命冲动和活力,这正是实践之所以可能的本体性条件。人的实践之所以能够不断创新发展,就是因为感性生命活力的内驱动,它不断丰富和修正着生命的理性秩序。如果实践没有常醒常新的感性品格,它也就不可能成为推动认识(理性)前进的动力。实事求是的认识路线就是要高扬实践的感性品格,以保证认识的真理性和生动性。显然,把实践仅仅看作理性的,这从根本上违背了马克思实践观的唯物主义精神,而倒退到黑格尔那里去了。

马克思主义的自然观和人性观都贯穿着生成哲学的内涵。实践是人性生成的动力和手段,而生成又是一个不断调节、跃迁、进步的过程。因此,这不仅需要旺盛的活力、鲜活的感性、不倦的欲求,也需要清明的理智、有序的思维、坚定的意志。马克思曾把古代希腊人看作"正常的儿童",相对于理性未萌的"野蛮的儿童"和感性偏枯的"早熟的儿童",其基本特征正在于感性与理性的和谐统一。恩格斯所批评的"德国性格"的人,显然是感性生命活力并不充沛的人,而他赞誉为"真正的人"的挪威市民,则达到了感性与理性的优化平衡。马克思、恩格斯的生命观在他们的现实主义主张中,在他们对莎士比亚的高度肯定和对典型人物的具体要求中,都表现出来。这说明,他们的美学思想正是以这种生命观为内核的。马克思主义的认识论要求从实际出发,以感性为认识的基础,肯定客观世界和主观世界在感性上的无限丰富性和生动性,强调认识必须适应现实的变化,要不断了解新情况,研究新问题,马克思主义固有的开放性和批判精神也都闪耀着这种生命观的光辉。把马克思主义的生命观等同于旧的理性主义,显然并不正确。既然如此,对实践进行唯理性的或理性主义的阐释,易造成美学上引申的失误,这绝不能归咎于马克思主义的实践观。如果以为放弃"实践"论对美学的干预就能使美学实现"超越",这

---

① 马克思:《1844年经济学哲学手稿》,第107页。
② 马克思:《1844年经济学哲学手稿》,第126页。

种"超越"就只会是严重的理论倒退。正在走向21世纪的美学如果还要坚持马克思主义的话,需要的应当是对实践所具有的生命内涵进行全面的考察,准确把握实践唯物主义生命观同其他生命哲学的本质区别,真正站到马克思人学生命观的"肩膀"上去。

至于实践中个体性与普遍性、物质性与精神性、现实性与超现实性(或理想性)相互统一的关系,也是不言而喻的。实践要真正成为人的活动,就必须是为他的,从而具有社会性,因此,个体性中也就必然包含着普遍性。正如马克思所说:"社会本质不是一种同单个人相对立的抽象的一般的力量,而是每一个单个人的本质,是他自己的活动,他自己的生活,他自己的享受,他自己的财富。"[①] 而创造性的实践,必定要充分发挥个体的积极性和个性特色,并极大地仰仗于个人品格及其活动的偶然性。即使在劳动分工十分精细如"科层制"这样使人的活动片面化的今天,也是如此,不然实践就不可能不断改进和更新。有各种各样的实践,但不是一切实践都压抑个性、拒绝精神、阻碍对现实的超越。在实践中,人不仅在与自然的关系上超越着动物性,在与他人的关系中超越着个体性,而且在与自我的关系上超越着旧我。正是实践的这种自觉的超越性,才使人成为一个真正主体性的生命存在。那种把实践鄙俗化的观点只属于费尔巴哈,我们绝不能把马克思降到费尔巴哈的水平。

四、使美学陷于自我幽闭的非实践功能论

所谓"后实践美学"对"实践美学"的非难之一,是说后者把审美活动的功能狭隘化和浅表化了。这种观点认为,尽管实践是审美的现实基础,但它在人的生命中并不具有本源性;实践只是生命内容的一部分,而审美系于生命存在的整体;实践虽然可以在一定程度上解决物质生活的匮乏,但这并不意味着能使人获得自由,因为自由只能由精神上的超越获得。这种观点注意到了实践同审美的区别,力求摆脱把实践简单地引入审

[①] 马克思:《1844年经济学哲学手稿》,第159页。

美,用实践直接解释审美(如用实践中的成就感、满足感解释美感之类)的走向,纠正把审美的功能仅仅局限于直接为实践服务的狭隘观念,如此等等。对于流行的"实践美学"中客观存在的弊端和失误,其针对性不仅是合理的,而且各学者应当予以重视。但是真理有它的尺度,须知跨过真理半步就会陷入谬误。

对于人的生命所具有的人的本质而言,应当按唯物主义所坚持的"实践是具有本源性的"观点,因为没有实践就没有人的生命活动,就没有人的生命表现和存在。尽管审美活动的原生机制在于生物存在的"节律感应"这种特殊的生命活动方式[①],但由于实践,一方面,这种"节律感应"发生了质的跃迁,被赋予了人的内容、形式和主体性;另一方面,实践活动作为人的生命活动的主导内容所具有的更加丰富生动的节律形式,使之成为人类审美活动的重要领域。实践并不在审美之外。实践唯物主义美学出于其实践性品格,理所当然地要关注实践领域的审美关系,并自觉地给实践活动的美化以帮助。现代美学的一个伟大进步,就在于向生活实践靠近,劳动美学、技术美学、教育美学、生态美学、环境美学、政治美学、科学美学等的兴起,就是美学走向实践这一趋势的生动体现。中国的美学必须坚持这一取向,更深入更广泛地面向生活、介入实践,使我们的实践更符合美的规律,更具有精神超越的韵味,不仅美化生活,也美化人本身,从而把真正的幸福感带给实践的主体。对绝大多数人来说,实践是他们生命存在的基础的和主要的内容。实践活动的美化所具有的意义是不言而喻的:这不仅是量上的扩展和丰富,而且有助于提高生命的整体质量,还有助于校正审美价值观。

把实践的生命意义仅仅局限于解决物质生活的匮乏,这种认识就更是狭隘和肤浅,竟然把人类的实践降到了动物的水平。人之为人,主要在于精神上的成长:一方面,功能性的精神因素如智慧、知识、经验等,使人能认识和运用规律;另一方面,价值性的精神因素如政治、伦理观念、社会理想等,使人在人性生成方向上有所选择。实践离不开精神,而精神

---

① 详见曾永成:《感应与生成——感应论审美观》,成都科技大学出版社,1991年版。

也在实践中生成和拓展。早在百年以前，马克思就明确指出："工业的历史和工业的已经产生的对象性的存在，是一本打开了的关于人的本质力量的书，是感性地摆在我们面前的人的心理学。……如果心理学还没有打开这本书，即历史的这个恰恰最容易感知的、最容易理解的部分，那么这种心理学就不能成为内容确实丰富的和真正的科学。"他还批评了那种仅仅把宗教、政治、艺术、文学等"理解为人的本质力量的现实性和人的类的活动"的观点。① 人类的实践并不仅仅是物质生产，还包括社会斗争（对现实社会关系进行调节的活动）和科学实验，这些活动总体上是为解决人与自然的矛盾、人与人的矛盾及人与自我的矛盾，其中无不以精神因素占主导地位，也无不表现着丰富多彩的精神景观。除解决物质产品的匮乏问题外，实践之所以必要，还在于它能满足人的精神需要，生成人的精神世界，并为人的解放和自由创造物质和精神的必要条件。历史已证明，没有各种实践及其发展，人既不能争得在自然面前的自由，也不能争得社会关系中的自由，更不能争得自我精神上的自由；即使个人由于精神力量的超拔而能在物质的困境中实现心灵的自由，也离不开个人和社会的实践所提供的必要条件，并往往以压抑和降低现实生命需求为代价。

当然，尽管实践从根本上决定着人的生命内容和水平，但它毕竟不是人的生命存在的全部，何况由于人类实践发展水平的限制而在实际上还存在着种种与人性相悖的事实。这就决定了不仅要在实践领域的美化上下功夫，还需要通过审美追求精神领域的生命自由体验，对实践中的偏枯与缺憾加以弥补和调适。由于闲暇时间的增多，这个问题已愈来愈为社会所关注。美学应当着力于对实践和闲暇两个领域中审美文化的互补和互动，更全面地介入人的生命存在。

离开实践去追求精神自由，本来是老庄到禅学的主旨。它作为一种自我精神调节和释放的方剂，确实能发挥某种平衡心理和抚慰心灵的作用。但是，它在高扬感性的同时实际上压抑和拒绝了感性的冲动，在理性疏导中泯灭了理性的真实精神，结果是阻遏了生命的创造。仅把精神自由寄托

---

① 马克思：《1844 年经济学哲学手稿》，第 84 页。

于审美的幻觉,让审美陶醉心许的"自由"取代对真正自由的追求,这种乌托邦化的美学不仅失去了其最深厚的生命源泉和现实依托,也模糊和失落了其根本的价值取向。我们在这种美学中看到的不过是一些西方马克思主义者的思路,即从对现实实践的无奈无措而回到席勒的美学救世主义的乌托邦;甚至连"救世"的追求也没有,而只是满足于"玩世"与"醉世",这无异于走上一条自我幽闭之路。当今中国大地上正在掀涌的建设中国特色社会主义的历史大潮,既空前地激荡着人们的感性生命活力,也在深刻地调整和变革着人们的理性生命秩序,生动地体现和印证着马克思实践唯物主义的生命精神。我们的美学如果自甘于"边缘"上的"清高",那就不仅是理性的迷失,更是感性的萎缩。

20世纪80年代兴起于美国的"新历史主义",在呼唤把历史引入文学文本即历史文本化的同时,也要求把文学引入历史,即文本历史化。其间固然有许多值得讨论的地方,但从根本上体现了一种对文学的实践性要求。这种对形式主义的超越所呈现的美学意向,对于我们这里的"超越"美学不啻一种清醒剂。我们应当十分珍惜在20世纪中期选择的"实践"这个理论基点,而决不能在"突破"和"超越"的名义下将其抛弃。现在需要的是回到实践唯物主义生命观和美学,以真正超越"实践本体论美学",把美学实实在在地推向前进。

(《四川师范大学学报》社会科学版1998年第1期;后收入《学术月刊》编辑部编:《实践美学与后实践美学:中国第三次美学论争论文集》,上海三联书店,2019年版)

中 编：

人本生态美学的
创立和阐述

从生成本体论到人本生态观
——对马克思"自然向人生成"说的生态哲学阐释

把本体论与生态观放在一起来讨论,是因为二者本来有着密切的内在联系。"本体"这个概念具有多义性,这里指的是"存在""万有""客观实在性",而不同于"本原"或"本源"。所谓世界本体,指的是包括人及其社会在内的整个自然界的存在状态。不同的本体论,不仅决定着生态问题是否得到重视,而且能引申出不同的生态观,这些生态观又往往具有不同的价值意向。

目前的生态学研究,早已突破原有的生物学和自然科学的疆界,扩展到了社会的经济、政治和文化等领域,深入"精神圈"的层次,把人类生活的整个物质的和精神的、第一自然和第二自然的环境,视为一个网络状的生态场,其广袤度趋向整个宇宙。与此相对应,"生态危机"也已囊括人类的整个生态状态。为了克服影响人类前途的生态危机,生态哲学(包括生态伦理学和生态美学)的讨论直接面对人在自然中的地位、人在生态优化中的作用和人类生存范式与生成目标等重大问题。普里高津说:"只有从我们在自然中的位置出发,才能成功地与自然对话,而自然只对那些明确承认是自然的一部分的人作出回答。"马克思就明确承认"人是自然界的一部分"[①]。马克思关于

---

① 马克思:《1844年经济学哲学手稿》,第52页。

"自然向人生成"的观点,昭示了独特的本体论思想,同时也包含着深刻的生态观念。

一、马克思的"自然向人生成"说

自然与人的关系是世界本体的基本问题。在《1884年经济学哲学手稿》中,马克思反复论述这个问题,明确指出人是自然界的一部分,"人是人的自然"[①],"只有自然主义能够理解世界历史的行动"[②],"历史是人的真正的自然史"[③]。不仅如此,马克思还进一步揭示了"自然向人生成"的规律,指出人是从自然界生成的。这就是他关于自然与人的整体关系的生成本体论思想。

要理解马克思的"自然与人生成"说的本体论内涵,得先说明一下这个命题的文本。这个命题出自《1844年经济学哲学手稿》的何思敬译本中下面两段互相联系的文字:

> 全部所谓世界史乃不过是人通过劳动生成的历史,不过是自然向人生成的历史。
> 历史本身是自然史的一部分,是自然界生成为人这一过程的一个现实部分。[④]

在《马克思恩格斯全集》第四十二卷及据此印行的单行本中,这两段话译为:

> 整个所谓世界历史不外是人通过人的劳动而诞生的过程,是自然界对人说来的生成过程。

---

① 马克思:《1844年经济学哲学手稿》,第123页。
② 马克思:《1844年经济学哲学手稿》,第124页。
③ 马克思:《1844年经济学哲学手稿》,第126页。
④ 马克思:《经济学—哲学手稿》,第84、87页。

> 历史本身是自然史的即自然界成为人这一过程的一个现实部分。[1]

上述两种译文在含义上并无差别，只是由于"自然向人生成"更简练地表达了"自然界成为人"的意思，并更鲜明地揭示了自然生成运动的"向人"趋向，笔者便用它来表述马克思对包括全部（或整个）历史在内的自然史运动过程的规律性的概括。

在《1844年经济学哲学手稿》中，马克思明确指出："大地创造说，受到了地球构造说（即说明地球的形成、生成是一个过程、一种自我产生的科学）的致命打击。自然发生说是对创世说的唯一实际的驳斥。"[2] 他认为，人"通过自身而诞生、关于他的产生过程，他有直观的，无可辩驳的证明。因为人和自然界的实在性，即人对人说来作为自然界的存在以及自然对人说来作为人的存在，已经变成实践的、通过感觉直观的"[3]。马克思还说，"在被积极扬弃的私有财产的条件下"，也就是在共产主义条件下，"社会是人同自然界的完成了的本质的统一，是自然界的真正复活，是人的实现了的自然主义与自然实现了的人道主义"[4]。到那时，私有制下人与自然关系的异化被克服，人与自然之间的原初和谐在更高的水平上得以实现，"自然向人生成"的进程达到了真正人的即"类存在物"的水平。在此，一个从自然到人，由人与自然关系的异化到和谐，直至"社会化的人"即真正的人的生成过程，作为世界本体展现出来。其中，贯穿着物质本体向实践性和精神性的本体即人的生成线索。这个开放的、有方向（目的）的，以物质及其能量和信息为本原、以实践为自觉能动因素的生成过程，就是马克思所揭示的关于世界本体的图景。

马克思早年的这一观念，后来由恩格斯在《自然辩证法》中做了充分的阐述。在具体描述了自然界生成人的过程之后，恩格斯指出："旧的

---

[1] 马克思：《1844年经济学哲学手稿》，第86页。
[2] 马克思：《1844年经济学哲学手稿》，第88页。
[3] 马克思：《1844年经济学哲学手稿》，第79页。
[4] 马克思：《1844年经济学哲学手稿》，第135页。

目的论已经完蛋，但是现在有一种信念是确定不移的：物质依据这样一些规律在一定的阶段上——时而在这里，时而在那里——必然地在有机物中产生出思维着的精神。"①自然在运行中由物质生成人及其精神，这就是被马克思称为"自然史"的整个世界的客观进程——我们身在其中的世界的整体真实。正是因为马克思把自然看作与人相联系的存在，并且认为即使是在人类诞生之前它也是向人生成的，所以马克思说："被抽象地理解的，孤立的，被认为与人分离的自然界，对人说来也是无。"②

二、生成本体论：对既有本体观的序化整合

"自然向人生成"揭示了世界本体的生成性，指出生成是世界本体的内在本性，这就是生成本体论。与哲学史上出现过的各种本体论相比较，生成本体论有哪些重大特点呢？它的理论内涵的基本点是什么呢？

第一，生成本体论把本体看成从自然到人的生成过程，人的生成以自然的存在和运动为前提，这就内在地肯定了物质本体论，从根本上反对了神学本体论和旧的精神本体论，即精神创世论。在这个意义上，它是彻底唯物主义的。

第二，生成本体论把既有的物质本体论、精神本体论和生命本体论等观点中被绝对化的合理内涵加以吸取、综合，在历史与逻辑的统一中加以重建，揭示了世界本体由物质到精神、由自发运动到自觉实践、由无生命到有生命直至迄今最高的生命形态——人类生命这样一个"自然界生成人"的生成过程。它把自然的辩证运动与历史的辩证运动衔接起来，在更高的整体水平上揭示了世界运动的序化规律。显然，生成本体论实现了既有本体观的最大综合，在既有本体观念合理因素的互补结构中加以序化整合，达到了对世界本体的整体的和动态的把握，肯定了世界运动的开放性和进化趋势。

---

① 恩格斯：《自然辩证法》，人民出版社，1971年版，第174页。
② 马克思：《1844年经济学哲学手稿》，第81页。

第三，生成本体论内在地肯定了劳动实践在自然向人生成过程中的重大意义。作为物质与精神相结合的生命存在和活动方式，实践不仅是人的本质的生命表现，而且是人的本质得以生成的动力和中介，因而也有现实世界本体的意义。但这不是与物质本体论相割裂和对立的"实践本体论"，而是把实践置于物质的基础之上，将其看作物质与精神相互结合、互动转化的高级运动形态。因此，实践成了物质与精神之间的真正中介，成了自然达到自我意识的能动手段，在精神的生成中具有关键作用。对于自然向人生成的运动来说，实践既是第一次伟大飞跃即人从自然中生成的标志，又是第二次伟大飞跃即"社会化的人"得以生成的基本动力。把实践放在自然向人生成的进程中来认识，就能清醒地看到它的能动性与受动性之间的复杂关系。

第四，生成本体论在以物质为基础、以实践为中介的前提下，理所当然地肯定了精神的本体地位。马克思说："人的感觉、激情等不仅是在［狭隘］意义上的人本学的规定，而且是对本质（自然）的真正本体论的规定。"[①] 马克思所说的"人的本质力量"也主要是指精神。自然向人生成，即人在肉体上生成为人从而具有人的外在尺度的过程，也同时是人在精神上生成为人从而具有人的内在尺度的过程。精神一经生成，便成了人的生命本质中的主导因素，有了本体的意义。对于人来说，精神不只是实践的工具，它还属于人的生命本身，以其对物质的超越性而成了人的生命的最高意义所在。肯定精神的本体性，是肯定物质世界生成性的必然结果，也是肯定实践中的精神内涵的应有结论，因此也才能从整体上肯定人的生命存在的本体性。

第五，生成本体论充分肯定了人自身的本体性，并揭示了人在自然生成运动中的主体地位。可以说，生成本体论的内涵，就是人的生命本体的生成过程在学理上的展开。人作为自然界的自我意识和主体形态，无论说它是自然生成的目的也好，还是向更高级的"超人"生成的中间环节也好，这一过程都最鲜明地体现着自然本体的生成性。生成本体论正是在人

---

① 马克思：《1844年经济学哲学手稿》，第107页。

的生成性中把人的生命的受动性和能动性、感性活力与理性秩序统一起来，表现出与自然主义相统一的人本精神。由人在自然生成运动中的地位所决定，他必然又是目的与手段（工具）的统一，因此只能自己创造自己的历史，自己解放自己。由于人是自然的生成物，这种创造和解放必然在自然的生态制约之中，是自然生态系统通过人实现的自我超越。

第六，生成本体论通过对既有本体论合理因素的吸收和序化建构，突出了世界本体的生成性，肯定了世界的进化趋势，这无疑是其主旨所在。这个生成性，不仅把物质及其运动本性在本体论的层次上加以统摄，而且把辩证法（早有人主张称为"辩证律"）作为事物普遍联系和运动的基本规律纳入本体论的范畴。生成本体论对世界生成性的肯定，揭示了自然所具有的属人的本质，把自然属人的本质视为人得以从自然生成的前提，从而弥补了那种只看到人与自然的共时态联系而看不到自然与人的历时态联系（即自然在人尚未现实地生成时与人的联系）的认识局限。这样，自然的进化和历史的发展就统一在自然向人生成的总体规律之中，也把自然哲学与历史哲学统一于人的哲学。既然如此，自然向人生成这个命题就理所当然地成为自然科学与人的科学相统一的马克思哲学体系的最深层次的基础命题。当代系统论已把"进化"的观念扩大到宇宙范围内出现、存在、变化和消失了的所有事物，足以说明生成本体论的"生成性"主旨的当代意义。

第七，生成本体论在对自然向人生成规律的揭示中，得以把认识论、价值论和审美论统一于本体论的基础之上，从而揭示了真、善、美三大价值在"自然向人生成"规律之中的统一。人既是自然生成的目的，又是其工具，它的价值无论是从索取（所得）还是从奉献（所予）来说，都是"为我"的，即以自我为价值的主体。由于世界本体是生成着的，作为认识主体、价值主体和审美主体的人也是生成着的，因此人与对象世界（包括人自己）之间的认识关系和价值关系也必然在生成之中，不断地对已有的认识、价值和美感进行调整、修正和推进。把自然向人的生成作为价值坐标，把人的尺度及其生成作为价值的尺度，正是生成本体论在价值观上的根本立场。因此，马克思认为美的规律是体现和决定于人的内在尺度的。

第八，生成本体论避免了把人作为绝对主体置于自然之外或其上的思维惯性，而是把人置于自然之中，把自然视为人的无机的身体，把人和自然看成是互相包含、渗透、交融的整体存在。正如恩格斯所说："我们必须时时记住：我们统治自然界，绝不像征服统治异民族一样，决不像站在自然界以外的人一样，——相反地，我们连同我们的肉、血和大脑都属于自然界、存在于自然界。"① 同马克思把人和自然的矛盾列为"历史之谜"所面对的两大矛盾相呼应，恩格斯也把"人同自然的和解以及人同本身的和解"看成"我们这个世界面临的两大变革"②。基于这种彻底唯物主义的观念和清醒的现实态度，人就应当随时不要忘记自身现实生命的相对有限性与客观规定性，在判断自己的意识时不要忽视客观制约性（包括主体自身所客观地存在着的、显露的和潜隐的主观制约性）和相对性；在确定改造世界的目标和生活方式的理想时，也不能忽略主观与客观两方面的可能性，而始终坚持实事求是、脚踏实地的原则。

三、人本生态观：基于生成本体论的生态学综合

肯定物质的前在性和基础性的生成本体论，把本体的客观实在性、形态多样性和生成进化性统一起来，展示了世界本体作为生态存在的真实景观和基本特征。"自然向人生成"的整体规律突出了人类的"类整体"的地位，为生态学提供了最广阔的视野和最深刻的理论立足点。这种生态观以"自然向人生成"为本，归根到底是以人及其生成为本，在"为了人"和"通过人"的统一中确立人类的生态主体地位，这就是人本生态观，可以说就是马克思的生态观。

人本生态观有哪些重要的特征和内涵呢？

第一，与生成本体论相对应，人本生态观在学理上对迄今存在的各种生态观念具有最大的涵盖力，其理论上的展开体现了对各种生态观念的

---

① 恩格斯：《自然辩证法》，第159页。
② 中共中央马克思恩格斯列宁斯大林著作编译局：《马克思恩格斯全集》第一卷，第603页。

最大综合和序化建构。在人本生态观的视野中，自然、社会和文化都作为人的生存环境，构成其多层次、整体性的生态系统。这样一个广袤的视野，就把自然生态学和在其启发下产生的社会生态学、经济生态学、政治生态学、教育生态学、文化生态学和心理生态学等囊括在其中并对其加以整合。在这个生态系统中，自然、社会和文化三个基本层次，相互区别更相互联系，互为环境，互生共长，共同构成人类的生态场。贯穿于三个层次之中的主体因素是人，其生态生成的趋势则是人的生成。正是在这种最大的综合和根本的序化结构中，人本生态观把人的科学和自然科学统一起来，使原属自然科学的生态观得以具有鲜明的人本精神。

第二，人本生态观的根本特征在于，树立了与"自然向人生成"的世界本体相对应的整体性的真理观和价值观。生成本体论把世界的整体性揭示出来，要求以基于自然界的整体眼光看生态系统。在生态的网络系统中，无论哪一个部分、因素或层面，都在整体的关联和互动中存在，每一个原因同时又是结果，隐性秩序与显性秩序交互作用，显环境还受着潜环境的制约。正是生态整体的综合效应，生成了人这个"类存在物"。"自然向人生成"作为真理，正是对自然界生成人这一规律的实在性的正确反映。在自然向人生成的生态本体中，客观地存在着以人为主体（生成目的）的价值关系。从生态的整体目标看，生态的演化和优化归根到底是为了人类的自我生成这个根本目的。由于这个整体性价值观的确立，生态学就不只是自然科学，而是把人文精神融注其内并为其立极的一门真正的人学。

第三，人本生态观肯定了人的存在和生成的生态性，即人是"自然—社会—文化"的生态产物。自然的物质、能量和信息及相互作用，是人得以生成的本原性生态条件。人不仅在同自然的物质、能量、信息交换中，而且也在人与人之间的物质、能量、信息交换中，还在自身的物质、能量、信息交换中，经过自然的、社会的和文化的多层次整合，在自己的实践中创造着自己。大自然和社会为人提供的生态条件是人得以存在和生成的前在基础；而对象世界属人的本质如何才能生成现实的人的本质，也有其客观的生态规律。人要为自己的生成创造更好的生态条件，就必须掌握这些生态规律。可惜的是，人往往是"事后诸葛亮"，在追求自我生成时破坏了人的生态根基，往往直到生态危机迫在眉睫才肯注意生态。人本生态观以人为本，同时又认为生态是人的生成之本，即人和人的生成之本都在于生态，因此，保护生态、优化生态正是为了维护人类生成的基础。

第四，为世界本体的生成性所决定，生态系统本身也是生成的：既是生成而来，也在继续生成之中。自然界作为一个生态系统，其生态状况本来就是在物质、能量和信息的变换中形成的。这些变换优化着事物的自身结构，以至在进化中生成了物质和精神高度统一、具备最高运动形态的人。世界进化中的生态平衡从来就是耗散结构论所揭示的动态平衡。如果生态平衡止于静态，没有变异，没有涨落，没有跃迁，就不可能有更高水平的生态系统及平衡机制产生，也不会有新的更高级的物种出现。试想，如果世界生态当初老是平衡在原始的状态，那就永远处在原初的混沌，甚至还会因为能量的平均化和信息的贫乏而归于死寂，这样一来，哪里还会有今天这个气象万千的人类世界。应当说，生命的产生和进化，都根源于生态本身的生成性规律和创生功能。"为什么原子进化为细胞、植物和动物？为什么创造力没有随着第一个DNA分子的生成而停止？机械论不能够回答这些问题。而生态论观点从诱惑和反应，或从目的性影响和自决出发，为探索这一问题开辟了道路。"[①] 人类的祖先也只是为了适应新的"恶劣"环境，才逐步学会使用和制造工具，实现从动物向人的提升。人的实践作为对自然的分化和改造，必然是对既有生态的调整，使其成为对人的生成更为有利的新的生态。没有新陈代谢，就既不成其为生态，也不会有自然向人的生成。既然生态是生成的，而且应是向人生成的，那种把一切物种的价值差异抹平和凝定的生态伦理学就难于使人接受。这种生态伦理观念忽视生态向人生成的本性，否定了人的主体地位，也就从根本上失落了"为人"的价值。这样一来，它对人类命运的道义关怀就会因没有学理上的支持而最终落空。

第五，人本生态观不仅坚持"为了人"的目的性原则，同时也高扬"通过人"的工具性原则；它以"通过人"而实现"为了人"，体现了全

---

① 格里芬：《后现代科学——科学魅力的再现》，马季方译，中央编译出版社，2004年版，第97页。

面的主体精神。当人类的祖先面临自然生态的突变造成的困境时（列宁曾经说过，大自然是人类的母亲，但只是他的"后母"，因而人类决不能仅靠自然界的天养而存活），就开始摸索和学习如何通过自己来为自己了。在这个过程中，人类通过生态调节来创造适合于自己生成的生态环境。质言之，所谓实践就是人类为了自己的存在和生成而进行的自觉的生态调节活动。但是，在漫长的历史中，人类的实践尚未达到自觉的生态意识水平。在唯我独尊的狂妄中，人类只把自然看作索取、征服和掠夺的对象，而无视自己与自然的生态联系，以致造成了人与自然关系的恶化。他们更缺乏地球和人类的整体生态观念，至今还不能把个体和群体的局部利益同"类"的整体利益协调和统一起来。人本生态观对于人在生态调节中的主体地位的要求更全面也更高了，那就是要清醒地意识到自己作为对象性存在和生态生成物的一面，把自由意志建立在对生态规律的深刻认识和全面把握的基础上，真正懂得自己能做什么和应做什么。作为主体化的自然，人类应担负起维护自然生态和与之相适应的社会生态、文化生态的责任，在权利与责任的统一中确立自己的生态价值观。这才是自然界生态自我调节的主体性的真正生成。

第六，人本生态观对人在生态生成中的主体地位的肯定，必然要求充分重视人的文化—精神生态圈（包括所谓"智慧圈"）在生态系统整体中的地位。从生成本体论看，文化—精神是自然向人生成的最高成果，是人之为人即人作为主体化自然的决定因素。就精神世界观和精神生活而言，既有其自身的生态结构是否符合人性，是否有利于人性生成的一面，也有其所处生态系统是否适合精神生成，是否与精神达到生态平衡的一面。从前一方面看，诸如感性与理性、肉体与灵魂、个体与整体、闲暇与劳作、入世与超世、现在与未来等矛盾，构成了多极化的生态张力场，并生成具有生成性的"合力"。而后一方面，则要求在自然、社会、文化的贯通中加以整合，把精神的生态建立在与自然、社会文化的多层次网络状的良性互动之中，实现人类生命的总体生态平衡，活化其人性生成的整体机制。人类精神生态的状况直接表现了人类精神生活以至整个生命状态的质量，亦可凭借精神和其信息的内在联系对生态环境进行调节。精神生态的高水平平衡可以使已经难于承受的物质膨胀逐步"消肿"，以避免"恐龙综合征"可能带来的灭顶之灾。卡普拉的生态世界观把心灵视为生命体、社会和自然生态系统的自组织动态过程。他认为，肯定生命具有心灵的意义在于，承认生命系统在其最根本的实质上是精神的，就能使人们通过改变自己的价值态度，去重新获得失去的灵性和生态观念，改变人们剥削环境的行为。这种关于"生命心灵"或"宇宙心灵"的观点，实际上只是对世界本体中信息变换和系统自组织的隐喻，它借此强调精神的价值调节对于生态优化的意义，这与人本生态观是相通的。

第七，人作为有意识的存在物，把自我生成作为自觉目的，应该也可能对自我生成的目标不断地加以调整，使之与自己的生态环境提供的生成可能相适应。这种生态目标自律是人本生态观对主体精神的最高要求，是它以人为本原则的最集中体现。正如汉斯·萨克塞所说："如果我们对生态问题从根本上加以思考，那么它不仅关系到与技术和经济打交道的问题，而且动摇了鼓舞和推动现代社会发展的人生意义。"[①] 在现代发达社会中，直接作为生产力乃至社会发展动力的消费主义生活方式，被奉为人类生存的理想模式。它竭力刺激、膨化和创造人的消费欲望。用"异化消费"把人变成消费机器，人性生成的目标因此遭到严重的片面化和扭曲。明智之士早已指出，这不是人之为人所应有的生存状态，也不是自然生态所能支撑的生活方式，人类应当放弃这种物欲过度膨胀的物质生活，重新过一种与自然界的生态平衡相适应的物质生活，在拒绝奢侈的简朴中培植丰富的精神家园。现代化所遇到的精神危机的核心问题就是"存在与本质"的冲突，就是在"人当如何"这个问题上的迷惘和焦灼。马克思曾为人类设计了自己的目标，希望"社会化的人"能"合理地调节他们和自然之间的物质变换"，"在最无愧于和最适合于他们的人类本性的条件下来进行这种物质变换"。这就是说，人与自然之间的生态矛盾的真正解决，有待于人自己生成为"社会化的人"。而人的社会化，也就是人的"类"化，亦即人所最无愧的"人类本性"的真正生成。作为主体化自然的人，理应在自我生成目标（包括生产方式和生活方式）的设计、选择和调整

[①] 汉斯·萨克塞：《生态哲学：自然—技术—社会》，文韬、佩云译，东方出版社，1991年版，前言第3页。

上，具有高度的自觉性，以便在合理的目标自律中达到生态和谐，高扬起人所应有的道德精神。

第八，人本生态观把人类整体的生态问题突出出来，使生态学与世纪之交的全球化进程相呼应，提升到"类生态学"的高度。全球化进程呈现出地球与人类之间的整体性关联，任何种族、国家和阶级的活力与前途都同整体的命运密切联系。在这种情况下，诚如英国科学家拉塞尔所说："我们需要转变到一个真正全球性的观念上，在这种观念中，个人、社会和这颗行星都被给予充分的重视。换言之，我们必须从一种协同程度低的世界观转变到协同程度高的世界观。"这就意味着，生态问题是全球性的"类"问题；自然生态如此，社会、文化的生态也如此。马克思晚年从"世界历史性"观念出发对东方国家实现社会主义之路的探索，已经把社会发展的全球性生态联系揭示出来。用"世界历史性"的眼光看问题，20世纪世界资本主义取得的发展，何尝不是世界社会主义运动造成的特殊生态结果。就文化生态来说，20世纪先是东方向西方寻求救国之路，后是西方向东方寻求救心之术。这种互补相倚的动向，正是东西方文化互济共生的生态关联的表现。同人的大脑由左右两半球的分工形成的协同性生态相似，当今的人类作为自然界的"大脑"，也是以东西方文化互补整合的方式存在和运作的。未来的世界文化，在一个相当长的时间内，也还会是超越了二者冲突的互补共济。有中国特色的社会主义事业，既在全球性生态中吸取着人类创造的生存智慧和力量，同时也是优化全球生态的十分重要的积极因素，包括成为促进人类自我生成的价值诱导和调节因素。毫无疑义，曾经为"自然向人生成的第一次伟大飞跃"作出过伟大贡献的中国，必将为实现第二次伟大飞跃而更全面深入地参与全球性协同，发挥自己独特而巨大的作用。

（《成都大学学报》社会科学版1998年第4期；后收入《文艺的绿色之思：文艺生态学引论》，为第一章第一节，人民文学出版社，2000年版）

人本生态观与美学问题

当代科学的生态化趋势,促使生态学与美学结合,催生了生态美学。法国社会学家 J.‐M. 费里在其《现代化与协商一致》中指出,"美学原理"可能有一天会在现代化中发挥头等重要的历史作用,生态学以及与之有关的一切,预示着一种受美学理论支配的现代化新浪潮的出现。他认为,环境整体化"只能靠应用美学知识来实现"。[①] 但是,并非任何一种"美学原理"或"美学知识",都能发挥这种作用。现行的美学中,像"究竟什么是审美和审美价值?""人的审美需要和审美活动功能的生命依据为何?"等一些根本性的问题都还没有得到切实的解答,这样的美学本来就同人类生命活动和人性生成的生态实际相隔膜。所谓生态危机,从深层上说就是人性危机,人的素质的危机。而自来被看成人学的美学,不可能不受到人性危机的影响。那种为人性的分裂和异化张本的"美学",并非不存在。在这种情况下,美学要真能对人类的生态优化发挥应有的作用,就必须从生态学中吸取智慧,获得必要的学理启示和价值诱导,使美学自身生态学化。

---

① 见《文艺研究》1994 年第 4 期第 159 页。

以生成本体论为哲学基础的人本生态观①，在自然—社会—文化的网络状整体关联中，揭示"自然向人生成"的生态进化规律。这种生态观不仅树立起"为了人"的生态目的原则，同时也坚持"通过人"的工具原则，在两者的统一中实现人的本质的全面生成，实现自然与人的积极统一。人本生态观认为："自然向人生成"的过程就是一个生态进化的过程，人只有遵循生态规律而不是违背它破坏它，才能够健康地生成，在生态和谐的自由中进入美的王国。这种以人本生态学为主导精神的美学，作为美学的生态化形态，就是人本生态美学。本文仅对人本生态美学的几个基本问题做一个初步的阐释。

一、审美活动的生态本源

审美活动究竟是一种什么活动？为什么审美乃人之天性？对于这个美学的根本问题，生态学可以帮助我们从人的生命存在和生命活动的生态本体中找到更为切实的答案。

自然向人生成，是一个生成性的生态过程。在人的生态生成中，不仅有物质和能量变换的生态关联，还存在着信息变换的关联。而在信息关联中，根源于运动本性的"节律感应"最为原始。这种"节律感应"的生命活动方式，作为生命体的一种普遍的生态调适方式，正是审美活动的生态

---

① 对于本体论这个哲学根本问题，马克思从世界的生成性做出了综合的、整体的回答。在马克思看来，包括人类及其社会历史在内的自然史，乃是自然界生成人即自然向人生成的过程；世界的本体就是自然向人生成的本体。这个思想，把哲学史上先后出现的物质本体论、精神（理性）本体论和生命本体论等的合理因素加以综合，并通过实践中介予以序化建构，揭示出本体的生成性。这就是笔者所说的"生成本体论"。从生成本体论看生态，就应把生态学建立在生成本体论的基础上，即使是生态学的原生形态自然生态学，也不能孤立地看待自然而应当立足于自然向人生成及人与自然之间被实践和社会中介化了的关系，去确立人在生态生成中既是目的（"为了人"）也是工具（"通过人"）的主体地位。这种生态学主张以人及其生成为终极价值标准，因此称为"人本生态观"。详见《从生成本体论到人本生态观——对马克思"自然向人生成"说的生态哲学阐释》。

本原所在。

　　心理学对生物的反应功能的研究成果表明，生命的诞生本身就意味着第一个生物反应形式——感应性的出现。感应性作为生物对环境的最自然的反应活动，是一切生物所固有的特性。在生物进化的过程中，所有其他更高级的反应形式都在感应的基础上产生。在原始结构的机体中，生物体的各个部分都有同等的受环境影响的感应力。到了较复杂的生物组织，它的各个组成部分同周围环境的直接接触逐渐减弱或消失，分化出几种专门组织来。这些组织，作为生物体和环境的媒介，形成了专门的感应器官，以接受不同形态和阈限的节律性信息。人的视觉和听觉就是这种专门的器官；除此之外，还有触觉和运动觉等。人的这些器官分别接受各种不同的"波"即节律，在从中获得信息内容（意义）的同时，也在"节律感应"中引起生命节律状态的相应变化。"节律感应"需要节律形式（光、声、形体及其运动等是节律最基本的形态）作信息中介，使节律形式成了生态系统的重要因素，构成生命的生态环境，对生命体进行生态调适。正因此，视觉和听觉才成了动物和人的最重要的感应器官，触觉和运动觉才有辅助的作用。

　　节律是运动在时空中的结构表现，包括事物和信息在运动中的力度、气势、节奏、韵律和张力结构；质言之，任何一种节律都是一种有方向性的张力结构。它以物质为载体，既是信息，也是能量。作为信息，节律以特定的尺度表现物种的本质并传达生命的意义，因而具有意蕴；作为能量，节律通过"力"的传递激发、调节和引导生命活动的节律并达到"物我同一"的境界，因而富于生气。生命意义的感悟和生命节律（形式）的激活，共同造成感应的效果。一切生命都是在特定的生态环境的"节律感应"中生成自己特殊的生命节律的。生命具有节律，"节律感应"就是以节律形式为中介对生命状态的体验和调节。正是这样，"节律感应"成了生命存在和活动的一种生态基础和生态机制。声音、光（色彩）、形体及其运动，包括人类的实践活动等节律形式对生命节律的影响，都是通过这种"节律感应"而发生的。所谓审美，无非是通过"节律感应"对生命节律状态及其生命意义的优化追求而已。在动物方面，还说不上对意义有追求，且不自觉。在人类方面，意义追求却成了主调，并逐步超越自发到自觉了。由于物质变换和生理刺激也会对生命节律发生优化调节效应，引起身心愉悦，才会有"食色"之美的说法。也正因为审美实源于这种生态性的生命本能，"节奏"才在审美中居于核心地位，而一切艺术无不趋向于音乐。

人们早已认识到人是宇宙节律的产物，其结果就是人的生理节律。但是，人的生命节律并不只在生理领域（或层次），在人的心理活动和意识活动中，节律也存在着，且更为精致和复杂。人的生命节律是以生理为基础、心理为中介、意识为主导的节律活动系统，它不仅受自然生态的影响，更要受社会和文化生态的直接制约。人的感官和大脑都是以节律的方式来活动的。福尔迈根据有关发现指出："能够体现脑活动的最令人吃惊和清楚的生理标志，是脑电波。……按照脑电波的频率，人们把它区分为Alpha、Beta、Delta 与 Theta 波，每一种这样的节律，都和某种确定的心理过程相联系。"[①] 节律不仅使人的生命成为生气灌注、灵肉合一的有机整体，也使其与环境建立起万物相通、天人相生的生态关联。也正是由于节律作为普遍中介（因为万物皆有节律），自然与人、物质与精神、肉体与心灵才得以沟通对应，世界的生态性才能以最广阔而又深幽的形式表现出来。

"节律感应"作为生物的生态调适活动，使生物本能地有对节律形式的选择和适应。达尔文把动物在性选择中对色彩、声音和形体动态等节律形式的特殊敏感称为"美感"，这种美感活动实际上就是人类审美活动的生物性前提。在"自然向人生成"的过程中，它最终随着人的生成而上升为一种主体性的审美"关系"。

二、审美价值的生态尺度

在"自然向人生成"的生态进化运动中，人作为自然迄今所生成的最高成果即主体化的自然，理应是生态价值的终极主体。一切价值都产生于

---

① 福尔迈：《进化认识论》，舒远招译，武汉大学出版社，1994年版，第125页。

自然界生成为人的生态关联中,因此人也是审美价值的终极主体。从审美活动的生态本原看,人在生命节律活动上的生态需要所要求的尺度,也就是审美价值的生态尺度。

马克思在论及人的生产能够按照美的规律来建造时,明确肯定了体现着人的本质的"内在尺度"(或"内在固有的尺度")与"美的规律"的密切联系:正是由于人的"内在尺度"符合美的规律,经过这一尺度衡量的产品才可能因体现美的规律而成为美。这个"内在尺度"作为体现了人的本质的量和结构,也就是具有人的本质的节律形式。这个节律形式,既表现了人的生命意义,又充溢着人的生命张力。由"自然向人生成"的生态规律所决定,只有适合于这个内在尺度的生成需要,使之在人的本质的水平上得到激活和调适的节律形式,才对人具有肯定性的生态意义,因而也才是具有正向审美价值的对象。

审美价值的生态尺度,就这样具体而微地体现在节律形式所具有的生命内涵之中。一方面,节律形式要发挥生态作用所具有的动力性,以其动势显示出生命的动的本质,并创生主体的动。通常所谓"力""活力""生命冲动"等,就是指的节律的这种动的特性。柏格森的"绵延"、尼采的"强力意志"、弗洛伊德的"性力"等,正是对这一生命特征的强调和推崇。另一方面,节律形式既然有"节"有"律",就具有生命机体所要求的秩序性。愈是高级的生命体,其序化程度也就愈高,而最基本的生态秩序就是多样统一的"和谐"和综合超越的"进化"。这种秩序性在一种有机组织状态中创生出更高水平的生机与活力。上述两个方面的结合和统一,使节律形式显示出生态的气象,发挥出生态的功能,从而具有向人生成的价值。在审美活动中,这种价值,或激发生命活力,或调节生命秩序,使人在身心和谐、物我和谐的生命状态中,达到存在与本质高度统一的生命之境。

中国古代哲学具有深厚的生态意识。无论是儒家还是道家,都以"和"为生命之大义。儒家以"仁"为本,"仁者爱人","爱"即相和相生。后世儒者还将"仁"释为"生",生即仁。其中以二程传人谢良佐的说法最为生动,他说:"仁者何也?活者为仁,死者为不仁。今人身体麻痹,不知痛痒,谓之不仁。桃杏之核可种而生者,谓之桃仁杏仁,言有生之意。"① 以"生"释"仁",着眼于"仁"的功能,其中内含着"和"的生态秩序。道家称"一生二,二生三,三生万物",乃源于"充气以和",仍然标榜一个"和"字,并以"游于自然之道"的"和"为护生持性之术。在人天关系上,儒家主张"上下与天地同流",道家倡言"浩然与溟涬同科",仍然以"和"为尊。所不同者,儒家着眼于人世的社会生态建构,道家则执意于返归自然生态之中。但是,由于儒家的出发点是"孝悌"和"法先王",就与道家的"法自然"同样具有"向后逃"的倾向。

人本生态学认为生态平衡是动态的平衡,生态系统是生成的,进化的运动体。正是在生态的进化中,才有"自然向人的生成",才有人的本质的不断跃迁和进步,生命的真义在于生成性造成的进化,而绝不是为活而活,也绝不能只是在同一水平上的循环或对原始和谐和的复归。正是在这个意义上,我们以马克思所揭示的"自然向人生成"的生态进化规律为生态价值立极,同时也就是为审美价值立极。这也就意味着,审美价值的尺度本身也是在不断生成的。

审美价值的生态尺度的生成性,使人类总是面对着古老而又常新的"终极关怀":人究竟应当是什么样的?正如舍勒所说:"人只是一种'介乎其间',一种'临界',一种'过渡',……一种生命对本身的永恒的'超越'。"② 处在"自然向人生成"进程中的人,因此得不倦地进行自我超越,自觉的超越性也就成了人的本质所在,永恒的超越就是人的宿命。人类历史发展到今天,人性状况仍然堪忧。现代人的实利主义、消费主义和唯我主义中存在的反社会、反人类倾向,说明人类正处在一个重要的转折点。罗马俱乐部的报告为此提出进行"人类革命"即人的素质革命的主张,建设性后现代思潮呼吁普及生态意识,高扬创造性的精神。在他们看来,人类若无对自身本质的深刻反省,没有对自己的未来目标的合理选择,就不可能走出生态困境。正视生态困境,合理设计无愧于人的本性的生产方式

---

① 《上蔡语录·上》。
② 马克思·舍勒:《资本主义的未来》,曹卫东等译,北京师范大学出版社,2014年版,第187页。

和生活方式，遵循生态进化的规律进行目标自律，已经成为审美价值生态尺度调整的根本内容。

美国神学家托马斯·伯里把后现代文化说成是一种生态时代的精神。他认为，生态时代的文化意识的核心是宇宙发展过程中固有的如下三种价值：分化（生命形式的多元化）、主体性（一切事物的内在性）和交流（通过交往来实现团结和对一切生命的热爱）。① 这里除了泛化的主体性观念需要商榷之外，"分化"和"交流"的生态意义及其审美价值，都是毫无疑义的。"分化"造成的"生命形式的多元化"，不仅表现了生命的自由和繁荣，更为进化提供了丰富的基因和机遇。"交流"是以互补共生为前提的，它既表现出生命的活力，又使生命作为关系实在的互生性得以实现，进而在差异的综合中获得跃迁。这里不只是求同存异，而是使差异互补并且创生出更高水平的生命形态。至于"主体性"，如果只是在"事物的内在性"上来理解，无非是肯定了一切事物相对独立的存在价值和作为生态生成目的的意义。但是，如果从自然向人生成这个根本的规律看，这些事物作为向人生成过程中的"中间物"和"过渡者"，只能说是具有"准主体"或"非现实主体"的意义。也正因为这样，这些事物的"主体性"理应受到尊重和爱护。而自然事物的审美价值，正是由这种非现实的"准主体性"所赋予的。

三、精神之美的生态定位

人本生态观所说的，不只是物质—肉体即生理的人，而是以物质为基础、以精神为主导的，能实践的人。在自然向人生成的过程中，人的精神是同人的肉体同步生成的。信息是精神的本原。不仅人类生态系统的信息—精神（文化）圈是精神生成的生态基础，人的物质—肉体构成本身也以其机体活动的信息作用于精神的激活，人的精神也难以活化和生成。人本生态观是以人为本的，既把人的生成看作生态运动的目的，又把人看成

---

① 大卫·格里芬：《后现代精神》，第81页。

生态运动优化的工具。在"为了人"和"通过人"的统一中确立人在世界生态系统中的终极主体地位。基于此，就理应重视精神的本体地位及其在本体生成中的超越和创生作用，给精神美在美的本体世界中以合理的定位，肯定和重视精神之美的客观存在。

对于人的生命存在和生活活动来说，精神占有主导的地位，因此也是人的美的主导因素。比起物质世界来，精神世界具有更丰富、精微而活跃的节律形式，并且更直接而鲜明地表现着人的本质，显示和推动着人性的生成，因而是一个更具审美内涵的领域。文学艺术作为物态化的精神，把精神的节律用生动的形式予以物化、感性化，就展现了精神美无比丰富多彩的气象。

对于美学来说，精神美的问题至关重要。中国当代美学论争中的"美在客观"说，以唯物主义或实践论的名义不承认精神美的存在，更不承认精神美的客观性。从人的立场看，这显然是完全错误的。试想，既然物质世界有美，为什么物质运动的高级形式却没有美呢？排除了精神的美，人的美岂不成了一具空壳或僵尸？马克思所说的那个决定和表现了美的规律的"内在尺度"，它所具有的人的本质的内涵和它的存在方式，不都是精神的吗？人的精神之美不仅是在人身上客观地存在着，而且由于人能在精神上把自己一分为二，他也能凭着内感官去感知和体验精神之美。以想象把文学作品描绘的形象再现于意识之中，或把曾经游历的景色在记忆中重新唤醒，还有文艺家尚未形诸笔墨的审美心象和审美情致，无不是精神美存在的事实。否定了精神美的存在，文学艺术之美岂不是大半要被驱逐出美的领地吗？

人本生态学对精神美的本体地位的确定，不仅有助于消弭长期以来在美本质问题上的尖锐对立和分歧，更把精神美纳入人性生成的生态系统之中，这就从根本上肯定了精神美对于人的审美生成的生态意义。

首先，精神美在人性美的内在结构中的生态意义。在人的生命存在和活动中，精神与物质之间、诸精神因素之间，无不存在生态关系。什么样的精神结构才能使人的物质机体和整个生命状态实现优化或臻于美境？在基本物质需求得到满足之后，这个问题已经作为人类困境的中心问题提出来了。人欲横流、物质主义、享乐至上，似乎已是天经地义。对精神的放逐和严重的"精神污染"[①]已使人性的现状受到质疑,并引起对人性前进的强烈关注。针对这一现实,人们发表了各种主张,或重振人文主义,或高扬科学主义;有的诉求于感性,有的乞灵于理性;有的宣扬个人主义,有的主张强化人的社会性和合作精神。中国的现代化正竭尽全力发展物质文明,同时也在聚精会神地进行社会主义精神文明建设,可以说这正是对世界性人性困境的战略对策。

其次,精神美作为人性生成的生态环境对于自然向人生成运动的生态意义。在人的生成中,精神美作为生态环境的重要构成因素,其生态意义巨大而又复杂。一定时代的文化资源、时代精神、风俗时尚对人们精神面貌和生活追求的深刻影响,就是这种生态作用的表现。而任何一种特殊形态的精神美,又总是以别的精神美为其生态前提的。审美文化广泛而又有力地发挥着精神美的生态影响,成为人类实践活动中十分重要的生态条件。现代传媒特别是广告,正以全方位的轰击和煽惑策动和制造市场所需要的精神生态,不断打破和重建人们的精神平衡,以实现不可拒绝的欲望诱导。进入电子网络的人,更是生活在一个虚拟的信息化的精神世界之中,这个精神世界的生态效应已引起人们的关注。社会主义精神文明,正是要创造一个健康向上的精神生态环境,为人们的精神美化和人性生成提供良性生态保证。

社会精神美不是孤立的存在,它也有其得以生成的生态环境,包括自然的环境和社会的环境。如何优化社会精神美的生态环境,创造必要的生态条件,是精神美生态建设的重大的基础性课题。社会精神美的生态条件,首先是物质条件及由物质提供的能量和信息。经济是社会结构的基础,存在决定意识,物质条件作为精神生态基础的重要性不言而喻。除此之外,社会的政治结构和政治文化对社会精神的生态作用也很直接。列宁在论及提高人民群众的文艺生活质量时,既强调了面包与和平的必要性,也强调了文化和民主的意义。社会主义的物质文明建设和政治建设的一个重要目的就是为社会主义精神文明即社会性的精神美创造良好的生态条件,以美化人的精神世界,从而推动人的本质的真正生成。

---

① 比利时学者 P. 迪维诺在所著《生态学概论》中论述了文明化带来的精神污染。

四、自然之美的生态意蕴

自然生态是生态学的本义所在,当然这也正是生态的核心精神所在。人作为"自然向人生成"的成果,本来就是自然属人的本质的生态化结晶。人的生成源于自然,自然在自组织进化中生成了人。这个生态进化的规律,从根本上揭示了自然之美与人的本质的生态关联,而这正是自然之所以具有审美意蕴的根源。一句话,自然之所以会美,就因为它是人性生成的生态之源。

自然与人类生成的生态联系使自然具有肯定和表征人的本质的意义,而成为美。宇宙诞生,天体演变,生物进化,人从动物中提升,在这个漫长的生成过程中,自然不断地创生着人的本质,呈现出某些人的征兆,并最终在各种形态的自然属人本质的综合中生成人。自然界的属人的本质早就存在,其节律形式表现就是美——自然世界最本真的天然之美。美的规律在自然美中存在和呈现,并有力地推动自然美的生态演化,终于在人的身上得到充分而自觉的表现。自然美对于生物进化的作用,达尔文对动物美感的性选择诱导和激发的描述,就提供了生动的证明。显然,即使是自然生态,也少不了"节律感应"这种"原美感"[①]的生态调适方式。这种方式后来也为人类理所当然地以更高的形式加以继承。

人生成于自然的节律之中,自然的节律形式不仅通过感应给我们的生命注入活力和秩序,而且也使我们在感应中领悟到生命的智慧和意义,这种意义感悟又进一步激发和调适我们的生命节律,使之升入美的境界。自然的生态之美,不仅是活力之美,更是整体上的和合与生成之美。多样分化、协调和谐、互补共生、综合超越,这就是自然生态的基本秩序。在这里,即使相互对立的事物也相反相成、相克相生,在整体性的综合中彼此超越而具有互生共长的意义。热带雨林开辟橡胶园造成的生态破坏,就是违背这种生态规律的结果。20 世纪世界性的社会改造实践的严重挫折,也

[①] 达尔文把动物在性选择中对色彩、声音、形体动作的特殊敏感看作动物的美感,为了与人的美感相区别,我把动物的美感称为"原美感"。详见拙著《感应与生成——感应论审美观》(成都科技大学出版社,1991 年版)。

证明了这个生态规律的重要性。自然生态之美对于人类生存智慧的启示，显然绝不仅限于审美生命之中。

自然生态之美是人类审美智慧永恒的教科书和启示录。但是，诚如普利高律所说："自然只对那些承认是自然的一部分的人作出回答。"对于那些否认自己的自然根基，"弑母情节"深重的人，蔑视自然生态规律、践踏自然生态之美的结果必然是使自己沦为陷人类于困境和危机的罪人。现代高科技无疑为人类的审美文化打开了一个神奇的领域，它的美学意义有待于冷静的考察和思索。但是，高科技把人置于各种创造物（包括人工信息）的层层包围之中，使人失去了同自然的直接联系和真实感受。由于丧失了这种生命体验的直感，人与生俱来的同大自然相沟通的灵气逐渐枯萎。大自然从那生命整体中发出的节律如果被单向的电磁波取代，人的生命的整体和谐和整体向力也就会发生畸变。人是自然的系统生成之物。被现实生活的片面性、破坏性和间接性弄得身心俱疲、灵魂无根的人，只有在自然生态之美的怀抱中才能实现生命及其灵魂的康复。这既是人类古老的经验，也一定是恒久的法则。

由于生态观念本来就涉及自然与人之间和人自身生命存在和生成的最本真、最深层的奥秘，人本生态学与美学的关系就既是根本的，也是全面的。所谓"美学革命"，首先应当是美学自身的"革命"。向生态思潮吸取智慧，就是这场"革命"启动的重要途径。只有从人本生态学出发的美学，才可能对人类走向生态文明的努力给予切实有力的学理支持。而这也正是关系着 21 世纪中国美学理论走向的重要课题。

（《西南民族学院学报》哲学社会科学版 1999 年第 1 期；后收入《文艺的绿色之思：文艺生态学引论》，为第一章第三节，人民文学出版社，2000 年版）

我们需要什么样的生态观？

《精神生态通讯》总第25期的两篇文章，一是余谋昌的《我们要确立怎样的转基因道德》，一是单正平的《生态伦理之我见》，分别从不同的方面提出了一个严肃的问题，即：我们究竟需要什么样的生态观？

生态（自然的、社会的、文化的和人性的）危机作为"人类困境"的基本问题，已为一切关心人类命运的人所重视。但是，生态究竟是怎么回事？特别是究竟应该怎样认识人与自然的生态关系和人在生态系统中的地位，包括怎样认识生态伦理学所突出的人与其他生命的价值关系？不同的生态观念之间还存在着巨大甚至尖锐的分歧。前些年围绕"人类中心主义"展开的讨论，还有生态主义内部关于"浅绿"与"深绿"的争论，已把这些问题摆在人们面前。人们之所以争论，是因为只有正确的生态观才能帮助人类正确地对待和处理生态问题。这里谈谈我的认识。

在《文艺的绿色之思：文艺生态学引论》一书中，我在阐述"文艺生态学"即"生态论文艺学"的理论基础时，对马克思的"自然向人生成"说所表达的生成本体论进行了生态哲学的引申和阐释，揭示了其中所隐含的人本生态观。马克思作为现代生态学产生之前伟大的生态思想家之一，其生态思想与其整个学说一样，贯穿着实现人类解放的主旨和精神。他的生态观，既是以人为本的，又肯定了自然生态是人类生态发展之本，因此我将其称为人本生态观或人类生态观。这种生态观，至少有三个基本点值得重视。

第一，生态系统的整体性。人是自然界的一部分，是自然界的生态生成物，是在自然的基础上生存的社会—文化生态系统的整体性生态存在。人依赖这个生态系统生存和发展，人的任何生成可能都受到这个生态基础的制约，并且只有在生态的和谐中才能持续发展。一般的生态观都会认识这种整体性，并在人与自然的矛盾和对抗中意识到深层的内在统一性（人按照自然规律改造自然的有效性就是这种统一的表现）。基于此，人们认识到保护生态环境的重要性，并进而产生了对社会生态、文化生态和人性生态的强烈关注。

第二，生态关系的主体性。朴素和粗陋的生态意识往往只看到人对自然的依赖，主张用泯灭欲望乃至人性的方式去顺应和"回归"自然，这就抹杀和否定了人在自然之中的主体地位。他们看不到，人虽是自然的一部分，但并不等同于他之外的自然。在主要是信息交换方式的进化中促进了大脑的生成，自然界才生成了能认识自己的头脑，也才开始了对自身的自觉调适。于是，人从自然界中的对象性存在提升为主体性存在；不仅是外部自然的主体，也是内部自然的主体。这个主体，既是认识的主体，即自然界通过人而认识自身，更是实践的主体，即对自然与人的生态关系进行自觉调节的主体。当然，这也是价值主体——准确地说，人是自然界生态价值的终极主体。所谓生态伦理的价值主体系统应是多层次的，其中或终极的目标只能是人的生成。"无论什么生态学，作为人类为摆脱生态困境所作的理性努力，实际上都应以对人类的自我生成的关怀为根本目的。由于这个整体性价值观的确立，生态学就不只是自然科学，而是把人本精神融注其中，从而（成为）与人的关系存在所具有的广延性与绵延性相对应的一门真正的人学。"[①] 这种生态主体观，还强调在"为了人"与"通过人"的统一中，亦即在目的与手段、权利与责任的统一中来认识人的生态主体性，其最高的境界则是"类生态学"所强调的"类主体"意识。

---

① 曾永成：《文艺的绿色之思：文艺生态学引论》，人民文学出版社，2000年版，第9页。

第三，生态运动的生成性。基于生成本体论的人本生态观，理所当然地要突出生态运动的生长性。"世界进化中的生态平衡，从来就是耗散结构论所揭示的动态平衡。如果生态平衡止于静态，没有变异，没有涨落，没有跃迁，就不可能有更高水平的生态系统及平衡机制产生，也不会有新的更高级的物种出现。""生命的产生和进化，都根源于生态本身的生成性规律和创生功能。""人的实践作为对自然的能动分化和综合，必然是对既有生态的调整，使其成为于人的生成更为有利的新的生态。"① 从这个观点出发，无论是中国还是人类，要走出生态困境都必须坚持"发展才是硬道理"，当然，这应是符合生态规律的发展。作为生态实践主体的人，必须对此有清醒的认识并担当起自己的责任。是生态运动的生成产生了作为生态主体的人，人的主体精神又使生态运动的自我调适得以自觉。这种自觉性也是随人的生成而不断提高的，对此我们应有信心。

上述生态观就是马克思生态思想的基本内涵。因此，在我看来，那种把一切物种的价值差异抹平和凝定的生态伦理学就难于使人接受。这种生态伦理观念忽视生态向人生成的本性，否定了人的主体地位，也就从根本上失落了"为人"的价值。这样一来，它对人类命运的道义关怀就会因没有学理上的支持和实际上与生态规律相违背而最后落空。

（收入鲁枢元：《精神生态与生态精神》，南方出版社，2002年版）

---

① 曾永成：《文艺的绿色之思：文艺生态学引论》，第10-11页。

走进美生本体论——人本生态美学的范式旋升

人本生态美学的几个回归和深化

在发表于1999年的《人本生态观与美学问题》一文中，针对国外学者认为解决生态环境问题需要美学智慧的观点，我认为不是任何一种美学都能发挥这样的作用，这首先需要美学自身的生态学化。现在看来，这个观点对于生态美学的建设来说，是值得特别重视的。生活中许多环境美化工程和绿色工艺，尽管在美化上大做文章，得到的却是反生态的结果。这说明，生态美学绝不是简单地把现有的美学运用于生态保护和生态建设。那些以极端的人类中心主义为理论基础和思想核心的美学，由于远离甚至背离生态意识，实际上无助于生态文明的建设。因此，生态美学或生态论美学的提出，首先是为了美学自身的思想基础和学理内涵的调整以至重建。英年早逝的刘恒健副教授认为，我"提出了建立人本生态美学的设想"[1]是很准确的。植根于马克思主义人本生态观的生态论美学观念，跨越了人类中心主义和生态中心主义之间的尖锐对立，以人类生态存在的视野，在人本和生态之间实现了目的和基础的统一。与实践本体论美学否定自然本体论的思路不同，人本生态美学追求向自然本性的回归，并由此实现将自然

---

[1] 刘恒健：《美学的三维视界：美学与人文学发微》，陕西师范大学出版社，2003年版，第229页。

主义与人本主义相统一的学理深化。这里,仅对其中三个问题加以讨论。

一、回归生态本性,向审美天性深化

美国著名生态哲学家罗尔斯顿把生态学称为终极的科学[①],是很有道理而且十分精辟的。生态学不仅把人类的存在归溯于大自然这个家园,而且在需要和功能的耦合中追求人与环境之间的平衡与和谐。在任何一种层次和领域的生态研究中,首当其冲的都是生命体的需要问题。基于此,生态论美学也就必然把人的审美需要提到首要的地位,把它作为全部美学问题的出发点和生长点。诚如马克思和恩格斯所说,需要是人类历史活动的第一个出发点,人类的任何一种生命活动都是在特定的需要的驱动之下发生的,审美活动也不例外。然而,审美需要这样一个重大的问题,在流行的美学中却从未得到应有的重视。即使有过个别的言说,也只是在哲学的层次上进行思辨,而没有从生态科学中寻觅基于生命本体的真正奥秘。

其实,这个问题早就被提出来了。中国自古有"食色,性也""爱美之心人皆有之"的观念,在欧洲亚里士多德提出"爱美是人的天性"。进一步的追问本来应该是人类为什么有爱美的天性,但是美学没有对此予以正视,更没有真正深入研究,而是将其归于"人性论"或者生物主义加以拒绝和抨击。

在这个问题上,我们拒绝达尔文揭示的动物美感的事实,在对美感和快感的区分中极力把生理快感从美感中加以清洗。作为自诩的马克思主义者,我们既不理睬马克思在《1844年经济学哲学手稿》(以下简称《手稿》)中对动物生产与人的生产的内在联系的揭示并做进一步的思考,也不理睬普列汉诺夫和高尔基等人关于人类审美的生物本性的论述。同样,作为现代西方哲学的膜拜者,人们对尼采、杜威等人的这类观点也视而不见。在以实践本体论美学为主流的美学思路中,一切都归于实践,却忘了

---

① 霍尔姆斯·罗尔斯顿Ⅲ:《哲学走向荒野》,刘耳、叶平译,吉林人民出版社,2000年版,第82页。

实践本身还有其自然生成的生物性前提和与自然界之间的对象性关系。抹杀了自然的本体意义，还怎么可能从生命的生态本性去思考和探寻人类审美需要的奥秘呢？

生态思维对审美活动生命本性的审视，必然先从生命体与自然界的对象性关联发出追问：是生命体与对象世界之间的一种什么特殊的对象性关联，为这种生命需要和相应的活动提供了生态基础？这种对象性关联之所以成为可能，在生命体及其对象双方中分别是以什么样的特殊性质和相适应的本质力量为必要条件？马克思在《手稿》中论及人类的审美活动时，就是这样提出问题的，并用音乐审美为例做了描述性的说明。一切艺术都趋近于音乐，美的最深层次的奥秘就在音乐之中。可惜我们没有从马克思的提示出发深究下去，以致与审美活动的对象性基础这个美学根本问题失之交臂，并使之成为美学思维的盲点。

马克思对审美活动的对象性特征的论述，对于认识审美活动的生态本性具有根本性的指导意义。要深入认识审美活动的本性，就必须弄清构成审美活动的两个方面之间相互对应的对象性特征。人类审美活动的主体性是建立在这种对象性的基础之上的。对此，生态学本身尚未给出明确的答案。这个答案应该在生命体与环境之间的信息－精神生态关联之中，而今天的生态学还主要关注的是物质－能量的生态关系。精神生态问题的提出把信息－精神生态关系突出出来。但是，由于信息－精神生态本身极端复杂和深邃，更重要的是人类对自身的信息－精神本体的认识还太肤浅，已经取得的一些认识成果，也由于知识和观念的隔膜和屏蔽而没有引起生态学界和美学界的重视和充分理解，这就阻断了美学在这个问题上的思路，而使美学停留在哲学层次上的玄思。

笔者从20世纪80年代中期开始，就致力对中国古代哲学、美学和文论中的"气"论、"感应"论和"气韵"说进行现代阐释，提出了"节律感应"和"节律形式"等范畴，用以揭示审美活动的本体特性即对象性特质，并在与马克思的"自然向人生成"论的结合中形成了"感应论美学观"的构想，这可以说是我的人本生态美学的非自觉的最初形态。之所以这样说，是因为笔者后来的生态论美学思维就是从对马克思的"自然向人生成"论的生态哲学阐释开始的。今天，如果把中国古代的"气"论和现代物理学的波粒二象性原理、场论,特别是超弦理论联系起来,那么可以说,世界本体普遍存在的节律,就是信息的原生形态。也就是说,整个世界就是一个节律的存在,而且节律是作为事物相互作用的最普遍的中介而存在。审美信息的主要形式是声音、色彩和形体及其运动,这些都无非是节律的不同表现形态。一切生命包括人的生命,都是节律活动的系统性存在。生命主要是在信息活动的提升中进化的。人类的实践把这种信息活动自觉化了,从狩猎到农耕到工业直到今天的信息时代,就是信息活动的方式和地位逐步提升的过程。节律所表征和传递的信息,对于生命体来说,既有认知的功能,还有通过感应实现互动的动力功能。借助这些功能,它才成了生命体自我生态调节的一种最原始的本能的方式。人类审美活动中的"节律感应",把生命动力和意义体认结合在一起,并且通过它来进行自觉的生态调节。在这样一个世界图景中认识审美活动,它作为人类的一种特殊的生态调节方式所具有的生态内涵和生命意义之重要,就不难理解了。

二、回归物性本真,向生态功能深化

在环境保护和美化所推动的生态热中,出现了一些反生态的现象,如地面被大面积硬化,用塑料树绿化街道和广场,愈来愈广阔的草坪,过度的光彩工程和玻璃墙面,水体和土地、植被相隔离,还有一些商品的"绿色"包装,等等。这些只图"美观"而违背生态规律的做法说明,"美在形式"和"美超功利"的观念必须重新审视,而这正是生态论美学之所以崛起的重要原因之一。

早在春秋时期发生的"伍举论美"的故事就把这个问题提出来了。针对楚灵王为了追求"目观之美"而修筑章华台的举动,伍举提出了"无害曰美"的主张。我们自来把伍举的观点视为功利主义,似乎他根本不关注形式问题,是一种非美学的观念。其实,伍举所关注的只不过不是感官所及的形式,而是社会关系的和谐这种更为重要的形式。应该说,与楚灵王只要求视听感官享受不同,伍举重视的是社会生态的问题。社会生态的和谐，无论对于统治者还是对于被统治者，都是性命攸关的大事。伍举对社会关系结构形式的关注，针对的是修建章华台之举的功能。这说明，形式和功能即功利内容是分不开的。在经济和社会发展水平不高的情况下，像楚灵王这样对感官形式之美的追求，乃是一种违背社会生态要求的心理意识的折射，是对这种心理意识的鼓舞和张扬。而在更多的人眼里，感官形式之美最多被视为"不用之用"。

在今天，感官形式之美的生命和生态意义日渐明显，受到重视，传统的功利和功能观念必然大为扩展。感官之美已经不能说是"不用之用"，而应该说是"大用之用"了。这是因为，人的生命存在本来就是生态整体性的存在。这种整体性，不仅是其内部生命所包含的生理、心理和意识三个层次的整体性，还有其外部生命即与自然、社会和文化的生态联系的整体性；不仅有物质－能量的关系，还有信息－精神的关系。马克思说自然界是人的无机的身体，其实又何止自然，包围着人的一切，即他生存于其间的自然的、社会的和文化的环境都是他的无机的身体。就自然界而言，马克思明确地指出，它不仅是人的物质的食粮，同时还作为科学和艺术的对象，是人的精神的食粮。感官形式之美对于人的生态作用，也因此是整体性的，它在深刻影响人的精神的同时，也通过人自身生命的整体而影响到人的身体，影响到人的整个生命存在。

真正的美感乃是全身心的体验，生理上的快感是不能人为地加以阻隔和抹杀的。没有生理上的快感，也就不会有真正的身心整体的陶醉，不会有由理性向感性、由物质向精神、由意识向生理的沉潜，于是也就没有了新感性和新理性的互动共生。这里的区别应该在于，美感是由生命体的一种特殊的信息交换活动即"节律感应"的活动所引起的，是基于节律形式这一对象性生命特征而产生的快感，而同那些由物质和能量的满足所引起的快感大不相同。由节律形式这种作为世界存在的普遍中介的特殊信息的信息本性所决定，它既以一定的物质为载体，又可以超越"此在"，而在不同的物质之间转换并引起物质和能量的变化。人的精神，无非是自然进化中迄今所生成的信息接收、储存、加工和传播、反馈的最高形态。正是节律作为贯穿人的生理、心理和意识三个层次的普遍中介，作为以心理为主导的活动方式，才使人的生命存在成为一个有机整体。由"节律感应"

生成的美感，也就由这个普遍中介的作用而具有身心整体性的生态调节和体验的功能。

生态论美学是在生态文明思潮的呼唤中诞生的，由于人类的审美创造与生态规律相违背的现象大量存在，生态美学就不能不首先关注审美活动的生态功能。笔者把生态美的形态分为生态气象美、生态秩序美、生态功能美和生态人格美，其中的生态功能美一项有其特殊的重要意义。现实生活中已经出现的那些只顾"美观"而忽视生态效果的"生态工程"，已经说明强调生态功能美的必要性和重要性。从生态功能出发要求美和审美，是一个基础性的要求。把生态功能与美统一起来，则无疑是一个更高的层次和境界。

但是，功能和功利内容何以成为美，亦即善何以成为美，却是美学至今没有认真阐明的问题。

在美学界，一度存在对"心灵美""伦理美""精神美"等具有明显功能内涵的概念的质疑和拒绝，理由是美只存在于形象或形式中。然而，主要反映在艺术中的人类审美史，自古及今都离不开"心灵美""伦理美""精神美"的内容，可以说都是对心灵、伦理、精神的审美反映和表现。不能说，这些东西是由艺术家赋予了形象和形式才变得美的，因为没有艺术家的审美感动为前提，它们就不可能在作品中展示出那样激动人心的美来。在这个问题上的认识之误，使流行的美学不愿意对艺术以外的领域如社会现实美和科学美加以认真的理会。即使是对自然美，也主要从形式上加以阐释。这里存在着两个密切相关的问题：一是形式本身的功能，二是功能内容如何成为美。这两个问题都是生态论美学应该回答的。

对于第一个问题，生态论美学要从形式——声音、色彩和形体及其运动出发对人及其生态系统的生态功能加以考察和要求。中国自古就有声色"养耳""养目""养心"之说，就有用音乐、书画和山水之美疗疾养生的丰富经验。在现代西方，对这些形式的生命功能也已经有了丰富的认识和广泛的运用。不仅植物、动物的生命要接受声音、色彩的影响，有音乐肥料、色彩肥料的应用，而且由于人的生命存在的整体性和节律的普遍中介作用，人的生理、心理和意识也都要受这些因素的深刻影响。现代人的很多精神病象和由此造成的生理上的疾患，都与这些形式的反人性、反生态的刺激有关。

对于第二个问题，美学更应该加以重视，并且做出真切的回答。对此，"伍举论美"的故事可以给我们以启示。当时的"目观为美"的观念，就是"以土木之崇高、彤镂为美"。这里所说的"崇高"，是指的建筑物外观形体的宏伟高大。今天，我们早就不再在这个意义上来说崇高了。今天所谓"崇高"者，指的是那些表现了超乎寻常的力度和气势的精神和功业，它的审美评价恰恰是指向那些功利和功能性内容的。对于这些内容，审美主体以作为自己"内在尺度"的价值图式赋予其一定的形式，并使之显示出向前向上、宏大崇高的节律特征。对于这些功利性内容，人类的语言往往赋予形式化的表达，如用来诉说人的精神品质的"高大""正直""开阔""坦荡""光明正大"和"阴暗""圆滑""狭隘"等。在这种赋形机制中，就隐藏着功利性事物在审美态度下转化为审美对象的秘密。在西方，康德本来是把鉴赏判断归于形式的，但他在论及崇高时，却从"数学的崇高"和"力学的崇高"引申到"道德的崇高"。他没有直接阐明道德是怎样被赋予崇高的形式的，但是也说明道德这样以功利内涵为主导的精神存在，是可以与崇高的形式相通的。审美的形式感，本来就存在两种走向：一是从形式到意蕴，二是从内容到形式。在美学理论中，前者为人们所重视，后者却易被忽略。其实，这两种走向是交互为用的。在艺术家那里，主要的走向是从内容到形式，即为功利内容展示和赋予相应的形式，使其在艺术作品中呈现其美。生态的功能之所以是美，也是因为有生态价值观的赋形机制，何况它还实际上带来人与自然、人与社会以及人与人之间的关系形式的和谐。①

我们说，生态论美学的提出绝对不只是言说方式的转换，对生态功能美的重视就是重要的理由之一。正是对生态功能美的重视，使美学更加

---

① 对于这个问题，我在《感应与生成——感应论审美观》（成都科技大学出版社，1991年版）中，曾经从"功利性内容如何转化为美""语言意象的形式化表现机制"和"'自然向人生成'规律的赋形作用"等几个方面做过初步的论述。这是美学中的一个极为重要的问题，应该引起学者充分的重视，展开更深入的研究。解开这个结，美与善的关系的问题或许才能得到解决。

贴近现实，更深入地介入人们生命存在的实际。这与后期的海德格尔和里尔克从精神的浪漫主义回归"大地"，在"物"的"物性"中寻找精神家园的走向，有着某种一致性，并且更加深入"大地"的整体性存在及其神韵。这不只是诗意栖居的精神家园，这个精神家园还是建立在实实在在的生命家园之中的。有了这样的家园，我们就无须只是把家园之思寄托于"境由心造"的无奈和玄想上，而能够全身心地与世界之美拥抱和交流。

有了生态功能美的观念就可以也应该深入认识自然之美的审美内涵和功能，把自然美的生态内涵全面地还给自然，并且通过对生态功能的审美化把生态意识变成人的生命要求。比如，使生态旅游成为真正具有全面生态内涵的旅游，而不是空有其名、徒具形式的，甚至反生态的旅游。不仅如此，还应该重新确立现实美、自然美、精神美等形态在人类审美生活中的地位，对于艺术美的生态功能也应该有新的认识。

三、回归实践本义，向生态人格深化

对生态功能美的重视，说明人本生态美学实际上包含而又超越实践本体论美学，乃是一种高扬人本生态精神的实践美学。要正确认识和处理人本生态美学与实践本体论美学的关系，就必须从生态学的眼光审视实践活动的生态本性。

人类的实践是人类发挥自己的脑力和体力去实际地改变对象世界，以便改善环境与人之间的关系的活动。说到底，实践就是人类调节自我生态的自觉能动活动。任何生命都能对自己的生态状况进行调节，这种通过自我调节来维护自我生存和生成的自组织机制，正是生命体的特殊性所在。在生命进化的过程中，主要由于信息传输方式和水平的提升，这种调节的能动性越来越高，一直发展到人类的自觉能动调节的程度。从这个角度来看，实际地处理和改变人与自然－社会－文化环境之间的关系，就成了实践的基本内容。

然而，实践美学的主流，却在坚持实践本体的立场上否定了自然的本体意义，于是包括美的本质在内的几乎所有美学问题，都只是从社会实践

去寻求回答。马克思曾经严厉地批判过拉萨尔的"劳动是一切财富和文化的源泉"的观点，并且明确指出"没有自然界，没有感性的外部世界，工人就什么也不能创造"。① 对此，实践本体论美学一直不予理睬。于是，在这种美学看来，自然界无一例外都是通过实践而人化了的自然界，而且自然界也只有在实践中才与人发生关系，才对人具有意义。马克思说过："被抽象地孤立地理解的、被固定为与人分离的自然界，对人说来也是无。"② 这个论断本来是对自然界与人之间的对象性关系的明确肯定，认为即使人类出现之前的自然界也处在向人生成的过程中，因而并不与人分离。正是这种生成性联系，才使人成为自然界的一部分。然而，马克思的这个观点长期以来都被曲解为"自然界都是人化的自然界"，对于那些在人的实践和视野之外的自然，就一律视之为"无"。于是实践活动的自然性的一面即生态调节的一面就完全被忽略了，实践的自由性与实践的自然性被对立起来。

人本生态美学并不反对实践美学从人的本质去认识美的本质的思路。在目前所达到的生命生态的视野中，人既是生态实践的主体，也是生态价值的终极主体，因此也是以自然界为基础的人类生态系统的审美价值主体。但是，这里所说的人，首先是以自然生态为本的存在，即马克思所说的"自然存在物"，一点离不开自己的生态根基和家园。同时，这里所说的人，也是自觉的生态实践主体，爱护、保护和优化人类生态系统乃是它责无旁贷的天职。更为重要的是，从人类生态学看，人的本质首先就存在于自然界之中。

在这里，人本生态美学特别重视马克思在《手稿》中两次提到的"自然界的人的本质"的命题。说自然界本来就存在着"人的本质"，乍看来是匪夷所思的。然而，如果说自然界中本来没有"人的本质"存在却能够向人生成，岂不更是匪夷所思吗？从 20 世纪末开始，人类紧急动员起来

---

① 中共中央马克思恩格斯列宁斯大林著作编译局：《马克思恩格斯全集》第四十二卷，人民出版社，1979 年版，第 92 页。
② 中共中央马克思恩格斯列宁斯大林著作编译局：《马克思恩格斯全集》第四十二卷，第 178 页。

保护地球上的物种的多样性，保护森林、大气、土壤、水域和能源，实际上就是保护已经遭到严重破坏的"自然界的人的本质"。从根本上说，自然事物美就是"自然界的人的本质"的形式表现。全面而深入地认识自然界中所存在的人的本质，是今天的科学和美学共同的重要任务。只有这样，海德格尔和里尔克诗意地向往的"大地"上的"物性"，才可能真正向人类敞亮。对"自然界的人的本质"的肯定，要求人类的实践自觉遵循自然界向人生成的生态规律，同时，也使人类自觉地在自己面前树起了人的本质的本真形态的标杆和镜子。由此，我们就能在更加积极的意义上去理解千百年来不绝于耳的"回归自然"的呼声的真实含义，从而也在文学艺术和美学中重新确立自然和自然美的重要地位。

我们已经习惯于仅仅从社会关系去认识和确定人的本质，这实际上并不完全符合马克思主义哲学的本意。社会关系当然要现实地表现人的本质，但是这在费尔巴哈那里就已经认识到了。正如马克思所说："费尔巴哈使'人与人之间的'社会关系成了理论的基本原则。"[①] 马克思比费尔巴哈深刻之处在于，他从费尔巴哈无视的实践这一角度去历史地考察人的本质。实践主要是人对自然的改造，因此人与自然界的关系才在更深的层次上决定和表现着人的本质。我们在从社会关系认识人的本质时，却把人与自然的关系这个深层次的内涵屏蔽和忘怀了。即使注意到人与自然的关系，也只看到了生产和消费的关系。如果从生态调节的角度来看人的实践，人类在其生态系统中的三种角色就全面展现出来，它不仅是消费者和生产者，同时还是分解者。传统的实践观，只看到人是生产者和消费者的方面，而忽略了人还应该是自觉的分解者。这种角色自蔽是造成生态灾难的直接原因之一。在今天这个消费主义的时代，由于无度膨胀的消费对生产的片面拉动，对生产和消费所造成的物质的和精神的废物和污染的有效分解就显得更紧迫。因此，全面理解实践作为自觉能动的生态调节的本性就极为重要。若以此方式来认识实践的内涵，那么对人的本质的认识也就必须做出相应的调整，应当在消费、生产和分解的平衡互动中审视人的本

---

① 中共中央马克思恩格斯列宁斯大林著作编译局：《马克思恩格斯全集》第四十二卷，第158页。

质向生态人格的生成，并以此为实践之美和人的美的根本尺度。

在当代人类的审美生活和文学艺术中，处处可见感觉和精神之间的矛盾和对立，甚至为了追逐感觉而放弃和拒绝精神。这无疑是人本生态美学所面对的一个十分严峻的现实问题。马克思说："只要人对自然的感觉，自然界的人的感觉，因而也是人的自然感觉还没有被人本身的劳动创造出来，那么感觉和精神之间的抽象的敌对就是必然的。"[①] 人本生态美学对此应有清醒的认识，为生成"人对自然的感觉"和"自然界的人的感觉"并使二者融合为"人的自然感觉"发挥自己独特的作用。

把审美和美还给生命生态本身，在生成本体论的基础上认识美的形态的生成及其"适人"和"为人"的本性，必将为美学展开许多广阔的理论视界，并为科学与人文的真正沟通和交融确立一个可靠的中介，使美学真正成为柏拉图所说的"涵盖一切的学问"，为方兴未艾的"通识"教育和消弭"两种文化"的鸿沟做出应有的贡献。

生态文明建设呼唤生态化的实践。对实践的生态调节本性的确认，从根本上纠正了流行的实践美学的人类中心主义偏颇，并且使人本生态美学成为与生态文明建设实践相适应的一种新的实践美学——马克思主义的实践论人类学的美学。

（《江苏大学学报》社会科学版2005年第3期）

---

① 中共中央马克思恩格斯列宁斯大林著作编译局：《马克思恩格斯全集》第四十二卷，第139页。

人本生态美学的思维路向和学理框架

在各种生态美学思维的路向中,我主张人本生态美学的基本思路。顾名思义,人本生态美学就是以人本生态观为哲学基础,以"人本生态"为价值取向的美学。

面对严重的生态困境,人类的理性正面临所谓人类中心主义和生态中心主义两极对峙的抉择难题。在高扬"以人为本"精神的今天,我们的美学理应将科学精神和人文精神统一起来,坚定地站在人和人类的立场,把人和人类的可持续的幸福放在首位。因此,我们反对人类中心主义,却并不放弃人类在地球生态系统中的中心地位;我们赞成生态中心的观念,但是也难于认同万物齐一无别的生态中心主义。我们之所以直面生态危机,高扬生态精神,呼唤生态文明,归根结底还是为了人类自己世世代代的健康幸福和发展。在这个问题上,我们需要的是科学的态度和思维,而用不着矫枉过正地走到另一个极端。须知,在二元对立中二者必居其一的思维路向本身就是违背生态精神的。

人本生态美学要求从人类生态系统亦即地球生态系统的视野考察以下几个问题:一是人在地球生态系统中的真实地位和作用,即人类的生态位;二是人类实践的生态本性及人的生态本质;三是人类审美活动的生态本性。只有深刻认识了这些基本问题,才可能进一步营构人本生态美学的理论框架,这是美学的生态思维接触现实的果实。

一

对于第一个问题,本着马克思主义哲学实践论人类学的生成本体论和人本生态观的基本思想,我已经明确表达过自己的观点。

深入细致地考察马克思主义哲学的原典文本可以发现,马克思和恩格斯的思想与赫尔德和康德的人类学思想之间存在着深刻的内在联系,进一步与现代的马克斯·舍勒的哲学人类学思想相比较,其哲学的人类学内涵和形态十分鲜明。与其他一切哲学人类学不同的是,马克思是在实践的生成和内在结构中展开其人类学内涵,因而可以将其称为实践论人类学。除了实践性之外,生成性、类观念和生态性是其最重要的特征。

实践论人类学是建立在独特的生成本体论的基础上的。这种本体论认为世界的本体是一个由物质向精神生成的存在,其中包含除神本论和"创造论"之外在人类思想史上先后出现的物质本体论、精神本体论、人本论和实践本体论及历史本体论等的合理因素,并将其加以序化综合,从而超越了旧唯物主义和唯心主义的对峙,而真正符合人类所面对的世界存在的真实。生成本体论与人本生态观互为表里,这个世界本体的生成过程实际上就是人类生态系统的生成过程,而这也实际上是自然界生成为人的过程。这个过程包括这样密切相关的两个方面:一方面,人作为自然存在物,首先以自然生态为基础和母体,在此基础上还以社会生态和文化生态为基础和母体,因此人是以生态为本的;另一方面,人作为自然生态生成的最高目的和主体化的自然,既是自然界的自我意识,又是生态价值的终极主体和唯一可以依靠的自觉能动力量,这就意味着生态也是以人为本的。这就构成了所谓"人本生态"的根本内容。在这样的生态视野中看人,绝不是要否定它的主体性,而是应该把它的主体性与其同自然-社会-文化的对象性联系(与自然之间的对象性联系)统一起来,并把前者置于后者的基础之上。这样在对象性基础上理解的主体性才是马克思所说的能动与受动相结合的主体性,从而与现代性思潮所高扬的片面的主体性进行区别。

地球生态系统的运动是一个在动态平衡中自我调节和不断提升的生成过程。从赫尔德、康德到马克思和恩格斯，他们都认为自然界中存在着向人生成的客观目的。这个生成过程，在人类从动物中提升起来很久之前就开始了，可以说从现代宇宙学所说的"大爆炸"那一瞬间就开始了。人类的现实生成，把这个过程分成了"前人类"的和人类的两个阶段。在"前人类"的阶段，地球生态系统的生成运动只是自发的，而到了人类的阶段亦即人类生态系统现实地生成的阶段，则进入了由自发逐步走向自觉、由反生态的自觉逐步走向合乎生态规律的亦即生态化自觉的阶段。全面生态化自觉的生成，还有待于人自身生成全面发展的人即真正的人。今天，尽管人类尚处在"真正人的历史的史前史"的阶段，值得庆幸的是，生态化的自觉已经在愈来愈广泛地生成中。

在这个问题上，马克思关于"自然界的人的本质"[①]的思想值得充分重视。正是由于这个"自然界的人的本质"的客观存在，人类才可能在自然界的生态运动中最终生成，自然界才成为人的"无机的身体"，才可能给人类提供人所需要的物质食粮和精神食粮。现代科学的成果表明，无论是能动的意识还是作为社会性的内核的分工合作的结构，在动物中都早就开始萌生了，有的甚至发展到了相当的高度。从美学的角度看，这个"自然界的人的本质"中，也就隐藏着自然美的最深刻的秘密；可以说，自然美就是自然界的人的本质的节律性表现。从生态学的眼光看，破坏生态实际上就是破坏"自然界的人的本质"，保护和优化生态也就是保护和优化"自然界的人的本质"。显然，对"自然界的人的本质"的肯定，并按照原典本身的含义来加以理解，无疑会加深对自然界与人之间的生态整体性和统一性的认识与自觉。全面发现和深入认识"自然界的人的本质"乃是人本生态观和人本生态美学的重要课题。对这一概念的学理展开，必将使人与自然的关系得到全新的阐释。

在人类尚未出现之前的自然界就存在着"人的本质"，这在许多人看

---

① 中共中央马克思恩格斯列宁斯大林著作编译局：《马克思恩格斯全集》第四十二卷，第122、128页。

来实在是有些匪夷所思，其实这并没有什么可奇怪的。试想，如果自然界原本不存在着"人的本质"，而人类却能无中生有地出现在地球上，岂不更加匪夷所思吗？低等动物身上存在的高等动物的征兆，只有在高等动物本身被认识之后才能发现，早已是得到普遍认同的一个重要的生成和认识的规律。肯定"自然界的人的本质"在人类之前就客观存在，无非与此是一个道理。

当我们用生态眼光看人类时，我们一定不能忽略人类历史与自然史之间，亦即人类和自然界之间的历时性与共时性相统一的关系。然而，令人遗憾的是，在流行的美学观念中，其中的历时性即生成性联系常常被狭隘的"实践本体论"所抹杀。当这种本体论明确宣布了对自然本体论的否定和蔑视时，其反生态的本质也就毋庸置疑了。

对象性和主体性统一，受动性和自觉的能动性的统一，目的性和工具性亦即马克思说的"为了人"和"通过人"的统一，最终形成了生产者、消费者和分解者的三位一体并自觉协调，这就是人在地球生态系统中的生态位。"人本生态"的说法，就是对此的概括。显然，其中所包含的学理内容是极其丰富、深刻和重要的。

二

这里说的第二个问题即实践的生态本性及人的生态本质的问题，它对中国现代美学来说具有特殊的意义，因为所谓"实践美学"长期以来是作为中国当代美学的主流而存在的。

人本生态美学既然坚持以人为本，就必然十分重视实践在美学中的地位和作用。实践作为人的生命活动是人的现实存在方式，它的内容和结构实际决定和表现着人的本质。为了自己的需要发挥人的自然力去处理人与自然的关系，是实践的最早也是最根本的内容。但是，我们过去只是在人与自然的对立中认识实践的本质，却忽略了实践本来是人类自觉能动地调节自己与自然界之间的生态关系的一种生命活动，它所追求的最高目的应是人与自然之间的和谐。从人本生态观看实践，实践是人的主体性活动，同时又是在对象性这一基础上的活动。作为主体性与对象性相统一的能动的生态调节活动，它也是必须按照生态规律来展开的活动。但是，自从人的主体性在现代性思潮中被极端片面地加以高扬以来，实践就走上了反生态的歧路，它本来的生态调节本性被长期严重屏蔽了。与此同时，实践的主体性之得以生成和实现的对象性基础也被严重忽视了。于是，对于实践在自然界生成为人（或译"自然向人生成"）的过程中的真实地位和作用的认识也就陷入了人类中心主义的谬误中。

在世界本体的生成过程中，无论实践的本体意义对于人和人的世界有多么重要的意义，它也只是漫长的自然史中与历史同步生成的一种高级的能动形态，它既不能离开早就存在的物质和自然本体，也不能离开从信息运动中生成的精神本体，并且成为把物质与精神、感性与理性沟通和结合起来的最现实的中介。对于实践，在强调其物质性的方面时决不能忽视和掩蔽其精神性的方面，反之亦然，它原本就是物质和精神互动且互生的活动。在实践中，既生成着新感性，同时也在生成着新理性。正是由于物质与精神（实际上就是信息活动）、感性与理性的互动互生，实践才具有以反馈为重要机制的生态调节的功能。

我们普遍接受了马克思关于实践是自由自觉的活动的观点，却至少忽略了两点：第一，马克思（还有恩格斯）从早年到晚年一直强调实践（劳动）的对象性基础的一面，这在他对拉萨尔的"劳动是一切财富和文化的源泉"的观点的严厉批判中，表达得尤为鲜明。然而，我们却长期不能真正摆脱"劳动创造了人""劳动创造一切"之类虚妄观念的炫惑和屏蔽，并因此一直延续着对马克思的"劳动创造了美"的命题的反生态的错误阐释，甚至以这种错误的阐释作为流行美学的基础（某些生命美学对自由的抽象张扬更是加深了这种迷误）。第二，从实践的生态本性来理解实践的自由和自觉的性质，无论是自由还是自觉，都离不开对对象性前提的遵循和掌握——没有对作为自然规律的终极性内涵的生态规律的真正认识和遵循，在自然界面前就不会有真正的自由；没有对生态规律的真正掌握，也就不会有对生态化实践的真正自觉。

实践在生态视野中敞亮了自己的生态本性，也就揭开了对人的本质的认识的新的层次。我们自来把人的本质视为社会关系的总和。当社会关系掩盖和决定着其他一切关系时，这是理所当然的。但是仅仅从社会关系来认定人的本质，在马克思看来费尔巴哈其实就已达到了。与费尔巴哈不同，马克思进一步从人与自然之间的实践关系（劳动生产作为人类的第一实践处理和表现的正是人与自然之间的关系）来揭示人的本质的深层内涵。这就是说，所谓社会关系，实际上乃是人与自然之间的关系的现实表现。因此，从根本上说，正是与自然的关系才真正决定了人的本质。在追问生态危机的人性根源，生态问题呼唤生态人格的今天，认识人的本质的这一深层内涵，无论对于深入认识现实的社会问题和各种生态问题，还是对于美学基本理论的生态化改造，都具有不可小视的意义。

人本生态美学依然重视审美活动与实践之间的深刻关系，但它不是把实践作为审美和美的根源来看待，而是把实践放到包括审美在内的生态生成的过程中去审视其对审美活动的作用。真实的情况不是有了实践才有了审美和美，而是实践在生成人的主体性的同时也把原本存在的生命体与美的对象性关系提升为主体性的关系了。

人本生态美学依然主张从人的本质来认识美的本质，也依然主张从实践来认识人的本质的基本内涵。但是，这个人的本质和实践的本质应该展开其本来的生态性的内容，包括其生成性的内容。充分重视人的本质的自然性和与自然之间的关系的基础性内涵，也就必然离不开对"自然界的人的本质"的深入认识。

人本生态美学既然对人和人的实践进行了生态性的阐释，它也就特别重视自然美（包括人的自然之美）和精神美在人类审美生活和生态生成中的地位与意义。在这里，自然事物的审美内涵可以更加全面地得到开掘和阐释，它对于生命和精神的家园意义才得以真正展开。与此同时，精神美作为最高层次的美对于人的美的本体意义也才得到真正重视，生态文明的建设与生态人格之美的关系也才可能被深刻认识。在人本生态美学的视野中，自然美和精神美作为美的形态中最重要的两极的内在联系也将得到彰显并现实地展开。

不仅如此，今天还应该从实践与休闲（或马克思说的"闲暇时间"）之间的关系来认识实践的本质和人的本质的现实表现。这样一来，休闲生活也就理应为人本生态美学所关注。

三

对于第三个问题，即人类审美活动的生态本性的问题，过去几年间我已经多有论述。

需要说明的是，我现在对这个问题的认识，实际上乃是差不多 20 年前对审美活动的原生特性的探寻的持续深化。当我在 20 世纪 80 年代初提出运用系统原理进行审美研究时，我就认为，系统论本身并不能解决美学的根本问题，即审美活动的自身特性的问题。出于这种认识，我没有在系统论上过多耽延，而转向了对审美活动特性的思考和研究，并提出了"节律感应"的阐释模式。在对审美活动进行生态思维的时候，我依然持这样的观点：生态系统论可以扩大视野，优化思维结构，更由于对生态问题的关注而引起价值观念的调整，却仍然不能现成地回答审美活动特性和本性这个对于美学存在的合理性和必要性至关重要的问题。如果仅仅把生态学视野局限在从生态哲学对美学的演绎，仅限于思维方法的改变或调整，这对于美学本身的意义是极其有限的。

我曾经多次表达过这样的观点：不是任何一种美学（包括现在流行的一些美学）都有助于积极有效地解决生态问题，而只有切实把握了审美活动的生态本性，符合审美活动的生态规律的美学，才可能担当起对于生态文明建设的责任。但是应当看到，比起过去的系统论，人本生态观视野中的人类生态系统论，由于具有人与生态系统的对象性和整体性的观念，就提供了从生态学追寻审美活动自身特性亦即其生态本性的思维空间和路向启示。正是在人本生态观的视野中，最全面充分的系统观念和审美活动原生特性之间才有了实现两极融合的可能。这是因为，从"节律感应"对审美活动原生特性的揭示，也就是对其生态本性的确认。

在任何生态系统中，信息的交流和转换都具有极其重要的作用。可以说，生态系统之所以得以形成，就是通过信息交流和反馈来调节物质和能量交换的结果；而人类的生态调节的自觉化，更是有赖于信息传输和反馈技能的高度发展，以至发展到"精神圈"的水平。所谓"节律感应"，乃是基于世界本体的节律性互动互生这一基本而普遍的事实提出来的。"大爆炸"理论、波粒二象性原理和超弦理论等现代科学的成果，可以为这一事实提供科学实证的依据。由于节律形式和生命体的节律活动的对应性和相关性，生命体的节律就可能由于对象节律形式的激发、调节和引导而达到与对象节律形式一致的主客同一的境界，这就是"节律感应"。

节律是最具普遍性和互通性的一种本原性的信息形态。"节律感应"作为一种特殊而普遍的信息－能量交换活动，是以节律为中介的生态认知和调节的重要方式。这种活动在世界的生成过程中发挥着不可替代的巨大作用。在植物和动物那里就已经形成的这种生态调节机制，曾经极大地影响了生物的生命进化进程，并最终导致人类的生成。达尔文所揭示的动物美感对性选择的优化作用，就是非常重要的事实。动物的美感活动乃人类审美活动的生物性前提。在人类后天的实践中，人类审美活动逐渐在对象性的基础上生成了主体性，具有了超生物的性质，不仅形成了以生理节律为基础、以意识节律为主导、以心理节律为中介的生命节律系统，而且灌注了实践的、社会的和自觉超越的生命内涵。

在人类审美活动中，"节律感应"原来的生命动力特性依然存在，在节律形式的普遍对应和现实联系的基础上还增添了意义感悟的功能。由于意识的高度发展，人类不仅可以在节律形式与事物内容的直接联系中认识其意义，进而又能够在节律形式与事物内容的间接联系中发现其意义，再进一步在节律形式的彼此对应中感悟其在"象征之网"中被赋予的意义，他还能够依凭自己的价值观念赋予事物的功利性内容以相应的节律形式，从而把真和善的内容转化为美。①

从生态思维对审美活动的生态本性的揭示和阐释，使美学的生态学化既是自上而下的又是自下而上的即整体性的。所谓"自上而下"，即从生态哲学对美学的审视和改造；而所谓"自下而上"，则是从信息生态学对审美活动的生态本性的揭示。这样上下结合的生态思维，不仅是人本生态美学的优势所在，也是生态美学思维的应有之义。缺少了"自下而上"的生态探本，生态美学的思维就会成为无根之木或无源之水。

---

① 参见曾永成：《感应与生成——感应论审美观》，成都科技大学出版社，1991年版，第217-225页。

四

在生态思维中,需要和功能的耦合始终处在中心地位,对审美活动的生态思维也不例外。"节律感应"说回答了为什么"爱美是人的天性"这个古老而又现实的问题,从人的生命本体寻求对审美需要的根本回答,同时也找到了审美功能得以生成的生命根据。以节律形式这个普遍中介为基础,不仅美的本体存在和意蕴生成,而且美感的发生机制和功能特性及其内涵,都可以得到彰显。从"节律感应"出发,人本生态美学对审美活动的生态思维框架已呼之欲出。这个框架的基干就是下述的"一点三维"。

"一点"指的是审美活动生态本性这个理论出发点和生长点,"节律感应"是基本的范畴。从"节律感应"对审美活动生态本性的揭示,给审美活动整体性质的阐释提供了具体的思维切入口。将其置于生态系统思维的视域中,审美对象和审美主体的对象性关系和互动方式都能得到具体的说明,审美情境作为审美活动的环境的生态地位和作用也突显出来。遵循现代阐释学所主张的从整体阐释部分的原则,对审美活动性质的阐释是对审美主体、审美对象和二者通过感应生成的美感分别进行考察的必要前提和逻辑"起步区";这个起步区的中心点就是"节律感应"。对于人本生态美学来说,这里重要的是要揭示和阐释"节律感应"的生态基础,而这正好是现代生态学尚未深入的领域,需要美学自身独立的实证研究。

"三维"的第一维是审美对象之维,这里引起"节律感应"的对象一方的对象性特征即"节律形式",作为美的本体存在成为基本的范畴。把节律形式置于人类生态系统的复杂关联中考察审美对象,美的本质问题所包含的三个基本层面,即美在哪里、美与美感的关系和美的质的规定性这些问题首先得到回答。① 从生态思维对美的双向生成机制的探寻,既要阐明节律形式获得生命意蕴的生态机制,还要说明事物的功利内容是如何在主体的意识中获得相应的节律形式的,而这正好与形式感的两种走向相

---

① 笔者对美的本质的这三个问题的回答参见笔者参编的《美学原理教程》(电子科技大学出版社,1993年版,第60-69页)和笔者的《回归实践论人类学——马克思主义文艺学新解读》(人民出版社,2005年版,第372-381页)。

对应。从人的本质阐明美的生命意蕴和价值内涵，是人本生态学的审美价值观念的核心内容。在此基础上对审美对象的形态和品格进行类型学的考察，如果真能坚持生态思维的路向，必将展开一个空前广阔绚丽的理论空间。

"三维"的第二维是审美主体之维，这里"节律感应"得以发生的主体一方的对象性特征即人的"生命节律"为基本范畴。从感应的观念出发，在流行美学中被普遍忽视的审美主体的性质和构成问题得到重视。从对象性基础研究审美活动的生态本性，归根结底是为了认识人与世界的审美关系，这就必须考察人何以能够成为审美主体即审美的人。为此，就要对主体生命节律的构成和特性，对构成审美主体意识系统的审美需要（及其实现形态审美态度）、审美能力（其基础是把节律形式与生命意蕴对应感通的形式感）和审美理想（主体生命价值观念的意向性表现）这三个基本因素及其相互关系进行具体深入的阐释。同时，还应阐明审美主体的社会性宏观构成，主要是个体、群体和类三个层次的构成及其内外关系。在生态危机成为"类问题"的今天，人作为"类存在"的生态整体性更应受到重视。

"三维"的第三维是审美的主体与对象互动及其成果美感之维，主体在与对象的"节律感应"中获得的"节律体验"为其基本范畴。从主体和对象之间的"节律感应"出发考察美感的生态化生成过程、基本性质和美感体验的生命内涵，进而揭示美感因"节律感应"而生的过程性、爱悦性和共享性的特征，并由此阐释美感的人性生成功能的内涵和机制，在享受与生成的统一中全面认识美感的功能，这就完成了与审美需要之间的生态性对应和耦合。在这里，最本真的审美生态问题即审美主体与环境之间的关系突显出来。一方面，环境作为审美情境深刻作用于审美的过程和结果，因而美感实际上是对象、主体和情境三个基本因素的系统综合效应；另一方面，美感又具有体认和调节与环境之间的关系的生态功能。同时，美感的生成过程还是一个从感觉开始经过意象中介和价值评价直到情感反应的多环节体验过程，其意识运动的丰富多样的形态学问题也应该展开。

上述"一点三维"构成了人本生态美学理论整体的支撑框架，其理论生长和繁衍的能力是极其强健旺盛的。比如，审美与实践之间的关系就别有洞天，生态功能美也会得到格外的重视和别开生面的阐释。同时，人本生态美学从信息生态学的视野全面审视"节律感应"与实践的关系，实际上是从生态学这个特殊的层面对实践论人类学的美学学理的开掘，而实践论人类学美学将是人本生态美学的未来归宿。

"节律感应"是审美活动的基因，也是人本生态美学的基因。无论是在这个问题上，还是在对人类生态系统的复杂性和规律性的认识上，马克思主义的人本生态观都只是美学生态思维的起点。从这个起点出发，在全面吸取人类生态思维的积极成果的基础上，经过坚守美学自身特性的探索，美学一定会获得崭新的生命形态和精神风貌，并在生态文明的建设中发挥切实的作用。不仅如此，它还可以使流行的以文艺为基本视野的美学与科学美学的思维成果相互融通，使美学最终成为马克思所期许的那种自然科学与人的科学有机统一的"一门科学"。

苟能如此，一种崭新风貌的马克思主义美学就将以其特有的科学内涵和人类生态关怀的精神在中国的大地上诞生，并为科学发展观的全面实现贡献自己的力量。

（《江汉大学学报》人文科学版2005年第5期）

人的本质：从费尔巴哈到马克思
——对《关于费尔巴哈的提纲》中一个重要观点的理解

在论及马克思关于人的本质的思想时，几乎所有的著述都引用的是《关于费尔巴哈的提纲》（以下简称《提纲》）中的下述论点："人的本质并不是单个人所固有的抽象物。在其现实性上，它是一切社会关系的总和。"根据这句话，人们断定把人的本质看作单个人所固有的抽象物的观点属于费尔巴哈，而与费尔巴哈不同，只有马克思才把人的本质界定为社会关系的总和。认真研读马克思的原著，细致对照和体会费尔巴哈相关的论述，笔者发现，上述长期流行的解读并不完全准确。对于人的本质的认识，在马克思主义的哲学特别是其实践论人类学中，本来就是一个非常重要的问题，在被称为"人学世纪"的21世纪更是意义重大。因此，对此有必要加以澄清，对其相关的内涵也应有更深入的认识。

一、费尔巴哈究竟怎样论述人的本质？

马克思的《提纲》共十一节，对费尔巴哈关于人的本质的观点的批判集中在第六节。这一节的全文如下：

> 费尔巴哈把宗教的本质归结于人的本质。但是，人的本质并不是单个人所固有的抽象物。在其

现实性上，它是社会关系的总和。

费尔巴哈不是对这种现实的本质进行批判，所以他不得不：
（1）撇开历史的进程，孤立地观察宗教感情，并假定出一种抽象的——**孤立的**——人类个体；
（2）所以，他只能把人的本质理解为"类"，理解为一种内在的、无声的、把许多个人纯粹**自然地**联系起来的共同性。①

要正确理解马克思的这段重要论述，首先得了解费尔巴哈关于人的本质的基本观点。

对于人的本质，费尔巴哈首先强调的是它的感性存在。他说："人的本质是感性……人的存在只归功于感性。""人的最内秘的本质不表现在'我思故我在'的命题中而表现在'我欲故我在'的命题中。"②进一步，他论述得最多的是人区别于动物而具有的"类"意识，即理性、意志和爱。他说："究竟什么是人跟动物的本质区别呢？对这个问题的最简单、最一般、最通俗的回答是：意识。……只有将自己的类、自己的本质性当作对象的那种生物，才具有最严格意义上的意识。"又说："人自己意识到的人的本质究竟是什么呢？或者，在人里面形成类、即形成本来的人性的东西究竟是什么呢？就是理性、意志、心。一个完善的人，必定具备思维力、意志力和心力。思维力是认识之光，意志力是品性之能量，心力是爱。……在人里面而又超乎于个别的人之上的属神的三位一体，就是理性、爱和意志的统一。"③

在这里，费尔巴哈确如马克思所说，是把"类"当作个人的本质来理解，把人的本质归结为单个人所具有的意识和共同性这样的"抽象物"。

---

① 中共中央马克思恩格斯列宁斯大林著作编译局：《马克思恩格斯选集》第一卷，人民出版社，1972年版，第18页。
② 费尔巴哈·《费尔巴哈哲学著作选集》上卷，商务印书馆，1984年版，第213-214、591页。
③ 费尔巴哈·《费尔巴哈哲学著作选集》下卷，商务印书馆，1984年版，第26、28页。

但是，费尔巴哈并没有停留于此，他超越了自己的这些认识，已经从社会关系来认识人的本质了。他指出："三位一体之秘密，是社会生活、集体生活之秘密——是我与你的秘密。"①在《因〈唯一者及其所有物〉而论〈基督教的本质〉》中，他就明确地把人的本质与社会性联系起来了。他以第三者的口吻说："费尔巴哈把人的实体仅置放在社会性之中——，他（指费尔巴哈自己——引者按）是社会的人，是共产主义者。"②

尽管费尔巴哈对社会的认识还仅仅是从"我"和"你"这样一种感性直观的认识出发的，但是他已经不是从孤立的单个人来考察人的本质，而是在人与人的相互关系中认识人的本质了。在他看来，真正的人是具有"类"意识因而与"类"相统一的人，也就是他所自命的"社会的人"和"共产主义者"。

值得特别注意的是，马克思在《1844年经济学哲学手稿》中评价费尔巴哈的伟大功绩时就已经明确指出，费尔巴哈"创立了**真正的唯物主义和现实的科学**，因为费尔巴哈使'人与人之间的'社会关系成了理论的基本原则"③。显然，在马克思看来，费尔巴哈已经是从人与人之间的社会关系界定人的本质了。这个明白无误的论断，对于认识费尔巴哈关于人的本质的思想和《提纲》的含义无疑具有极大的参照意义。

费尔巴哈对社会关系的认识无疑还是简单而肤浅的（对于这种肤浅性，恩格斯后来有过极其深入的揭示和批判），但是他毕竟开启了从人与人之间的关系即社会关系考察和规定人的本质的崭新思路。这种由关系思维所认定的关系质，已经不再是单个人所具有的抽象物，而是在现实生活中感性地存在着的、由人与人的关系所决定的东西。"社会关系的总和"这个提法，显然概括地表达的是费尔巴哈的观点。在一定的意义上，马克思对这个观点是认同的，但是在如何认识社会关系和社会生活的具体内容上，他就大大超越费尔巴哈了。这个超越首先就表现在他在这里对费尔巴

---

① 费尔巴哈：《费尔巴哈哲学著作选集》下卷，第346页。
② 费尔巴哈：《费尔巴哈哲学著作选集》下卷，第434页。
③ 中共中央马克思恩格斯列宁斯大林著作编译局：《马克思恩格斯全集》第四十二卷，第158页。

哈的观点所做的批判上。

二、马克思是怎样批评费尔巴哈的？

对于费尔巴哈的观点，恩格斯曾表示了极大的不满，认为他把全部哲学仅仅归结为自然哲学，说"费尔巴哈知道的也仅仅是**两个人之间的交往**"[①]。在《提纲》中，马克思也表达了同样的批评意向。

在概述了费尔巴哈的观点之后，马克思说"费尔巴哈不是对这种现实的本质进行批判"，然后才指出其具体的局限。在马克思看来，尽管费尔巴哈已经从社会关系来确定人的现实本质，但是他也仅仅是指出而已，却没有对人的这种现实本质进行"批判"，因此他的观点还只是抽象的而非历史的。正因为如此，马克思接下来才批评费尔巴哈"撇开历史的进程，孤立地观察宗教感情，并假定出一种抽象的——**孤立的**——人类个体"，一针见血地指出了费尔巴哈对人的非历史的态度，因而他所说的仍然是抽象的人。对此，马克思在《德意志意识形态》中说得更为明白。他说："费尔巴哈谈到的是'人自身'，而不是'现实的历史的人'。"[②]这就是说，费尔巴哈对人的本质的认识还局限在感性直观的自然主义的水平。

为什么会这样呢？在《提纲》的第一节，马克思就指出来了。他说："从前的唯物主义——包括费尔巴哈的唯物主义——的主要缺点是，对事物、现实、感性，只是从**客体**的或者**直观**的形式去理解，而不是把它们当作**人的感性活动**，当作**实践**去理解，不是从主观方面去理解。"[③]在《德意志意识形态》中马克思对此阐述得更为充分，他指出费尔巴哈"把人只看作是'感性的对象'，而不是'感性的活动'，因为他在这里也仍然停

[①] 中共中央马克思恩格斯列宁斯大林著作编译局：《马克思恩格斯全集》第四十二卷，第360-361页。

[②] 中共中央马克思恩格斯列宁斯大林著作编译局：《马克思恩格斯选集》第一卷，第48页。

[③] 中共中央马克思恩格斯列宁斯大林著作编译局：《马克思恩格斯选集》第一卷，第16页。

留在理论的领域内,而没有从人们现有的社会联系,从那些使人们成为现在这种样子的周围生活条件来观察人们;因而毋庸讳言,费尔巴哈从来没有看到真实存在着的、活动着的人,因而停留在抽象的'人'上"[1]。这也就是恩格斯后来批评费尔巴哈所说的:"他把人作为出发点;但是,关于人生活其中的世界,却根本没有讲到,因而这个人始终是宗教哲学所说的那种抽象的人。"[2] 很清楚,马克思不满于费尔巴哈对"社会关系"的内涵的认识太过肤浅,"没有从人们现有的社会联系,从那些是人们成为现在的这种样子的周围生活条件来观察人们"。在费尔巴哈仅仅看到"两个人"的自然感性关系并且将其视为人的本质的地方,马克思看到了人们共同从事的"感性活动",看到了人们在实践活动中形成的更为重要的社会关系。人的实践活动本来就是历史的、具体的,然而费尔巴哈却看不到这一点,他也就因此只能像马克思所批评的那样,"把人的本质理解为'类',理解为一种内在的、无声的、把许多个人纯粹自然地联系起来的共同性"。这样一来,他也就不能正确认识现实的社会关系的具体内涵,也就认识不到批判现实社会关系的实践活动的革命意义了。

这样看来,尽管费尔巴哈对人的本质已经达到了从"社会关系"来认识的高度,在这种认识中显示出从实体思维到关系思维的提升,但是他还没有认识到社会关系的实践本质,这乃是他同马克思的根本分歧所在。

因此,在关于人的本质的问题上,真正属于马克思自己的应当是实践本质观,即从人和自然之间的感性的实践活动去界定人的本质,也据此去揭示社会关系的现实内涵。而所谓"社会关系的总和"的观点,在马克思这里只是实践本质观的必然引申。所谓社会关系,可以只是自然的和意识的,这并不能从根本上说明人的本质。而只有从人处理自己和自然的关系的实践活动才能说明社会关系的最深刻的内涵,并确认人的本质。即使是费尔巴哈所说的理性、意志和爱,也只有在实践之中才能获得真实的内容

---

[1] 中共中央马克思恩格斯列宁斯大林著作编译局:《马克思恩格斯选集》第一卷,第50页。
[2] 中共中央马克思恩格斯列宁斯大林著作编译局:《马克思恩格斯选集》第四卷,人民出版社,1972年版,第32页。

并显示出具体的性质来。

三、马克思究竟怎样论述人的本质？

马克思从实践来认识人的本质的思想，实际上在《1844年经济学哲学手稿》中就已经形成了。他说："一个种的全部特性，种的类特性就在于生命活动的性质，而人的类特性恰恰就是自由自觉的活动。""有意识的生命活动把人同动物的生命活动直接区别开来。正是由于这一点，人才是**类存在物**。""通过实践创造**对象世界**，即**改造**无机界，证明了人是有意识的存在物，……正是在改造对象世界中，人才真正地证明自己是**类存在物**。这种生产是人的能动的类生活。通过这种生产，自然界才表现为**他的作品和他的现实**。"[①]

从马克思的这些论述可以看出，他是把实践这种自由自觉的活动看作人的本质所在的，而实践首先是人与自然之间的关系。这就意味着，人的"类特性""类本质"，人作为"类存在物"，是由人与自然的关系来决定和表现出来的。这就不仅意味着人作为"类"的本质决定于与自然的关系，而且不同的"亚类"如阶级的本质在根本上也是由其与自然的关系决定的，因为这些"亚类"如阶级，实际上是从其对自然所提供的生产资料（如土地、矿物、水源和信息等）的占有情况来划分的。人们倾心于把自由说成是人的本质，这首先指的就是在自然面前的自由。马克思说的"真正的人的历史的史前史"阶段的人，就是还没有在与自然的关系中实现自由的人。他又把整个自然史看作"自然界生成为人"的历史，这就是说，人在其生成过程中如何超越自然界的限制及其所达到的水平是怎样的，人的本质也就是怎样的。而且，正是人"改造无机界"的实践本身的具体性和历史性从根本上决定了人的本质的具体的历史内涵。

从与自然的关系来考察人的本质，对于认识人类历史上迄今存在过

---

① 中共中央马克思恩格斯列宁斯大林著作编译局：《马克思恩格斯全集》第四十二卷，第96-97页。

的各个阶级的本质具有深刻的意义。奴隶主和奴隶、地主和农民、资本家和工人，这些不同的阶级划分和结构各自代表了不同的生产方式，而所谓生产方式实际上表现的正是人与自然之间的特定的关系，这个关系的内容实际上表现的也就是当时的生产力水平。生产方式的变革是为了解放生产力，也就是要提高从自然界获取生产和生活资料、获取财富的能力，提高同自然进行物质、能量和信息交换的水平。所谓代表了先进生产力的发展要求的阶级和社会力量，归根到底也就是能够在更高的水平上处理同自然的关系的阶级和社会力量。

从与自然的关系来考察人的本质，并不是简单地用人的自然性去规定人的本质，而是指的人如何去对待自然和在自然中的实际处境。这个关系直接表现在人的生产活动中——既表现在生产什么上，也表现在怎样生产上。这个关系也要表现在人的生活方式中——既表现在生活的内容上，也表现在生活的形式上。马克思曾经说闲暇时间是人的真正自由的时间，而闲暇时间实际上也就是人与自然关系的现实标尺。因此，决不能把人与自然的关系同人的自然性相混淆或等同。在自然性层次上的人与自然的关系，在马克思看来还仅仅是一切感性存在都具有的对象性的联系，在人的本质层面上的人与自然的关系，则已经是主体性的对象化关系了。

在自然生态危机空前严重的今天，从与自然的关系来考察人的本质具有特别重要的意义。作为西方现代化潮流的思想旗帜的"人类中心主义"，把人与自然对立起来，把人的实践能动性与人的自然受动性割裂开来，开启了把人的主体性本质片面化和绝对化的历史。正是这种人的本质论，歪曲了人与自然的关系，严重破坏了人类的生态系统，并且也毒化了人性，造成严重的人性危机。自20世纪中期以来的生态思潮和生态运动要求重新确立人类与自然的关系，也就是要深刻反思人性即人的本质本身。其中一个突出的问题就是重新认识人的需要，从而调整人的生产方式和生活方式，使之与自然生态相和谐。对人道主义的反思，人学和人类学迅速成为显学，特别是人类生态学的兴起和对马克思主义的生态学意蕴的解读，就是出于调整人与自然的关系的要求。从生态哲学的角度看，马克思所说的把自然主义和人道主义统一起来的生态化的主体性，才可以说是人的真正的亦即理想的本质所在。

当然，在社会里，人是通过人与人之间的关系来与自然发生关系的，因此人与人的关系实际上表现着人与自然的关系，而且由生产力标志的人与自然的关系从根本上决定着人与人之间的关系。在这个意义上，仅仅着力于生产关系和社会关系的调整不可能真正改善人与自然的关系，从根本上说，只有改善了人与自然的关系才可能真正改善人与人的关系。无产阶级在取得政权后之所以应该竭尽全力发展生产力，从广度和深度上变革和改善人与自然的关系，就因为只有如此才能满足社会大众的物质和文化需要，也才能逐步优化人与人的关系，实现人与自然和解、人与人和解的社会理想，从而实现人的本质的真正解放和全面生成。

四、从实践关系认识人的社会性的实质

马克思从人与自然的实践关系来认识和界定人的本质，这并不意味着"社会关系的总和"对于人的本质就没有关系；而只是说，对于人的本质来说，人与自然的关系更带根本性，社会关系及其总和乃是这种关系的社会性表现。只有在这个意义上，才算是从马克思主义的高度来认识和理解这个观点。如果仅仅局限于社会关系本身，看不到社会关系同人与自然的关系的深层联系，也就看不到社会关系的具体历史内容，甚至只是像费尔巴哈那样从对"两个人"之间的自然联系的感性直观去认识这种关系。

从人与自然的实践关系认识人的本质，对于正确理解社会性的实质具有非常重要的意义。

长期以来流行着这样的观念，似乎社会性就是人与人之间的差异、矛盾、对立和斗争。这显然只是从差别、分化的角度来解释社会性。按照这种解释，阶级社会里的人的社会性也就是阶级性，而阶级性则只是阶级与阶级之间的分化和斗争。在阶级社会里，由于人与自然的关系处在一个相对落后的水平，还不能满足每个人自由发展的需要，由最早的分工发展起来的阶级分化和矛盾确实愈来愈尖锐，阶级对阶级的斗争确实成了社会生活中主导性的内容和历史变革的杠杆。但是，即使是在阶级社会中，也只有阶级之间的合作才能直接实现社会的繁荣和进步，而阶级斗争的作用无

非是促使这种阶级合作格局的实现和变革。还应该看到，不仅从家庭到氏族到部落到国家是社会化程度的提高，是人的社会性的扩展，而且从个人到阶级及由阶级组成的国家，也是人的社会性不断扩展和提高的过程。历史上的先进阶级、革命阶级，也就是在社会化的程度上更高的阶级。从这个角度去认识社会性，显然就不是分化和差异的观点，而是从人与人的合作、亲和、协作的观点去看。当初费尔巴哈把理性和爱确定为社会关系的内容，实际上就表达了这样的观点。后来，马克思论及人的社会性时也是持这种观点的，并且正是在这个意义上才坚定地举起社会主义的旗帜，为社会主义在人间的实现奋斗终身。

在《1844年经济学哲学手稿》中，马克思就是在"真正的人"即"人"的意义上使用"**社会的人**"这个概念的。他指出："首先应当避免重新把'社会'当作抽象的东西同个人对立起来。个人是**社会存在物**。因此他的生命表现即使不采取**共同的**，同其他人一起完成的生命表现这种直接形式，也是**社会生活的**表现和确证。"他还举例说："甚至光我从事**科学**之类的活动，其实从事只是在很少情况下才能同别人直接交往的活动的时候，我也是**社会的**，因为我是作为人活动的。不仅我的活动所需的材料，甚至思想家用来进行活动的语言本身，都是作为社会的产品给予我的，而且我**本身的**存在**就是**社会的活动；因此，我从自身所做出的东西，是我从自身为社会做出的，并且意识到我自己是社会存在物。"①

在《德意志意识形态》里，马克思说得更为明确。他说："社会关系的含义是指许多个人的合作，至于这种合作是在什么条件下、用什么方式和为了什么目的进行的，则是无关紧要的。"② 应该说，这才是对社会关系的本质性的说明。正是"许多个人的合作"的范围和水平实际上决定和表现着人的社会性本质。参与合作的个人愈多愈广泛，合作的方式愈符合人性，愈有利于人的本质的生成，社会性的水平就愈高，这样的社会也就

---

① 中共中央马克思恩格斯列宁斯大林著作编译局：《马克思恩格斯全集》第四十二卷，第96-97页。
② 中共中央马克思恩格斯列宁斯大林著作编译局：《马克思恩格斯选集》第一卷，第34页。

愈先进。

以"许多单个人的合作"来说明社会性，是由人和自然之间的实践关系这一更深刻的本质决定的。因为，单个的人只有通过合作才能从事改造自然的实践活动，才能解决自己和自然之间的矛盾。这种合作的范围愈广泛，合作方式愈密切和深入，人的社会程度就愈高，并最终在"类"水平的合作中实现"类本质"的生成。

由人与自然的关系的历史具体内涵和水平所决定，人的社会化程度（包括广度和深度、内容和形式）也是历史具体的。阶级社会中的不同阶级就是以此划分和形成的社会群体，也就是说，阶级性只是社会化程度不同的一种具体的社会性。按马克思的原意，阶级的划分和对立以致斗争，实际上是人的类本质生成过程中不可避免的异化现象，他甚至曾经明确地说无产阶级和资产阶级都是异化的。阶级最终要消灭，那就是人的社会化即全体个人之间的全面合作的真正实现，也就是人类世代向往的大同世界的到来。只有这种"类"水平上的合作，才能真正解决人与自然之间的矛盾，同时也解决人与人之间的各种冲突。今天的人类要真正走出生态危险这个"人类困境"，就迫切需要"类"水平上的合作。

人类的历史就是个人的社会化程度不断推进和提高的过程。直到每一个人都成为社会化的人，亦即个体与类相统一，至此，也就是马克思所说的"历史之谜"真正解决之时。人作为类存在物也就是社会存在物，类和社会的情况是什么样，个人也就只能是什么样。只有类的解放即社会的解放实现了，每一个人才可能得到真正的解放。到那时，个人的自由发展才可能成为社会发展的前提。

(《现代哲学》2004年第2期)

"自然界的人的本质"：
人本生态美学的重要理论基石

在对马克思主义哲学的流行阐释中，有一个十分重要的原典命题被长期忽略，那就是马克思在《1844年经济学哲学手稿》（以下简称《手稿》）中两次论及的"自然界的人的本质"。马克思的这个命题，与"自然界生成为人"和"人化的自然界"一起，明确地表达了他的实践论人类学对人与自然界的关系的独到而又深刻的认识。在马克思和恩格斯的生态哲学思想受到空前重视并对中国乃至整个人类的经济、社会和文化的影响越来越大的情势下，深入认识这一命题的内涵，对于理解马克思主义的生成本体论和人本生态观具有特别巨大的意义。正在进行学理建构的人本生态美学，更能够从这个命题中获得具有极其重要的基础性意义的思想资源，并以之作为其重要理论基石。

一、两处文本和必要的理解前提

《手稿》是马克思主义哲学的发源地和秘密所在，其中蕴含着这种新哲学的原生形态——实践论人类学的基本精神和学理结构。[1] 正是在这部原典中，马克思两次明确论

---

[1] 详见曾永成：《回归实践论人类学——马克思主义文艺学新解读》，人民出版社，2005年版。

述"自然界的**人的**本质"这个重要的命题。

其中的第一处是这样的:"自然界的**人的**本质只有对**社会的**人说来才是存在的;因为只有在社会中,自然界对人说来才是人与**人联系的纽带**,才是他为别人的存在和别人为他的存在,才是人的现实的生活要素;只有在社会中,自然界才是人自己的**人的**存在的**基础**。只有在社会中,人的**自然的**存在对他说来才是他的**人的**存在,而自然界对他说来才成为人。因此,**社会是**人同自然界的完成了的本质的统一,是自然界的真正复活,是人的实现了的自然主义和自然界的实现了的人道主义。"①

其中的第二处是这样的:"**工业**是自然界同人之间,因而也是自然科学同人之间的现实的历史关系。因此,如果把工业看成人的**本质力量的公开的**展示,那么,自然界的**人的**本质,或者人的**自然的**本质,也就可以理解了;因此,自然科学将失去它的抽象物质的或者不如说是唯心主义的方向,并且将成为**人的**科学的基础,正像它现在已经——尽管以异化的形式——成了真正人的生活的基础一样;至于说生活有它的**一种**基础,科学有它的另一种基础——这根本就是谎言。在人类历史中即在人类社会的产生过程中形成的自然界是人的**现实的**自然界;因此,通过工业——尽管以异化的形式——形成的自然界,是真正的、**人类学**的自然界。"②

在这两处论述中,围绕着"自然界的**人的**本质"这个命题,马克思表达了一系列极其重要而深邃的思想,其核心就是自然界与人的本体性的生成关系。要正确而深入地理解这两处论述的思想内涵,必须明确《手稿》哲学思想的整体形态及其基本结构。《手稿》的哲学,以人类的当下处境为研究对象,以在实践的基础上考察人的"类本质"生成为主线,以人类解放(人和自然的矛盾与人和人的矛盾的真正克服,"历史之谜"的真正解答)为终极目的。在这种哲学人类学中,实践既是人的存在的现实基础,是人与自然之间的根本中介,也是人的本质的显示表现和生成动力。

---

① 中共中央马克思恩格斯列宁斯大林著作编译局:《马克思恩格斯全集》第四十二卷,第122页。
② 中共中央马克思恩格斯列宁斯大林著作编译局:《马克思恩格斯全集》第四十二卷,第128页。

这样在实践中考察和揭示人与自然的关系的人类学，理应称为实践论人类学。在这个理论形态中，就必须在人与自然的对象性关系的基础上去理解实践的主体性，在自然界的生态大系统中认识作为自然界的一部分和生成物、作为自然界的自我意识的人的本质及其生成规律。

毫无疑义，解决资本主义现实所突出的社会阶级矛盾首先是要解决工人阶级和资产阶级之间的矛盾，这是《手稿》的现实着眼点。但是在从人的类本质认识这个问题时，马克思是从根本上认识人与自然界之间的关系和真正解决人与自然界之间的矛盾出发的。因此，对人与自然界的真实关系的揭示就理所当然地构成了《手稿》的极其重要的内容。不能正确认识和处理人与自然界的关系，也就不能正确认识人与人的关系，当然不能正确认识社会主义和共产主义的历史使命。在这样的哲学框架中，"自然界的**人的**本质"这个命题的学理内涵及其理论和实践的意义，才能得到正确的理解。

二、"自然界的人的本质"的三层含义

应该怎样理解马克思所说的"自然界的**人的**本质"具体内涵呢？当马克思说人是自然界的一部分，自然界是人的无机的身体时，他实际上就已经肯定"自然界的**人的**本质"的客观存在了。"自然界的**人的**本质"的具体内涵无疑是很深邃的，它至少具有构成元素的、结构动力的和整体生成这样三个层面的内涵。

第一，它指的是人的生命构成所必需的自然元素，这是最浅表的层次。从表面上看，人的生成和生存，都是以自然界预先就存在的各种必要的物质、能量和信息为原材料和存在条件，这无论对于人的肉体生命还是精神生命而言都是一样的。在这层意义上，自然界中一切构成人的生命基础和来源的东西，都可以说成是"自然界的**人的**本质"，正是这些因素构成了"人的**自然的**本质"。这就意味着，自然界的人的本质是无处不在的，并且由此形成了人与自然之间的对象性关系。"当现实的、有形体的、站在稳固的地球上呼吸着一切自然力的人通过自己的外化把自己现实

的、对象性的**本质力量**设定为自己的对象时，这种**设定**并不是主体；它是**对象性的**本质力量的主体性，因而这些本质力量的活动也必须是**对象性的**活动。对象性的存在物客观地活动着，而只要它的本质规定中不包括对象性的东西，它就不能客观地活动。它所以能创造或设定对象，只是因为它本身是被对象所设定的，因为它本来就是**自然界**。"① 这就是说，人先是自然存在物，本来就是为自然界所"设定"的。它的一切活动都是对象性的活动，而且在根本上是以自然界为对象的。人是不能脱离自然界而独自存在的，他绝不可能成为这个世界上的"唯一者"，他时时、事事都必须在以自然界为对象的关系中生活和存在。人的包括实践在内的生命活动都是把作为对象的"自然界的**人的**本质"主体化。既然人是靠消费和交换自然界提供的"**人的**本质"而生活和存在的，那么，破坏自然界中的这些资源，也就是破坏了自然界的**人的**本质，而破坏自然界的**人的**本质也就必然破坏了人自己应有的**人的**本质，把人变成"非人"。同过去在反人性社会生态条件下生活的人一样，今天那些在自然生态废墟中挣扎的人，他们过的都是非人的生活。其根本的原因就是那里的自然环境已经失去了"自然界的**人的**本质"。

第二，它指的是人的生成所必需的自然结构和生成动力。马克思说"人是**人的自然界**"②，这个自然界就不同于其他的自然界，人作为自然界的自我意识乃是主体化了的自然界。自然界的**人的**本质是怎样生成了这个主体化的自然界来的呢？这固然离不开上述那些作为人的生命构成因素和激活因素的物质、能量和信息，更离不开自然界作为一个生态系统自身运动的生成规律。诚如恩格斯所说："世界在本质上是某种从混沌中产生出来的东西，是某种发展起来的东西、某种生成着的东西。"③ 这就是说，"自然界的**人的**本质"绝不仅仅指的自然界中那些能够构成人的生命

---

① 中共中央马克思恩格斯列宁斯大林著作编译局：《马克思恩格斯全集》第四十二卷，第167页。
② 中共中央马克思恩格斯列宁斯大林著作编译局：《马克思恩格斯全集》第四十二卷，第166页。
③ 中共中央马克思恩格斯列宁斯大林著作编译局：《马克思恩格斯选集》第四卷，人民出版社，1995年版，第265页。

的元素，还指的是把这些元素组织起来使之成为人的结构和生成这种结构并且不断提升进化（这种提升在人从肉体上生成之后，主要是在精神的即信息接受、整理、建构、传播和体验的领域中进行）的动力机制。自然界本来就是一个生成着的过程。在马克思之前，康德的星云说就肯定了这种生成性。在马克思的同时代，达尔文以生物进化论更深入地论证了这种生成性。从宇宙生成的那个瞬间开始，自然界的自我超越式的生成运动就开始了。在自然界的生态运动及其规律中，鲜明地表现出自然界在这个层面上的"**人的本质**"。感性活力与理性秩序的融合与统一是人的本质的最基本的表现，马克思把古代希腊人视为既不同于早熟的儿童也不同于粗野的儿童的正常的儿童，实际上就表达了同样的观念。然而，这样认识的人的本质，首先就存在于自然界的生成运动之中。一方面，自然界具有无穷的生命活力；另一方面，自然界的运动又总是显示出各种各样的秩序，其神奇和微妙使许多大科学家赞叹不已。正是活力与秩序的互动共生，才使自然界处在不断生成之中。正是在自然界的这种人的本质的凝聚和滋养中，才生成了马克思以古代希腊人为典范的那种**人的本质**。在论及自然界这种向人的生成性时，恩格斯说："物质虽然必将以铁的必然性在地球再次毁灭物质的最高精华——思维着的精神，但在另外的地方和另一个时候又一定会以同样的铁的必然性把它重新产生出来。"[①] 我将其概括为"生、和、合、进"的生态规律和生态价值，生态哲学所推重的多元分化、边缘优势、综合进化等重要规律，都可以说是"自然界的**人的本质**"的极其重要的内容。

第三，它指的是人的生成所依赖的自然界的生态整体生成规律。马克思在说"人是**人的自然界**"时，实际上就已经包含了这层意思了。尽管至今人们还只是在地球上发现了人这样的"思维着的智慧"，但是人和他所在的地球都是整个自然界的整体性生态运行和演化的结果。人作为"思维着的精神"被恩格斯赞叹为"地球上最美丽的花朵"[②]，表明了人与自然

---

① 中共中央马克思恩格斯列宁斯大林著作编译局：《马克思恩格斯选集》第四卷，第279页。

② 恩格斯：《自然辩证法》，第174页。

之间的生成关系。花朵里蕴含着整体性的生命基因，它结成的果实就是新一代生命的种子。这个生动的比喻后来被改译为"最高的精华"，尽管仍保留着原来的学理内涵，却淡化了许多更微妙的意趣。生命本来就是整个自然界的一个结果，何况于人。正是自然生态的网络化整体关联和通过自反馈、自调节和自组织自我生成的"灵性"才生成了作为自然界的自我意识和自觉能动主体的人。人的灵性无非是自然界作为生态整体的灵性的高度集中和升华罢了。马克思说："历史本身使**自然史**的即自然界成为人这一过程的一个**现实**部分。"① 就是从整体上来揭示人的历史与自然界之间的生成关系的。在马克思看来，远在人类产生之前，自然界就在向人生成了，只是在人真正生成之后，这个过程才成了现实，而这个过程的实现应该说是自然生态系统整体生成的结果。人作为类存在所具有的类本质，就是建立在这种生态整体性的基础上的。自然界在整体生态运动上就是向人生成的，并且最终要生成为全面发展的、与自然相和谐的真正的人，这就是"自然界的**人的**本质"的根本内涵。正是这个内涵使自然界从整体上就具有生命和灵性，也使人作为"小宇宙"能够与大宇宙相对应和感应。如果像马克思所说的那样自然界是人的"无机的身体"，那么人就应该是自然界的大脑和灵魂。在这个意义上，如果没有对自然界生态的整体性生成的观念，就绝对看不到"自然界的**人的**本质"的最深沉也最重要的意蕴。

必须指出的是，只有在上述三个层面的结合中，特别是从自然界向人生成的整体性生态运动的层面上的理解中，才能把握"自然界的**人的**本质"的实质和精髓。

这样从三个层面认识"自然界的**人的**本质"这个命题的内涵，还是朴素的甚至是肤浅的，但是是非常有必要的和重要的。对此，马克思自己做了极为透彻的说明。它在阐述人与自然界之间的对象性关系时就说："人直接地是自然存在物。人作为**自然存在物**，而且是作为有生命的自然存在物……和动植物一样，是受动的、受制约的和受限制的存在物，也就是

---

① 中共中央马克思恩格斯列宁斯大林著作编译局：《马克思恩格斯全集》第四十二卷，第128页。

说，他的欲望的**对象**是作为不依赖于他的**对象**而存在于他之外的。"① 人是以自然界为对象的存在物，这个对象性关系之被"设定"，是因为自然界中本来就存在着它的"**人的本质**"。

显然，正是"自然界的**人的本质**"的存在，才使其在自身的展开中呈现出世界的生成性图景，这个命题也就成了马克思的生成本体论最重要的观点，马克思主义的生态观才理所当然地应该看作人本生态观。也正是因为"自然界的**人的本质**"的存在，人本生态观才可能超越人类中心主义和生态中心主义的两极对峙，在自然主义和人本主义的有机统一中对人类的生态处境和出路做出科学的阐释。马克思说："只有从自然界出发，才是**现实的**科学。"② "只有自然主义能够理解世界历史的行动。"③ "**自然界是关于人的科学**的直接对象。"④ 之所以如此，一切秘密就在这"自然界的**人的本质**"之中。

三、对几个相关问题的初步回答

在关于"自然界的**人的本质**"的上述两处论述和其他一些重要的论述中，马克思实际上提出了一系列相关的重要问题。只有对"自然界的**人的本质**"有正确的理解，才可能正确回答这些问题。同时，对这些问题的回答，也有助于更深入地理解"自然界的**人的本质**"的内涵。

第一个问题：为什么马克思说"自然界的**人的本质**""只有对**社会的**人说来才是存在的"？

其实马克思紧接着就回答了这个问题。要理解马克思所做的回答，

---

① 中共中央马克思恩格斯列宁斯大林著作编译局：《马克思恩格斯全集》第四十二卷，第167页。
② 中共中央马克思恩格斯列宁斯大林著作编译局：《马克思恩格斯全集》第四十二卷，第128页。
③ 中共中央马克思恩格斯列宁斯大林著作编译局：《马克思恩格斯全集》第四十二卷，第167页。
④ 中共中央马克思恩格斯列宁斯大林著作编译局：《马克思恩格斯全集》第四十二卷，第129页。

关键在于正确理解他所说的"**社会的**人"和"**社会**"的含义。在《手稿》里，中译文用黑体标出的词语往往与非黑体的这些词语在含义上有着原则性的区别。比如"人"是泛指的人，自然人，而"**人**"则指的是具有了人所应有的本质的人，全面发展的、自由的人、真正的人。又比如"社会"，指的是人与人之间必然有的相互关系和由此构成的群体存在，"**社会**"则指的是真正体现了许多人以至"类"的合作的群体结构；可以说，这才是人所应有的社会性的意义，而不是一般从人群分化角度（如阶级性之类）所说的社会性。"**社会的**人"就是具有这种真正的社会性的人。如前所述，"自然界的**人的**本质"的最高含义就是其向人生成的生态整体生成性，那就当然只会对于这种"**社会的**人"才存在。当今人类面临的生态危机的事实证明，只有那些具有真正社会性的人，才能够意识到"自然界的**人的**本质"的存在。而对于那些不具备这种社会性的人，甚至是具有反社会倾向的人，他们是看不见也不理睬"自然界的**人的**本质"的。因此，要使"自然界的**人的**本质"真正存在，就必须使社会成为"**社会**"，使人成为"**社会的**人"。我们说生态危机，实际上是人性的危机，就包含了这样的思想。如果简单地把这句话理解为在人类社会之前"自然界的**人的**本质"就不存在，那就显然是不恰当的。在人类之前的自然界倘若真的没有"**人的**本质"存在着，这自然界怎么会向人生成，而且真的就生成出人来了呢？

第二个问题：为什么说"**社会**是人同自然界的完成了的本质的统一，是自然界的真正复活，是人的实现了的自然主义和自然界的实现了的人道主义"？

懂得了"自然界的**人的**本质"和"**社会**"的上述含义，这个问题也就迎刃而解了。既然自然界中本来就存在着**人的**本质，在原初的形态上就蕴含着自然界与人的统一。真正的社会是自然界的**人的**本质得到认同和充分实现，因而与人的自然本质高度统一的社会，随着人与人的矛盾的解决人与自然的矛盾也被克服。所谓"自然界的真正复活"，就是自然界的**人的**本质的复活。"人的实现了的自然主义"实际上也就是自然界的**人的**本质的实现，它与"自然界的实现了的人道主义"无非是一个铜板的两面。正是通过自然界的**人的**本质和人的**自然的**本质的双向融合的实现，人与自然的和解和统一才能最后实现。马克思的这一观点深刻地解释了社会主义的生态文明性质,所谓社会主义应该就是这样的**社会**主义。对"自然界的**人的本质**"的根本认同和深刻理解,并且积极推动其实现,乃是它的本质特征所在。社会主义实践正处在当前这样的关键时期,理解马克思的这个命题具有非常重要的意义。

第三个问题:为什么说"如果把工业看成人的**本质力量**的**公开的**展示,那么,自然界的**人的**本质,或者人的**自然的**本质,也就可以理解了"?

在《手稿》中对黑格尔的抽象的实践观念进行批判时,马克思反复阐述人的生存和活动与自然界之间的对象性关系。工业的实践是人的主体性的实践,但是诚如马克思所说:"它是**对象性**的本质力量的主体性,因而这些本质力量的活动也必须是**对象性**的活动。"[1]这就意味着,工业活动也首先是对象性的活动。而这种对象性之所以能够建立起来,就是因为自然界中存在着"人的本质",而同时在人身上也存在着人的**自然的**本质。工业实践的成果证明了这种对象性本质的存在。在今天看来,无论是工业生产带来的正面的还是负面的效果,包括它所造成的生态环境的严重破坏,都从正反两方面说明了"自然界的**人的**本质"和"人的**自然的**本质"的存在和联系。现代工业中很多反生态的虚妄之举,要么不承认或者极其肤浅地理解自然界的**人的**本质,要么不承认人的**自然性**本质,片面高扬人的主体性而忽视人的活动的对象性,而这恰恰就是贻害无穷的现代性思潮的根本谬误。

第四个问题:怎样理解"被抽象地孤立地理解的、被固定为与人分离的**自然界**,对人说来也是无"[2]?

在理解了"自然界的**人的**本质"的客观存在的前提下,对马克思这句话的长期误解应该消除了。影响深远的实践本体论否认自然的本体地位,高扬抽象的主体性,认为只有通过实践而与人发生关系的自然才是存

---

[1] 中共中央马克思恩格斯列宁斯大林著作编译局:《马克思恩格斯全集》第四十二卷,第167页。
[2] 中共中央马克思恩格斯列宁斯大林著作编译局:《马克思恩格斯全集》第四十二卷,第178页。

在着的自然,并且把马克思的这句话当作雄辩的论据。现在理解了"自然界的**人的**本质",懂得了感性存在的具体的自然界是以其**人的**本质为基础向人生成的自然界,那么,那个"被抽象地孤立地理解的、被固定为与人分离的**自然界**",也就理所当然不存在,那样的自然界对人说来当然只能也是"无"了。自然界是不能被抽象地理解的,因为它本来就是与人感性地因此也是具体地关联着。也不能把自然界固定为与人相分离的,因为无论是在人类现实地生成之前还是其后,这种历时性的和共时性的联系都存在着。从人与自然相分离的观念出发,就会认为无论怎么对待自然都与人无关,更认识不到伤害自然就是伤害人自己,于是就有了人对自然界的许多胡作非为。正如马克思所说,现实的自然界乃是真正的、**人类学**的自然界。那个与人分离的自然界并不存在,对自然界的任何伤害都是对其中蕴含的**人的**本质的伤害,归根到底也就是对人自身的伤害。

上述的回答也许还是粗疏的,却是基本的,也是很重要的,因为对这些问题的回答不仅关系到对马克思主义哲学的根本认识,而且对美学有更直接而深刻的意义。

四、人本生态美学的重要理论基石

对"自然界的**人的**本质"的上述理解,让我们从根本上换了一个眼光看世界:从宇宙大爆炸的那一瞬间起,大自然就开始孕育人的基因了,可能这就是诗人们所咏叹和歌唱的精灵,就是神学家们千方百计要人们感悟和崇仰的宇宙之魂,就是许多大科学家报以敬畏之心的神秘;经过漫长的孕育过程,经历了很多很多的阶段,不断创生又不断否定,最后才在自然界的大综合中形成了人,并且一步一步走到今天。这个过程,就是世界本体的生成演化的过程,其间包含着物质的、精神的、实践的、历史的各种形态,却又贯穿着"自然界生成为人"即"自然向人生成"(从非现实的前人类的生成阶段到现实的人以至"**社会的人**"的生成阶段)这样一个基本的世界演化的图景。我们终于知道了"人从哪里来,又到哪里去"这个终极疑问的答案,并基于此进而思索应该做什么和怎样做。这就是世界大道、历史大道和人生大道。诚如马克思所说:"只有从自然界出发,才是现实的科学。"这个从自然界出发的人性生成大道,也就是我们思考美学问题的根本背景。这个背景框架中的美学思维,才能把美学的人文性和科学性有机地统一起来,把审美活动的本体存在和价值意蕴高度统一起来,把深入的科学研究与深厚的终极关怀高度统一起来。

"自然界的**人的**本质"指出了人与自然生态联系的本源所在,这就有助于从根本上认识美和审美与人的生成之间的重要关系。按照达尔文在《人类的由来》等著作中所揭示的事实真相,正是自然界中的"声色之美"作用于动物的性选择,才在美的魅力吸引下最终生成了人。这就告诉我们,这些美作为"自然界的**人的**本质"的感性显现,激活着生命的活力,给生命赋予秩序和理性,提升着生命的质量,改变着生命的形态,使生命高扬起不断自我超越的精神。对于色彩、声音和形体运动之美在动物性选择中的重要作用,达尔文告诉了我们许许多多生动有趣的事实,并且得出了他的结论,但是他还没有回答为什么如此的原因。在笔者看来,这些美在性选择中的作用,是基于美的节律特性的。美的节律不仅感性地表征了生命体的不凡质量,而且以其动力性对对方的生命节律发挥激发、调节和引导的作用,使其达到美的水平,这就不仅激发起更加旺盛的生命活力和欲望,并且在美感中的爱悦意象也生成一种与对象合一的强烈冲动。这种以优秀的生命质量为目标的性选择,在生命力强烈爆发和深度和谐的性结合中,一代一代生成更加优秀的个体和种群,以后又在更为复杂的生态机制中生成了人。这样看来,不仅在后来的实践中,即使在生命的自然进化过程中,通过性选择,动物就已经在按照美的规律建造自己了,只是这种建造还远未自觉罢了。所谓美的规律,无非就是自然界生成为人的规律在自然生命及其生态生成中的形式表现。

"自然界的**人的**本质"肯定了自然界中**人的**本质是以元素、结构动力和整体生态等形态客观存在的事实,也就使自然美的本源豁然敞亮起来,而不必总是从人的本质的对象化去寻求自然之所以美的唯一根源了。达尔文不仅赞赏动物中的美,而且赞叹社会性动物中的爱和道德感的生成。其实,自然界的生态,不仅是智慧,同时也是道德。这真和善的内涵使自然的美超出了声、色、形的感性层面,而上升到了结构关系之美及生命秩序之美的层面上，甚至上升到了精神层面上了。自然界的事物，或者由于直接的实践联系，或者由于实践经验的积淀，或者由于形式上的同构对应，或者由于主观想象的赋予，都可能获得美的意蕴，生成形形色色的自然美。但是自然事物的这一切形态的美都不能代替自然界先于人类就存在的天然性的美，也就是真正意义上的自然美。而且，那些形态的自然美要生成、要可靠，也必须符合对象性的规律。"说一个东西**是**对象性的、自然的、感性的，这是说，在这个东西之外有对象、自然界、感觉；或者说它本身对于第三者说来是对象、自然界、感觉，这都是同一个意思。"① 自然之所以美，从根本上乃是"自然界的**人的**本质"在自然事物上发出的感性的光辉。而自然之美之所以能够被人欣赏，也是"自然界的**人的**本质"与"人的**自然的**本质"本来就互为对象的结果。无论是移情、直觉还是比德、象征，离开了这种本来就存在的对象性关系，就不会有真正深刻和恒久的价值。对"自然界的**人的**本质"的深入理解，乃是解开自然美难题的一把真正对路的钥匙。

"自然界的**人的**本质"的理论内涵的深入展开，从自然界本体的终极存在敞亮了自然界的生命精神中深厚幽邃的人性意蕴及其与人之间的对象性关系，使自然界作为人的生命和精神家园的观念从诗意的描述落到了坚实大地的实处。从中国的庄子到西方的浪漫主义以至20世纪海德格尔后期以天地神人大融合为"物性"的思想，都把自然界视为人类的精神家园。这些思想观念一次又一次拉近了人与自然界之间的距离，却又只是对诗意的哲思和向往。东西方的泛神论对诗性思维的推动更是深化了人与自然界精神融合的家园意识，却又难逃唯心主义的诟病。有了对"自然界的**人的本质**"的认识，这些观念都可以得到科学的说明。如果从人与自然界之间的全面的生态关系来看，自然界首先是人的生命家园，然后才是人的精神家园，这绝不只是诗意的想象和移情，而是本来的对象性的生成关系所使然。而且这种家园观念决不能局限于那种少部分人才能享受的园林、别墅和山野江海，而应该从自然界的整体生态这个层次来认识和关注"**人的本**

---

① 中共中央马克思恩格斯列宁斯大林著作编译局：《马克思恩格斯全集》第四十二卷，第168页。

质"。在社会人群对生态资源占有的多寡和质量成为社会分化和矛盾的重要原因的趋势已显露的今天，把自然界视为并使之真正成为人类的生命家园和精神家园的视域，都应当扩展到自然界的整体。生态灾难无国界，更没有阶级之类的群体之间的界限。马克思说"自然界的**人的**本质""只有对**社会的**人说来才是存在的"，因为只有具有这种社会胸怀的人才会面对自然界真正享有家园之感，也才能自觉地维护这个家园。

"自然界的**人的**本质"作为原生态的"**人的**本质"，最本色、最纯真，没有人类社会的污染和各种病态与畸变，因此无论是对于人的美还是对于艺术的美，"自然"和"自然性"都是最高的境界。且不说中国古代美学和文论对自然性的无上推崇，就说马克思提出的"更加莎士比亚化"的要求，他对古代希腊人的评论和恩格斯对挪威人的描述，以及他们对于人物性格描写的要求，都强调的是自然性。18世纪中叶在德国戏剧中掀起的"莎士比亚化"热潮，正是出于对莎士比亚剧作中的自然性的推崇。长期的古典主义戏剧传统培育起来的审美观，使当时许多人都对莎士比亚的人物性格极其不满，面对这种状况，歌德说："而我却喊道：这是自然！是自然！没有比莎士比亚的人物更是自然的了。"[①] 赞叹之余，他还模仿莎士比亚创作了《葛兹·冯·伯利欣根》。正是针对包括歌德剧作在内的"莎士比亚化"的不足，马克思才提出了"更加莎士比亚化"的要求。不仅文艺是如此，马克思还明确指出："永恒的自然规律也愈来愈变成历史的规律。"[②] 随着**社会的**人的普遍生成，人们对"自然界的**人的**本质"的认识必将越来越全面而深入，社会实践就会越来越自觉地从自然规律中吸取智慧，越来越自觉地遵循自然规律，而自然规律中最重要、最具有人性意义的就是它的向人生成的生态规律。

从以上的阐述可以看出，马克思提出的"自然界的**人的**本质"这个命题，作为其生成本体论和人本生态观的一个非常重要的观点，确实是人本生态美学的一块极为重要的理论基石。建立在这块基石上的人本生态美

---

① 孙凤城：《德国散文精选》，北岳文艺出版社，1999年版，第57页。
② 中共中央马克思恩格斯列宁斯大林著作编译局：《马克思恩格斯全集》第二十卷，人民出版社，1971年版，第581页。

学，绝不只是美学的一个分支，更不能将其看成一门应用美学，它是美学向自然之源回归后从根本上的重新出发。与安泰一样，美学的这次重新出发一定会从自然界的本源中获得崭新的力量。马克思说："自然科学往后将包括关于人的科学，正像关于人的科学包括自然科学一样，这将是一门科学。"[①]人本生态美学就应该是这样的"一门科学"，而这样的科学所应有的生命力是可以想见的。

（《江苏大学学报》社会科学版2006年第4期）

---

① 中共中央马克思恩格斯列宁斯大林著作编译局：《马克思恩格斯全集》第四十二卷，第128页。

达尔文：爱与美的理论
——人本生态美学的科学基点

在20世纪之初，作为生物学家的达尔文曾经对中国社会的思想文化产生了十分巨大的影响。那个时代包括鲁迅和毛泽东在内的先进的中国人，大概没有不受到他的进化论影响的。通过进化论，他们看到世界和人性变化进步的必然性，从而燃起了社会改造和进步的希望。但是，那时的达尔文主要是作为科学家对中国的社会思想发生作用的。而且，那个主要从"物竞天择、适者生存"的意义上理解和介绍的达尔文，实际上被屏蔽了一半，而且是极其重要的一半。美国学者大卫·洛耶发表的《达尔文：爱的理论——着眼于对新世纪的治疗》，把达尔文学说中隐蔽的"道德选择"论揭示出来，通过对"另一半达尔文主义"的阐发，证明达尔文相信生物进化的主要动力是爱，而不是"自私基因"。对于达尔文理论的两半，洛耶认为其第一半属于"生物学基础"，第二半则是"文化／心理学上层建筑"的建构。[①] 那么，这两半是怎么结合起来的呢？达尔文通过美对性选择的作用回答了这个问题，那就是美和美感。在《物种起源》中，达尔文就已经明确论述到性选择的重要作用了。而一部《人类的由来》，贯穿全

[①] 大卫·洛耶：《达尔文：爱的理论——着眼于对新世纪的治疗》，单继刚译，社会科学文献出版社，2004年版，第130页。

书的主题,就是动物的美感通过对其性选择的作用而推动了生物的进化,并最终生成了人;也就是说,人类的由来乃是自然界按美的规律生成的结果,是美和美感的生态功能的最高产物。既然这样,被长期屏蔽和忽视的"另一半达尔文主义"就不只是"爱的理论",还应该包括"美的理论",合起来就是"爱与美的理论",何况爱与美本来就是互动而共生的。达尔文对于美在人类生成中的重要作用的明确揭示和肯定,从生物科学的立场,呼应和补充了康德和席勒的哲学美学关于审美是人性生成的必要途径的观念。在今天,达尔文的审美理论乃是人本生态美学的又一块重要的科学理论基石。

一、美在生物进化和人类生成中的重要作用

达尔文把自然选择和性选择一起视为推动生物进化的重要原因。如果说自然选择主要作用于生物不同的种之间的生存竞争,那么性选择则在同一个种内的个体遗传上发挥影响。正如达尔文在论及性选择时所说:"这种选择的形式并不在于一种生物对于其他生物或外在条件的生存斗争上,而在于同性个体间的斗争,这通常是雄性为了占有雌性而起的斗争。……一般地说,最强壮的雄性,最适于它们在自然界中的位置,它们留下的后代也最多。"[①]而美对生物进化的重要作用,正是通过性选择来实现的。正如达尔文自己所强调的,在《人类的由来》这本书里,"我对性选择作了不厌其详的处理,因为,我在上文已经试图加以说明,它在生物世界的历史里曾经起过重要的作用"[②]。

达尔文指出:"性选择的涵义是,更为美好的一些个体会得到异性的垂青而中选;其在昆虫,如果两性色相不同,其中打扮得更俏的一般总是雄虫,例外是很少的………两性之间,主动而热情的进行追求的正是雄虫一方,我们就不由得不想到,雌虫大概是习惯于,或至少是偶以为之地

---

① 达尔文:《物种起源》,周建人、叶笃庄、方宗熙译,商务印书馆,1995年版,第102-103页。
② 达尔文:《人类的由来》,潘光旦、胡寿文译,商务印书馆,2003年版,第930页。

进行选择的一方，而所选取的总是一些更为美丽的雄虫了；而从此再进一步，也就想到，雄虫之所以美丽，来源也就在这里了。"①在《人类的由来》这部经过长期准备和慎重考虑才出版的重要著作里，达尔文从头至尾不厌其烦地列举了大量生动而丰富的事实，展示了从昆虫、鸟类、鱼类直到爬行类、哺乳类动物的生殖活动的情境，描述了色彩、声音和形体姿态（舞蹈和把戏）等动物之美怎样作用于雌性对雄性配偶的选择。

还是在《物种起源》中，达尔文认为自然界中的美绝不是为了让后来的人类观赏才存在的，而是有非常实际的功用。他在驳斥"生物是为了使人喜欢才被创造得美观的"这种信念时明确指出："如果美的东西全然为了供人欣赏才被创造出来，那么就应该指出，在人类出现以前，地面上的美应当比不上他们登上舞台之后。始新世（Eoceneepooh）的美丽的螺旋形和圆锥形贝壳，以及第二纪（Secondary Period）的有精致刻纹的鹦鹉螺化石，是为了人在许多年代以后可以在室中鉴赏它们而被创造出来的吗？很少东西比矽藻的细小矽壳更美观；它们是为了可以在高倍显微镜下观察和欣赏而被创造出来的吗？矽藻以及其他许多东西的美，显然是完全由于生长的对称所致。花是自然界的最美丽的产物；它们与绿叶相映而引起注目，同时也就使它们显得美观，因此它们就可以容易地被昆虫看到。我做出这种结论，是由于看到一个不变的规律，即，风媒花从来没有华丽的花冠。有几种植物惯于开两种花，一种是开放而有彩色的，以便引起昆虫；一种是闭合而没有彩色的，没有花蜜，从不受到昆虫的访问。因此，我们可以断言，如果在地球的表面上不曾有昆虫的发展，我们的植物便不会点缀着美丽的花，而只开不美丽的花，如我们在枞树、栎树、胡桃树、榕树、茅草、菠菜、酸模、荨麻里所看到的那样，它们都由风的助力而受精。同样的论点也完全可以在果实方面应用……"②这就是说，自然界中的美，特别是生物的美，其直接的功用就是实现更加顺利而有质量的生殖，也就是为了生命存在的延续和超越。

在达尔文看来，正是通过性选择，遵循用进废退的规律，美才在动

---

① 达尔文：《人类的由来》，第510-511页。
② 达尔文：《物种起源》，第219-220页。

物的身上越来越灿烂绚丽地发展起来。他说:"我们能够在某种程度上理解整个自然界中怎么会有这么多的美,因为这大部分是由选择作用所致。……性选择曾经把最灿烂的颜色、优美的样式,和其他装饰物给予雄者,有时也给予许多鸟类、蝴蝶和其他动物的两性。关于鸟类,性选择往往使雄者的鸣声既可取悦于雌者,也可取悦于我们的听觉。"① 又说:"许多鸟类的雄性高度地爱斗,而其中有些还备有特殊的武器,好和对手们周旋。他们备有一些器官,一到蕃育的季节,可以用来发出声乐和器乐。他们往往饰有冠、角、垂肉、长羽之类,千花万样,难以枚举,而在颜色上又打扮得花花绿绿,艳丽非凡,一切的一切无非是为了显示,为了炫耀。"② 这些"显示"和"炫耀"都不过是为了在同性前显示自己的优越,并吸引异性,最终取得性选择中的优胜。

根据达尔文的描述,动物用来在性选择中"显示"和"炫耀"的东西和方式多种多样。以鸟类为例,雄鸟"用极其多种多样的声乐和器乐来魅惑雌鸟。他们的装饰品也是各式各样的,有种种不同的冠、垂肉、隆起、角、气囊、顶结、羽毛、光秃的羽干、特别长的翎羽,从身体的各个部分生长出来,大都很有几分美观。喙、头部光秃而无羽的皮肤,和一些主要的羽翎往往有鲜艳夺目的颜色。有的雄鸟在进行求爱的时候,或则在地面上,或则在半空中,能做踽跄的舞蹈,或耍些奇形怪状的把戏"。

达尔文写道:"恋爱的季节也就是战斗的季节。""即便在最好斗和能斗的鸟种,雌雄鸟的配合大概也不全凭雄鸟的单纯的体力和勇气;因为这种雄鸟一般也用各种不同的装饰品来打扮自己,而一到蕃育季节,这些装饰手段越发见得鲜艳,而要在雌鸟面前被用来富有诱惑力地卖弄一番。雄鸟又努力用种种音声、曲调、一些把戏来魅惑和激发他们的对象,而在许多例子里,整个求爱的过程是拖得相当长的一回事。因此,如果说雌鸟对来自雄鸟的这种种迷惑的事物完全无动于中,或者说,她们总是毫不例外地被迫而委身于斗争中取得了胜利的雄鸟,怕都是不合于事实的。更近乎事实的是,雌鸟是受到了某些雄鸟的激发的,有的在他们相斗之前,有

---

① 达尔文:《物种起源》,第539页。
② 达尔文:《人类的由来》,第512页。

的在相斗之后，并且是不自觉地看中了那些善于激发她们的雄鸟的。"① 动物在性选择中处心积虑地斗美，实际上也就是斗智，是生命力极具超越性的发挥。通过性选择而提升和繁荣起来的美，又通过对爱、亲和性以及道德感的提升而最终造就了人类。生命进化的最深秘密在于异质基因的综合。自然选择，归根到底是对生物的优异的综合力的选择，性选择则直接促进优秀个体之间的亲和与综合。雄性的声色姿态之美，既在性选择中发挥作用，又接受性选择的选择，从而令人惊叹地发展起来。

二、动物美感是人类审美活动的生物性前提

达尔文所说的"动物的美感"是美感吗？对此，达尔文有明确的说明。在论到"审美观念"时他说："有人宣称过，审美的观念是人所独具的。我在这里用到这个词，指的是某些颜色、形态、声音，或简称为色、相、声，所提供的愉快的感觉，而这种感觉应该不算不合理地被称为美感。"②

达尔文对美感的认识是很清楚的。颜色、声音、形态，包括各种动姿，正是审美形式的基本形态，由事物的这些特性所引起的快感也许首先是生理的，但是这种快感不是由于食物和能量的直接刺激所带来的，而是由对象的形式主要通过视听感官引起的一种特殊的快感，即美感。这种美感在人身上一样是存在的，只不过有了更为复杂的内容。对此，达尔文已经有了清醒的认识。他说："但在有文化熏陶的人，这种感觉是同复杂的意识与一串串的思想紧密地联系在一起的。"又说："显而易见的是，夜间天宇澄清之美、山川风景之美、典雅的音乐之美，动物是没有能力加以欣赏的；不过这种高度的赏鉴能力是通过了文化才取得的，而和种种复杂的联想作用有着依存的关系，甚至是建立在这种种意识联系之上的；在半开化的人，在没有受过多少教育的人是不享有这些欣赏能力的。"③（他

---

① 达尔文：《人类的由来》，第564-565页。
② 达尔文：《人类的由来》，第135-136页。
③ 达尔文：《人类的由来》，第135-137页。

甚至注意到人类社会中的财富、权势等因素对纯粹形式审美的严重干扰）

对于动物的美感与人类的美感之间的联系，达尔文明确加以肯定，揭示了初期人类即野蛮人的美感与动物的很多类似之处。他指出："我们一面说一些低等动物有美的观感，一面却千万不要以为这种观感可以和一个受过文化熏陶的人的相比，这样一个人的审美观念是和其他反面的观念有着千变万化而极其复杂的联系的，当然不能与此相提并论。若把低等动物的审美能力和最低级野蛮人的审美观念两相比较，则比较公平合理，因为野蛮人对颜色夺目、光芒四射、而形状古怪的任何东西都能表示欣赏，并且用来为自己点缀。"①

达尔文在描述动物的美感活动时，常常将其与人类相比较和对照，展示出人类审美与动物美感密切联系的生动图景。根据自己的观察和分析，达尔文认为："高等动物的心理能力，和人在这方面的能力比起来，特别是和低等而半开化的人的各种族相比，在性质上没有分别，而在程度上有很大的差距，现在看来，在美的欣赏能力一方面它们似乎和四手类的动物相去也不太悬殊。正好象非洲的黑人那样把脸上的肉提得高高的，成为若干条并行的脊梁，'也就是，刻画出若干高出于脸的平面的长条瘢痕，而把我们所认为很丑陋的毁伤看作修容上的一大美事；'——又好象黑人和世界许多地方的野蛮人那样满脸画上红的、蓝的、白的、或黑的横条纹——非洲的大狒狒看来也就是这样地为了使自己更能赢得母狒狒的欢心而终于取得了他那副丘壑高深而彩色斑斓的嘴脸。野蛮人也喜欢在身体的下部涂上颜色，作为装饰，甚至比脸上涂得更为陆离光怪，这在我们看来也一定以为是异想天开、莫名其妙，但等到我们看见许多鸟种也特别喜欢在尾巴上做工夫，来打扮自己，以此喻彼，也就不以为奇了。"②

"总的来说，在一切动物中，看来鸟类是最懂得审美的，人类当然不在此限，而它们的鉴赏能力和我们人的也很相近似。这一点，从我们对鸟的鸣声的欣赏，从我们的妇女，文明社会的也罢，野蛮民族的也罢，都喜欢借鸟羽来作头饰，以及爱用各种有色的宝石，而此种宝石的光彩未必比

---

① 达尔文：《人类的由来》，第 331-332 页。
② 达尔文：《人类的由来》，第 822 页。

某些鸟类的垂肉和不长羽毛的一些光皮肤更见得鲜艳——从这些，就足以得到说明。不过，在人类，经过文化的熏陶之后，美的感觉显然是远为错综复杂的一种心理反应，而且是和各种理智的观念联系了起来。"①

"关关雎鸠，在河之洲。窈窕淑女，君子好逑。"两千多年以前的中国人就已经感悟到人类择偶与动物求爱之间的原始联系了。毫无疑义，美在性选择中的作用，在人类中也是完全存在的，只不过有更为复杂的因素（如内在的精神和外在的财富与权势地位之类）影响着人类的审美观念，制约其对美的选择。但是，无论怎样，色、声、形仍然是人类的性选择中最自然和恒常的因素。在达尔文看来，由于美的作用，动物才不断进化，并最终生成为人；所谓"人类"，就是动物在美感作用下经由性选择而来。这就是说，美首先不仅仅是为观赏而生成，它生来就负有更为重要的生命生成意义。正是因为美，生命才得以自我超越和进化。因此，无论是"悦耳悦目""悦心悦意"，还是"悦志悦神"，都还远不足以概括美和美感的功能。从达尔文解释的事实来看，美和美感的功能实际上是非常功利的，它深刻地影响着生物的进化和人类的生成，制约着人的生命质量和自我超越的趋向。

三、对人类的爱美天性的深层解答

既然动物就有美感，而人是从动物进化而来的，那么，说爱美是人的天性也就无可置疑了。但是生命体为什么会有这样的天性呢？对此还必须做更深入的追问。

作为伟大科学家的达尔文不可能不对动物具有美感的原因进行思考。早在《物种起源》中他就说："最简单形态的美的感觉，——即是从某种颜色、形态和声音所得到的一种独特的快乐，——在人类和低于人类的动物的心理里是怎样发展起来的呢，这实在是一个很难解的问题。……在每

---

① 达尔文：《人类的由来》，第 556 页。

个物种的神经系统的构造里,一定还存在着某种基本的原因。"[①]后来在《人类的由来》中他又说:"人和低等动物的感官的组成似乎有这样一个特质,使鲜艳的颜色、某些形态或式样、以及和谐而有节奏的音声可以提供愉快而被称为美;但为甚么会如此,我们就不知道了。"[②]

在达尔文提出的问题中,包含着关于生命存在的信息生态的思维意向。对于这个达尔文未能回答的"某种基本的原因",可以用"节律感应"这种特殊的生命信息活动方式来加以解答。

如前所述,达尔文所考察的动物的"最简单形态的美的感觉",指的"是从某种颜色、形态和声音所得到的一种独特的快乐"。这种快乐是怎么引起的,又是怎样在性选择中发挥作用的呢?诚如达尔文所说,"人和低等动物的感官的组成似乎有这样一个特质,使鲜艳的颜色、某些形态或式样、以及和谐而有节奏的音声可以提供愉快而被称为美",弄清楚"这样一个特质","某种基本的原因"也就找到了。

颜色、形态和声音有一种共同的特质,那就是表现为节奏和韵律,即具有一定的力度和气势的节律;这节律可以是力度、气势、节奏、韵律以及张力结构的总称。诚如恩格斯所说:"视觉和听觉二者所感知的都是波。"[③]波就是节律。正是这些节律诉诸对方的视听感官,不仅传递了生命质量的信息(因为美的颜色、形态和声音正是优秀的生命质量的表现),而且靠了节律内在的力度和势能激发起对方的生命节律的感应,调节和引导对方的生命活力,并在彼此的亢奋中相互强烈吸引以至融洽合一。美的节律对对方的生命节律的激发和吸引,最终促成了性选择的优化,使两性生命力在美的激发之中达到最佳的结合,从而生成更优秀的后代,于是生命的进化在美的推动下得以实现。

笔者曾经从生命生成的生态基础阐释过动物美感的原生机制。生命是在物质及其能量和信息的运动中经过自组织进化而生成的。生命体在物

---

① 达尔文:《物种起源》,第 221 页。
② 达尔文:《人类的由来》,第 880 页。
③ 中共中央马克思恩格斯列宁斯大林著作编译局:《马克思恩格斯选集》第四卷,第 340 页。

质上的生成，同时就是信息变换水平的高度进化。对于生命系统来说，信息的传导和组织乃是居于主导地位的。在生命体的信息活动中，节律是整个世界中存在的最普遍的原生的信息形式，节律活动作为最普遍的信息交换也是一种极其重要的生命活动方式。在宇宙运动的复杂节律中生成的生命，都有其在特定环境和生命存在的关系中形成的特殊的生命节律和相关的节律活动。在种种信息变换活动中，外在节律和生命体的内在节律之间的感应发挥着特殊的生态调节作用。所谓感应，既是感觉之因，又是感觉之果，乃是事物之间以节律相互作用而互动共生的一种双向的活动方式。感应的过程，一方面是对生命体对环境的体验和认知，一方面又是对生命节律的激发、调节和引导。正是在"节律感应"的体认和调节中，生命体得以对环境进行选择并优化自身的生命节律，而生命节律的优化实际上就是生命质量的优化。

雄性动物的美正是通过这样的"节律感应"来实现其性选择的功能的。这也就是中国古代美学所强调的"兴"的作用。所谓"兴"，无非包括这样两个方面：一是激发情绪，使之兴奋；二是启发思绪，引起兴趣。这两方面，前者无疑是更为原始的，并且有着为后者开路的意义。雄性动物之美在性选择中的作用主要就是"兴"。王夫之说，兴者生乎气者也。而气总是具有一定的节律的动态存在。感应即感兴，这正是审美活动的生态本性所在，尽管它在人类的审美活动中表现得十分复杂，但是，在动物的性选择中，它是以最简单也最直接的方式存在着了。

由于"节律感应"，美对性选择的作用实际上就是美与爱的深层同一的实现，而人类正是在爱与美的深层同一中生成的。大卫·洛耶在《达尔文：爱的理论——着眼于对新世纪的治疗》中说，"我发现，在《人类的由来》中，达尔文的确在探索'爱'的用法和它的进化论意义，它（指'爱'这个词）在书中竟出现了95次之多"，而"'爱'是达尔文主义独有的最显著的特点"。[①] 美在性选择中的作用，不仅优化了美本身，更激发和促成了爱；两者互动共融，才有了人的生成。人类的道德感的成长，也是在以爱与美交融的主旋律中自组织地生成的。"节律感应"的生

---

① 大卫·洛耶：《达尔文：爱的理论——着眼于对新世纪的治疗》，第5-21页。

理和心理机制,可以解释美感的爱悦性的生成及其对于人性生成的功能。在这个意义上,达尔文的《人类的由来》就不只是"爱的理论",同时还是"美和审美的理论"。

人类的审美活动直接源于动物的美感活动,而这种活动的生态本性就在于"节律感应",这样,亚里士多德在两千多年前说的"爱美是人的天性"的观点就得到了本源层次即生命生态层次上的解释。

生命体的"节律感应"是生命信息生态的重要方式和内容,理应有一门"信息生态学"来专门加以研究。这里所说的"信息生态学",不是已经存在的生态信息学(包括生物信息学),不是以信息手段来研究生态活动,而是以生命体与环境之间的信息交换为研究对象的一门科学,它研究信息在生命体的生态活动中的地位、作用及其规律。在这门学科中,"节律感应"作为生命体信息交换的基本方式之一,必将是十分重要的内容。达尔文对动物美感对性选择的作用的揭示,说明了美在人类生成中的极其重要的功能,他的《物种起源》和《人类的由来》理所当然对于信息生态学具有奠基的意义。

四、人本生态美学的审美生成论的直接起点

对于达尔文的著作中的美学内涵,近二十年间先后有刘骁纯、徐纪敏、汪济生、黄海澄等学人从不同的角度对其予以关注,其中尤以黄海澄的《系统论控制论信息论美学原理》最为深入,不仅明确肯定了达尔文所揭示的动物美感对于美学研究的"还原"意义,认同人类的审美活动与动物的审美现象之间的联系,而且把审美机制作为起调节作用的制导系统来看,从而表现出趋近后来的生态美学的思维意向。但是,在重新全面考察了达尔文的上述代表性著作之后,不能不说他们对达尔文的审美思想的内容和意义的认识还不够充分。近年来出现的科学派美学,才更为有力地推进了对达尔文审美思想的认识。

笔者从20世纪80年代中期开始,就在一系列著述中明确肯定达尔文的动物美感论,并相对于人类的美感称之为"前美感"或"原美感",还

将其作为人类审美活动的生物性前提写进主编或参编的几种美学教材。在阐述人本生态美学的基本内容时，更是将其作为认识审美活动生态本性的出发点。今天，站在人本生态美学的立场来重新审视达尔文的这些著作之后，笔者的认识进了一步，认为《人类的由来》乃是一部极其重要的美学著作，任何严肃的美学思维都不能忽视和绕开它；达尔文因此就是最早为美学奠定科学基础的美学家，他关于美感与性选择关系的学说是真正面向现实的美学的科学起点。

这样，达尔文就以一位极其重要的美学家的形象站在我们面前了。大卫·洛耶说《人类的由来》"埋下了21世纪革命的种子"[①]，这不仅针对的是社会生活和社会科学，同时也适用于美学。中国的社会主义实践从过去的以阶级斗争为纲转变到今天的科学发展观，建构和谐社会和和谐世界成为指导方针，亲和与合作成为自然－社会－文化－人性生态建设的重要内容与目标，生态文明建设已成现实任务，这一切可以说正好回应了达尔文进化论所实际包含的"两个一半"的全面整体的内涵。大卫·洛耶把下一部著作命名为《为21世纪而生的达尔文》，可谓意味深长，见地深刻，值得包括美学在内的一切社会科学和人文学科的学者认真思索。

达尔文的审美思想对于美学理论建设的重大意义，可以初步归纳为以下几个方面。

第一，达尔文对动物美感活动的丰富而翔实的描述，在生命生态的层面上揭示了美和审美的自然性渊源，肯定了人类审美与动物美感之间的内在联系以及重要区别，对审美生成做出了本真而科学的阐释，为进一步的深入研究奠定了坚实的基础。

第二，达尔文从美与性选择的关系揭示人类的由来的生命生态机制，深化了对审美需要和审美活动功能的生态性内涵的认识，在回归生物美学的基础上，启示我们更加深入地认识美和审美对于人类继续向真正自由的全面发展的人生成的重要作用，在"自然界成为人"的系统进化中正确认识自然界与人之间的生成性关系。

---

① 大卫·洛耶：《达尔文：爱的理论——着眼于对新世纪的治疗》，第229页。

第三，达尔文对动物美感在性选择中的作用的论述，明确地揭示了美感生成的对象性基础，有助于深入认识和探究审美活动的生态本性和美的本体特征，开启在信息生态的研究中深入探究审美活动本体特性的思路。

第四，达尔文的生物进化论和人类生成观，证明了自然生态系统的生成性规律和主体化过程，并在人类生成的生态进化中着重考察动物美感的生成性意义，这样的生态系统观开拓了美学生态思维的新路向，对于今天把实践美学返回身体（生物）美学然后提升为生态美学，并最终落脚到人本生态美学的美学思维具有重新奠基的意义。

达尔文的进化论及其审美思想对于马克思主义的实践论人类学是一个极大的补充——主要是以其对人类及其审美活动生成的科学理论补充了马克思主义的人类生成论。恩格斯在晚年对历史唯物主义的发展的一个重要内容就是对人本生态观的建构，其中包括对被片面理解的达尔文主义的补充和对马克思早年的人本生态观的深入阐释。在"永恒的自然规律也愈来愈变成历史的规律"[①]的同时，历史的规律也将越来越回归自然的规律。在构建和谐社会和和谐世界及建设创新型国家的时代要求下，达尔文进化论中的"爱与美的理论"内涵对于认识人类生态规律，无疑是十分重要的。

真正的美学应该是人本主义与自然主义有机统一，亦即人文性与科学性有机统一的一门学科。美学对审美活动的阐释，应该从达尔文的动物美感论讲起，应该在达尔文与马克思的结合中重新起步。基于"节律感应"的动物美感显示了审美活动的对象性存在性质，在人类的实践中这种对象性的活动才被提升为主体性的关系。在对象性与主体性的结合中考察审美活动，这就必然走上人本生态美学的思维之路。把达尔文的进化论及其美学纳入实践论人类学的人本生态观的框架，用马克思主义综合达尔文主义，必将打开美学理论的一片新天地，那就是笔者近年所竭力主张的人本生态美学。在这个意义上，达尔文主要在《人类的由来——艺术来自何处及原因何在》中阐发的审美思想毫无疑义是人本生态美学的科学基点。

---

① 中共中央马克思恩格斯列宁斯大林著作编译局：《马克思恩格斯选集》第四卷，第338页。

美国美学家埃伦·迪萨纳亚克在她的《审美的人》的出版前言中说："我确信，考察当代艺术和当代生活的最佳视角不是来自哲学、社会学、历史学、人类学、心理学或精神分析学——以其现代的或后现代的形式——而是潜藏在人类生物进化的漫长景观之中。"她明确提出了艺术研究的"达尔文式的视角"，并且指出："只有借助一种达尔文式的（我将称之为'物种中心的'或'生物进化的'）视角，我们才能理解如今艺术面临的困境并且将它们从一切艺术攻击者手中解放出来。"又说："只有知道了艺术在生物学意义上来自何处，我们才能知道它是什么和它意味着什么。"[①]这位美学家的观点是值得我们充分重视的。

（本文写成于 2006 年，发表于《成都大学学报》社科版 2011 年第 1 期）

---

① 埃伦·迪萨纳亚克：《审美的人——艺术来自何处及原因何在》，户晓辉译，商务印书馆，2004 年版，第 3-16 页。

返本归真：
杜威的审美经验论中的生态思维

美国实用主义美学家舒斯特曼在接受中国学者的访谈时说："实用主义美学最重视的就是审美经验。"① 流行的美学把审美经验看作从艺术获得的主观体验，即艺术先于经验而存在，杜威则认为审美的经验乃是先于艺术而存在的，实际的艺术品是这些产品运用经验并处于经验之中才能达到的东西。这是我们理解杜威的审美经验论时首先要明确的。杜威虽然把作为艺术本体的"一个经验"即审美性的经验与一般经验相区别，但更重视它们之间的密切联系。他把经验放在作为有机体的、有理想的人与环境的交互作用中来加以诠释，使其生态性的内涵得以敞亮，还原了审美经验在流行美学中日渐枯萎的生命本性。这样一来，审美经验就突破了象牙塔式清高中的精神自闭，而沟通了与人的日常普通生活经验的内在联系，也揭示出其想象性中的生成的理想特征。这样的审美经验乃是杜威的审美价值观和审美功能观的生成基础。深入认识杜威审美经验论的生态思维意向，有助于把握其美学思想的生态精神并建构真正的审美经验理论。

---

① 彭锋：《新实用主义美学的新视野：访舒斯特曼教授》，《哲学动态》，2008 年第 1 期。

一、恢复审美经验与生活的正常过程之间的连续性

要理解杜威的审美经验论的特殊内涵,首先必须明确其美学思路的起点和基点。同流行美学大多把对艺术的欣赏作为审美经验研究的起点不同,杜威是从作为"活的生物"的人与环境的交互作用中所发生的"做"与"受"交融的过程,即人的活动中存在的感性与理性交融的生命事件为出发点的。为了正确理解审美经验,他首先指出了在流行的哲学和美学中普通的经验与审美经验之间存在的"一个裂痕":"作为这一裂痕的记录,我们最终,仿佛当作是正常状况一样,接受了一些艺术哲学,它们在没有别的生物栖身的区域生存着,在其中,审美地静观性质不加论证地得到强调。价值的混淆进一步加强了这种分离。一些额外的东西,如收集、展览、拥有与展示的乐趣,都被装扮成审美价值。"①他反对这种只是把审美经验看作"静观"艺术作品的产物的观念。在他看来,艺术本身就是这个经验的产物,先有审美经验然后才有艺术活动和艺术作品,因此必须"恢复审美经验与生活的正常过程之间的连续性"②。

显然,审美经验乃是从"生活的正常过程"到艺术活动和作品的必要中介。也就是说,在艺术作品引发的审美经验之前,先就有在日常生活过程中生成的审美经验,后者是前者的根;没有这个根,就没有艺术,当然也不会有艺术引发的审美经验。杜威说,"为了以最根本的、为人们所认可的形式来理解美学,必须从它的最初状态开始",弄清楚"艺术是怎样以人的经验为源泉的"。③审美经验先于艺术,艺术源于生活中的审美经验,这就是杜威的观点。

对于理解杜威的审美经验论来说,弄清"经验"在杜威的经验自然主义哲学中的独特含义是个关键。刘放桐在评述杜威的实用主义哲学时指出:"杜威声称他的经验自然主义与以往经验主义以至以往一切哲学的根本的区别,主要在于他不把经验当作知识,即主体对于他以外的对象的认

---

① 杜威:《艺术即经验》,高建平译,商务印书馆,2005年版,第9页。
② 杜威:《艺术即经验》,第9页。
③ 杜威:《艺术即经验》,第3页。

识，而是把经验当作主体和对象、有机体和环境之间的相互作用。正是由于这种相互作用，主体和对象、有机体和环境、经验和自然成为一个不可分割的整体，从而克服了各种形式的二元论。"① 这就是说，作为"做"与"受"的统一，作为一种实实在在的生命体验，经验乃是主体与对象共同参与、交互作用的一种动态事件，是一个把主客双方整合其中的活动过程，不仅具有活动主体和环境结合的空间上的整体性，而且具有与主体的过去经验之间在时间上的连续性。杜威要求把他说的"经验"看作"兼收并蓄的统一体"，说"这个统一的整体"是他的经验法"哲学思想的出发点"。②

杜威要人们注意，"'经验'是一个像詹姆士所谓具有两套意义的字眼。好像它的同类语'生活'和'历史'一样，它不仅包括人们做些什么和遭遇些什么，他们追求些什么，爱些什么，相信和坚持些什么，而且也包括人们是怎样活动和怎样受到反响的，他们怎样操作和遭遇，他们怎样渴望和享受，以及他们观看、信仰和想象的方式——简言之，能经验的过程。'经验'指开垦过的土地，种下的种子，收获的成果以及日夜、春秋、干湿、冷热等等变化，这些为人们所观察、畏惧和渴望的东西；它也指这个种植和收割、工作和欢欣、希望、畏惧、计划，求助于魔术和化学、垂头丧气或欢欣鼓舞的人。它之所以是具有'两套意义'的，这是由于它在其基本的统一之中不承认在动作与材料、主观与客观之间有何区别，但认为在不可分析的整体中包含着它们两个方面"。经验就是这样的生活，而"生活是指一种机能，一种包罗万象的活动，在这种活动中机体与环境都包括在内"③。这个意义上的经验，实际上就是作为"活的生物"的人与自然和社会环境相互作用所形成的生活实践和过程本身，比起传统哲学对经验的认识，这可以看作"经验"含义的生态化转变。

杜威对人类的审美经验的探寻是从动物那里追根溯源的。他说："尽管人不同于鸟兽，人与鸟兽却同样具有基本的生命功能，同样在生命的持

---

① 刘放桐：《实用主义述评》，天津人民出版社，1983年版，第71页。
② 杜威：《经验与自然》，傅统先译，江苏教育出版社，2005年版，第9页。
③ 杜威：《经验与自然》，第9页。

续中作出基本的调节。"他这样描述这种"基本的调节":"第一个要考虑的是,生命是在一个环境中进行的;不仅仅是在其中,而且是由于它,并与它相互作用。"这个相互作用是在生物的生命整体与环境之间进行的,并努力达到"有机体与周围事物的同步性"这样的平衡和协调。其间会有冲突,但是"当一个暂时的冲突成为朝向有机体与其生存环境之间的更为广泛的平衡过渡时,生命就发展"。杜威说:"这些生物学的常识具有超出其自身的内涵:它们触及到经验中审美性的根源。"那就是"通过节奏而达到的平衡与和谐初露端倪"。[1]于是,"对这种和谐的感受萦绕在生活之中"[2]。杜威认为,艺术的审美性质源于经验中生成的充分而鲜明地表现了生命的生成性意义的"一个经验",这是作为艺术本源的经验。因此,他说:"一个经验与审美经验之间既有相通性,也有相异性。前者具有审美性质;否则的话,其材料就不会变得丰满,成为一个连贯的经验。"[3]在杜威看来,在人的生活经验中先有了具有审美性质的"一个经验",即他说的艺术,然后通过恰当的媒介把这个经验再现出来,才有了艺术作品。审美经验是从日常生活经验中生成的,这就是它与生活的正常过程之间的连续性。

二、回归审美经验本来的动态的和生命整体的生态真实

审美经验源于有机体与环境相互关系的动态平衡,是有机体努力实现与环境协调的结果。因此,没有这种努力的行动,就不会有审美经验的产生。杜威说,"有两种可能的世界,审美经验不会在其中出现",一种是虽然流动变化但没有前进的目标,一种是已经完成的世界。"由于我们生活在其中的实际的世界是运动与到达顶点,中断与重新联合的结合,活的生物的经验可以具有审美的性质。"[4]这就是说,审美经验是在有机体对

---

[1] 杜威:《艺术即经验》,第12-13页。
[2] 杜威:《艺术即经验》,第16页。
[3] 杜威:《艺术即经验》,第59页。
[4] 杜威:《艺术即经验》,第16页。

于自己与环境之间的生态关系的动态平衡的努力追求中产生的。没有这种追求平衡与和谐的努力，就没有审美经验的产生；这就是审美经验植根于生命本性的生态根源所在。

舒斯特曼在《实用主义美学》中说，"动态的审美经验""也许是杜威最重要的美学主题"，"对杜威来说，艺术的本质和价值，不只是存在于我们典型地视为艺术的人工制品之中，而是存在于创造和感知它们的动态和发展的经验行为中"。① 正是这种"动态的审美经验"以其动态性直接地表现出审美经验的生命特性，包括生动充沛的生命体验、洋溢着生命活力而与环境相互作用的行动、身体和心灵相互渗透交融的生命整体性以及活动与活动之间互为因果以实现生成的连续性。"一个经验"之所以具有审美性质而且成为艺术，不仅在于其具有节奏的形式对于意义和情感的表现，还在于经验的节奏对于能量的组织。杜威说："艺术通过选择事物中的潜能来运作，而正是由于这种潜能，一个经验——任何经验——才具有意义和价值。"② 无论是节奏的形式表现还是能量组织的功能，都是在审美经验的生命整体性中实现的。

关于审美经验的生命整体性，杜威说："在许多人的生活中，只有在偶然情况下，理性中才充满着由对内在意义的深刻理解而产生的感受。由于机械的刺激物或刺激作用，我们体验到了感觉，却没有意识到存在于它们之中或在它们背后的现实；在许多的经验中，我们的不同感官并没有联合起来，说明一个共同而完整的故事。我们看却没有去感受；我们听，听到的却是二手的报告，说它是二手的，是因为它们没有为视觉所加强。我们触摸，但这种接触乃是肤浅的，因为它没有与那些进入表面之下的感觉融合在一起。"③ 他认为这种情况是现实生活中脑手分工和身心分离的秩序造成的。而在真正的经验中，各种感觉和理性、现象和意义之间应该是互相渗透、融为一体的。他说："五官是活的生物藉以直接参与它周围变动着的世界的器官。在这种参与中，这个世界上的各种各样的精彩与辉煌

---

① 舒斯特曼：《实用主义美学》，彭锋译，商务印书馆，2002年版，第44页。
② 杜威：《艺术即经验》，第204页。
③ 杜威：《艺术即经验》，第21页。

以他经验到的性质为他实现。"[1] 由于"艺术由生命过程本身所预示"，而"人在使用自然的材料和能量时，具有扩张他自己的生命的意图，他依照他自己的机体结构——脑、感觉器官，以及肌肉系统——而这么做"。这种生命扩张的意图及其努力是整体的，是感觉和理性、身体和心灵综合地参与的。在人与环境交互作用中展开的这种生命整体的动力机制产生了充分而生动地体现了生命本质的经验，即生成艺术的"一个经验"，因此"艺术是人能够有意识地，从而在意义层面上，恢复作为活的生物的标志的感觉、需要、冲动以及行动间联合的活的、具体的证明"[2]。艺术之所以能够如此，是因为作为艺术根源的审美经验本来就具有这种生命整体的活动机制。正如杜威所说："一个生机勃勃的经验是不可能被划分为实践的、情感的，及理智的，并且为各自确定一个相对于其他的独特的特征。情感的方面将各部分结合成一个单一整体；'理智'只是表示该经验具有意义的事实；而'实践'表示该有机体与环绕着它的事件和物体在相互作用。最精深的哲学与科学的探索和最雄心勃勃的工业或政治事业，当它们的不同成分构成一个完整的经验时，就具有了审美的性质。"[3] 显然，在杜威的心目中，审美经验无非在人与其环境交互作用的经验中以生命的整体性为特征，因而把生命活动的本性表现得最生动完满罢了。

这种生命整体性包含了以下这些方面和层次：首先，各种感官在相互联系中作为整体而活动。杜威说："感觉的性质之中，不仅包括视觉与听觉，而且包括触觉与味觉，都具有审美性质。但是，它们不是在孤立状态，而是相互联系中才具有的；不是作为简单而相互分离的实体，而是在相互作用中具有的。"[4] 其次，"任何一个感官的活动都涉及态度与倾向，而态度与倾向是由整个有机体决定的"[5]。他以对画面上的色彩的感知为例说："眼、耳或其他某个感官，仅仅是整体反应通过它们而发生的通道

---

[1] 杜威：《艺术即经验》，第22页。
[2] 杜威：《艺术即经验》，第26页。
[3] 杜威：《艺术即经验》，第59页
[4] 杜威：《艺术即经验》，第132页。
[5] 杜威：《艺术即经验》，第133页。

而已。所见到的颜色,总是由许多器官,由不仅感觉,而且交感神经系统的潜在的反应所决定的。这是所有能量的汇聚处,而不是它的源头。色彩的绚丽而丰富,正是由于其中包含着整个机体的共鸣。"① 因此感觉还不是经验,经验乃是全身心的"感受"。再次,是肉体与心灵的整体联系。杜威批评了那种把肉体与心灵相分离的思想,说"这种将心灵看成是孤立的存在物的观念,成为那种审美经验仅仅是某种'存在于心灵中'的东西的观念的基础,并且加强了那种将审美从那种经验方式(在其中身体积极的参与自然与生命的事物)孤立开来的观念。它将艺术从活的生物的领域抽取了出来"②。最后,是自我与对象、有机体与环境乃至宇宙相融合的整体性。杜威在论及与审美经验的生命整体性相表里的直接性时指出,"审美经验的仅有的独特的特征正在于,没有自我与对象的区分存乎其间,说它是审美的,正是就有机体与环境的相互合作以构成一种经验的程度而言,在其中,两者各自消失,完全结合在一起"③。在这里,生命的整体性从主体的个体存在扩展到了它与环境结合的生存世界,以至达到与宇宙合一的境界。

杜威对审美经验的动态性和生命整体性的强调,揭示了审美经验生动的生命真实,这也正是人类审美活动的生态真实。杜威的审美经验论对生命的整体性真实的回归,体现了对生态整体性的认同,从而具有深刻的哲学改造的意义。正如雷蒙德·伯依斯沃特在《杜威的哲学的改造》中所说:"达尔文模式使杜威能够欣赏作为整体的人类有机体。"④ 这种对生命存在的连续性和整体性的多维度的揭示,使审美经验回到了作为"活的生物"的人的生态存在本身。

---

① 杜威:《艺术即经验》,第134页。
② 杜威:《艺术即经验》,第294页。
③ 杜威:《艺术即经验》,第284页。
④ 王成兵:《一位真正的美国哲学家——美国学者论杜威》,中国社会科学出版社,2007年版,第48页。

三、从想象性阐释审美经验的整体性和理想趋向的生成机能

除了审美经验的动态性和生命整体性,杜威还十分重视其想象性。他说:"生命体与环境的相互作用可以在植物与动物的生命中发现。但是,只有在此时此地所给与的是来自事实上缺席而仅仅在想象中呈现的东西的意识与价值之时,所提供的经验才是人性的和有意识的。"[1]他把想象看作人所特有的超越其他动物的心理机制。由于想象,审美经验就具有了超越现实局限的预期目的,从而使新的经验在与原来经验的接续中有了理想的因素,体现出生命自我生成的能动进取的趋向。杜威还说,在每一件艺术作品中审美经验的"意义实际体现在某种材料之中,该材料因此成为意义表现的媒介。这一事实构成了所有无疑是审美的经验的独特性。它的想象性占据着主导地位,因为比它们所依附的此时此地的特殊事物更广与更深的意义与价值是通过表现来实现的"[2]。显然,在杜威看来,对于审美经验,想象具有十分重要的意义。

在论及推理的作用时,杜威引了济慈的这段话:"简单地想象的心灵也许会在持续地以这种突然性对于精神以出人意料的方式重复自身的沉默的工作中得到报答。"杜威接着说:"这句话包含着比许多论文更多的关于创造性思维的心理学。"这说明在杜威的美学思维中想象对于创造性思维有多重要。他这样解释济慈的这句话:"他相信,没有一种作为推理的'推理',即排除了想象与感觉的推理,能够到达真理。"[3]杜威重视济慈关于"想象所捕捉到的作为美的东西必定真"的思想,而特别推重"想象的洞察力"。杜威说:"存在着两种哲学。其中的一种接受生活与经验的全部不确定、神秘、疑问,以及半知识,并转而将这种经验运用于自身,以深化和强化自身的性质——转向想象和艺术。这就是莎士比亚和济慈的哲学。"[4]这些论述说明,在杜威看来,无论是对于审美经验和艺术

---

[1] 杜威:《艺术即经验》,第272页。
[2] 杜威:《艺术即经验》,第303页。
[3] 杜威:《艺术即经验》,第34-35页。
[4] 杜威:《艺术即经验》,第36页。

的形成，还是对于审美经验和艺术可能具有的意义，以及对于个性在其中的表现，想象都十分重要。

亚历山大·托马斯指出："对于杜威来说，'想象'不是一种官能，想象本身是主动重建的工程。""想象把经验作为通过活动而进行的意义生长来掌握经验。""经验中要有意义，就必须有创造性的努力以掌握当下的意义。这只能靠想象来完成。"①在亚历山大·托马斯看来，关于想象之于经验的重要性"这一主题对于杜威哲学的重要性，怎么说都不为过"②。他特地引述了杜威在《一个共同信仰》中关于想象的论述，这些论述明确指出了理想要通过想象得以领会的道理。杜威说："一切可能性都是利用想象得到的……（想象）让我们认识到了实际尚未实现的东西，而且能够刺激我们。通过想象所影响的统一不是幻想，因为它是对实践态度和情感态度两者统一的反映。"托马斯这样阐释杜威的这段话："想象不过是根据可能的情境掌握当下的意义这一能力，可能的情境会实现，因为其理想的可能性已经被掌握并用于调停情境和指导活动。这只有靠灵敏感受清净无所不在的性质这一能力才有可能。如果理想的东西一直理想，就没有实现可能性，那就未能调节情境，因此，就不能成为那个情境的意义或那个情境的任何阶段。理想的东西成功建立了连续性，就此而言，它标志着一个经验的实现，在其中，情境性质的特征坚持并决定了情境各部分的意味。"③在这里，亚历山大·托马斯不仅谈到了在想象中理想对可能性的掌握，还强调了人与环境交互作用的活动如何使理想不只是理想，而能够通过对情境的调节来得到实现。

在杜威看来，想象并不是与其他心理机能并列的一种特殊的机能，它融合了其他机能，以其组织和综合的作用使审美经验成为"一种处于完整性状态的经验"，比如，"想象性视觉是将一个艺术品的所有要素都统一起来，使这些多种多样的要素成为一个整体的力量。然而，那些在其他

---

① 亚历山大·托马斯：《杜威的艺术、经验与自然理论》，谷红岩译，北京大学出版社，2010年版，第302页。
② 亚历山大·托马斯：《杜威的艺术、经验与自然理论》，第303页。
③ 亚历山大·托马斯：《杜威的艺术、经验与自然理论》，第303页。

的经验展现时得到特殊强调和部分实现的我们所具有的诸成分在审美经验中融合在一起。并且，它们在经验的直接整体中的融合极其彻底，从而使各成分本身被掩盖了：它们在意识中不再成其为单独的成分"[①]。杜威认为想象的这种综合组织的作用非常重要。他说，那些看不到想象的这种作用的哲学体系是"将某种预定的思想添加在经验之上，而不是鼓励或者甚至是允许审美经验讲述它自身的故事"[②]。这就是说，这些哲学体系把经验只是看作某种思想的体现，而看不到想象本身通过整合而实现的新的意义；这种意义不是由思想外加的，而是其自身就直接具有并通过形式鲜明地表现出来的。

由于人的改善自己与环境关系的进取欲望、对可能性的预见和对已有经验的各种因素进行组织综合的能力等对想象的影响，就有了想象对审美经验的更为重要的作用，那就是赋予经验以超越既成现实而加以更新和改变的生成性趋向。杜威说："经验是通过旧的意义与新的情境的融合，并因而两者都改变形态（这种变化就是想象）。"又说："既然，由于具有想象的性质而使审美经验无疑占据着主导地位，它就存在于一种大地和海洋之外的光的媒介之中。甚至最'现实主义'的作品，如果它是艺术作品的话，也不是那种如此熟悉，有规律，而具有迫切性，从而使我们将之称为真实东西的摹仿性复制。虚拟理论与种种将艺术定义为'摹仿'的理论不同，不将与此相伴的快感看成是来自认识，这是抓住了审美的一条主要线索。"[③] 想象造成虚拟当然包含着对既成现实的改变；它不仅仅是对既有现实的模仿和认识，而有着更多可能的新内容和新意义。正如杜威在讨论"艺术是游戏"的观点时所指出的，"艺术的自发性并非与任何事物相对，而表示完全专注于一种有秩序的发展。这种专注是审美经验的特征"。于是审美经验和艺术的进取的和理想的意义就由此生成。

作为实用主义者的杜威随时都是一个清醒的现实主义者。他说："艺术是生产，而此生产只是通过必须按照它自身可能性处理与规范的客观材

[①] 杜威：《艺术即经验》，第 304-305 页。
[②] 杜威：《艺术即经验》，第 305 页。
[③] 杜威：《艺术即经验》，第 305-306 页。

料才能实现这个事实,似乎是无可质疑的。"① 理想不能总是理想,生成性的进取欲望必须成为现实,新经验与原有经验的连续性不能任意打断,因此,真正的审美经验不能总是处于虚拟状态,而应该在作为有机体的人与环境的实际关系中生成,始终保持其在自然和生活中的连续性。杜威说的理想是植根于自然和世界的连续性和自我生成性的。正因为如此,他在论及浪漫主义时才明确地说:"确实,由于所有的审美经验都是想象性的,想象性可提升到,却不变得过分和古怪的强烈性程度仅仅是有所作为的行动决定的,而不是为古典主义的先验规则所决定的。"② 比起那种把理想与现实决然对立和抽象化以及把想象完全主观任意化的观点,杜威的这一思想无疑非常深刻,具有十分重要的实践意义。

四、艺术作品的创作是对审美经验的具有表现意义的再现

杜威说"艺术即经验"或"艺术作为经验",应该说实际上包含了两层意思:一是说艺术源于审美经验,没有审美经验就没有艺术;二是说艺术的功用或用处就是要引起审美经验。在这两层意义上艺术都离不开审美经验。在此,为了论述方便,下文把艺术得以生成的审美经验称为"前艺术审美经验"。

前艺术审美经验的主体与客体即有机体与环境的相互作用和融合的性质,决定了艺术品中主客体关系的性质。因此,"哲学上所区分的'主体'与'对象'(用更为直接的语言来说,就是有机体与环境)两者之间的彻底的结合,是每一件艺术作品都具有的特征。这种结合的完善性是其审美地位的尺度"③。但是,这种主客体的彻底融合还只是生成了艺术作品的材料,要使其成为艺术品,还必须将其物态化和客体化。

在杜威看来,审美经验的生成需要有一个对象和客体。他强调指出:"没有一个对象,就没有审美经验,而要使一个对象成为审美欣赏的质

---

① 杜威:《艺术即经验》,第311页。
② 杜威:《艺术即经验》,第314页。
③ 杜威:《艺术即经验》,第308页。

料，它就必须满足那些客观的条件，没有那些条件，积累、保存、加强，并过渡到某种更为完善的状况，就是不可能的。"这就是说，审美的对象必须具有审美的形式。而"审美形式的一般条件是客体性，意思是，它属于物理的物质与能量的世界：尽管这不是审美经验的充分条件，却是它的必要条件"①。前艺术审美经验只有客体化了，成为"物理的物质与能量的世界"的存在，才可能成为艺术作品，成为引发审美经验的对象。

杜威在论及"各门艺术的不同实质"时说："审美经验最根本的东西——即知觉性。"他指出，不能把物质产品与审美对象相混淆，因为"只有后者才被知觉到"。②审美经验要被知觉到，就必须具有相应的物质媒介形式，而且这个形式要具有审美的表现性。

杜威在论述审美经验和艺术的虚拟性时，认为不能简单地把艺术看成虚拟的和幻觉的。他说："艺术的虚拟或幻觉理论的错误并非开始于缺乏建构审美经验理论的成分。它的虚假之处在于，在将一个要素孤立起来之时，公开或暗地里否定了其他同样重要的要素。不管适合于一件艺术作品的材料是如何具有想象性，它来自于一种幻想状态，只有在它有秩序与组织之时，才成为一件艺术品的质料，并且只有在目的控制材料的选择与发展时，才产生这种效果。"③这段话的意思是，尽管审美经验具有想象性，因而具有虚拟和幻想的特征，但是它要成为艺术作品就必须在目的的控制下对材料加以选择与发展，使之具有秩序和组织，从而获得合适的表现形态。只有这样，审美经验中的目的及其价值才能实现，由此形成的艺术作品才能具有引发相应的审美经验的效果。这说明，尽管审美经验因为想象而具有虚拟性，但是它必须经过对材料的符合目的的选择和组织才能成为艺术作品。这也就是说，艺术作品作为审美经验的物态化表现，同时就是激发审美经验的中介（媒介）。作为这个中介，它不能仍然是虚拟的。前艺术审美经验还只是一种"想法"，"只有在想法不再处于漂浮状态，而体现在一个对象上，并且，经验到艺术品的人除非在将自己沉浸在无关的

---

① 杜威：《艺术即经验》，第163页。
② 杜威：《艺术即经验》，第242-243页。
③ 杜威：《艺术即经验》，第306页。

幻想中的同时还将自己的意象和情感与对象联系在一起，这种联系达到与对象融为一体的程度，一件审美的产品才会出现。单单是由对象所产生是远远不够的：为了成为对象的一个经验，这些想法必须渗透其性质。渗透意味着完全沉浸在对象的性质与它所激起的情感之中，以致没有单独的存在"[①]。他以马蒂斯的《生之愉悦》之类绘画作品为例，说尽管产生这样的作品的经验是高度想象性的，但是这种"想象性的材料并不会，也不能保持梦幻性"。"要成为一件艺术品，它必须根据作为一个表现媒介的色彩来构思。浮动的意象与舞蹈的感觉必须被翻译成空间、线条和光与色分布的节奏。"他还进一步强调："对象，作为得到表现的材料，不仅仅是所实现的目的，而且，它作为对象，从一开始就是目的。"[②]这里说的对象，就是表现审美经验的作品，它作为艺术创造的目的是贯穿始终的，艺术作品即这个目的的实现。也就是说，审美经验必须通过物质媒介的审美特性直接地表现出来。在这里，媒介、形式和作为内容的审美经验高度融合。

值得注意的是，杜威把艺术作品对审美经验的表现称为"具有表现意义的再现"，认为"这种具有表现意义的再现包含了任何可能的审美经验的所有性质与价值"。[③] 在这个意义上，杜威认为各门艺术都是"具有表现意义的再现"。谈到亚里士多德对艺术门类的划分时，杜威说："他将摹仿的概念理解得更为宽泛，更有智慧。于是，他宣布音乐是所有艺术门类中最具再现性的艺术。""他并不是愚蠢的认为音乐再现了啁啾鸟鸣、哞哞牛唤，或汩汩溪唱。他的意思是，音乐通过声音重现了感情和情感印象"。[④] 这里不是把"再现"这个术语理解为对自然的形式的摹仿和复制。同音乐一样，建筑也通常被视为表现的艺术。建筑确实有表现，但是，"如果一座建筑物不使用与再现自然的重力、压力、推力等能量，那这座

[①] 杜威：《艺术即经验》，第306-307页。
[②] 杜威：《艺术即经验》，第307页。
[③] 杜威：《艺术即经验》，第246页。
[④] 杜威：《艺术即经验》，第245页。

建筑又是什么呢"①。这可以说是对自然和生命的各种类型的力及其张力结构的再现,是对使事物具有审美性质的节奏的再现;因此建筑被称为"凝固的音乐"。正是凭了这种再现,艺术作品的形式及其节奏才有所表现,才可能具有审美的性质和意义。在这里,杜威实际上又一次重申了节奏对于艺术的本源性意义。

以上,我们从四个方面考察了杜威的审美经验论的生态思维成果。舒斯特曼在接受中国学者的访谈时说:"实用主义美学最重视的就是审美经验。我所说的审美经验的终结,只是西方现代美学中所界定的那种作为无利害的静观的经验的终结,这种审美经验通常被认为是由高级艺术引发的。我认为这是一种伪审美经验。终结这种审美经验的目的,是为了唤起真正的审美经验。"②杜威所唤起的就是这种"真正的审美经验"。本文对杜威的审美经验论的梳理和阐释还只是初步的,要更充分地展示出它的精辟内涵和美妙神韵,还需要对杜威哲学有更加全面而深入的研究。

(《社会科学研究》2013年第2期,与艾莲合著;后收入由中国社会科学出版社2018年出版的《杜威经验论美学的生态精神研究》,为第四章)

---

① 杜威:《艺术即经验》,第246页。
② 彭锋:《新实用主义美学的新视野:访舒斯特曼教授》,《哲学动态》,2008年第1期。

节奏揭秘：
杜威艺术审美本体特性论的生态内涵

对艺术审美本体特性的深入而独到的揭示和论述是杜威的《艺术即经验》的核心内容。他从人作为有机体与环境的相互作用这一生态主题出发，揭示出"一个经验"所具有的审美意义和价值，并进而对形式的表现性做出独特的阐释，最后在自然和生命的节奏中寻求到艺术之美的深层动力，从而解开了美和审美对于人类文明的生态功能之谜。这一切，都显示了鲜明而深厚的生态性质——既体现了生态思维的清晰思路，又包蕴了生态美学的深刻内涵。杜威把自己的"经验的自然主义"哲学又称为"自然主义的人道主义"，正好表达了把科学性与人文性统一起来的意向，其基本精神与早年马克思把人道主义与自然主义相统一的哲学理想颇为相通。杜威的《艺术即经验》出版于1934年，距今已经84年之遥，可惜的是，正如有论者所指出的，这一切却一直没有受到注意和重视。即使是美国当代著名美学家舒斯特曼出版于1992年并于2000年再版的《实用主义美学》，也未将其置于自己的视野之内。在实用主义哲学经历了漫长的冷落和漠视之后重新受到重视的今天，杜威美学中对于艺术审美本体特性的这些精辟论述，特别是其中所具有的生态内涵，也理应受到充分的重视。毫无疑义，杜威的这些美学成果必将为建构人本生态美学这一科学性与人文性高度统一的新美学形态提供难得的思想资源。

一、生成性作为"一个经验"具有审美性质的生态基础

从有机体与环境相互作用生成的经验出发探究艺术的审美本质,从源头上注定了杜威美学的生态思维的路向,因为生物与其环境的关系正是现代生态学所面对的中心问题。在《经验与自然》中论及他所说的经验时,杜威特别指出了与其他经验论不同的情况:"自然与经验还在另一种关联中和谐地存在在一起,即在这种关联中,经验乃是达到自然、揭露自然秘密的一种而且是唯一的一种方法,并且在这种关联中,经验所揭露的自然……有得以深化、丰富化,并指导着经验进一步地发展。"[①]因此,"经验既是关于自然的,也是发生在自然以内的(experience is of as well as in nature)。被经验到的并不是经验而是自然——岩石、树木、动物、疾病、健康、温度、电力等等。在一定方式之下相互作用的许多事物就是经验,它们就又是被经验的东西。当它们以另一些方式和另一种自然对象——人的机体——相联系时,它们就又是事物如何被经验到的方式。因此,经验到达了自然的内部,它具有了深度。它也有宽度而且扩张到一个有无限伸缩性的范围"[②]。他又说:"经验是这样一类发生的事情,它深入于自然而且通过它而无限制地扩张。"[③]这些关于经验的论述,一再强调经验与自然的密切关系,它既在自然之内,也是关于自然的;它深入自然并且无限扩展;它是作为人的环境的自然与本来就是自然的人的机体相互作用而生成的事象;一句话,这经验本身就是自然的。像这样从包括人在内的自然的宏观视域来看待经验,在哲学史上是不曾有过的。难怪杜威把自己的哲学称为"经验的自然主义"。杜威关于艺术审美本体特性的观点就是植根于这个具有自然生态内涵的母体之内的。

在杜威的哲学中,经验是人作为"活的生物"与环境相互作用而生

[①] 杜威:《经验与自然》,第1页。
[②] 杜威:《经验与自然》,第3页。
[③] 杜威:《经验与自然》,第3-4页。

成的一个能动性的生命事象。他说:"生命是在一个环境中进行的,不仅仅是在其中,而且是由于它,并与它相互作用。"① 这就是说,人的生命在环境之中,这并不只是一个空间性的事实,而是一个共存互动的生命关联——人要依存于环境,要通过自己的行动去适应和利用环境,而环境也要反作用于人,在两者相互作用中形成包括"做"与"受"的经验。"经验是有机体与环境相互作用的结果、符号与回报,当这种相互作用达到极致时,就转化为参与和交流。"② "一个经验是一个有机的自我与世界的持续性与累积性相互作用的产物,人们几乎可以将经验称为是这种相互作用的副产品。"③ 杜威反复从有机体与环境的相互作用角度去揭示经验的生态根源和生态本质。

在杜威的心目中,经验是人对于环境的积极能动活动的产物。他这样描述他所说的经验:"经验在处于它是经验的程度之时,生命力得到了提高。不是表示封闭在个人自己的感受与感觉之中,而是表示积极而活跃的与世界的交流;其极致是表示自我与客体和事件的世界的完全相互渗透。不是表示服从于任意而无序的变化,而是向我们提供一种唯一的稳定性,它不是停滞,而是有节奏的,发展着的。由于经验是有机体在一个物的世界中斗争与成就的实现,它是艺术的萌芽。甚至最初步的形式中,它也包含着作为审美经验的令人愉快的知觉的允诺。"④ 在这个描述中,真正的经验即表现了生命的生态能动性的经验,是生命力的积极表现和提升,是生命体与环境之间的相互渗透,是对生命更新秩序的建构,是生命追求的实现,它以其节奏表现了生命的生长即生成性本质。正是经验中包含的这种生命精神,使之成为艺术的萌芽。也就是说,艺术的审美性质就存在于经验所体现的生命的生成性之中。对此,亚历山大·托马斯曾说:"除非记住经验生长(experience grow),而且在生长中呈现出意义(meaning)这一基本学说,否则便无法理解杜威的思想,尤其是无法理解他审美意义

---

① 杜威:《艺术即经验》,第12页。
② 杜威:《艺术即经验》,第22页。
③ 杜威:《艺术即经验》,第245页。
④ 杜威:《艺术即经验》,第19页。

理论中的任何思想。"① 这个说法是很中肯的。

　　但是，经验中可以有审美的意义，然而并非任何经验就已经是艺术，在杜威看来，只有他称之为"一个经验"的经验才能成为艺术。所谓"一个经验"与日常的零散的经验不同，"我们在所经验到的物质走完其历程而达到完满时，就拥有了一个经验"。"这一个经验是一个整体，其中带着它自身的个性化的性质以及自我满足。这是一个经验。"② 这就是说，区别于一般经验，"一个经验"具有完整性、个性和自足性，由于这些特征，它也就能够更为充分而生动地表现出自然和宇宙整体的生成性，因而也更加鲜明地呈现出生命进取过程的节奏；因而，过程性也是"一个经验"的重要特征，并且完整性、个性化、自足性以及节奏都是融于过程之中。这种在过程中实现的完满性又是由情感凝铸而成。"情感是运动和粘合的力量。它选择适合的东西，再将所选来的东西涂上自己的颜色，因而赋予外表上完全不同的材料一个质的统一。"③ 也就是说经验因情感性而具有突出的审美性质。因此，完满性、过程性和情感性这些特征就是"一个经验"具有审美性质的最重要的原因。

　　在阐释"一个经验"的特征时，杜威强调了经验从开端到结尾"不间断地进行和流动"的"历史"，这样"持续的整体由于其相连的、强调其多种色彩的阶段而被多样化"。而由于多样的个性化的部分在连续的韵律性运动中的经验又具有自身的整体的性质，这种性质不是这些不同特征的总合，而是超越了各部分自有的特征。于是，这样的"经验本身具有令人满意的情感性质，因为它拥有内在的、通过有规则和有组织的运动而实现的完整性和完满性"④。这就正如亚历山大·托马斯所阐释的："当经验变成审美的，不管我们做的是什么，这种把它识别为一个整体的、连续的和有意义的普遍性质就会鲜明地存在。"⑤

---

① 亚历山大·托马斯：《杜威的艺术、经验与自然理论》，第 94 页。
② 杜威：《艺术即经验》，第 37 页。
③ 杜威：《艺术即经验》，第 44-45 页。
④ 杜威：《艺术即经验》，第 35-40 页。
⑤ 亚历山大·托马斯：《杜威的艺术、经验与自然理论》，第 32 页。

在杜威的思路中,"一个经验"的生成归根到底还是在于生命体的生态本性。他在论述各种各样的经验的"共同模式"时说:"存在着一些必须符合的条件,没有它们,一个经验就不能形成。这种共同模式的主要原则是由这样的一个事实所决定的,即每一个经验都是一个活的生物与他生活在其中的世界的某个方面的相互作用的结果。""两者的相互作用构成所具有的总体经验,而使之完满的结局是一种感受到的和谐的建立。"①这就是说,"一个经验"的审美性质既然是在人与环境的相互作用这种生态互动中产生,其"结局"即最终目标则应是实现人与环境相互关系的生态和谐。这种相互作用所造成的和谐,是"活的生物"的积极的生成性生命本质造成的,用杜威的话说乃是"做"(行动)与"受"(承受、感受)在变换中组成的一种关系。无疑,这样的"一个经验"必然是积极的实践活动和深入的身心体验的结果。笔者曾将生态价值概括为"生、和、合、进"四个层次,这四个层次乃是世界和生命生态的生成性本质的基本内涵。杜威对"一个经验"的审美性质的阐发无疑较为全面地体现了这些内涵的基本精神。正是由于"一个经验"具有这样的意义和价值,才可能像亚历山大·托马斯所指出的,"对于杜威来说,经验的审美阶段或艺术阶段标志着意识的最高表现"②,"在一个经验中,我们真正栖居在世界中,居住在世界里,并且在其意义中挪用了世界。人类对于意义与价值的冲动显在地实现了"③。

对于经验的意义,杜威是从自然界中有机体的整体性质即现代系统论所谓系统质的角度来认识的。他说在经验中的事物的性质"就已不再是一些孤立的细节。它们已经获得了包含在许多相关对象的一个完整体系中的意义;它们已变成与自然界其他的东西相连续的了,而且已经具有了它们现在被视为与之相连续的这些事物所具有的意义"④。这就是说,经验的审美性质,乃是形成经验的事物构成的有机整体所赋予的,这是因为处在

---

① 杜威:《艺术即经验》,第47页。
② 亚历山大·托马斯:《杜威的艺术、经验与自然理论》,第204页。
③ 亚历山大·托马斯:《杜威的艺术、经验与自然理论》,第10页。
④ 杜威:《经验与自然》,第6页。

这个整体体系中的任何事物都在与其他事物及其整体的相互影响之中。在杜威看来，这个整体将可以扩展到整个自然界和宇宙，从而把自然界和宇宙所具有的不断自我生成的生命精神表现出来。而这种生成性正是自然生态系统的本性和生命所在。

二、艺术审美形式及其表现性在经验中形成的生态内涵

"一个经验"作为艺术，形式至为重要。杜威说："各部分间相互适应以构成一个整体所形成的关系，从形式上说，是一件艺术作品的特征。"艺术要服务于生活，"如果没有以独特的方式将各部分联系在一道形成一个审美的对象，这种服务就是不可能的"①。显然，正是形式使经验成为审美的对象。

对于艺术的形式所具有的生态内涵，杜威也有深刻的见解。他说："总之，艺术以其形式所结合的正是做与受，即能量的出与进的关系，这使得一个经验成为一个经验。"②犹如压酒器压榨出汁一样，在做与受的互动中形成的"一个经验"就成了一个"表现性对象"，即它自身就具有表现性。这不是"再现"或表现了别的东西，而是在经验中生产出来的。"表现，正像构造一样，既表示一个行动，也表示它的结果。"这里没有个体与普遍、主观与客观、自由与秩序的对立，"作为个人动作的表现与作为客观结果的表现是有机地联系在一起的"③。他以绘画为例，说画家的画面上某些线条和色彩之所以"凝结在此和谐而非彼和谐之上"，"这种特别的和谐方式并非专门是线条和色彩的结果，而是实际地静观在与主事者带入的东西相互作用后产生的应变量。某种微妙的与他作为一个活的生物的经验之流间的密切关系使得线条与色彩将自身安排成一种模式和节奏而不同于另一种"④。线条和色彩的特殊模式和节奏表现出特殊的情感

---

① 杜威：《艺术即经验》，第149页。
② 杜威：《艺术即经验》，第51页。
③ 杜威：《艺术即经验》，第88-89页。
④ 杜威：《艺术即经验》，第94页。

内涵，而具有特殊的审美意义。可以说，这些具有特殊模式和节奏的线条和色彩，只不过是画家全身心投入所获得的经验中的感情的自然流露，从而是在经验中活动着的心灵的肉身化外显。杜威在这里解开了艺术及其形式在经验中生成的生态真相。

杜威充分重视形式之于艺术的重要意义。"不管艺术作品沿着哪条道路，正是由于它具有完全而强烈的经验，它使日常世界中的经验保持充分的活力。它通过将那种经验的原始材料化约为通过形式安排过的质料来达到这一点。"① 这是说形式通过对质料的安排而成为具有活力的整体。他又说："拥有形式，指的是这样的意思：它标示出一种构想、感受与呈现所经验的材料的方式，从而使之在那些比起具有原创性的创造者来说有着较少的天才的人那里，能够从这些材料更容易、更有效地构筑充分的经验。"② 这说的是艺术通过形式对原始材料进行组织和建构，把经验加以提炼和强化，使之更加鲜明和强烈，以便人们更容易感受。

杜威明确反对流行的把内容（质料）和形式分割开来的观念，指出艺术的意义就在对其形式的直接知觉之中。在这里，意义并不是外在于形式而仅仅把形式当作容器的东西，而是在形式中直接表现出来的，可以说形式就是意义，形式决定意义，而没有离开形式而单独存在的意义。杜威又说："质料的奥秘在于，在一个场合中是形式，在另一个场合中却是质料，反过来也是如此。"③ 在论述"形式的自然史"时，他说："形式是每个作为一个经验存在的经验的特征。取其特定意义的艺术更为有目的而完全地形成产生这种整一效果的条件。那么，形式可以被定义为负载着对事件、对象、景色与处境的经验的力量的运作达到其自身的完满实现。因此，形式与实质的联系是内在固有的，而不是从外部强加的。它标志着一个达到其完满实现的经验的质料。"④ 斯蒂文·洛克菲勒对此阐释说："通常被称为具有审美特征的对象，是由于其直接的特征本身而被重视，而不

---

① 杜威：《艺术即经验》，第147页。
② 杜威：《艺术即经验》，第119页。
③ 杜威：《艺术即经验》，第40页。
④ 杜威：《艺术即经验》，第151页。

是由于其工具性价值,即由于其作为某种其他经验的手段。"①这种直接性确实是审美的重要特征。钱锺书说喻理的形象是"指示意义之符",而诗的形象则是"体示意义之迹",讲的就是这个道理。

形式的表现性的直接性决定了艺术中媒介选择的重要性。艺术的表现需要媒介。"每一门艺术都有自己的媒介,而这种媒介特别适合于某一种交流。每一种媒介都表述某种用任何其他的方式都不能这么好,这么完整地表达的东西。""实际上,每一种艺术都有自己的语言方式,不能在用另一种语言传达其意义时还保持原样。"②艺术品的意义存在于其形式之中,是通过它的形式表现出来并为人所感知的。因此"问一位艺术家他的作品的'真正的'意义是什么,是荒谬的"③。杜威明确指出:"除了在思维之中之外,不可能在形式与实质之间做出区分。作品本身是被形式改造成审美实质的质料。"他甚至以拳击和高尔夫球运动为例,说明真正臻于艺术境界的动作中,怎样做和做什么是没有区分的,而"只有方式与质料、形式与实质的完美结合"。④

三、表现与能量融于一体的节奏是艺术的共同模式

斯蒂文·洛克菲勒在评述杜威的哲学思想时指出:"杜威的自然主义的形而上学中最根本性的观点是,宇宙中的每一种事物,都具有过程性和变化性。在他看来,这是进化论的最为基本的意义。和柏格森、詹姆斯和怀特海一样,杜威是一位过程哲学家。他认为实在与'生成'一致,而不是与'是'(某种停滞的或固定的东西)相一致。"⑤杜威的艺术形式论中也体现了这种过程哲学的精神,强调了其生成性的内涵。那么,对于艺

---

① 斯蒂文·洛克菲勒:《杜威:宗教信仰与民主人本主义》,赵秀福译,北京大学出版社,2010年版,第405页。
② 杜威:《艺术即经验》,第115页。
③ 杜威:《艺术即经验》,第118页。
④ 杜威:《艺术即经验》,第119页。
⑤ 斯蒂文·洛克菲勒:《杜威:宗教信仰与民主人本主义》,第394页。

术来说，这个生成性的过程是怎样在形式上得以实现的呢？杜威认为这是由于自然和世界本来就存在的节奏。在他看来，节奏对经验特别是"一个经验"的审美性质的重要性"怎么说都不为过"，因为节奏是一切艺术的前提。

在对艺术的审美性质的考察中，对节奏的关注贯穿杜威思维的始终。由于经验是活的生物与环境的相互作用的产物，它作为生命活动的生成性过程就必然具有节奏。"节奏状态在一切观察和观念中普遍存在"①。但是，在日常经验中，人们并不直接感知和注意节奏，而在艺术中节奏则成了艺术形式的必要条件。

在论述"一个经验"的生长过程时，杜威就说："经验过程就像呼吸一样，是一个取入与给出的节奏性运动。"他还谈到了节奏使经验成为整体的作用。②他认为"审美性质的一般条件是客体性，意思是，它属于物理的物质与能量的世界"，进而就提出了"什么是那些深深地扎根于世界本身之中的艺术形式的形式方面的条件"的问题。从有机体与周围环境的相互作用这一根本的生命事实出发，他的回答是："我们周围世界使艺术形式的存在成为可能的第一个特征就是节奏。在诗歌、绘画、建筑和音乐存在之前，在自然中就有节奏。如果不是这样的话，作为形式的一个基本特征的节奏就将会仅仅是添加在材料上的东西，而不是材料在经验中想着自身的顶点发展的运动。"③他在这里不仅指出了节奏是艺术形式的"第一个特征"，同时也指出了它的自然根源。他说："人对自然节奏的参与构成了一种伙伴关系，就要比为了知识的目的而对它们的观察都要亲密得多，这迟早会引导人将这种节奏强加到尚未出现的变化上。"比如在原始的舞蹈和绘画中通过对节奏的强调而使"动物生命最根本的本质得以实现"④。由于节奏的适应与和谐，"仿佛自然赋予它自然王国中的自由

---

① 杜威：《经验与自然》，第253页。
② 杜威：《艺术即经验》，第60-61页。
③ 杜威：《艺术即经验》，第163页。
④ 杜威：《艺术即经验》，第164页。

一样"①。个体生命还可借此扩展到宇宙,使自己好像生活在宇宙的整体之中,从而产生对宇宙的一种神秘的归属感②,达到一种"天人合一"的境界。

杜威说:"因为节奏是一个普遍的存在模式,出现在所有的变化之秩序的实现之中,所以所有的艺术门类:文学、音乐、造型艺术、建筑、舞蹈,等等,都具有节奏。"这个"共同模式"成了艺术的"形式的最终条件"。"在每一类艺术和每一件艺术作品的节奏之下,作为无意识深处的根基,存在着获得生物与其环境间关系的基本模式。"③这一段论述包含了十分丰富而重要的内容:第一,"节奏是一个普遍的存在模式,出现在所有的变化之秩序的实现之中";第二,所有的艺术门类都具有节奏;第三,对节奏的感知是无意识深处的根基;第四,由此可以获得生物与其环境间关系的基本模式。这就把节奏对于生命和艺术形式的重要性都深刻地揭示出来了。亚历山大·托马斯认为,"生活的有节奏的律动是我们世界中意义和价值的经验之基地"乃是杜威得出的一个深刻而广泛的结论。④这个判断是有道理的。

节奏作为显示变化运动的形式,具有重要的表现性,特别是情感的表现性,这无疑是它之所以具有审美功能的重要原因。除此之外,杜威还着重论述了节奏通过能量组织的动力作用促进有机体的生长和生成以实现生命目的的功能。笔者以为这是杜威美学中最为灿烂的亮点之一。

杜威认为:"一部艺术作品是能量的一个组织。"⑤"真正的艺术作品是由来自一种有机体与环境的状况与能量的相互作用的整体经验的建构。"⑥在表达自己对多样性的统一这样一个关于自然与艺术中的美的公式的含义时,他说:"只有在这些术语被理解为与能量的一种关系有关

---

① 杜威:《艺术即经验》,第165页。
② 杜威:《艺术即经验》,第15页。
③ 杜威:《艺术即经验》,第166页。
④ 拉里·希克曼:《阅读杜威:为后现代做的阐释》,徐陶等译,北京大学出版社,2010年版,第27页。
⑤ 杜威:《艺术即经验》,第211页。
⑥ 杜威:《艺术即经验》,第69页。

时，这个公式才有意义。如果不存在着独特的区分，就没有圆满，也没有多个部分。但是，只有当区别依赖于相互的阻抗力，例如乐句的丰富性之时，它们才具有审美的性质。只有在阻抗力通过对立的能量合作性相互作用发展，从而产生休止之时，才存在着统一。"①为此，他专门写了以"能量的组织"为题的一章来阐释他的观点。

与美学家们普遍只看到形式及其节奏的表现性不同，杜威在肯定其表现性的同时还极为重视节奏中的能量及其对能量的组织作用。在杜威看来，正是因为这种能量的组织才使经验得以成为艺术品。他说："事物进入经验本身是复杂的相互作用的开端；最后经验到的事物的特征依赖于这种相互作用的性质。当对象的结构以其力量令人愉快地（但不是轻易地）与从经验本身迸发出的能量相互作用时，当它们之间相互的结合与对抗共同起作用，产生一种累积性的，并肯定地（但并非过分稳定地）朝向冲动与张力实现的发展时，就有了一件艺术品。"②他从人作为"活的生物"既渴望秩序也渴望变异和多样性的生命要求出发，以音乐中的恢复和休止为例论述了节奏和韵律的动力作用。同时，他还从知觉的心理过程这一角度来说明这种动力作用的进行过程在主体上的原因。他说审美知觉"伴随着，或者更确切地说是组成一个能量在其纯粹的形式时的能量的释放；这正如我们所见到的，是组织起来的，因此是节奏性的"③。他还说："艺术通过选择事物中的潜能来运作，而正是由于这种潜能，一个经验——任何经验——才具有意义与价值。""秩序、节奏与平衡就是意味着对于经验重要的能量在起着最大的作用。"④杜威说："审美经验的仅有而独特的特征正在于，没有自我与对象的区分存乎其间，说它是审美的，正是就有机体与环境相互合作以构成一种经验的程度而言，在其中，两者各自消失，完全结合在一起。"⑤应该说正是凭借节奏的能量组织作用，才可能

---

① 杜威：《艺术即经验》，第178页。
② 杜威：《艺术即经验》，第179页。
③ 杜威：《艺术即经验》，第196页。
④ 杜威：《艺术即经验》，第204页。
⑤ 杜威：《艺术即经验》，第277页。

有审美中这种物我交融合一的效果，也才可能通过能量组织来改变有机体的生命质量。

亚历山大·托马斯从"审美经验的生态动力学"的角度评述杜威的形式观念，说"我们的身体自身与世界所建立的重要和谐在各方面都是具有张力的。这就是形式（form）一词的有机体根源。形式不是静态的、理智的结构或者固定存在物的藏匿之处，而是由于与环境的不确定能力发生关涉而获得的行动的暂时恢复。形式是来源于行动和遭受的'重构'，它包含成长和连续性的建立"①。可惜他没有看到形式的动力性与节奏之间的密切关系，而所谓"成长和连续性"恰恰就是在节奏对能量的组织中实现的。

杜威在比较"虚拟"理论与"摹仿"说时说："虚拟理论与种种将艺术定义为'摹仿'的理论不同，不将与此相伴的快感堪称是来自认识，这是抓住了审美的一条真正线索。"而他对节奏的动力性的深刻揭示正是这样"抓住了审美的一条真正线索"②，从而与流行的认识论美学划清了界线，因为审美快感的特殊奥秘就是在节奏的动力性之中。由于节奏（广义地可称之为"节律"）具有进行能量组织的动力作用，才使审美主体与审美对象之间发生"节律感应"，而最终达到主客交融、物我同一的境界。通过节奏这个特性，杜威为认识论的艺术本性和审美本性观念划清了界线。

在笔者看来，杜威的节奏论，特别是他关于节奏的动力性的理论，解释了包括艺术在内的审美活动的生态本性。节奏互动是物物之间、天人之间、心物之间进行信息和能量交换以互动共生的极其重要的生态活动方式。通过节奏互动的"节律感应"，有机体得以直觉地认知自己与环境的关系，及时获得生态反馈并加以应对，进行生态调节。生态系统的自组织生成运动，就是在这种节奏互动即"节律感应"中来实现的。这是任何生态系统都不可或缺的生态认知和调节方式，而且越是高级复杂的生态系统对于这种生态活动方式的依赖就越强。达尔文揭示的动物美感通过对性选

---

① 杜威：《艺术即经验》，第306页。
② 拉里·希克曼：《阅读杜威：为后现代做的阐释》，第25页。

择的作用而促进生物进化以致人类生成的事实，充分说明了这一生态关联方式对于包括人类在内的自然界的生态生成所具有的重要意义。应该说，作为包括人在内的有机体的生态本性所在的节奏动力性，正是审美活动本体特性这个真正的"美学之谜"的谜底所在，这个谜底的破解也正是审美活动生态本性的昭然敞亮。

杜威对节奏的动力性的论述使人想起中国传统美学中的"气韵"说和"感兴"说。基于"气"论的中国美学，特别重视气的节律所具有的力、势和韵，由于节律的力、势、韵的作用，艺术的形式才不仅显出生气和意态，而且能够借节律感应的机制激发和引导主体的生命节律。这个感应的过程，就是节律发挥其能量组织作用的过程，其结果就是主体身心节律的感奋。所谓"兴"就是指的这个过程及其结果。深谙中国传统艺术奥秘的林语堂可能正是受了杜威的节奏论的启发，在他写于美国的著作中不止一处指出节奏对于艺术的关键性意义，并且特别以中国的书法艺术为例证。杜威的节奏论与中国传统美学的"气韵"说相融通，这对于深刻认识审美活动的生态本性并在此基础上建构人本生态美学的基本学理，推动美学学理的深层创新，具有极其重要的理论意义。

（《四川师范大学学报》社会科学版2011年第2期，与艾莲合著；后收入由中国社会科学出版社2018年出版的《杜威经验论美学的生态精神研究》，为第五章）

作为自然界的自我意识的人本生态观及其美学

晚年的恩格斯以对马克思早年的大自然观的阐述,充实和发展了马克思的唯物史观。他在概述自然界的自我生成过程时指出:"从最初的动物中,主要由于进一步的分化而发展出了动物的无数的纲、目、科、属、种,最后发展出神经系统获得充分发展的那种形态,即脊椎动物的形态,而在这些脊椎动物中,最后又发展出这样一种脊椎动物,在它身上自然界获得了自我意识,这就是人。"[①] 这就是说,自然界经过漫长的自我生成之路生成了人,才在人的身上达到了自我意识。说自然界在人身上获得了自我意识,这无疑是古老的"人为万物之灵"的观点的最深刻也最科学的解读,从而在意识和精神的层面上揭示了人与自然界之间的关系,也更加深刻地说明了人及其大脑和意识在自然界中的地位。恩格斯说:"正如辩证的自然观使一切自然哲学都成为不必要和不可能的一样,现在无论在哪一个领域,都不再要从头脑中想出联系,而要从事实中发现联系了。"[②] 人类的生态意识,特别是马克思主义的

---

① 中共中央马克思恩格斯列宁斯大林著作编译局:《马克思恩格斯选集》第四卷,第273页。
② 中共中央马克思恩格斯列宁斯大林著作编译局:《马克思恩格斯选集》第四卷,第257页。

人本生态观，作为"自然界的自我意识"就是对自然界的生态规律的"发现"。由恩格斯在《自然辩证法》中阐述的这一重要观点，正是人本生态观中人本性与生态性有机融合的精髓，它使人本生态观登上了现代人类生态学和生态哲学所未曾企及的高度。从这一高度出发真切认识人及其意识，包括人在内的自然界中的本真地位，我们在自然界面前才会有发自内心的谦卑与敬畏，同时也才在自尊和自豪的同时充分意识到自己的生态责任。从这一思想高度出发来认识人本生态观的美学，也才能更加深入地理解和把握它的基本精神，那就是它的思维视域的整体性、本体存在的对象性、实践主体的全面性和自我超越的生成性。这些特质相互渗透和融合，贯穿其审美本体论、主体论、价值论、生成论、功能论和创造论等各个方面，并最后归结于自然性这个马克思和恩格斯最为倾心和看重的艺术原则。

一、思维视域的整体性：在"自然向人生成"的生态大系统中审视审美问题

整体性是生态思维最重要的观念和要求，而人本生态观的思维视域的整体性则是"自然界的自我意识"对自然—人生态系统存在的整体性的反映。早年的马克思和晚年的恩格斯的大自然观，即包含了人类在内的自然观，所展示的就是这样的理论视野和思维视域。同许多思想家把人与自然分离开来、对立起来，把人置于自然之外不同，马克思把人看作"自然界的一部分"，说"人是人的自然界"，"人直接地是自然存在物"，[①]还以"自然界生成为人"概括包括人类历史在内的自然史的总体规律，都体现了把人和自然界作为一个整体来考察和对待的视域。对人类所在的世界来说，这无疑是一个把有限与无限统一在一起的、具有终极性质的视域。这个视域不仅超越了人类，超越了地球，而且可以说超越了太阳系而跻及依然在无限扩展的宇宙。它可以容纳人类未来对这个世界认识的扩展，因而具有

[①] 中共中央马克思恩格斯列宁斯大林著作编译局：《马克思恩格斯全集》第四十二卷，第168、169页。

向存在的终极时空无限趋近的开放性。这样无比广袤的视域,在晚年恩格斯那里得到了更加具体的表达,他说自然界在人身上获得了自我意识,在精神与物质相统一的层次上解释了自然界的整体性的最重要和最高层级的品质。

马克思说人是自然界的一部分,同时又指出了人是自然界的生成物,人的内部自然与外部自然之间是对象性的关系,这就说明了这个"部分"与自然界"整体"之间的有机性质。正如恩格斯所说:"部分和整体在有机的自然界中已经是不够用的范畴了。种子的萌发——胚胎和生出来的动物,不能看做是从'整体'中分出来的'部分',这是错误的解释。只是尸体中才有部分。"[1] 这对于正确理解马克思说的"一部分"无疑是极其重要的说明。在恩格斯看来,人和自然乃是一体化的存在,它们不仅是肉体相连,而且是精神相通的整体性的生命存在。这既是历时的生成性联系,又是共时的现实生存联系。

这叫人想起美国生态批评家斯洛维克对"走出去思考"的沉思。他说的"走出去思考"是说的要走出书房,到自然中去吸取更加丰富清新的生命信息。[2] 这实际上说的就是要走进自然界去思考。走进自然界,既要"入"(把自己放到自然界之中),又要"出"(就是把人和自然界作为一个整体置于自己的视野之中)。在这个整体视域中思考,就必须时时处处不忘人和自然之间复杂而深邃的密切联系,在自然界中看到"自然界的人的本质",在人身上看到"人的自然界",真切体认包括人在内的自然界的整体中所氤氲的生命活力和生命秩序相交融的生命精神。只有放眼和运思于这样的整体视域,才能真正达到恩格斯说的"自然界的自我意识"的境界。达到这样的境界,就可以实现对个人及其自我意识的超越,对社会意识的超越,以至对人类的超越。

人本生态美学也理所当然是具有这样的整体视域的美学。第一,这种

---

[1] 中共中央马克思恩格斯列宁斯大林著作编译局:《马克思恩格斯选集》第四卷,第320页。
[2] 斯科特·斯洛维克:《走出去思考:入世、出世及生态批评的职责》,韦清琦译,北京大学出版社,2010年版。

美学在人与自然的整体关系中审视审美问题，比如考察审美活动的存在和生成，考察审美活动的生态功能，真正超越主客二分对立的观念，在过去只看到区分和对立的地方看到联系和过渡；第二，可以考察个别存在的美在这个整体中如何由于整体质的原因而被赋予丰富深远的生命意蕴，以至于表现出宏博而微妙的宇宙精神，审美活动中天人合一的境界才会自然生成并得到科学的解读；第三，可以在对审美本体特性的探寻中找到造成生态存在整体性的重要信息中介，那就是节律和"节律感应"，从而深入认识审美在世界生态整体运行和进化中的重要意义，同时也应加深对世界的生态整体运行机制的认识；第四，正是因为这个整体性，自然—人生态大系统具有的对象性、主体性、生成性和审美自然性的特质，才反映到审美活动之中并成为人本生态美学的重要特质。一句话，正是因为人本生态观具有这样的终极性的整体视域，人本生态美学才成为具有这种终极性视域的整体论美学。

二、本体存在的对象性：在事物生态的对象性关系中考察审美的本体存在

马克思在《巴黎手稿》中批判黑格尔的唯心主义时所阐述的对象性观念，对于认识事物的生态存在具有非常重要的意义。从根本上说，正是由于这种对象性关系的存在，人和自然才成了有机的整体。

马克思是在批判黑格尔唯心主义的对象化观念时着重阐述了他的对象性观点的。他说，一切感性的存在物都是对象性的存在物，"非对象性的存在物，是一种非现实的、非感性的，只是思想上的即只是虚构出来的存在物，是抽象的东西"[1]。又说："一个存在物如果在自身之外没有自己的自然界，就不是自然存在物，就不能参加自然界的生活。"[2] 对于人，

---

[1] 中共中央马克思恩格斯列宁斯大林著作编译局：《马克思恩格斯全集》第四十二卷，第169页。
[2] 中共中央马克思恩格斯列宁斯大林著作编译局：《马克思恩格斯全集》第四十二卷，第168页。

他进一步说："当现实的、有形体的,站在稳固的地球上呼吸着一切自然力的人通过自己的外化把自己现实的、对象性的本质力量设定为异己的对象时,这种设定并不是主体;他是对象性的本质力量的主体性,因而这些本质力量的活动也必须是对象性的活动。对象性的存在物客观地活动着,而只要它的本质规定中不包含对象性的东西,它就不能客观地活动。它之所以能创造或设定对象,只是因为它本身是被对象所设定的,因为它本身就是自然界。"①

正是由于这种对象性,事物与事物之间,人与自然界之间,才由于互为对象,即互相需要、互相表现和确证,而形成相互依存、互动共生,并相互影响而且共同影响自然大系统整体的生态格局。

马克思还不厌其详地进一步阐释道:"说人是肉体的、有自然了的、有生命的、现实的、感性的、对象性的存在物,这就等于说,人有现实的、感性的对象作为自己的本质即自己的生命表现的对象;或者说,人只有凭借现实的、感性的对象才能表现自己的生命。说一个东西是对象性的、自然的、感性的,这是说,在这个东西之外有对象、自然界、感觉;或者说它本身对于第三者说来是对象、自然界、感觉,这都是同一个意思。"这就犹如饥饿需要它之外的自然界、在它之外的对象。又好比"太阳是植物的对象,是植物所不可缺少的、确证它的生命的对象,正像植物是太阳的对象,是太阳的唤醒生命的力量的表现,是太阳的对象性的本质力量的表现一样"②。马克思正是以审美活动的构成来说明这种对象性关系,因此明确无误地揭示了审美活动也是一种对象性存在的基本性质。

在马克思看来,"对象如何对他说来成为他的对象,这取决于对象的性质亦即与之相适应的本质力量的性质;因为正是这种关系的规定性形成一种特殊的、现实的肯定方式"③。接下来他就以音乐审美为例来说明这

---

① 中共中央马克思恩格斯列宁斯大林著作编译局:《马克思恩格斯全集》第四十二卷,第167页。
② 中共中央马克思恩格斯列宁斯大林著作编译局:《马克思恩格斯全集》第四十二卷,第168页。
③ 中共中央马克思恩格斯列宁斯大林著作编译局:《马克思恩格斯全集》第四十二卷,第125页。

种对象性结构:"只有音乐才能激起人的音乐感,对于没有音乐感的耳朵说来,最美的音乐也毫无意义,不是对象。"① 英国艺术史家佩特说一切艺术都趋向于音乐,马克思以音乐欣赏为例说明审美活动的对象性结构,就恰好指出了一条认识审美本体特性的思路。顺着这条思路,自然就得出了节律和"节律感应"论的答案。这就是说,节律,在对象一方是节律形式,在主体一方是生命节律,由于二者的相互"对应"和"适应",就以节律为中介建立起了审美活动的对象性关系,使审美活动具有"节律感应"这种"特殊规定性",并因此成为人的一种特殊的享受方式。正是这种对象性的特殊规定性,赋予审美活动以其生态本性。

笔者曾经指出:"只有真正弄清了审美需要是怎么回事,一种具有生态文明意义的美学和文艺学才能真正建设起来。因此,这无疑应该是正在成为热点的'生态美学'所必须面对的第一个问题。"② 在对象性关系中存在着需要和功能的耦合。无论是审美需要还是审美活动的功能,都是植根于对象性的特殊规定性即"节律感应"之中的。审美需要是生命体体验和调节自身生命节律以享受、体认和优化生命存在状态的一种源于生物性的本能,因此"爱美是人的天性"。由对象性所决定,审美对象以其对一定生命意义和精神节律的表现来激发主体的感应,引起主体生命节律的相应变化,使主体的审美需要得到满足。马克思在评论欧仁·苏的《巴黎的秘密》论及玛丽花时说:"在大自然的怀抱中,资产阶级的锁链脱去了,玛丽花可以自由地表露自己固有的天性,因此她流露出如此蓬勃的生趣,如此丰富地感受亦即对大自然美的如此合乎人性的欣喜若狂。""太阳和花给她揭示了她自己的像太阳和花一样纯洁无瑕的天性。"③ 这不是明确指出了玛丽花欣赏大自然美时出自"天性"的对象性关系吗?

---

① 中共中央马克思恩格斯列宁斯大林著作编译局:《马克思恩格斯全集》第四十二卷,第125-126页。
② 曾永成:《回归实践论人类学——马克思主义文艺学新解读》,人民出版社,2005年版,第387页。
③ 中共中央马克思恩格斯列宁斯大林著作编译局:《马克思恩格斯全集》第二卷,人民出版社,1972年版,第215、217页。

从马克思主义的人本生态观的对象性思想出发，人本生态美学对时下争论不休的许多美学问题都能做出自己的更贴近事实真相的回答。第一，可以从对象性关系说明审美活动的特殊结构，对此，马克思已经说得很明白了。第二，可以从此出发进一步探究审美活动的对象性关系得以建立的本体特性，这就是笔者所说的节律形式和"节律感应"。第三，审美需要和审美功能的生命机制和相互耦合的生态内涵敞亮开来，对这个问题的阐释将成为审美理论的核心内容。第四，长期争执不休的美的存在及其形态、美与美感的关系等问题也都可以解决，事物的审美性质作为一种对象性的存在，乃是客观存在的，没有客观方面存在的这种特殊性质就不会有审美活动；这种性质（节律形式和"节律感应"）作为一种信息普遍存在于自然—人生态大系统的各个领域——物质世界、精神世界和物态化的精神世界；相对于主客体相互作用产生的美感，无论是物质的还是精神的美作为美感得以产生的前提条件之一，都具有不以美感为转移的客观性。第五，还值得注意的是，正是审美活动的对象性特征即节律和"节律感应"作为普遍中介，使自然—人生态系统成了一个审美的整体，并赋予个别事物以自然—宇宙大系统的整体气韵和生命精神。

三、主体精神的全面性：从实践的生态内涵揭示审美关系主体的全面性质

自笛卡儿以来，人的主体性就被片面化了，以致成为偏执的人类中心主义观念。马克思主义的人本生态观也肯定和高扬人的主体性，但这是植根于实践的主体性，是由实践的生态本性所决定的，建立在对象性—生态性基础上的具有全面内涵的主体性。

在谈到人直接是自然存在物时，马克思说："人作为自然的、肉体的、感性的、对象性的存在物，和动植物一样，是受动的、受制约的和受限制的存在物，也就是说，他的欲望的对象是作为不依赖于他的对象而存在于他之外的；但这些对象是他的需要的对象；是表现和确证他的本质力

量所不可缺少的、重要的对象。"①这就是说，人的主体性是受其对象性存在制约和限制的，而且正是因为有这种制约和限制，有这种受动性，人才在对这种受动性的超越中生成其能动的主体性。这正如马克思说的，"说一个东西是感性的，就是指它是受动的"。"因此，人作为对象性的、感性的存在物，是一个受动的存在物，因为他感到自己是受动的，所以是一个有激情的存在物。激情、热情是人强烈追求自己的对象的本质力量。"②显然，没有受动性就没有能动性，也不会有主体性。不受制约、没有限制的主体性是不可思议的，而只能是庄子说的那种全然"无所待"的"至人"，不过那只是幻想而已。

马克思还说："人不仅仅是自然存在物，而且是人的自然存在物，也就是说，是为自身而存在着的存在物，因而是类存在物。"③这就是说，通过实践从自然生成的人，逐渐能够把自己与外部自然区分开来，在意识中形成了自我意识，有了"为我"的意志。这样一来，人与自然界之间的对象性联系就上升为主体性的"关系"，自我意志逐渐成为主宰这种关系的基本尺度。随着近代工业的发展，原来在农业生产中还到处可见且时时都能感受到的人与自然界之间的对象性联系，被繁复的生产程序屏蔽起来，这种自我意识越来越膨胀，终于生成了抽象片面的人类中心主义观念。到了恩格斯，这种狭隘偏执的观念被纠正过来，他指出人应该是"自然界的自我意识"，而不能只是那个自外于自然界的狂妄主体的自我意识。从人与自然界之间的生态整体联系出发，人的自我意识必须实现自我超越，人的主体性也应该看作自然界的主体化的现实生成，主体化的自然，因而也是对人与自然界之间的整体联系和生成联系的自觉意识。从这种主体性反观实践，实践作为"自由自觉的活动"也是以同自然的对象性存在为基础的，是受这种对象性制约和限制的，因而是受动与能动的统一，是老子的

---

① 中共中央马克思恩格斯列宁斯大林著作编译局：《马克思恩格斯全集》第四十二卷，第167-168页。
② 中共中央马克思恩格斯列宁斯大林著作编译局：《马克思恩格斯全集》第四十二卷，第169页。
③ 中共中央马克思恩格斯列宁斯大林著作编译局：《马克思恩格斯全集》第四十二卷，第169页。

"反者道之动"中体现的作用与反作用的统一。这种植根于实践、以对象性为基础的主体性是全面的，它是受动与主动的统一，是为己和为类的统一，是为人与为自然的统一，还是目的（"为了人"）与工具（"通过人"）的统一，因而也是权利与责任的统一、价值主体与实践主体的统一。这样的主体性，要求人们充分尊重自然规律，真切把握自然—人大系统的生态规律，要求人们具有承担保护和推进生态优化的责任的高度自觉性和主动性，当然还要求人们具有履行生态责任的相应的能力——认识和掌握生态规律的能力，进一步则是进行有效的生态实践的能力。由于生态问题作为人类问题归根到底是人性的问题，因此这种主体性更要求人类本着对"类整体"和后代负责的精神，具有对自己的欲望能够自我控制和合理调适的自觉与能力。人类首先必须战胜自己身上反生态的偏执与狂妄，摆正自己在自然生态系统中的位置，全面履行生产者、消费者、分解者和调控者四位一体的责任，才能说获得了"自然界的自我意识"的品格。可见，这种主体性最集中的表现就是生态人格。

人本生态观关于人的主体性的全面内涵的认识，必然体现在人本生态美学之中。第一，审美活动的主体性乃是其本来的对象性经由实践的意义而生成的，因此也必须将审美活动的主体性置于对象性的基础之上来认识，从而真正把握审美活动的生态本性；第二，主体的生态自觉、生态责任心和生态实践能力必然反映和表现在审美活动中，从而自觉关注审美活动的生态本性如何实现为独特的生态功能；第三，这种主体性的实践品格要求审美活动必须与人类的生态处境和生态实践密切结合，不是仅仅满足于建造精神上的生态乌托邦（如海德格尔所谓"天地神人四方游戏"之类）这种虚幻的"诗意栖居"的"精神家园"，也不是仅仅着眼于"景观"建造，而更应积极面向现实，努力把生态之爱和与生态规律相统一的美的规律推向实践，从精神上和物质上全面推进现实的生态改善；第四，这种主体性对生态人格的建构必然要反映到审美中，把对人的美的塑造提升到生态人格美，也就是冯友兰说的"天地境界"和马斯洛说的"超越型"的层级，并使之具有相应的审美品格。

四、自我超越的生成性：从生态系统自我生成的规律认识审美价值和功能

一谈到生态危机和生态保护，在一些人的心中就涌出"回归自然""返璞归真"的老观念。生成性是自然生态系统的灵魂，当然也是人本生态观的灵魂。正如马克思说的，我们这个世界并不是一开始就这样的，不是某种外在力量"创造"的，而是自然界自己在运动中生成的。没有生成，不会有宇宙，不会有地球所在的太阳系，不会从无生物中产生有生物，这个世界也就没有生命，当然也就没有人。自然界运动的生成性，正是我们这个世界能够产生、能够进化，并且能够继续发展进步的植根于世界本体自身的终极原因。马克思和恩格斯对"自然向人生成"的规律的肯定和阐释，还有包括达尔文和尼采在内的很多思想家的观点，都说明了"生成性"对于认识包括历史在内的自然史的运动进程的重要意义。对于马克思和恩格斯来说，他们的共产主义思想就是以"自然向人生成"的生态进化规律为理论基础的。自然生态系统在生成中不断自我超越，提升系统组织的生命品质，一直到现实地生成了人，并在人身上产生自我意识。在人的实践中，这种生成从"自在"上升到"自为"。在古代，这种"自为"尚有把人和自然相统一的意向，后来只是由于人类自我意识的膨胀而形成人类中心主义的屏蔽，长期以来的自为的生态生成没有能把人与自然作为生态整体统一起来，因此也没有把"为人"与"为自然"统一起来。到了生态意识日趋自觉的今天，人真正成了"自然界的自我意识"，自然生态运动的"自为"才进入了以建设生态文明为目标的新阶段。

生态系统的生成性是一种"系统生成性"，也可说是"整体生成性"。这就是说，不仅生态系统中任何事物的生成都是多种因素共同作用的结果，系统的整体质会影响和表现于这个结果，而且这个事物作为一个生命体也是逐步生成的，而不是先生成各个部分然后再组合成整体。动物和人的胚胎发育的过程就是这种系统生成性的典型表现。同时，在系统的整体作用下生成的新生命、新事物还必然具有并表现出这个系统的整体质，并会反作用于整体。在这个意义上，人作为自然界生态系统的整体生成物和"自然界的人的本质"的整体性的现实结晶，也必然具有自然界自我生成

的整体质。

这种生成性说明所谓生态平衡乃是动态的平衡，生态和谐也是动态的和谐。在生态破坏极为严重，生态危机日趋严峻的今天，面对现实，想开生态倒车，使自然生态回归远古、回归原始，已不可能；之所以不可能，是因为不科学，不合乎生态运行的生成性这一根本规律。为了过去的发展，人类已经付出了极其沉重的生态代价。今天需要的是改弦更张，按照生态生成的规律更新发展模式。而这种发展新模式必然要求对待自然界的新态度，要求社会结构的调适，要求文化生态和人性生态向人与自然和谐发展的目标进行整合。面对严峻的生态问题，生态运行的生成性正是我们改善和优化生态的希望所在。我们的一切生态实践就是要去影响这种生成性，使之向着生态文明所要求的方向行进。

人本生态观对生态运行的生成性的重视和理解，反映到人本生态美学中，就必然赋予它以下重要的内容：第一，与自然界生成人的过程相伴，审美活动也是在自然界的生态机制中生成的，也有自身的生成过程，因此达尔文关于动物美感活动的研究成果作为人类审美活动的生物性前提理所当然受到重视；第二，实践是自然界生成人的规律得以成为现实的伟大动力，对于审美活动来说，它是使动物的美感活动生成主体性的"关系"的根源，而不是一切美和审美产生的根源；第三，存在于自然界生成运动中的审美活动，不仅像达尔文所说的那样通过性选择的作用促进了生物的进化，促进了人的生成，而且在人类的生活中被自觉地用来进行生态调节，并且通过对"新感性"与"新理性"的融合促进人性的生成；第四，"自然向人生成"的生成性是自然生态系统运行的根本价值，真、善、美三大价值在此得到统一，因此这一生成性规律也就从根本上规定了美的本质，即审美价值的本质，这就是说美之为美应是"自然向人生成"运动中生命活力与生命秩序相互融合的表现，其中必然体现"生、和、合、进"的生态规律和价值。生成性是人本生态观的灵魂，因此也是审美活动和人本生态美学的灵魂。

五、艺术追求的自然性：把世界的生态自然性确立为审美追求的最高原则

马克思和恩格斯曾明确申言："德国哲学从天国降到人间，这里我们是从人间升到天国。"[①]这个"人间"就是包括人在内、以人和自然的关系为基础的世界。这个在自然界的母胎中生成进化而来的世界乃是一个生态的世界，生态性是它的本性。

生态性作为自然界的深层本性，可以说就是自然性，或者说真正的自然性就意味着生态性。所谓生态规律首先就是自然界存在和自我生成的规律，而生态意识无非就是这些规律作为"自然界的自我意识"而在人的意识中实现。马克思和恩格斯说到人首先强调的是人是自然存在物，说到历史指出要重视"历史的自然过程"，说到经济也认为不可忽视经济发展的自然性；如此等等说明自然和自然性在他们心目中的地位。马克思在最早阐述他的哲学时就说："只有从自然界出发，才是现实的科学。"[②]又说："只有自然主义能够理解世界历史的行动"，并且把自己的哲学称为"彻底的自然主义或者人本主义"。[③]他还把自己提出的共产主义称为"完成了的自然主义"[④]。

在马克思心目中，自然性不仅包含了"自然向人生成"这一根本生成规律，而且人的本质的生成乃是"自然的人化"和"人的自然化"双向活动的结果，而且最终要实现人的本质的自然化。在谈到妇女问题时他说："男女之间的关系是人和人之间最自然的关系。因此，这种关系表明人的自然的行为在何种程度上成为人的行为，或者人的本质在何种程度上成了自然的本质，他的人的本性在何种程度上对他说来成了自然

[①] 中共中央马克思恩格斯列宁斯大林著作编译局：《马克思恩格斯选集》第一卷，人民出版社，1995年版，第73页。

[②] 中共中央马克思恩格斯列宁斯大林著作编译局：《马克思恩格斯全集》第四十二卷，第128页。

[③] 中共中央马克思恩格斯列宁斯大林著作编译局：《马克思恩格斯全集》第四十二卷，第167页。

[④] 中共中央马克思恩格斯列宁斯大林著作编译局：《马克思恩格斯全集》第四十二卷，第120页。

界。"① 这就是说,只有当人所应有的本质在人身上成了本能似的、内在的、自然而然的东西,即"新理性"成了"新感性",人的本质的提升成了自然界自我生成的成果,才是"自然向人生成"这种自然性的真正实现。这种彻底的、实现了的自然性,乃是人性生成的最高境界。

在审美的领域里,包括在文艺中,马克思和恩格斯对这种贯穿了生态精神的自然性极为崇尚。他们把审美趣味的释放看作"天性的自然流露",把文艺创作比作"春蚕吐丝",认同"愤怒出诗人"的观点,这些都流露出对审美活动的自然性的尊重。最能体现他们对自然性的审美意义的重视的,是他们对莎士比亚的推崇,特别是马克思对文学提出的"更加莎士比亚化"的要求。

"莎士比亚化"是德国从18世纪后期开始的对莎士比亚的百年崇拜的结果,其要义就是从古典主义和浪漫主义的人为程式化和概念化回归自然,就是要崇尚自然,追求自然性。研究者在论及当时德国人对莎士比亚的崇拜时就说,施勒格尔欣赏其非常自然的心理描写,维兰德为其内容的自然性感到鼓舞,而哈曼则认为莎士比亚的形式变现了最高的自然性。② 赫尔德认为莎士比亚"永远是大自然的仆人"③。而歌德更是为莎士比亚的剧作欢欣鼓舞,在论及其中的人物时他不禁狂喜地喊道:"这是自然!是自然!没有比莎士比亚的人物更是自然的了。""自然借莎士比亚的嘴说出真理。"④ 他满腔热情地向莎士比亚学习,写出了《葛兹·冯·伯利欣根》,它被视为当时德国剧作"莎士比亚化"的代表作。可见,自然性就是莎士比亚剧作的最大特点和根本精神,在当时乃是普遍的共识。诚如林语堂所说:"莎士比亚和大自然本身相似,这是我们对一位作家或思想家最大的赞颂。"⑤

---

① 中共中央马克思恩格斯列宁斯大林著作编译局:《马克思恩格斯全集》第四十二卷,第119页。
② 莱奥·巴莱特、埃·格哈德:《德国启蒙运动时期的文化》,王昭仁、曹其宁译,商务印书馆,1990年版,第444-445页。
③ 阿·古留加:《赫尔德》,侯鸿勋译,上海人民出版社,1970年版,第455页。
④ 孙凤城:《德国散文精选》,北岳文艺出版社,1999年版,第57页。
⑤ 林语堂:《生活的艺术》,上海文学杂志社,1986年版,第35页。

但是，在理性主义怀抱中成长起来的德国人在惊喜之余对莎士比亚的自然性的理解毕竟太肤浅了，被视为"莎士比亚化"的代表作的《葛兹·冯·伯利欣根》也还远未达到莎士比亚的水平。针对这种情况，马克思提出了要"更加莎士比亚化"的要求，这实际上是把莎士比亚剧作的自然性即自然生态性作为文学的最高审美标准提了出来。在对这个自然性的生态学的理解中，可以说包含了恩格斯说的"美学的与历史的观点"的基本内涵。

自然性作为人本生态美学的美学原则，具体的内涵十分丰富。第一，美和审美存在于以自然为根基和母胎的人类生态系统所展开的生活之中，因此必须以自然为母本，从生活现实出发，真实反映和表现现实生活的审美关系和审美内涵；第二，要具有自然那样的感性的丰富性和生动性，人物形象必须向自然那样是具体的而非抽象的，是具有独特个性的"这个"，即使自然描写的意境创造也要向自然那样是由其本来的生态气象所生成；第三，要在与环境的生态互动中塑造"典型环境中的典型人物"，写出典型环境生成典型人物的生态景象，在重视社会生态的同时也重视其自然生态的基础；第四，文学的倾向性要从情节和形象及其关系中自然而然地流露出来，就像自然事物和自然景象流露出自己的生命精神一样无须直接说出来，因而是"最朴素的形式"；第五，把人与自然界的冲突的和解和彼此的和谐，即人的自然化的真正实现作为人类解放和人性生成的美好标志，同时也作为人类最高的审美理想，这就意味着自然性乃是审美的最高境界；第六，无论是文艺创作还是文艺生产，都必须尊重其自然的生态规律。在这一点上，人本生态美学与自来就以自然性为最高审美追求的中国传统美学融会贯通了。

无论是人本生态观还是人本生态美学，作为自然界的自我意识，在今天都还只是初露端倪。重要的是确定正确的理论起点，找到其独特的生命基因。做到了这两点，今日的幼苗长成未来茁壮的大树，当是必然的。

（《河北学刊》2012年第1期）

下编：

向美生本体论的
美学范式推进

致广大而尽精微的思维进路
——理解《巴黎手稿》美学思想应重视的几个问题

马克思的《巴黎手稿》(即《1844年经济学哲学手稿》,以下简称《手稿》)最早也最集中地表达了他对美学问题的思考。将近一个世纪以来,对其美学内容的主要关注点都在明确论述美学问题的言说,即在关于审美活动的论述上,以至把马克思的美学思想仅仅归结为对人类审美活动的一种阐释模式。其实,《手稿》的美学内容绝不仅止于此。在《手稿》中,马克思以"自然向人生成"的过程为终极视域,从当时人的现实实践活动中的"异化劳动"出发,聚焦人的本质的现实生成和人类解放之路,探求"历史之谜"的真正解答。这个过程实际上就是人的本质审美生成和人类审美解放的过程。在对这个过程的深入探究中,展现了马克思美学思维的基本进路和理论格局,那就是以人类本质的审美生成为总体思路和主导内容,突出了其中作为人的本质审美生成的现实确证的审美活动和作为其审美本质自觉实践的艺术创造(艺术生产)。这个以人的审美生成论和审美活动论与审美创造论构成的"一加二"的思维格局,才全面反映了《手稿》美学内容的实际,并体现出《手稿》作为美学的"第一哲学"意义。显然,《手稿》对于美学的重要性,绝不只是其中那些直接表达美学思维的话语,更为重要的是它的哲学精神和总体思路。这里仅就几个有关的重要问题加以讨论,以期引起注意。

一、关于自然主义和人道主义相统一的总体精神

自然主义与人道主义（或人本主义）的结合和统一，是《手稿》哲学思维的整体精神。在论述了对象性与主体性的关系后，马克思说："我们在这里看到，彻底的自然主义或人道主义①，既不同于唯心主义，也不同于唯物主义，同时又是把这二者结合的真理。我们同时也看到，只有自然主义能够理解世界历史的行动。"②这可以说是他对自己哲学的方法论的总结和宣示。

这里"彻底的自然主义或人道主义"的表述就表达了彻底的自然主义等于彻底的人道主义的意思。二者之所以能等同，其根本的原因在于无论是自然界还是人都具有生成性，都是自我生成的过程。所谓"彻底"，就是要对这个生成过程追根溯源，探究到底。彻底的自然主义从自然出发，最后的生成目的是人；彻底的人道主义从人出发，其生成的根源是自然。要么自然向人生成，要么人从自然生成，说的是同一件事，因此二者可以等同。在《手稿》中，马克思的哲学思维是从现实中活动着的个人出发的，在展望了人最终将生成为完整的、全面发展的、真正自由的人之后，他指出："历史本身是自然史的即自然界成为人这一过程的一个现实部分。"③这就是说，人通过劳动自我生成的历史是自然史这个自然界生成人的过程的一个现实的部分，于是将彻底的人道主义归结为彻底的自然主义。显然，自然主义与人道主义的统一，是在劳动实践这种有意识的生命活动之中实现的。这也意味着，正是通过实践，人和自然才能达到最后的统一。马克思说在自然科学和工业这本打开的心理学中可以看到"自然界的人的本质"，说的就是这个道理。

---

① 这里的"人道主义"原文为 Humannismus，又译人本主义。学术界曾有讨论，后来带倾向性的意见是，作为伦理学概念译为"人道主义"，作为哲学概念则译为"人本主义"。在《手稿》中，这两个意义都存在，只是在不同语境中显示出区别。无论哪个意义，从人出发、为了人和以人为本都是其基本含义。
② 马克思：《1844 年经济学哲学手稿》，人民出版社，1985 年版，第 124 页。
③ 马克思：《1844 年经济学哲学手稿》，第 85 页。

无论是彻底的自然主义还是彻底的人道主义，都呈现出一个把人作为自然界的一部分的整体视域，即"自然—人"大系统。在这个终极性的视域中，自然界与人之间的关系是生成性的，即人是从自然界的自我生成过程中诞生的。由于这样，抽象的自然界不存在，自然界无论如何都是与人相关的——在人类尚未生成之前是历时性的相关，在人类从自然界生成之后则同时又是共时性的相关。在这个具有生成性关系的视域中，人不是绝对的主体，自然界也不是抽象的对象，二者首先以对象性的关系共存于自然界自我生成的整体之中。于是，传统的物质与精神、身体与心灵、主体与客体、感性与理性相互隔离和对立的界限在此消弭。人的生命活动中的主体和对象，是在这个整体中发生关系的区别，是在对象性基础之上的区别。人的以实践为主导的各种生命活动（包括审美活动），都是在这个整体中进行的。

哲学思维中的彻底的自然主义或人道主义，内含着改变世界的追求和理想，其最高的目的就是通过积极扬弃私有财产的共产主义而实现对"历史之谜"的真正解答。因此，"这种共产主义，作为完成了的自然主义，等于人道主义，而作为完成了的人道主义，等于自然主义"[①]。人与自然之间和人与人之间的和谐统一终于成为现实。马克思在论及"自然界的人的本质"时说："只有在社会中，人的自然的存在对他说来才是他的人的存在，而自然界对他说来才成为人。因此，社会是人同自然界的完成了的本质的统一，是自然界的真正复活，是人的实现了的自然主义和自然界的实现了的人道主义。"[②]这里说的"社会"是人的类本质全面实现，即"自然界的人的本质"的全面实现。

既然如此，马克思把自己的哲学既称为"实践的唯物主义"，同时又称为"实践的人道主义"，就完全可以理解了。所谓"生成"和作为自觉化生成的"实践"，就是自然主义和人道主义得以统一的中介。

马克思在《手稿》中表达的美学思维，就是这样把人道主义与自然主义统一起来、把人和自然界统一起来的美学。从这个关系看中国当代的马

---

① 马克思：《1844年经济学哲学手稿》，第77页。
② 马克思：《1844年经济学哲学手稿》，第79页。

克思美学研究和阐释,可以看到这样的争鸣:先是蔡仪的"无人"的"自然论"美学,接着是朱光潜的"有人"的"社会意识形态论"的美学和李泽厚的"有人"的"社会实践论"的美学,这两种"有人"美学在激烈的论争中占有绝对的优势。从20世纪80年代初笔者基于系统原理提出以"自然向人生成"命题所昭示的"自然—人"大系统为视域阐释马克思的美学思想,直到20世纪末形成人本生态美学(或"实践论人类学美学")的阐释模式,算是回归到马克思原本的人和自然统一的,即"有人"的"自然生成论"的原点上来。[①] 显然,从人道主义和自然主义统一这一根本精神来审视中国当代马克思美学研究和阐释的进路,当更能清晰而深刻地认识其基本格局和思维走势,而不至于陷入对一些枝节问题的纠结和争论。今天的马克思美学研究,应当充分认识自然主义和人道主义的统一对于正确理解和阐释马克思美学思想的根本意义,包括对于正确理解马克思的"实践"观和生态学意蕴的意义。

从"自然—人"的生成性过程的视角看历史,"全部历史是为了使'人'成为感性意识的对象和使'人作为人'的需要成为[自然的、感性的]需要而做准备的发展史"。于是,"自然科学往后将包括关于人的科学,正像关于人的科学包括自然科学一样"[②]。马克思在这里表达了一个重要的思想,那就是消除科学主义与人文主义的隔绝和对立而使二者结合起来,这就是后来提出的消除"两种文化"的鸿沟,促进"科学人文化"和"人文学科科学化"的课题。这个课题对于美学研究非常重要。以美学的人文性为由拒绝科学的实证研究已经成了妨碍美学发展的消极因素。美学研究者很少关注自然科学关于自然和生命存在奥秘的研究成果,甚至不能理解生态思维的生命和人文意义,而迷恋于形而上学的玄思和对审美现象的诗性感悟。须知,很多审美奥秘和美学问题,单靠哲学的思辨是解决

---

① 见曾永成:《运用系统原理进行审美研究试探》,《四川师院学报(社会科学版)》,1982年第4期;《文艺的绿色之思:文艺生态学引论》,人民文学出版社,2000年版;《回归实践论人类学——马克思主义文艺学新解读》,人民出版社,2005年版。

② 马克思:《1844年经济学哲学手稿》,第85页。

不了的，必须从科学——心理学、生物学、物理学以及宇宙学——中寻求答案。比如，对审美活动的本体特性的追根溯源的探究，就需要自然科学与人文学科的合力。

值得注意的是，在现代有影响的美学家中，杜威和怀特海等都明确坚持这种自然主义与人本主义统一的立场。杜威明确地把自己的经验主义称为"自然主义的人本主义"或者"经验自然主义"。怀特海虽然独标"自然主义"，但把宇宙视为自我生成的生命过程，认为创造性是宇宙的本质，而这个向美而生的过程的最高目的就是完全文明化的人，即人的审美生成。这样的自然主义实际上是马克思说的彻底的自然主义。值得注意的是，杜威和怀特海都非常重视吸收现代科学的成果，总是极力寻求哲学观点的科学基础。进化论、相对论、量子力学和数学，都给他们的哲学和美学思维极为深刻的影响，量子力学的波粒二象性理论直接推进了他们对美和审美本体特性的认识。

把自然主义与人道主义统一起来将有助于理解人的生命存在及其活动的生成性、生态性和实践性，也有助于理解实践的对象性基础和生态性质，而不至于把生命和实践抽象化。从这个视域出发，马克思哲学的自然之维和审美之维就不可或缺。这两个维度对于正确理解唯物史观和今天关乎人类命运的生态文明理念，都具有极其重要的基础意义。

令人扼腕的是，马克思直接明白宣示并凝聚在"自然向人生成"这一命题中的自然主义和人道主义相统一的哲学视域和思维原则，近百年来成了几乎所有自称"马克思主义者"的哲学家们的盲点。有学者坚持认为凡是没有直接成为实践对象的自然界都是"抽象的自然界"，并以此责备恩格斯的《自然辩证法》是对马克思思想的"遮蔽"。吊诡的是，哲学家们看不到的宝贵思想，却受到了科学家的关注。诺贝尔奖获得者普里戈金在《从混沌到有序——人与自然的新对话》中就说："自然史的思想作为唯物主义的一个完整部分，是马克思所断言，并由恩格斯所详细论述过的。当代物理学的发展，不可逆性所起的建设性作用的发现，在自然科学中提出了一个早已由唯物主义者提出的问题。对他们来说，认识自然就意味着把自然界理解为产生人类和人类社会的自然界。"[1] 他称这种"新的综合"是一种"新的自然主义"。体现在《手稿》中的马克思的哲学和美学思维,从根本上说,就是这种作为"新的综合"的"新的自然主义",即把人道主义包容在其中而凸显出人文精神的自然主义。

二、关于对"自然向人生成"过程的整体性的理解

在后现代哲学思潮影响下,整体性观念被肆无忌惮地消解,世界被解构为光怪陆离的碎片。在这样的思维诱导下,人和自然界之间的统一关系被拆解和分隔,美的本质和审美关系的整体结构等问题都被视为伪问题而被横蛮地抛弃。在美学研究中,对主客二分的现代性观念的质疑变成了对审美活动中的主客关系的直接否定。我们看到先是源于感官的分工,后来则直接源于科学的分析因理性而来的抽象思维和实体思维,仍然左右着很多人的头脑。为了打破这种思维惯性,最先是以"关系"代替"实体",接着是"系统"的观念把线性思维推向网络化的建构,进一步则是凸显"有机性"和"生命"观念的"生成过程"和"生态关系"的思维。对于系统思维来说,与"结构"概念密切相关的"具体""整体"和"整体性""整体质"的概念显得越来越重要。

马克思在论及政治经济学的思维问题时明确指出,科学上正确的思维道路是从抽象上升到具体,而所谓具体就是多种规定性的综合。在马克思看来,整体本来在思维之外和之先就存在着,思维中的整体不过是对它的反映。从根本上说,要正确理解具体的事物,不可脱离它所在的关系系统的整体。这样的整体性思维鲜明地体现在《手稿》中。《手稿》从经济学出发,对资本主义现实的哲学思维最终达到对世界存在本体的最高概括,即"自然向人生成"这个关于世界本体及其根本运势的结论。这个结论把世界存在的生成性、关系性、有机性和过程性都敞亮出来,这对于理解马

---

[1] 普里戈金、斯唐热:《从混沌到有序——人与自然的新对话》,曾庆宏、沈小峰译,上海译文出版社,2005年版,第304-305页。

克思哲学的总体精神极为重要，可以说是马克思哲学和美学思维的灵魂。它不仅是对自然界这个世界存在整体的本体论概括，鲜明地揭示了世界本体自我生成的创进本质，而且确立了以这个本体生成过程为基础的价值坐标。这个集本体论、历史论、认识论、审美论和价值论于一体的命题，具有终极性的理论意义。更重要的是，这个命题启示了"自然—人"大系统的整体质，即自我生成和创进超越的生命精神。这个整体质作为"普照的光"赋予万物生命的气韵和光彩，彰显出"自然向人生成"过程作为生命活动的审美本质，说明这一过程实际上就是人类审美生成的过程。对于美学来说，这个命题不仅从根本上规定了美的价值，开示了审美超越的无限空间和精神意向，而且还明确地昭示了美学思维应有的总体格局，把人类的审美生成作为美学的思维对象和主体内容。在此基础上，它关系着对一系列美学问题的阐释，比如美和审美的现实生成、实践对审美活动的影响、形式与其意味的关系、美感的系统生成和审美情境对美和美感的作用，等等。这个命题不仅以其整体性昭示了美学思维应有的高度和广度，也指示了它应有的深度，把美学思维的触角引向美和审美的终极奥秘和价值归宿。

整体思维特别是系统整体质的观念，是现代复杂理论所关注的焦点之一。这个观念把明晰与模糊、已知和未知、必然和偶然、有限和无限结合在一起，在对立因素的彼此相容中探究世界存在和生成的奥秘。美学所面对的课题几乎无不与此相关。很多美学问题长期纠结，纷争不已，一个重要的原因就是研究者"各执一隅之见而欲拟万端之变"，把复杂的问题简单化，把多维交织的事情单维化，把过程中的演进凝固化和片段化，只看到明晰的因素而无视在背景中起作用的模糊因素。"自然向人生成"这个自然和宇宙整体存在，就是最重要的模糊因素。对于它的认识，虽然随着科学的进步在逐渐明晰，但模糊性却永远存在，而这正是它的诗性所在。在审美的经验中，这个系统质就是那个可意会而不可言传的东西，就是那个不可名的"道"。在语言停止的地方，音乐开始了，在各种艺术中，可能只有音乐能带领我们最真切地体味这个存在之"道"。人们津津乐道的审美的超越，无非就是对这个"道"的感悟和体认。

杜威、怀特海和海德格尔等作为探究世界存在本质的哲学家，无一例外地极端重视存在本体的整体性。杜威的"自然整体"、怀特海的"原生的现实实有即上帝"（指宇宙整体），还有海德格尔的"存在者整体"，在他们的哲学中都占有极其重要的地位。海德格尔说的"天地神人四方游戏"中的"神"，应该就是合天、地、人于一体的"存在者整体"。这个类似于中国古代哲学中的"天道"的存在，作为万物之母，要深刻地影响和制约现实事物的性质，并且是世界的诗性之源。恩格斯和海德格尔先后告诫我们不要只见树木不见森林，恩格斯还说过只有在死尸之中才有"部分"，怀特海更说细节是整体思维的反映，审美的思维应从整体出发，他们都强调整体和整体性思维的重要性。复杂理论家说我们长期形成的思维惯性正面临"整体性的挑战"[1]，并以"涌现"这个兼具复杂动态性和综合性的概念来说明整体质的彰显，这应该引起足够的重视。

这种整体性的观念对于生态思维具有极其重要的意义，所谓"深绿"与"浅绿"的区别主要就在于此。正是在这种整体观念中，人的问题突显出来，生态观的科学性和人文性相互统一形成了马克思的人本生态观，包括自然主义和人道主义内在统一的生态世界观。这样的"深生态学"，以其对现代性的批判而具有后现代的性质，它预示了一个半世纪之后才兴起的建设性后现代思潮，由此可见其对于人类文明发展的当代意义。

三、关于生态世界观对于深化美学思维的重要意义

"自然向人生成"的过程生成了生命，进一步生成了人的生命。为感性存在的对象性关系所决定，一切生命都是在生态性的关系中生成的，没有离开生态关系而能够独自生存和活动的生命，人的生命作为对象性的活动也不例外。生态关系作为生命生成和存在的条件和基础，乃是一切生命的基本性质。生命的本质和特性既决定于它的生态关系，也从其生态关系中表现出来。因此，从生态关系的视角对生命的审视，乃是从关系、互

---

[1] 埃德加·莫兰：《整体性的挑战》，陈一壮译，《江南大学学报（人文社会科学版）》，2013年第1期。

动、共生和整体性思维出发对生命本质的深化，这就犹如从社会关系的总和去确定人的本质的直接现实表现是对人的本质的认识深化一样。由于生态关系对于生命的存在和活动具有终极性的意义，因此这种认识的深化也是终极性的。离开生态关系的生命及其活动，不仅不可理喻，而且根本就不存在。生态关系的视角，实际上是用一种更加深刻的世界观即生态世界观去理解世界和生命。《手稿》通过对作为自然界的一部分的人与自然界之间的对象性关系的揭示，深刻论述了人的生命活动的生态关系，使生态关系贯穿生成过程和实践活动，形成了关于人的生命活动的生态思想，即首先和主要体现在《手稿》中的"人本生态观"。

当下的人类生态学作为一门自然科学，是人本生态观的科学基础，而生态哲学作为一种世界观则是对人类生态学所揭示的事实和关系的哲学升华。建立在"自然向人生成"的生成本体论基础上的人本生态观，是一种突出展示存在的生态关系的世界观，当然也可以说是深生态学的生命观。这种生态观特别强调"人本"的概念，其理由在于：

第一，这是因为它阐释的是人的生命活动所关涉的生态关系，是有意识的人把自己的生态关系作为认识的对象而形成的一种知识系统。这种生态观以生成本体论为基础，也就把着眼点自觉地放在"人"这个自然界自我生成的目的上，人的生态根源和现实生态处境及人的生态关系的优化是他的终极关怀所在。对人的生命的生态关系的关怀，乃是对人的存在和命运的深度关怀。这样的生态观念，既是"实践的唯物主义"，也是"实践的人道主义"。

第二，所谓"人本生态观"，首先就认为人是本于生态的，即人的生命存在和活动都植根于生态关系之中，生态实乃人的生命之本。自然向人生成的过程本来就是一个生态性的过程。个体的生命形态总是从一定的有机环境中产生，是与环境相统一的存在。这种生态本体观是人所应有的生态意识的根本。而且，人的一切实践活动，归根到底都是为了调节和改善自己与自然界之间的生态关系。人作为实践主体，也理应深刻认识实践的生态性质。工业化以来的人类实践之所以造成严重的生态危机，就是因为没有这样的生态意识。

第三，由于人是有意识的存在物，他以自己的实践活动参与对自然界的生态关系的实际干预,力求按照自己的生命需要积极影响自然向人生成的进程,他就成了自己生态关系的自觉主体——既是生态价值的主体,也是生态实践的主体,要以自己的生态实践去实现生态价值的追求。这就是马克思说的"为了人"和"通过人"的意思。当然,人既然是有生态意识的自觉主体,人就知道生态价值有至高无上的"自然尺度",努力使自己的价值追求适应自然生态的价值尺度,自觉地对自己的生产和生活方式加以生态化调控。今天,能够承担生态责任并积极解决生态问题以改善人类和地球生态状况的只有人类自己。人是主体化的自然,其生态主体地位极为关键。只有人作为高度自觉的生态主体介入改善和优化生态关系的实践过程,才可能真正有效地推进"自然向人生成"的过程,并使自己成为具有生态人格的人来真正实现审美生成。人本生态观实际上把人的生命存在的活动性、生成性、生态性和实践性(主体性)融合在一起,这才真正揭示了生命存在的整体本质。[①]

法国社会学家 J.-M. 费里在其《现代化与协商一致》中指出,"美学原理"可能有一天会在现代化中发挥头等重要的历史作用,生态学以及与之有关的一切,预示着一种受美学理论支配的现代化新浪潮的出现。他认为,环境整体化"只能靠应用美学知识来实现"。[②]但是,并非任何一种"美学原理"或"美学知识"都能发挥这种作用。现行的美学中,像"究竟什么是审美和审美价值""人的审美需要和审美活动功能的生命依据为何"等一些根本问题都还没有得到切实的解答,这样的美学本来就同人类生命活动和人性生成的生态实际相隔膜。那种为人性的分裂和异化张本的

---

① 怀特海在《过程与实在——宇宙论研究》中阐述的"社群(又译"群集")理论",认为任何"合多为一"的现实事物都是社群性的存在,世界由各种性质和形态的社群构成,而世界本身也是一个包罗万象的社群。社群不仅包括人的关系还包括人与自然的关系,因此可以说是自然生态和社会生态的集合体。这个理论有助于理解人的生态系统的总体内涵。笔者在《文艺的绿色之思:文艺生态学引论》中把马克思的自然史观和唯物史观结合起来,认为人类的生态存在包括了自然生态、社会生态、文化生态和人性生态四个层次,是这四个层面互动共生的整体。

② J.-M. 费里:《现代化与协商一致》,江小平译,《国外社会科学》,1987年第6期。

美学，并非不存在。在这种情况下，美学要真能对人类的生态优化发挥应有的作用，就必须从生态学中吸取智慧，获得必要的学理启示和价值诱导，使美学自身生态学化。这样的生态学化，对于《手稿》美学思想的三个部分来说，既是原本的精神，也是必要的进路：人类的审美生成本来就是在生态关系中进行和实现，审美活动不仅基于对象性的生态关系，而且是自觉的生态调适方式，艺术的审美创造始终直击人与环境的关系，今天更应自觉地把审美性同生态性结合起来，将其统一于"生、和、合、进"的价值追求中。

以生成本体论为基础的人本生态观，可以说就是恩格斯说的自然界在人身上所达到的自我意识的核心内容。这种生态化的生命观、实践观和世界观，首先具体体现在《手稿》的思想中，结合马克思和恩格斯的其他著作全面掌握这一思想，对于深入认识唯物史观和马克思美学思维的总体格局都具有根本性的理论意义。人们讨论哲学的未来，应该说，《手稿》中立足于"自然向人生成"的生成本体论的人本生态观，就是人类最需要的"未来哲学"。《手稿》在论及人类的审美生成和审美解放这一生成目的实现时，把人与自然界的矛盾和人与人的矛盾一起列为"历史之谜"的基本内容，由此可见生态问题和生态意识对于人类审美生成这一未来命运的重要意义。很难想象，乏于生态思维的美学能够给人类的审美生成以实际的助力。对于美学基本理论来说，无论是从"生命"切入还是从"实践"切入，都不能把生态关系抽掉，因为没有离开生态关系的生命，而实践本来就是调控生态关系的自觉活动。没有生态内涵的生命观和实践观，都将沦为肤浅无根的抽象概念，无法说明其与审美的关系及其本体根源。

从生态思维的角度来看，审美的人身上感性和理性两种品质的生态关系是一个十分重要的问题。生命之美是感性生命活力与理性生命秩序两个方面的融合，不能缺少任何一个方面。但是，在审美活动的价值选择中，由不同的审美需要所决定，却会有所偏重——或者偏向感性活力的激发和鼓舞，或者更重视对理性秩序的追求。这种价值选择之所以可能，是因为美的生命内涵中本来就有这两种价值，而且以二者的和谐统一为最高的境界。一切生命之美都是感性活力与理性秩序的和谐和统一，这是由"自然向人生成"这一根本生命精神所决定的。值得注意的是，19世纪由费尔巴哈对黑格尔理性主义的批判而兴起的西方"生命哲学",形成了一种误解,似乎美和审美只能是感性的,是非理性和超理性的。这种生命哲学片面张扬感性冲动,把生命中本能的、无意识的、动物性的因素极力夸大,把生命的内在体验和直觉等孤立起来并视其为生命价值的极致,以"生命"的名义鼓动对理性主义甚至一切理性的叛逆和拒绝。这种极端的生命哲学,在西方科技理性主宰一切造成人性全面异化的文化语境中,无疑具有补偏救弊的合理性。这种思潮在 20 世纪 80 年代涌入中国,发挥过积极作用。应该说,这种生命哲学及其美学只是源自理性禁锢的一种特殊世界感的生命和审美的抗争,它具有纠偏的作用,即使矫枉过正也无妨,但这并不是对美和审美应有的人性和生命内涵的正确表达。

在阐释希腊艺术具有永久魅力的原因时,马克思明确肯定了古代希腊人生命品质的全面性和完整性。他认为,古代希腊是历史上人类童年时代发展最完美的地方。他说:"有粗野的儿童,有早熟的儿童,古代民族与许多是属于这一类的。希腊人是正常的儿童。"[①]如果用席勒的话来说,所谓"粗野的儿童"就是"感性的人",而"早熟的儿童"则是"理性的人",那么"正常的儿童"就该是感性和理性和谐统一的"审美的人"了。这就是马克思所肯定的人所应有的生命品质和生命境界。马克思进一步指出:"一个成人不能再变成儿童,否则就变得稚气了。但是,儿童的天真不使成人感到愉快吗?他自己不该努力在一个更高的阶梯上把自己的真实再现出来吗?"[②]与席勒把审美的人作为从感性的人生成理性的人的过渡环节不同,马克思把审美的人作为人的本质生成的最高理想,这就是"自然向人生成"的最高目的。

既然生态思维是对美学基本理论的深化,就不能认为它仅仅扩大了美学研究的范围域和话语张力。实际上,真正贯彻了生态思维的美学并非从生态问题出发的"部门美学"或"交叉学科",而是对马克思从实践出发

---

① 中共中央马克思恩格斯列宁斯大林著作编译局:《马克思恩格斯全集》第十二卷,人民出版社,1962 年版,第 762 页。
② 中共中央马克思恩格斯列宁斯大林著作编译局:《马克思恩格斯选集》第二卷,第 114 页。

的美学思维的原有的生态内涵的发掘和展开,是对审美活动的生命机制进行终极探究的"元美学"。①

四、关于应当重视探究审美活动本体特性的问题

马克思在论述审美关系中主体和对象之间的特殊对应性时,以音乐为例为我们开启了深入探究审美活动本体特性的思维进路。我们的美学研究应该把马克思美学思维进路的这个终点作为继续深入探究的起点,使美学的研究能够像他的哲学一样,落脚到现实的大地即生命存在的本性上来,将"自上而下"的美学与"自下而上"的美学有机结合起来——"致广大而尽精微",深入探究美和审美的本体特性。只有弄清了审美活动的本体特性,美学才有安身立命之基,才能从根本上回答各种各样的与美学相关的基本问题,给人文性的美学以科学性的支撑,使美学真正成为"涵盖一切的学问",并借其打开"众妙之门"。

马克思把探究审美活动本体特性这个真正的"美学之谜"的任务留给了我们。对于这个马克思没有直接作答的问题,有不少值得重视的思维成果。这些成果可以帮助我们深入探究马克思留给我们的这个根本性的美学问题,并找到正确的答案。

在现代西方美学家中,在这个问题上值得重视的是杜威和怀特海。杜威的"节奏"论直接明确回答了这个问题。他问道:"什么是那些深深地扎根于世界本身之中的艺术形式的形式方面的条件呢?"他的回答是:"有机体与周围环境的相互作用,是所有经验的直接或间接的源泉,从环境中形成阻碍、抵抗、促进、均衡,当这些以合适的方式与有机体的能量相遇时,就形成了形式。我们周围世界使艺术形式的存在成为可能的第一

---

① 笔者认为杜威和怀特海的美学就是这样的生态论美学的两种学理形态。关于杜威,可参见笔者和艾莲合著的《杜威经验论美学的生态精神研究》,中国社会科学出版社,2018年版;关于怀特海则可参见笔者已发表的相关论文和相关专著,如《向美而生的世界》(待出版)、《向美而生的人》(已出版)。

个特征就是节奏。"① 把宇宙视为审美生成过程的怀特海更是从物理学的最新成果寻求答案,他指出:"任何学说,只要它不愿将人的经验置于自然之外,在它描述人的经验时,必然会发现一些也参与了描述不十分特殊的自然的因素。如果没有这些因素,那么这种把人的经验作为自然中的一桩事实来研究的学说便只能是粗率的。"② 他坚信世界自我生成的深处必然有自然因素为基础,这些因素就存在于自然界之内。怀特海认为宇宙自我生成活动的根源是"力(能)"及其与"结构"的结合。他一方面从量子物理学的成果出发,极为重视物理的"振动和波"的作用,另一方面又极为重视宇宙整体的生命机能。正是这两极的结合推动着世界审美生成的创进过程。可以说,正是物理的"振动和波"即"韵律"作为生命活动最微妙的方式在审美活动中把主体与对象对应性地结合起来了。为了揭开审美本体特性之谜的谜底,杜威和怀特海两人实际上都把目光聚焦在生命存在的活动本质。

其实,中国古代美学中的"感应"说、"物感"说和"气韵"说早就开启了这个思路。这些观点,实际上就是关于世界存在的"气"论的引申。这种存在论认为万物一气贯通,气聚成物而又无不在气之中。这跟杜威和怀特海共同重视的量子物理学所揭示的世界存在图景十分相近。量子物理学认为世界存在的终极形态是有"能(力)"的波或弦,粒子是波凝聚成的紧密形态。由于它们都是波,因此都有振动的节奏的存在。这个"波"就是所谓"气",它的节奏的扩展和绵延就成为气韵③,而显示出具有感应能量的生命气象。正是由于节奏的动力作用,才会"应物斯感,莫非自然",由此生出中国古代美学中与西方的"移情说"④大异其趣的"物

---

① 杜威:《艺术即经验》,第163页。
② 怀特海:《观念的冒险》,周邦宪译,译林出版社,2012年版,第202页。
③ 郭沫若和李约瑟都先后以"节奏"解释"气韵"和"气"。郭沫若还提出以"节奏"为"细胞"建构具有生命美学性质的"文艺的科学"的构想。参见笔者《郭沫若关于"文艺的科学"的构想及其对美学理论建设的当代意义》,《郭沫若学刊》,1998年第4期。
④ 这里说的"移情说"指的是立普斯的"我移物情"的观点,还有主张"物移我情"的"内摹仿"一派则近乎中国古代的"物感说"。

感说"来。正是这个"物感说"体现了审美活动的对象性关系。

宗白华在阐述"气韵"的含义时,曾说音乐的节奏是"道"和"艺"的本体,"这生生的节奏是中国艺术境界的最后源泉"①。"音乐和建筑的秩序结构,尤能直接启示宇宙真体的内部和谐和节奏,所以一切艺术趋向音乐的状态、建筑的意匠。"②他还具体论述了其他艺术中所表现的音乐感。他说:"气韵,就是宇宙中鼓动万物的'气'的节奏、和谐。""绘画有气韵,就能给欣赏者一种音乐感。六朝山水画家宗炳,对着山水画弹琴,'欲令众山皆响',这说明山水画里有音乐的韵律。""其实不单绘画如此,中国的建筑、园林、雕塑中都潜伏着音乐——即所谓'韵'。西方有的美学家说:'一切的艺术都趋向于音乐'。这话是有部分真理的。"③他最后一句话还有所保留,其实大可不必。他曾说美"是万物形象里节奏旋律的体现"④,一切的艺术和美都是因节奏造成的气韵(黑格尔所谓"生气灌注")而美的。这说明以节奏为基本特征的音乐性乃是一切美所共有的生命本性。

在中国现代美学中,除宗白华外,鲁迅、郭沫若、林语堂、朱光潜等也都特别强调节奏及其感应对审美活动的意义,朱光潜甚至称节奏是一切艺术的灵魂,李泽厚对"形式感"和节奏也发表过深刻的见解。⑤但是,这些真知灼见都没有作为对审美本体特性的探究而受到应有的重视。

笔者认为审美本体特性就是生命活动最普遍而根本的动力性机制——"节律感应"。⑥普里戈金在论及我们周围的世界时说:"一方面是在时间中存在的东西,另一方面是在时间之外的东西,永恒的东西,这两者之

---

① 宗白华:《美学散步》,上海人民出版社,1981年版,第78页。
② 宗白华:《美学散步》,第79页。
③ 宗白华:《美学散步》,第51-52页。
④ 宗白华:《美学散步》,第169页。
⑤ 曾永成:《从形式、节奏到节律形式——文艺审美本体特性百年探寻轨迹扫描》,《成都大学学报(社会科学版)》,2001年第2期、第3期。
⑥ 见曾永成:《审美特性"初感"再思》,《四川师大学报》1986年第2期;《感应与生成——感应论审美观》,成都科技大学出版社,1991年版;《文艺的绿色之思:文艺生态学引论》,人民文学出版社,2000年版。

间的区分正是在人类符号活动之始。也许在艺术活动中尤其这样。确实，一个自然客体，一个石头，在它转变成一个艺术对象时，转变的一个方面是和我们对物质的作用密切相关的。艺术活动打破了该客体的时间对称性，它留下了一个标志，这个标志把我们的时间不对称性翻译成该客体的时间不对称性。从我们所在生活的可逆的、近乎循环的噪声水平中升起了同时是随机的又是时间定向的音乐声。"① 审美本体特性就是造成这音乐声的"标志"，正是它把有限的时间性旋升到无限的非时间性。钱锺书曾特别强调作为"指示意义之符"的《易》之象与作为"体示意义之迹"的《诗》之象之间的区别，这是在思考审美本体特性这一问题时不可忽略的。

　　长期以来，审美被认定为认识的、情感的、价值的或意义的活动。但是，一个很明显的逻辑推理告诉我们，认识的、情感的、价值的或意义的活动是多种多样的，这类普遍性的观念并不能说明审美活动的自身特性，不能揭示审美活动中的认识、情感、价值和意义得以生成的特殊生命活动机制。对审美活动本体特性的探寻有可能从根本上纠正这些观念的失误，达到对审美活动本体特性的认识。这是真正具有"战略性"意义的美学问题，美学的思维绝不能绕开它甚至无视它的存在。对审美活动的认识，既需要形而上的哲学思辨，也需要形而下的科学探求，二者的恰当结合才能使美学具有生命活动本来的生机和生气。② 因此，今天的美学研究绝不可再拒绝科学思维的介入和合作。

---

① 普里戈金、斯唐热：《从混沌到有序——人与自然的新对话》，第 372-373 页。
② 笔者在《感应与生成——感应论审美观》（成都科技大学出版社，1991 年版）中对审美活动本体特性及其价值生成的考察，就是"在系统论与还原论的两极张力中"进行的。杜威和怀特海的美学思维也是这样的。比如怀特海就是在宇宙整体神性的宇观一极和"振动和波"的渺观一极的结合中得出美是宇宙整体神性通过振动和波的"骤然体现"的结论的。这个两极张力正是生成美和审美的超越性的根本原因。

五、关于与中国古代美学思维精华相互融通的问题

从"自然向人生成"出发对《手稿》美学思想的阐释,彰显出与人类美学思想积极成果互通融合的思维格局。这既包括中国古代以自然生成论为主流的美学思想,也包括西方现代美学中那些回归古代希腊又吸收现代科学成果的美学主张。这样的思维格局为构建一种具有世界性品格的美学基本理论提供了巨大的可能。这里主要谈谈《手稿》美学思想与中国古代美学思维精华相融通而整合的问题。

从"实践"的概念出发对《手稿》美学思想的流行阐释,否认美和审美的自然发生史,忽视实践活动与审美活动之间的必要中介,隔断了与中国古代美学思维传统之间相互融通的通道。从自然生成论出发的阐释,则从根本上拆除了这种人为的阻隔。

中国古代主流哲学秉承自然生成论,在天地人的统一中确立了美在自然界中的地位,其中最突出的代表是老庄的思想。庄子说"天地有大美而不言",又说"原天地之美而达万物之理",明确地把美视为天地自然之间本来的存在。还有天地"生生之德"和"万物一体之仁"的泛生命观,把人和自然界视为生命存在的整体。进一步,还有万物"一气贯之""以气相感"的思想。无论是道家还是儒家都具有深厚的生态意识,都以"和"为天地生命之大义。儒家以"仁"为本,"仁者爱人",提倡"恻隐之心"的同情。后世儒者径将"仁"释为"生"。二程传人谢良佐就说:"仁者何也?活者为仁,死者为不仁。令人身体麻痹,不知痛痒,谓之不仁。桃杏一核可种生者,谓之桃仁杏仁,言有生之意。"以"生"释"仁",着眼于"仁"的功能,其中内含着"和"的生态秩序。道家称"一生二,二生三,三生万物",乃源于"充气以和",又说"人法地,地法天,天法道,道法自然"。这种自然发生论与马克思的思维是相通的。从自然向人生成的本体论对美和审美的生成进行追根溯源的探究,可以从中国古代的美学思维中得到启示和支撑,并吸收其中的很多思维精华。而生态思维更是二者相互融通的重要成果。

中国古代的生命观以"气"为有动能的本体,以"和"为生态的关系结构,以"生"为功能目的,而又统之以体现天地生命精神及其化育机能

的"道"。这些观念都可以为"自然向人生成"的思想所包容，进而从现代科学和哲学得到具体阐释，融入美学思维的理论体系中。

从"实践"这一概念出发对马克思美学的阐释，把自然美也看作社会性的存在，完全否认了自然界的天然之美的存在，这与中国古代主要倾向自然主义的美学传统比较起来，简直就是两个完全不同的审美世界。在中国古代的审美观念中，自然界就是一个"情本体"的存在，而无须人作为主体的情感输入。自然之美成了人们审美生活中最为重要的对象，甚至以"游于自然之道"为养生持性之术。在人天关系上，儒家主张"上下与天地同流"，道家倡言"浩然与溟涬同科"，都以游心自然为最高的精神超越境界。从自然向人生成的本体论对马克思美学的阐释打破了对自然之美的社会性禁锢，可以合理地揭示自然美的存在和本质，开发马克思直接论述自然美的美学思维资源，从自然美探寻世界审美生成的性质及规律，确立自然美在美学中应有的地位。在自然生态问题突显的今天，其意义可想而知。

中国古代美学中，以儒家为代表，极为重视审美活动对于生活实践的意义。他们提倡和构建的"礼乐"审美范式就是最具实践性的审美活动。孔子提出"兴于诗，立于礼，成于乐"的育人教程，孟子主张"充实之为美"，王阳明提倡"以天地一体之仁"为内在精神的"致良知"，这些都体现了对审美的实践性意义的重视。即使是道家也十分重视把对自然的审美应用于养身之道。这一点与马克思的美学思维中对审美活动的生成意义的重视是相通的。所不同者，由于儒家的出发点是"孝悌"和"法先王"，把"随心所欲而不逾矩"作为人生理想，就与道家的"法自然"同样具有"守成"和"向后逃"的倾向。而所谓"生生之谓易"的"生生之德"，也只是限于生命的自我循环，缺失了生成和创进的超越精神。而这正可从马克思的生成论中得到弥补和纠正。

马克思在《手稿》中以音乐为例启示了对审美的本体特性的探究，这固然可以从西方的音乐美学找到开阔的思维进路，但是中国古代的音乐美学也可以提供很多深刻的启发。更重要的是，中国哲学的"气"说和美学的"气韵"说可为之提供深入认识审美本体特性的直接通道。今天，人们已经注意到"气"说与现代量子物理学的"波粒二象性"学说的内在相通关系，这必然有助于探究并最终弄清审美本体特性的问题。

还有最近有学者讨论的中国古代美学的"无量"观念，其所涉及的"以物为量""大制不割""小中现大""一即一切"等内容，都可以从马克思"自然向人生成"的整体观中得到更为深刻的科学回答。①

总之，以"自然向人生成"说为切入口所展示出来的《手稿》美学思维格局，可以从根本上消除既有阐释所造成的阻隔和局限，实现马克思美学思想与中国古代美学遗产的融通，再结合现代西方的美学成果，使建构真正具有"世界性"品格的美学成为可能。

[《河北师范大学学报》2021年第2期；本文为《生成与审美——马克思〈1844年经济学哲学手稿〉导读》（江苏凤凰文艺出版社，2022年版）"结语"的初稿]

---

① 朱良志：《论中国传统艺术哲学的"无量"观念》，《北京大学学报（哲学社会科学版）》，2020年第5期。

马克思"对象性关系"说的生态意蕴和美学意义

《1844年经济学哲学手稿》（简称《手稿》）中关于"对象性关系"的论述是马克思的生态思想中极为重要的内容。遗憾的是，笔者在20世纪末对马克思的"自然向人生成"说进行了生态哲学阐释并将其归纳为生成本体论基础上的"人本生态观"时，完全忽略了这个观点。直到2005年出版《回归实践论人类学》时才对这一观点加以重视，并在2012年发表的《作为"自然界的自我意识"的人本生态观及其美学》[①]一文中有更加具体的论述。这一观点对认识《手稿》美学思想的生态性质十分重要。在生态文明已关乎人类命运的今天，马克思和恩格斯思想中的生态学内涵乃是其介入现实、铸造未来、推动历史进步的宝贵思想资源和精神财富，更是理解《手稿》美学思想的生态精神的重要文本支撑。无论是对美学的生态学化，还是对认识马克思哲学的当代意义，深入发掘和阐释马克思关于"对象性关系"的论述所蕴含的生态哲学内涵，彰显其深厚的生态意蕴，并借以深入理解实践和审美的生态本性都十分重要。

---

① 曾永成：《作为自然界的自我意识的人本生态观及其美学》，《河北学刊》，2012年第1期。

一、《手稿》中关于对象性关系的论述

在《手稿》中,马克思尖锐地批判了黑格尔的《精神现象学》中的"抽象思维"。他指出,《精神现象学》的"主要之点就在于:意识的对象无非就是自我意识;或者说,对象不过是对象化的自我意识、作为对象的自我意识(把人和自我意识等同起来)"。这样一来,"对象性本身就被认为是人的异化了的、同人的本质(自我意识)不相适应的关系"[1]。这就是说,黑格尔的抽象思维把一切都看作人的自我意识的对象化,这就从根本上否定了对象性关系的客观存在及其对事物存在和活动的规定,"人被看作非对象性的、唯灵论的存在物",从而陷入了主观唯心主义。马克思在此高度肯定了费尔巴哈对黑格尔的批判的意义,用大量的篇幅强调了对象性关系对于包括人在内的感性存在的基础意义。

马克思在批判黑格尔的唯心主义"物性"观时着重论述了对象性问题。在马克思看来,对象性是一切现实的感性存在物都具有的相互对应和依存的性质。他指出:"说一个东西是对象性的、自然的、感性的,就是说,在这个东西之外有对象、自然界、感觉;或者说,它本身对于第三者来说是对象、自然界、感觉,这都是同一个意思。"[2]这就是说,任何感性的真实的存在都是对象性的存在,即都要以别的特定事物为对象,同时也是这些事物的对象,两者形成对象性关系,且不可能是孤立自足、与他者绝缘的存在。比如,"饥饿是自然的需要,因而为了使自己得到满足、得到温饱,他需要在他之外的自然界、在他之外的对象"[3]。如果没能满足这些需要的对象,它就不可能维持自己的存在。显然,这个朴实到极致的观点正如有些学者指出的乃是"唯物主义的真理"[4]。

既然如此,"一个存在物如果在自身之外没有自己的自然界,就不是自然存在物,就不能参加自然界的生活。一个存在物如果在自身之外没有

---

[1] 马克思:《1844年经济学哲学手稿》,第121页。
[2] 马克思:《1844年经济学哲学手稿》,第124-125页。
[3] 马克思:《1844年经济学哲学手稿》,第125页。
[4] 韩立新:《〈巴黎手稿〉研究——马克思思想的转折点》,北京师范大学出版社,2014年版,第421页。

对象，就不是对象性的存在物"。结论很明白："非对象性的存在物是非存在物。"这就是说，没有对象的存在物根本就不能是自然界中的感性存在物。"非对象性的存在物，是一种非现实的、非感性的、只是思想上的即只是虚构出来的存在物，是抽象的东西。"① 而抽象的东西就不可能是现实的感性存在。

马克思进一步指出："假定一种存在物本身就不是对象，又没有对象，这样的存在物首先将是一个唯一的存在物，在它之外没有任何东西存在着，它孤零零地独自存在着。"任何东西只要感性地存在于自然界的现实中，它就不可能是一个这样孤立绝缘的"唯一者"。这是因为，"只要有对象存在于我之外，只要我不是独自存在着，那么我就是和在我之外存在的对象不同的他物、另一个现实。因而，对这第三者的对象说来，我是和它不同的另一个现实，也就是说，我是它的对象"。② 任何感性的事物，都不是独自存在的"唯一者"。"因此，一个存在物如果不是另一个存在物的对象，那么就要以不存在任何一个对象性存在物为前提。"而实际上没有对象的存在物是不会存在的，任何现实的事物都不可能作为"唯一者"而存在。

不仅任何感性的存在物都有对象，而且它还是与这个对象互为对象的。这就是马克思说的："只要我有一个对象，这个对象就以我作为它的对象。"这就是说，对象既然能够满足你的需要，你就成了实现它的价值的对象，并且受到它的制约。对此，马克思这样说："说一个东西是感性的即现实的，这就是说，它是感觉的对象，是感性的对象，从而在自己之外有感性的对象，有自己的感性的对象。说一个东西是感性的，就是指它是受动的。"③ 在这里，对象之间的相互依存，也是相互制约和规定，同时他们还要相互作用，因此对象性也就是受动性。

在自然界中普遍存在的这个对象性关系，也必然存在于人的生命活动中，并且人的对象性关联比任何物种的对象性关联都更为广泛、复杂和微

---

① 马克思：《1844年经济学哲学手稿》，第125页。
② 马克思：《1844年经济学哲学手稿》，第125页。
③ 马克思：《1844年经济学哲学手稿》，第125页。

妙。马克思在阐释"人直接地是自然存在物"这一论断时,在指出人是能动的存在物之后就说:"人作为自然的、肉体的、感性的、对象性的存在物,和动植物一样,是受动的、受制约的和受限制的存在物,也就是说,他的欲望的对象,是作为不依赖于他的对象而存在于他之外;但这些对象是他的需要的对象;是表现和确证他的本质力量不可缺少的、重要的对象。说人是肉体的、有自然力的、有生命的、感性的、对象性的存在物,这就等于说,人有现实的、感性的对象作为自己的本质即自己的生命表现的对象;或者说人只有凭借现实的、感性的对象才能表现自己的生命。"①马克思的这些论述告诉我们,人不是抽象的存在,作为自然存在物,他具有自然力、生命力,因而是有欲望的肉体存在。正因为他有欲望,就要求有能满足其欲望的特定对象,而不是任何东西都能满足这些欲望的。在其生命生成的过程中,这些对象性的存在就是他生命存在和活动的必要条件和生命表现。因此,对象性关系作为其存在的基础,表达的正是极为重要的"唯物主义的真理"。

首先,这些能够满足他的欲望的对象是作为不依赖于他而存在于他之外的客观存在,不仅是其能够存在的承载体(生存场地),而且是能够为他提供物质食粮和精神食粮的外在事物,包括其质料所负载的能量和信息。没有这些物质的对象,人就不能生存,这些对象绝不是心造的幻影。

其次,人只有通过这些对象才能表现他的本质力量。这就是说,人作为对象性的存在物,他的对象就是对他的本质力量的表现和确证,从他的需要和满足需要的对象,就可以看出他具有什么样的本质力量,包括其丰富性、特异性和生成性。

再次,既然人要靠对象来满足他的欲望和需要,靠对象才能表现和确证其本质力量,那么人的存在就必然要受到对象的规定和制约,因而是受动的。这个受动性,说到底就是自然界在满足其需要的同时对其生命活动的限制,是"自然向人生成"的根本规律对人的生命活动的规定。

最后,由对象性造成的受动性才使人成为有激情的存在物。马克思

---

① 马克思:《1844年经济学哲学手稿》,第124页。

说:"人作为对象性的、感性的存在物,是一个受动的存在物;因为它感到自己是受动的,所以是一个有激情的存在物。激情、热情是人强烈要求自己的对象的本质力量。"[1]对象性造成受动性,因为受动才激发了突破受动的激情和热情,才有了人的本质力量的生命表现;正是能动与受动的结合,才造就了人的生命活动的意志力量和生命精神。

关于对象性,马克思还指出:"太阳是植物的对象,是植物所不可缺少的、确证它的生命的对象,正像植物是太阳的对象,是太阳的唤醒生命的力量的表现,是太阳的本质力量的表现一样。"[2]说太阳是植物的对象好理解,因为没有太阳就不会有植物,趋光性是植物的生命本性。然而说植物也是太阳的对象,这就有更加深刻的含义了。

阳光是植物产生和成长所必需的,它生成植物生命的本质力量在感性存在的植物上表现出来并因此得到实际的确证。如果没有植物,太阳的这种对于植物生命的生成能力和价值就无从表现,也无从确证。植物作为太阳所创造的感性生命存在使太阳的存在意义得到现实的表现,证明了太阳确实具有这样的本质力量和生成性价值。在这个意义上,植物也是太阳的对象——既是太阳所创造的对象,也是太阳表现和确证自身本质力量的对象。因此,植物与太阳是互为对象的。

从太阳与植物的对象性关联可以想到人与自然界之间当然也是互为对象的。自然界是人的对象,如果离开自然界,不仅人的种种需要就没有对象来满足,而且人根本就不可能出现在自然界中成为一种独特的生命存在。同时,自然界经过漫长的自我生成最终创造了人,从而实现了自己生成人的本质,在人身上表现和确证了自己的向人生成的能力。这就是说,人在自然界中的生成,乃是自然界的人的本质的现实表现和确证。恩格斯说:"进一步发展出能思维的生物,是物质的本性,因而这是在具备了条件(这些条件并非在任何地方和任何时候都必然是一样的)的任何情况下都必然要发生的。"[3]这就是说,人作为能思维的生物,表现了自然界生

---

[1] 马克思:《1844年经济学哲学手稿》,第126页。
[2] 马克思:《1844年经济学哲学手稿》,第125页。
[3] 恩格斯:《自然辩证法》,第186页。

成人的"本性",如果没有人,这种本性就无从表现和确证。在这个意义上,自然界也是不能离开人的,因为没有人类就无从表现和确证大自然向人生成的本质。即使这个人类不是出现在地球上,由于自然界生成人的本性,也必将在宇宙中的另一个角落里生出别样的人类来。今天我们需要严肃思考的是大自然需要什么样的人类,人类要怎样才能表现和确证大自然的本质。这无疑是关系着人类命运的根本问题,也是哲学和美学应该努力探究和回答的根本问题。

马克思的对象性观点作为"唯物主义的真理",还有一层更为深刻也更为重要的含义,那就是自然界在对象性关系中进行的自我生产活动。互为对象的事物并不只是静止地互相对应存在,而是要相互感觉、相互作用,进而在对象中实现自己,也就是把自己对象化。这种对象化活动就是发生在自然界中的各种生产活动。由于这种对象化的生产活动,新的对象被创造出来,新陈代谢,层出不穷,于是有了自然界的自我生成。各种形态的生命体就是这样生产出来的。马克思说的太阳和植物的对象性就是生动的例证。太阳之所以成为对象性的存在,就因为植物是在与太阳的对象性关系(当然还有别的多样的对象性关系,比如大气、水和土壤都在对象关系之网中)中经过漫长的自我生成过程生产出来的。没有这个对象性的生产过程,不仅植物,一切生命(包括人类在内),都不会成为现实的存在。在对象性的关系中生产出来的一切感性的事物,因此就都是对象性的存在。在人类诞生之前的极其漫长的生命生成过程中,就是这样的生产活动推动和表现着自然界的演化和进步。马克思说的"自然向人生成"过程的非现实部分,就是在这种生产活动中推进和实现的。直到人诞生出来,才有了人的自觉的生产活动即实践。

于是,实际上就存在着两种"对象化":如果说自然界原生的自发的生产活动是对象之间自然本质力量的对象化,那么人的实践就是人的本质力量的对象化。这两种"对象化"可以分别称为自然界的对象性的对象化和在此基础上的人的主体性的对象化。人的实践作为人的本质力量的对象化,是以前者的对象性关系为基础的。如果把"自然向人生成"看作"自然界的人化",那么这个"人化"的过程早在人类现实地生成之前很早很早,可以说从宇宙诞生的时候就开始了,劳动使人成为人的"人化"不过是在这个过程的现实阶段。

马克思指出:"当现实的、有形体的、站在稳固的地球上呼出和吸入一切自然力的人通过自己的外化把自己现实的、对象性的本质力量设定为异己的对象时,这种设定并不是主体;它是对象性的本质力量的主体性,因而这些本质力量的活动也必须是对象性的活动。对象性的存在物是进行对象性活动的,而只要它的本质规定中不包含对象性的东西,它就不能进行对象性的活动。它所以能创造或设定对象,只是因为它本身是被对象所设定的,因为它本来就是自然界。因此,并不是它在设定这一行动中从那个自己的'纯粹的活动'转而创造对象,而是它的对象性的产物仅仅证实了它的对象性活动,证实了它的活动是对象性的自然存在物的活动。"①马克思在这里明确指出实践的对象化活动必须以对象性关系为基础,人在实践中表现出来的主体性也是以对象性为基础的。这就意味着,对于现实的人来说,绝不存在不受对象性制约和规定的主体性。

马克思把自己的哲学称为"实践的唯物主义",就是说人的实践是以对象性关系这个唯物主义真理为基础的。马克思后来在《哥达纲领批判》中对"劳动是一切财富和一切文化的源泉"的论调加以尖锐批判,就因为它否定了"劳动必须有相应的生产资料为对象才能创造出财富来"这一观点。马克思说:"劳动不是一切财富的源泉。自然界同劳动一样也是使用价值(而物质财富就是由使用价值构成的)的源泉,劳动本身不过是一种自然力即人的劳动力的表现。上面那句话在一切儿童识字课本里都可以找到,并且在劳动具备相应的对象和资料的前提下是正确的。可是,一个社会主义的纲领不应当容许这种资产阶级的说法回避那些唯一使这种说法具有意义的条件。"马克思说,正是那些占有了劳动的自然资源的人才赋予劳动"一种超自然的创造力"。"因为正是由劳动的自然制约性产生出如下的情况:一个除了自己的劳动力以外没有任何其他财产的人,在人和社会和文化的状态中,都不得不为另一些已经成了劳动的物质条件的所有者的人做奴隶。他只有得到他们的允许才能劳动,因而只有得到他们的允许

---

① 马克思:《1844年经济学哲学手稿》,第124页。

才能生存。"① 这种把劳动从其对象性关系中抽象出来的观点之所以错误，首先就在于他否定了劳动创造财富即实现对象化所必须具备的对象性基础。马克思说的"前提"和"条件"，就是"劳动的自然制约性"，也就是以对象性关系为基础的制约性。显然，是否承认劳动实践的对象性关系这一基础，在马克思看来乃是一个具有严肃政治意义的原则问题。

二、对象性观点的生态哲学意蕴阐释

用后来的生态学的眼光来看，马克思说的对象性关系实际上就是最基本的生态关系。因此，他对对象性关系的论述实际上具有极为深刻而丰富的生态学内涵，这说明一切有生命的感性的现实存在都是在与别的事物相互依存、相互作用的对象性关系中互动共生的，而这正是任何生命存在和活动的基本状态。简言之，对象性关系即生态关系。

当代生命哲学指出："发育的个体正是基因的内部力量和环境施加的外部力量共同作用的结果。正是这两种影响的交互作用决定了成熟个体的形态和显型，生理便是个体生物对秩序的保持。但这种秩序是与白天黑夜，一年四季，甚至更长时期的不断变化的环境相适合的。因此，生理也应从生态框架的角度才能获得最好的理解。"② 马克思关于对象性关系的论述，就是理解生命的一种"生态框架"，这种理解包括以下基本内涵。

第一，生态学研究生命体与其环境之间的关系，这种关系正是源于生命体作为感性存在所必然具有的对象性。人作为对象性存在必须与自然界互为对象，才使人与自然界的关系成为人作为生命体与自然界这个大生命之间的生态关系。在《手稿》里马克思还没有明确提出人与环境关系的概念，但在1845年的《关于费尔巴哈的提纲》中他明确提出了这一概念。他说："环境的改变和人的活动的一致，只能被看作是并合理地理解

---

① 中共中央马克思恩格斯列宁斯大林著作编译局：《马克思恩格斯选集》第三卷，第298页。
② 伯奇、柯布：《生命的解放》，邹诗鹏等译，中国科学技术出版社，2015年版，第47页。

为变革的实践。"① 这就是说，实践是人与环境的相互作用，从人与环境的关系看实践，就必然会触及实践的生态性质。他还批判了那种把人与自然界的关系从历史中排除出去的历史观。这就明确地把人与环境的关系视为人的历史活动的内容，而人与环境的关系实际上就是一种基本的对象性关系。

第二，食物链是生态学中很重要的概念，其中包含着生态需要与生态功能的对应和耦合的关系，这正是对象性的内在含义。马克思在论述人的"类生活"时说："类生活从肉体方面来说就在于人（和动物一样）靠无机界生活，而人和动物相比越有普遍性，人赖以生活的无机界的范围就越广阔。"② 不仅人的肉体生活要依赖自然界这个对象，而且人的精神生活也离不开自然界。马克思接着就说："从理论领域说来，植物、动物、石头、空气、光等等，一方面作为自然科学的对象，一方面作为艺术的对象，都是人的意识的一部分，是人的精神的无机界，是人必须事先进行加工以便享用和消化的精神食粮。"联系前后文，这里说的"理论领域"就是精神领域。这就是说，自然界也是人的精神生活所依赖的对象。接着，马克思还说："同样，从实践领域说来，这些东西也是人的生活和人的活动的一部分。"③ 这就是说，人的实践活动也是以自然界为对象的活动。总之，无论是人的生活还是活动，都是以自然界为对象的。在这个关系中，一方面是人的需要——肉体的、精神的和实践的需要，另一方面是自然界作为满足这些需要的对象所具有的功能，需要和功能二者相互对应，这就是人与自然界互为对象的根本内容，也就是人与自然界的生态关系的根本内容。所谓对象性，主要就是需要与功能之间的对应性和适应性。不仅人有对自然界的需要，自然界也有对人的需要，生态关系中的需要与功能的耦合对应是交互循环的。

第三，感性存在的对象性造成了事物之间的普遍联系，并形成了具有

---

① 中共中央马克思恩格斯列宁斯大林著作编译局：《马克思恩格斯选集》第一卷，第59页。
② 马克思：《1844年经济学哲学手稿》，第52页。
③ 马克思：《1844年经济学哲学手稿》，第52页。

整体性的生态之网,从而把生态系统整体的特殊性质凸显出来。实际上,宇宙自然作为整体是在宇宙诞生的时候就存在的,事物之间的对象性关联,包括人与自然界之间的对象性,正是在这个整体之中并在其整体质的作用下形成的。人的生成可以说就是在宇宙自然整体的作用下对象性活动的结果。因此,不能只看到直接相关的对应关系,还应看到非直接相关的事物构成的整体所发挥的作用。整体具有各个部分各自并不具备的一种超越各部分的整体性质和机能,这正是造成生态复杂性的根本原因。这个整体的模糊和幽深必然带来某种神秘性而令人敬畏。

《1844年经济学哲学手稿》的生态思维是极为深刻和丰富的。其中,关于"人是自然界的一部分""历史是自然向人生成过程的现实的部分""自然界的人的本质"和"抽象的自然界对于人等于无"等重要思想都蕴含着深刻的生态学内涵,而这所有的观点都与对象性观念密切相关:

——人之所以是自然界的一部分,就因为人是在与自然界的对象性关系中生成的,自然界作为人须臾不可离开的对象要为人提供物质的和精神的食粮,同时人还离不开周围世界发出的各种信息。正是由于特殊的对象性关系,自然界成了人赖以生存和活动的环境,成了人的"无机的身体",彼此建立起全面而复杂、精致而微秒的生态关系,人也因此成为生态性的存在。

——人类的历史之所以能够成为现实,就因为此前的非现实部分中自然界自身的对象性生产创造了必要的前提,进而使人的劳动能够继续在对象性关系的基础上通过自觉的对象化改造外部和内部的自然,得以把自己从动物中提升出来成为"人"。不仅如此,人类还继续通过对象性基础上的实践来发展自己,使自己向着全面发展的自由的人生成,以实现自然向人生成的崇高目的。这整个生成过程都是在人与自然界之间的生态合作中进行的。没有对象性关系所建立的生态关系,没有这种关系中的生产创造,就不会有这个生成的过程。

——马克思关于"自然界的人的本质"的论述,揭示了人与自然界之间对象性关系的根源和奥秘。正是因为在自然界中就存在着"人的本质",人与自然界之间才会互为对象。人从自然界中生成的事实说明了"自然界的人的本质"的存在和意义,正是在这种对象性关系基础上的实践活动才把这些因素既对象化又使之主体化，从而使人成为人。只有从对象性关系出发，才能真正理解"自然界的人的本质"的存在，也才能理解马克思为什么说它同时又是"人的自然的本质"，也才能对人与自然界之间的生态关系有深刻的理解和真诚的敬畏。

——抽象的自然界就是从与人的关系中抽象出来的孤立的自然界。这样的自然界既然与人无关，不存在"人的本质"，那就不可能成为人的对象，对人毫无意义，当然就等于"无"。马克思对"抽象的自然界"的否定，恰恰是对自然界与人的生态关系的肯定。一些学者把人类诞生之前的自然界视为"抽象的自然界"，指责恩格斯的《自然辩证法》是对马克思思想的遮蔽，是完全没有道理的。这种观点只看到人与自然界在共时性的实践活动中的关系，而完全忽视和否定"自然向人生成"过程的非现实部分即人类真正生成之前的对象性关系，隔断了对象性与生成性之间的关联，也就不能真正认识人的存在和活动与自然界之间的生态关系的生成性本质。

——马克思强调实践的对象性基础，也就是指明了实践乃是人类处理和调适自己与自然和社会环境关系的自觉的生态活动，并且突出了其与自然界之间的生态关系，这无疑彰显了实践的生态本性，有助于清醒认识自然界作为对象对实践的规定和限制作用。从对象性关系这个基础认识实践的主体性，才不致把主体性抽象化和任意化，陷入主体性的谵妄和横肆。工业化所鼓动起来的"人类中心主义"对主体性的片面高扬，忽视了主体性的对象性基础，造成种种反生态的实践，成了人类生态危机的主要原因。

一切生命体都是对象性的存在，以这对象性关系为基础而与对象世界多方面多层次的互动共生，并归根到底与世界存在的整体——自然界和宇宙整体的交互作用，成为对这个存在整体的独特反应，才生成了丰富多彩的生命形态。因此，所有的生命，无论是个态的生命存在还是场态的生命存在，都是生态性的存在。至此，对生命的理解，才真正摆脱了实体观念的束缚，而将其诉诸关系思维的理解。在这种理解中，生命才真正活动起来。这正如马克思所说:"生命如果不是活动,又是什么呢?"[①] 正是对象性关系揭示了生命活动的"唯物主义的真理"。

对于对象性关系的生态内涵和生命意义的认识,不能离开马克思关于"自然向人生成"这个终极性的本体论视域。以这种生成本体论为基础的"人本生态观",以人为本,以人的全面发展和人类解放为根本目的,突出了生态运行的生成性、生态系统的整体性和生态实践的主体性,而这些都是与对象性关系这个"唯物主义真理"相统一的。如果没有对象性关系,世界就是一盘散沙,不会形成生态系统,不会存在生态价值和生态规律,更不会在对象性关系的制约下树立"生态尺度"的观念,当然也不会有正确合理的生态实践。令人遗憾的是,那种无视马克思把自然主义和人本主义统一起来的本体论,把自然界和人都从彼此的生成性联系中抽象化,把它们看作各自独立自足的实体的观念,至今还存在于很多人的头脑里。这种"实体中心"的思维方式,造成了对马克思《手稿》中的对象性思想的长期忽视,并深刻地影响着对马克思的哲学和美学的理解和研究。

三、审美活动中的对象性关系及其特殊对应性

对象性关系作为人类生命活动的基础,还有丰富而深刻的精神意义。马克思指出:"人作为对象性的、感性的存在物,是一个受动的存在物;因为它感到自己是受动的,所以是一个有激情的存在物。激情、热情使人强烈追求自己对象的本质力量。"[②] 马克思又说:"对象性的本质在我身上的统治,我的本质活动的感性的爆发,在这里是一种成为我的本质的活动的激情。"[③] 这是因为对象性所造成的相互依存甚至依赖同时也是一种规定和限制即受动,这就必然会激起人的生命力的积极反应和奋发,使人焕发出相应的激情和行动,而这正是人的生命本质的表现。

正是在实践的主导作用下,人形成了自己本质的全面和完整的内涵。

---

① 马克思:《1844年经济学哲学手稿》,第51页。
② 马克思:《1844年经济学哲学手稿》,第126页。
③ 马克思:《1844年经济学哲学手稿》,第86页。

对此，马克思这样说："人同世界的任何一种人的关系——视觉、听觉、嗅觉、味觉、触觉、思维、直观、情感、愿望、活动、爱，——总之，他的个体的一切器官，正像在形式上直接是社会器官的那些器官一样，是通过自己的对象性关系，即通过自己同对象的关系对对象的占有，对人的现实的占有。"一个全面而完整的人，具有丰富的感性的和精神的能力和需要，绝不只是要吃喝住穿，不只是要劳动，而是要使自己各个方面的需要和能力，特别是把那些精神的需要和能力都释放出来并得到满足。而这必须通过对象性关系才能为自己现实地占有，即真正现实地享受自己的全面本质，实现自己向真正的人的现实生成。这就如马克思所说："这些器官同对象的关系，是人的现实的实现，是人的能动和人的受动，是人的一种自我享受。"① 这当然包括审美活动这种自我享受的方式在内。正是在论及人的本质力量的全面生成时，马克思展开了对人的审美关系的论述。

在实际生活中，由于人的对象性关系是多种多样的，不同性质的对象性关系所带来的肯定和享受是不一样的。因此，马克思接着说："对象如何对他说来成为他的对象，这取决于对象的性质以及与之相对应的本质力量的性质；因为正是这种关系的规定性形成了一种特殊的、现实的肯定方式。"马克思举例说："眼睛对对象的感觉不同于耳朵，眼睛的对象不同于耳朵的对象。每一种本质力量的独特性，恰好就是这种本质力量的独特的本质，因而也是它的对象化的独特方式，它的对象性的、现实的、活生生的存在的独特方式。"② 这就是说，人的生命活动中的各种关系，首先是对象性的，即彼此相互对应的，否则就不会建立关系。在此基础上，不同的对象性关系还以各自的特殊性质（特殊规定性和独特本质）形成各自的独特方式。这个独特方式乃是造成审美活动特殊性的聚焦点。

马克思进一步具体论述了审美活动内在关系的构成，他说："另一方面，即从主体方面来说，只有音乐才能激起人的音乐感；对于没有音乐感的耳朵说来，最美的音乐也毫无意义，不是对象，因为我的对象只能是我的一种本质力量的确证，也就是说，它只能像我的本质力量作为一种主

---

① 马克思：《1844年经济学哲学手稿》，第80-81页。
② 马克思：《1844年经济学哲学手稿》，第82页。

体能力自为地存在着那样对我存在,因为任何一个对象对我的意义(它只是对那个与它相适应的感觉说来才有意义)都以我的感觉所及的程度为限。"①

从马克思以音乐为例对审美活动的对象性关系的论述看,他明确指出这种生命活动是具有与主体的独特本质力量相对应的特殊规定性的一种"关系"。既然是关系,就可以分析它的构成,因为任何关系都不可能由事物自身单独形成。恩格斯在谈到政治经济学的研究方法时曾说:"既然是一种关系,这就表示其中包含着两个相互关联的方面。我们分别考察每一方面;由此得出它们相互关联的性质,它们的相互作用。"②审美关系也是这样:它包含两个相互关联的方面,即审美对象(如音乐)和审美主体(有音乐感的耳朵,而且是这种感觉得到解放的人);这两个方面的关联具有相互对应的对象性,即具有特殊的对应性,因此能彼此适应,这是这种关系的特殊规定性;这种对应性的活动能够生产出主体的"音乐感",使之获得特殊的"自我享受"。审美活动的对象性关系的特殊性,就是其特殊的生命机能和本体特性。美学对审美活动的研究必须要先弄清这个关系性特质的奥秘。

审美活动的关系作为一种具有特殊规定性的对象性关系,必然具有对象性关系所具有的生态关系内涵。主体的审美需要必须从对象的美得到满足和表现,从而获得肯定和享受。这样的对象性关系,以主体的审美需要与对象的美感功能之间的相互适应和耦合为特征,并且是以审美的方式对主体与对象之间的生命状态进行调适,因而是一种特殊的生态调适活动。

审美活动中虽然没有直接的物质交换,但它也是一种重要的生态活动。审美中的节奏性活动虽然也有能量活动,但不是直接的能量摄入,而是通过美的形式进行的能量激发和组织作用来调节主体的生命节律,改变其生命存在状态。审美活动中实现的主体与对象之间的和谐,是主体真切地感受到自己与对象及环境之间的肯定性关系,从中获得美感的享受。人

---

① 马克思:《1844年经济学哲学手稿》,第82-83页。
② 中共中央马克思恩格斯列宁斯大林著作编译局:《马克思恩格斯选集》第二卷,第122-123页。

们可以根据自己的需要去选择不同的审美对象,从不同的审美对象获得不同内涵和强度的美感以调适自身的生命节律,优化自己的身心状态。利用审美活动进行这样的生态调节是原始人的舞蹈活动最重要的功效之一。后来的艺术审美活动只是把这种作用更多地发挥到社会和文化生态关系的调适之中罢了。

长期以来,人们把美的生成诉诸人的实践活动,认为美的根源在社会实践。这是把美的生成完全看作人的本质力量的对象化,而抹杀了自然界基于对象性关系的自发的生产活动的对象化对美的生成的作用。这些自然的美一经产生,就在自然界自我生成的过程中"参赞化育",作为基因对世界的向美生成发挥巨大的作用。比如,动物没有意识,因此不会"审美",但是它们会受到美的感应,在对美的感受中推进自身的生命质量。达尔文描述的动物美感有力影响其性选择的生动事实,就说明了美在生物的个体进化中的深刻作用。动物的感美活动作为一种特殊的对象性活动,是人的审美活动的生物性前提。人类的审美活动无非是由于实践中提升起来的主体性的缘故,是将原来的对象性关系提升为一种主体性的关系,把审美活动作为一种进行生态调适的自觉的活动了。之所以说爱美是人的天性,就是因为在自然界中的对象性活动中由于节奏的中介作用,早就生成了以美为中介的生命活动,生成了对美和美感的需要。以节律为中介对美的感应乃是生命体的本能需要。

人的审美活动的主体性以对象性关系为基础,因此,要真正认识审美活动的特殊性,关键就在于认识这种对象性关系的特殊规定性。马克思以音乐为例来说明这种规定性,为这种探究指出了思维进路。一切艺术都趋近于音乐,审美活动的本体特性就在音乐审美的奥秘之中。

四、审美活动中对象性关系的生产功能

对象性关系绝不只是一种和静态的对应关系,它还是相互作用的一种生产性活动。正是在以对象性关系为基础的生产活动中,自然界才实现了向人的生成,同时也实现了世界的向美生成。袁鼎生在论述生物的审美生

态的生成时说,"它展开了从美然存在的生命,到审美的生命,再到创美之生命的过程"[①]。这里说的"美然"的生命指生命本身作为美生成果是美的存在,"审美的生命"则是把美作为对象来审视和鉴赏;进一步,"创美之生命"就是能够创造美的生命了。这个审美生态的生成过程,就是生命在对象性的关系中相互作用进行生产的过程。没有对象性的生产,就不会有审美生态的这个生成过程。这个生命从"美然"到"审美"再到"创美"的生成过程,就是美学研究的对象。可以说,真正的美学,就是研究这个审美生态生成过程的学问。没有"美然生命"的生成,就不会有进行审美活动的"审美生命"。因此,对审美活动的研究只是美学研究的一部分内容;比起"美然"生命的生成,审美和创美都是次生的事实。

笔者认为,马克思《1844年经济学哲学手稿》的美学思维的总体格局所展示的就是这样的生成过程。略有区别的地方是笔者认为审美这种已经具有主体性的活动只属于人,而动物和其他生物与美之间的对象性活动则只能称为"感美活动"或"美感活动"。对于人的审美活动来说,其他生命的"感美活动"只是其生物性前提或原生形态。世界的向美生成,最生动地展现了对象性关系的生产机能。没有对象性关系就不会有生命的美,也就不会有对美的需要,也就无从生成感美、审美和创美的生命需要和能力。感美、审美和创美都是更加高级的对象性关系,也有了更高级的生产机能。对象性关系在自己的共生活动中生产出更高级的对象性关系,于是世界由于对象性的生产而生成、改变和进化。即使是人的实践,无论有多么高标独特的主体性,也不能无视对象性关系这个生产基础以实现生产的目的。

笔者在20世纪80年代后期就提出,审美活动的最基本的生命机制乃是主体与对象之间的"节律感应"。一切审美对象都以节律形式为其最基本的特质,一切审美主体都是具有一定特征的生命节律活动的存在。在一定条件下,由于事物运动规律的作用,对象的节律形式能激发并调节和引导主体发生相应的节律活动。这样两种节律相生相感、相应相和的行为方

[①] 袁鼎生:《天生论美学》,科学出版社,2017年版,第255页。

式,就叫"节律感应"。美感就是由于"节律感应"造成的主体自身的节律感奋、和谐与跃动,或者主体与对象二者节律高度契合以至物我同一而引起的身心体验。从典型的审美事实中,到处可以看到这种"节律感应"的活动方式。在1989年和1991年先后出版的《以美育美:美育理论与实践》和《感应与生成——感应论审美观》中,笔者将其表述为:"由于事物运动规律的作用,对象的节律形式会激发并调节和引导主体的节律活动,使其与之和谐一致。这样两种节律相激相荡、相生相感、相应相和的运动方式,就是我们所说的节律感应。"① 正如卡西尔说的:"美感就是对各种形式的动态生命力的敏感性,而这种生命力只有靠我们自身中的一种相应的动态过程才可能把握。"② 卡西尔说的"动态过程"就是"节律感应"的过程。

流行的美学只关注美和美感的意义表征,即审美形式的表现性。从认识论美学到情感论美学的转变也只因表现的内容有所不同。后者虽然在实际上亦触及情感的活动,但仍然没有对审美动力性的明确自觉。笔者在20世纪80年代后期用激发、调节、引导和融合描述"节律感应"的过程时,实际上就内在地肯定了"节律感应"的动力机制,但是直到20世纪末才对表现性与动力性的统一做出明确的理论表述和阐释。③ 审美活动中特殊的对象性关系之所以具有特殊的生产机能,与美感的动力机制直接相关。杜威具体论述了节奏在审美中的"能量组织"功能,其学说被视为"生态动力学",就揭示了其创生审美经验的生产作用。

在自然界内部的对象性关系中,因生命与美同步生成,生命体有了对美的感应机能和相应的活动,并在其推动下向着更加优化的"美然"生命提升,以至动物的美感活动生成为人的审美活动和创美活动,使美的创造成为生命和人的生成的主旋律,艺术于是成为文明的轴心。动物"美感

---

① 曾永成:《感应与生成——感应论审美观》,成都科技大学出版社,1991年版,第19页。
② 卡西尔:《人论》,甘阳译,上海译文出版社,1985年版,第191页。
③ 曾永成:《走出"形式—意蕴"表里结构的思维定式——对审美形式表现性和动力形式的生态思考》,《四川师范大学学报(社会科学版)》,2000年第3期。

活动"的生产性（生殖性）表现得直接而公开，达尔文在《物种选择》中已经有十分具体丰富而生动的描述。人类审美活动的生产性也不例外。所谓生态关系，从本质上说就是生命体自我生产和生成的调适活动。正是在对生态关系的自觉调适中，生命的自我超越才有可能，才成为可以确证的现实。这种调节活动，既指向生命体自己，还指向其下一代，这是维护生命质量持续性的两种基本方式。审美活动的以对象性关系为基础的生态性质，其对人的生命本质的生产性调控也表现在这两个方面。

——从作为审美主体的个人自身来说，审美活动直接生产了主体的美感，并通过美感对主体自身生命节律的激发、调节和引导，实现对主体心灵的陶冶和对其身心整体结构的熔炼，首先推动其心灵的向美升华，同时也对其身体的美生完形发挥一定的作用。审美活动对人的生命个体的这种美生作用，从原始的先民到现代社会都受到广泛的重视，并被用作修身养性乃至疾病治疗的有效方式。

——从作为审美主体的人的代际生成来说，审美关系成为人类择偶的重要原则。人类继承了动物以美感影响甚至支配性选择的本能，美感在人类的婚配择偶中发挥了重要作用。即使这种美感在社会发展过程中经历过各种扭曲和异化，但始终没有放弃这个原则。这种美感在异性的相互吸引和性活动中促成生命基因的臻美组合和美生包容，直接影响了后代的生殖和发育质量。美感在胎教中的作用也被视为优生优育的协助手段。

——从作为审美主体的人的社会和"类"存在来说，美感以其社会性和"类"的内涵及独享与共享统一的特殊功能，启发和推动主体对狭隘的自我的超越，培育其"共同感"，启示社会共生观念，从而促进其社会性和类意识、类本质的积极生成。审美活动对人的社会性和类本质生成的生产作用，不是对人的整一化和平均化，而是在尊重和维护人的个性独特性和全面发展的基础上进行的，是在保证个体自由的情境中进行的，因此它不仅不消泯个性，反而通过个性的自由实现社会性和类性的提升，从而促进人的本质的健康生成。

——从作为审美主体的人的自然存在来说，美感把人的爱美天性释放出来，深切感悟和体验自己与自然界之间的生命统一性和内在的对象性和生成性关系，唤醒对自然界的恋母情结，真切体验和认识到自然界作为人的生命家园和精神家园的终极性存在意义,从而把类意识从人类扩展到自然界整体。至此,自然界的自我意识在人身上被生产出来,人于是真正成为"天地之心"。

整个"自然向人生成"的过程,就是"自然界向美生成"的过程,人的审美生成,即最终生成为臻美和审美的人是这个过程所要实现的恒久的现实。这个生产和生成活动是在对象性关系基础上进行的。而审美活动以其特殊的对象性关系实现这个崇高目的,既是人的向美臻美生成的自我表现和确证,又是这个生产过程的深化和自觉化。正是由于这种生产性的机能,审美活动才具有了它原生的生态本性。这说明,对象性关系的生产活动既是生态性的,同时也是审美性的。在这个过程中,生态和谐的达成也就是审美和谐的实现。把二者融合和统一的关键是对对象性关系应有的内涵的深入认识。如果对生态关系的认识达到了生命节律活动感应的层次,那自然也就实现了对审美和谐的确认。而这正是对象性关系在美学的视野中所敞亮的重要内涵。这就意味着,对审美活动中对象性关系的认识直接关系到对审美本体特性的认识,而这正是审美活动中主体与对象之间的生态关系最为幽深微妙之处。在这里,世界生成的审美性和生态性实现了最深刻的统一。由此可见,深入理解对象性关系这个概念对于美学研究和美学的生态学化何等重要。

(《鄱阳湖学刊》2021年第3期)

从怀特海生命形态观看生命之美的生态性质

自 19 世纪中叶以来的生命哲学一波一波兴盛以来,从生命的视域思考美和审美问题已经成为很普遍的倾向。在我国,20 世纪 90 年代初明确提出并系统阐释的"生命美学"也得到广泛而热烈的响应。中国的美学在两千多年前就崇尚生命,而在当代居于主导地位的马克思美学实际上也是把人的"生命活动"作为出发点。因此,近年来对于生命美学的热衷其来有自,乃势所必然。但是,生命与美和审美的关系并不简单。就马克思在《1844 年经济学哲学手稿》(以下简称《手稿》)中所表达的美学思维来说,对人的生命活动的论述就既肯定了其生成性本质,还揭示了其源于对象性关系的生态性基础,而在着重阐述其实践性特质时也强调了其对象性基础,实际上揭示了实践活动的生态基础和性质。这就意味着,对于马克思的美学思想来说,无论是从生命还是从实践的视角去考察和阐述,都不能忽视其基于对象性关系的生态基础。怀特海有机哲学关于生命形态的理论,有助于深入认识马克思的生命观,以正确理解生命与生态、生命的审美性与生态性之间的关系,这无疑有助于美学思维的深化。

一、生命有两种不同的存在形态

流行的生命概念，即使在生命科学中都只是指的"生物"即个体形态的生命存在，而怀特海的有机宇宙论认为，个体形态的生命只是生命世界中的"躯体模式"，它们的活动造成"躯体事件"，这些躯体存在之外的世界，包括自然界和宇宙，也是有生命的存在。

在《思维方式》中，怀特海专门论述了自然界与生命的关系，认为从整体的视域来看，自然界就是有生命的存在；这是创造性的思维方式对自然界和宇宙所应有的理解。早在《科学与近代世界》中，他就将生命存在分为躯体和非躯体两种形态，躯体生命即个体形态的生命体，非躯体的生命形态则可视为生命场或场态生命。这样的生命形态观，与只看到躯体形态生命的流行观念大不一样。

有机哲学把自然界看作人的感官所知觉的那一部分宇宙。在自然界这个生命系统的母体中，生成了个体形态的生命存在。怀特海指出，作为躯体生命的"这个统一体是各部分事件的整合，而不是各事件的集合。它作为一个事件，具有其本身的统一体。这个总的统一体作为一个自为的实有来看，就是把全部事件的模式化位态到统一体中去的过程"①。这个具有"躯体模式"的"总的统一体"之所以是"自为的实有"，是因为它作为一个个体的生命存在，要以自我的生存和发展为目的。说它"把全部事件的模式化位态到统一体中去"，意思是这种生命存在形态作为"总的统一体"，把宇宙自然在前生成的各种实有因素按其位态加以结构而组织成特殊的整体模式。很明显，生命存在的躯体模式不只限于人类，从最早的大细胞和微生物开始，生命的躯体模式就出现了。如果把具有个体形态的生命称为"躯体生命"，那么自然界乃至宇宙整体的生命就是"非躯体生命"。前者是内在结构紧密浑然、具有明显界面的具体整体，是具有鲜明特征的个体形态；后者则只是虽有结构但关联相对松散的社群（群集）——自然界和宇宙的整体就是这样的生命形态。

怀特海后来在《过程与实在——宇宙论研究》中用另外的表达方式论

---

① 怀特海：《科学与近代世界》，何钦译，商务印书馆，2011年版，第165页。

及这两种生命形态的存在及其关系，他说，一个"有生命的社群"包含着"'无机的'结合体"和"'完全有生命的'结合体"。所谓"'完全有生命的'结合体"就是具有躯体模式的个体形态的生命体。在其所处的"有生命的社群"中，还有很多没有进入这种躯体模式，没有直接成为各种躯体模式的构成部分的因素。相对于这些躯体模式，它们还似乎是"无机的"存在。对于这两种生命形态的关系，怀特海说："一个无机的结合体为了使它们在外部环境的变化中得以生存，并不需要'完全有生命的'（即个体形态的生命）社群的保护。""但是，'完全有生命的'结合体如果要生存下去，那么它们的确需要这样的保护。"① 这说明，个体生命只是"有生命的社群"的一部分，"有生命的社群"是个体生命得以生成的母胎，在其生成之后也是其能够生存和发展的母体和家园。

区分这两种生命存在形态很重要。流行的生命观念所说的生命，在最宽泛的意义上也只是指从微生物、植物、动物直到人类的生命形态。这种观念把这些生命存在与无机界严格区分开来，以为生命存在仅仅局限于这些大大小小、形形色色的躯体模式。现代生命科学认为生态系统由非生物组分和生物组分两部分构成，生物组分所说的生物即作为生产者、消费者和还原者的各种个体形态的生命体，非生物组分则指的是太阳的辐射、大气、水体和土体。这些非生物组分构成的生命场，乃是各种生命体的环境。在这两种组分之间，土体具有特殊的意义，是生命体的直接母体。"土体，泛指自然环境中以土壤为主体的固体成分，其中土壤是植物生长的最重要的基质，也是众多微生物和小动物的栖息场所。土壤也是一个生命体，土壤生命体在整个地球生态系统物质循环中的作用远远超出过去人类的想象。"② 显然，土壤这个生命体还不是生物那样的个体形态，而基本上还是场态的生命存在。

躯体生命作为总体存在，具有十分紧密而敏感的自身有机统一性。怀特海指出，对于认识这种生命形态来说，"要紧的是把持续的躯体模式

---

① 怀特海：《过程与实在——宇宙论研究》，李步楼译，商务印书馆，2011年版，第160页。

② 张惟杰：《生命科学导论》第三版，高等教育出版社，2016年版，第197-198页。

和充满持续模式的躯体事件,以及躯体事件的各部分区别开来"①。任何一个个体生命即躯体生命都有自己持续的躯体模式,即有自身持续存在的特殊的整体结构。比如,手脚分工、昂首直立的人的躯体模式,就不同于动物的躯体模式,而不同种类的动物又各有自己特殊的躯体模式。活的躯体在这个模式的活动过程中就必然会发生和存在各种躯体事件,即为了躯体自身的持续存在而进行和展开的活动。劳动实践就是人的躯体事件。躯体事件无论多么活跃复杂、多种多样,都要受躯体模式的制约。"躯体事件的各部分本身就被它们本身的持续模式所填充。这种模式就是整个躯体模式中的构成要素。"这就是说,躯体模式在躯体事件各部分的活动所发生的变化中具有持续的稳定性。躯体生命发生的躯体事件要不断地从环境中摄入和包容自己需要的因素,才能使自己的躯体模式得以持续。这些因素构成躯体的各个部分,躯体的整体与部分具有紧密的交互关系。这正是躯体生命的重要特征。"因此,躯体既是各部分的环境之一,各部分也是躯体的环境之一。只是彼此对对方的修正都十分敏感。这种敏感性存在的方式是部分适应于保存躯体模式的恒定。"②这种敏感性和相互性就是生命体并不摄入什么就长什么,而始终能维持自身特定躯体模式的原因。怀特海认为,部分为了整体这种关系统治了整个自然界,并不是从高级机体的特例开始的。这一关系也统治着整个自然界,自然界才成为有机的生命场,也才从中生成各种各样的生命体。

二、对宇宙和自然界生命的三重论证

对于自然界与生命统一的关系,怀特海晚年在《思维方式》这一重要著作中进行了多方面的论证。怀特海认为物质与精神是相互融合的,自然界与生命是融合的,这个理论怎样得到论证呢?"作为论证的第一步,必须形成生命能有何种意义的概念。此外,我们要求用自然界和生命的融合

---

① 怀特海:《科学与近代世界》,第165页。
② 怀特海:《科学与近代世界》,第165页。

来弥补我们关于物质自然界的概念中的缺陷。另一方面,我们还要求生命概念包含自然界的概念。"① 这里对自然界与生命相互融合的论证包含了三个方面,即三重论证。

第一重论证,是从理解生命自我生成的创造性目的这一本质来达到的。怀特海说:"作为一个初步的概念,生命概念蕴含着自我享受的某种确定的绝对性。……生命蕴含着由这个纳入过程产生的绝对的、个体的自我享受。"② 这种享受就是自我生成目的即理想欲望的实现,亦即创造性本质的实现。个体生命的创造本质从根本上说就是宇宙的创进本质的个别体现。在这个层次上,生命不仅属于个体形态的生命体,而且首先属于宇宙,它乃是宇宙的创造本性的表现。这就是说,要真正理解生命的创造性本质,就必须理解"目的"这个极为重要的概念。宇宙和自然界的自我生成作为有目的的活动过程,创造性是其最深刻的本质,因此理所当然是有生命的。可以说,生命体在自然界生命场中的生成,乃是自然界生成人的壮丽进程中第一个伟大的飞跃。

第二重论证,是用自然界和生命融合的概念来弥补关于物质的自然界概念的缺陷。怀特海认为由于感官经验对身体经验的屏蔽,"科学的推理完全为如下阈限做出的假定所制约,即精神活动并不真正是自然的一部分"。针对这种虚妄的否定,怀特海强调指出:"在我们的根本的观察中,精神和自然界的这种截然分裂是没有根据的。我们发现自己生活于自然界中。……我们得出结论:我们应当把精神作用看作是属于构成自然界的因素。"③ 这样一来,自然界就不可能单纯是物质的存在,而应该是物质和精神的统一体。怀特海关于现实实有中物理极和精神极并生互动而推进事物自我生成的理论,还有关于"过程的形式"的精神极之内含及其主体性的理论,就从根本上消除了传统的"物质的自然界的概念"的缺陷。如果自然界只是物质的存在,而没有精神因素的能动作用,就不可能有自我超越的创进生成。因此,具有精神机能的自然界应当是有生命的。

---

① 怀特海:《思维方式》,刘放桐译,商务印书馆,2013年版,第138页。
② 怀特海:《思维方式》,第138页。
③ 怀特海:《思维方式》,第143-144页。

第三重论证，是还应要求生命的概念包含自然界的概念。怀特海把宇宙中为人的感官所感知的那一部分称为自然界。他认为，不仅自然界有生命，在自然界之外和背后显得悠远模糊的宇宙也有生命。在这里，所谓生命是一种性质和机能，而不只是实体的存在。既然宇宙也是有生命的，而自然界只是宇宙中呈现于人的感官知觉中的那一部分，那么生命的概念就包含自然界的概念。相对于自然界，宇宙就是先在的生命场。自然界的生命是在宇宙这个广袤无涯的母体之内孕育而成的。在这个意义上，当然应该是生命的概念包含了自然界的概念。怀特海把原初的现实实有视为"上帝"，"他"具有创造性的本质，是世界和事物向审美生成的终极因和动力因，是这个世界的诗人。这个被视为"上帝"的宇宙整体，就是一切生命和生命体的终极根源，是代代绵延的各种生命体得以生成的生命场，是一切生命体共同的母体和家园。

袁鼎生说："生态的基本含义，指的是生命体与环境的关系。生态的完整意义，指生命的活态，即它的结构组织状态，内外关系状态。生态科学与生态哲学认为，除有生之物外，其他一切事物，都有生成生长性与衰变消亡性，组织结构性与内外关系性，也就有着广义的生命性与生态性。这样，生态也就有了全宇宙的覆盖性，全时空的延展性，以及适合一切存在物的普遍性。"[①]这与怀特海有机宇宙论的生命观是一致的。

三、两种生命形态之间密不可分的生态关系

对宇宙的生命性质的肯定，不仅说明了自然界的生命的最终根源，同时也以自然界的生命来确证宇宙的生命存在。只有人的意识通过思维才能确证和理解这个模糊存在，才能意识到"我们和我们的诸种关系处于宇宙之中"，并且受到宇宙整体这个现实的"上帝"的终极制约。这种模糊的关系直接存在于人的身体经验之中，其原因就是人的身体与自然界的统一。相对于人的身体这个躯体模式的生命形态，自然界就是作为人的环境

---

① 袁鼎生：《天生论美学》，第396-397页。

的场态生命。生命体与生命场之间的关系,就是任何生命体都离不开的生态关系。

作为躯体生命的"个态生命"和作为非躯体生命的"场态生命",二者密切关联,共同构成现实的生态系统,这决定了一切生命存在的生态本性。这就是说,一切个体形态的生命存在都是生存和活动于作为其环境的生命场之中,与这个生命场形成多方面、多层级的生态关系,因此都是生态性的存在。正如现代生命科学指出的,"研究所有的生命现象,时刻都需要有一种系统的、整体的和不断发展的观点,从生态系统的结构、过程、功能角度来研究生命现象的种种规律。只有这样,才能把握隐藏在生命运动种种表象后面的本质性的规律"[1]。这就是说,离开了生态关系就不可能对生命体的存在和活动有真正深入的认识。拒绝生态关系的生命观念,把生命从生态关系中抽象出来,那就是置生命于死地。

生命之所以能够生成和存在,能够获得并发挥其自我生成机能,乃是因为它们所在的整个自然界和宇宙本来就是有生命的有机体。没有这个场态的生命世界,躯体生命就不可能发生,也不可能作为生命而持续存在。诚如马克思所说,世界上一切感性的现实事物,都是对象性的存在,即都有与之互为对象的事物,结成互动共生的关系,这是它之所以能够存在的前提。怀特海说的"相对性原则"所表达的也是这个意思。既然如此,作为躯体生命的对象的外部世界也就应该是一个有机的生命存在。躯体生命绝不可能只是与无机的世界为对象,如果那样,它就不可能生存下去。

说任何生命体都植根于与生命场之间的生态关系,其物理学的根据就是耗散结构理论。根据这个理论,任何系统都必须开放地从环境中吸收能量才能维持负熵的增长,而不至由于熵增而归于平衡和死寂。由于这样一个能量的吸收和调节的需要,生命体就必须从环境中摄取物质和进行信息反馈,于是形成物质、能量和信息三个层面的交换关系,这就是与环境之

---

[1] 张惟杰:《生命科学导论》第三版,第197页。

间的生态观的全部内容,其中包括美的信息在生命调适中的重要作用。^①达尔文的进化论被称为生态进化论,就因为他揭示了生物的演化是在对环境的适应和接受环境的选择中进行的。他对美在动物性选择中的直接作用的揭示,更说明了生物个体之美与生态关系的深层根源。

怀特海从宇宙视域对自然界的生命性的论证,最终落脚于人与自然界生命的统一,包括人的存在的内外两种统一,即外在的与自然界的统一和内在的身与心的统一。他从身体经验来考察这种统一,认为"身体的经验是存在的基础"^②。在这个基础上身体与心灵达到统一,而心灵无非是身体经验的整合和统一的反映。因此他所强调的是人的身体与自然界的统一性。为此,他反复指出"身体是自然界的一部分"。身体作为生命的躯体事件与作为生命场的自然界之间的区分非常模糊,彼此之间总是存在着流进流出的因素,而且每一个因素中都有其他因素的存在。身体的皮肤是人体与外界的最后界线,但是它并不隔断二者之间的交流,如果隔断了这种交流,身体就会窒息甚至死亡。

怀特海认为,身体与自然界的这种生态性的关系带来了三个结果:其一,身体为情感和感性活动提供了基础,人的经验的振动传递为其后的身体活动;其二,它的种种活动非常协调,使得相应的人的经验的种种振动也相互协调,振动的各种类型之间存在着转化,身体的种种活动和经验的种种形式可以设想为互为依据;其三,我们最终能够把世界设想为我们的直接经验所揭示的那种活动。^③这三个结果的综合,就是以身体为中介实现了心灵与自然界的统一,这实际上也就是生命体与生命场的统一。

个态生命与场态生命之间本来是一种气息相通的有机的关系,这就犹

---

① 有生命科学著作说"生态系统是生物圈能量流动和物质循环的一个功能单位"(张惟杰:《生命科学导论》第三版,第197页),这个定义显然是不全面的,除了能量交流和物质循环,还应该明确地把"信息传递"包括进去。倘若没有生命体与环境之间的信息传递(包括传播、接受和反馈),不仅生态系统不可能形成,而且物质循环和能量交流还可能失去应有的尺度控制,更不可能解释生命体的审美生成与美的关系。
② 怀特海:《思维方式》,第106页。
③ 怀特海:《思维方式》,第107页。

如中国古代哲学中说的"气"与"物"之间的关系。世间万物一气贯通，万物无非是气所聚结的不同形态。个态生命以一层外壳和皮肤把自己与自然界这个"无机的身体"分开，实际上气息是相通的。正是靠了场态生命的包容和协同，才有了万物一体的世界存在，才有了万物一体之仁的生态精神，并共同构成生命活动和自我生成的过程。生命体和作为环境的生命场就是一个整合的整体。在这个整体中，生命体只是生命场的一部分，而且生命体的各构成部分和因素也只是生命体这个生命场的一部分。

对于部分与整体的关系，恩格斯说："部分和整体已经是在有机界中愈来愈不够的范畴。种子的萌芽——胚胎和生出来的动物，不能看作从'整体'中分出来的'部分'，如果这样说，那就是错误的解释。只是在尸体中才有部分。"[①]这对于理解生命存在中整体与部分的有机关系非常重要。按照这个说法，从自然界中生出来的人，也不应该说是自然界这个整体中的一个"部分"，因为自然界并不是"尸体"，而是有生命的存在。恩格斯在这里告诉我们一个极为深刻而重要的道理，那就是，有机界中的"部分"是不能离开整体而存在的，否则它就会失去整体所具有的生命本质，比如人身上的任何一个肢体或者器官离开了人的躯体就会失去生命。所谓"自然生命""地球生命"乃至"宇宙生命"的观念，说明自然界和宇宙都是有生命的存在，作为其中一个"部分"的人的生命密不可分地依存于这个整体。任何生命存在都与自然界血肉相连、生死相依，都是一定生态关系中的存在。个体的生命存在作为自然界生态关系生成的结果，必然反映和表现其与自然界之间的生态关系，后者深刻影响个体生命存在的性质和活动的内容与结果。这个生态整体性的规律，特别强调生态关系的综合效应和整体对部分的作用，对于理解生命的生成及其生态性质极为重要。因为，任何生命形态归根到底都是自然界和宇宙整体作用的结果，都是生态性的存在。正是生态关系决定和表现着生命的具体性质。

在论及方东美对中国古代哲人的宇宙观时，傅佩荣这样概述道：老子论道，孔子论元，墨子论爱，"他们对宇宙的共同看法有三：一，宇宙

---

① 恩格斯：《自然辩证法》，第191页。

不仅是机械物质活动的场合，而且是普遍生命流行的境界。亦即，宇宙是一个包罗万象的大生机，无一不发育创造，无一地不流动贯通。二，宇宙是一种冲虚中和的系统，其形质虽属有限，而功用却是无穷。亦即，我们观察宇宙时，发现万物互补感应，彼此全无阻隔，生出无穷的和悦之气。三，宇宙若究其根柢，多带有道德性和艺术性，故为价值的领域。亦即，人类在发挥潜能、实现本性时，将在宇宙中找到至善尽美的根源"[1]。这些看法与怀特海的有机宇宙论相通，通过"物"与"气"的关系深刻而全面地揭示了生命体与大自然和宇宙生命场之间的生态关系。

  两种生命形态之间的生态关系，除了一般生态学所重视的物质的和能量的关系，还有信息—精神生态关系这个极其重要的层面。生命的活动以节奏和节律为特征，为了维持和优化自生特有的节律，不仅需要从环境即生命场中摄取必要的物质和能量，还要在与环境节律的感应中体认、控制和优化自身的生命状态。以生命运动节奏为基础的"节律感应"，是生命体最早生成的反映和反应方式，到了生命体生成的高级阶段，才有了各种专门的感官。由于这些感官的认知功能的强化，"节律感应"的身体经验逐渐被屏蔽，甚至在艺术中也被认识功能取代。长期流行的认识论美学更是完全无视审美活动中的"节律感应"特性。最初生命体从生命场中生成，就是振动和波的节律性活动的结果，并最终生成了生命体和生命场之间的"节律感应"，这就是人类审美活动的生物性前提。在宇宙和自然界的生命场中，充满了表现为色彩、声音和形体的各种节律。生命体自身的节律形式，包括整齐、对称、平衡、和谐等不同的形式美模态，都是在与自然界生命场的"节律感应"中生成的。"节律感应"本来就是一种生态性的活动，它作为动物的感美活动和人类的审美活动的特殊方式，决定了这些以美为中介的生命活动的生态本性，也在生命的存在和自我生成中发挥着不可忽视的生态功能。

---

[1] 方东美：《华严宗哲学》上，中华书局，2012年版，第3页。

四、生命之美是其生态关系性质的终端显现

生命之美可分为个态生命之美和场态生命之美。人们很可能把前者看作生命体自身的美,而后者则是生态之美。这样的区分实际上是不正确的,任何个体形态生命即生命体的美都是其所处生态环境作用的结果,都表征和彰显了生态关系的内涵。在这个意义上,任何生命体的美也都是生态美,生命的审美性是与生态性融合在一起的。

怀特海在论及原始森林中一片空地上的一朵花的美时,就特别强调了这层关系。他说:"试以原始森林中一块孤立的空地上的一朵花的美妙为例。任何动物都永远没有享受它的整个美的敏锐经验。但是,这种美仍然是宇宙中一个重要的事实。如果我们考察一下自然界,想一想动物对它的享受怎样短促和肤浅,如果我们理解到为何每一朵花的孤立的细胞和颤动不可能享有整体的效果,那我们关于细节对整体的价值的感觉就会在我们的意识中明确起来。这是对于神圣的直觉,是对作为一切宗教的基础的神圣的东西的直觉。在一切向上发展的文明中,这种神圣性的意义都有特别有力的表达。"[①]这真是一花一世界。这一朵花的美固然与其自身的多种因素构成的整体有关,但更是与宇宙整体这个终极性的生命场的整体性作用密切相关。怀特海在这里提到细节对整体的价值的感觉,不仅指花朵本身的各个细节对于其整体的关系,更指的是花朵这个细节对于宇宙整体的关系。在他看来,这朵花的美乃是宇宙整体生命精神即宇宙神性的"骤然体现"。正是这层关系决定了美的神圣性。世间一切之美,无论是前人类的自然界中的美还是人类产生之后的美,归根到底都是宇宙自我生成的创进精神的涌现。在这个意义上,包括这朵花在内,一切生命之美都是对宇宙整体这终极生命场的反映,因此都决定生态关系的性质和内涵。不仅如此,从这个整体视域出发,一切存在物的节律性特征,包括那些单性的色彩、声音和形体也由于节律本身的生命本质而成为生命之美。

怀特海是从世界存在的渺观和宇观两极的结合来揭示美的存在及其根源的。在渺观一极是振动和波的生命特性,在宇观一极则是宇宙整体的生

---

① 怀特海:《思维方式》,第111页。

成机能。这两极相互作用，宇宙整体的自我生成的生命精神在事物感性的波即节律形式上"骤然体现"（复杂性理论所说的"涌现"），就有了美。单独的波和节律形式只有在表征了宇宙整体的生命精神时才可能获得审美价值而成为美。他以林间草地上那一朵花为例所说的就是这个道理。

怀特海关于细节是对整体的反映的观点，对于理解美的本质和审美思维的规律都极为重要。它说明生命体的生成不是对零件的组合装配，而是从整体开始其发育过程并最后完成的。从胚胎开始的发育就是从整体到细节的生成过程，这与工业制造，包括今天的智能机器人的制造过程是相反的。在机械性的装置中整体决定细节的关系（如机械钟表上的三个金属片只有在钟表的整体中才成为时针、分针、秒针），在生命的生成中就更是深刻而微妙，它的性质要直接表现在细节上，细节在整体中生成，要接受整体的作用，体现整体的性质，这就是细节对整体的反映。

海德格尔说亲在即共在，也说明了这层关系。他用凡·高的《农靴》为例说明艺术作品是存在真理之祛蔽，而不是其孤立的自身。这双农靴上的种种特征，无不是持有者与大地之间相互关系留下的印迹。这些印迹反映了作为持有者的农夫用它在大地上行走和劳作的"亲在"的情形，从而彰显出特有的生命精神，一种与大地共在的生命精神。

人们对美的认识，长期受实体观念的制约，而不懂得事物的性质是由关系决定的，不知道生态关系作为系统关系的整体性及其重要性，更不知道整体质要表现于部分和细节的道理。早在三十多年前我就认为，美作为一种价值绝不是对象身上存在的某种孤立的属性。正如价值之于商品一样，我们既不能用物理方法，也不能用化学试剂去找到这种属性，而只能用抽象思维力在对象与主体的关系系统中去寻找。这个关系系统最根本的存在就是马克思说的具有向人生成本质的"自然—人"大系统，这个大系统就是人类迄今所在的最大的生命场。因此，美的价值从根本上说就是这个大系统的"自然向人生成"的系统质。从生态关系的视角来看，这就是一种生态整体质。因此，生命体的美实际上都是在生态关系中形成的生态美，都具有生态性质。在这个意义上，一切生命之美都具有和表现生态性质，是其生态性质的终端显现。

为了对自然界的生命存在有更为真切的理解，怀特海还讨论了情感与生命的关系,指出其对于理解生命的重要意义。怀特海明确指出:"生命就是源于过去、指向未来的情感感受。它就是过去、现在和未来的情感享受。"①在这个意义上,生命的存在就是一个"情本体"。不是只有人的生命才是情本体,一切有生命的存在,包括有生命的自然界和宇宙,都是情本体。万物有情,这可以说就是怀特海的"有情宇宙观"。怀特海指出:"精神性的作用基本上应当看作是能流的转向。"又说:"建立这种宇宙论的关键概念是:物理学中所研究的有能量的活动就是生命中所采纳的情感的强度。"②这个情感的强度所表达的实际上就是自然事物的生态意向和生态情怀。孔子说诗可以"多识于鸟兽草木之名",就是说出现在诗歌中的这些鸟兽草木都各以其生态给人以生命精神的启示,因而能够从其名获得更多的生活认识、激励和鼓舞,这就是其比兴的作用。③

怀特海主张把"能"("力")的概念纳入哲学来弥补"物"的概念的不足。所谓"能",无非是一种有方向的力。这个有能量的活动,就是量子物理学所揭示的作为渺观世界存在形态的"振动和波"。所谓情感的强度,实际上就是这种振动和波的强度。由于这个"振动和波"贯穿一切事物,也存在于不同层级形态的显相之中,也就是把物质和精神统一起来,进而使人的身与心统一起来,把身心与自然界和宇宙整体统一起来。于是,振动和波的节奏和韵律(节律)就成了宇宙生命和万物生命的根本特征和彼此关联互动的普遍中介,并最终涌现为世界和万物的美。而美的魅力和感染力,就来自这个有内在能量的情感调子。这就是中国古代美学所说的"气韵""风神"和"境界",它们都是某种独特的生态气象的表现。

说一切美都具有生态性质,从马克思的"对象性"理论可以得到更加深入的认识。马克思认为任何现实的、感性存在的事物都不是独立自足的,而是与别的事物和整个自然界相互依存、互为对象的对象性的存在

---

① 怀特海:《思维方式》,第153页。
② 怀特海:《思维方式》,第154页。
③ 参见曾永成:《释"多识于鸟兽草木之名"的诗学内涵》,《西南民族学院学报(哲学社会科学版)》,2000年第12期。

物。"一个存在物如果在自身之外没有自身的自然界，就不是自然存在物，就不能参加自然界的活动。一个存在物如果在自身之外没有对象，就不是对象性的存在物。"而"非对象性的存在物就是非存在物"。[①] 这种对象性，也就是怀特海说的相对性，决定了自然界中存在的一切事物都是生态性的存在物，即都存在于生态关系之中。拿任何事物的美来说，它都不只是个体生命自身的展示，而同时也是别的事物的美感对象，是为了发挥某种生态功能而存在的。一些美学家强调美的生长性和生殖性，就是从生态关系这一角度而言的。自然界生命场中的一切事物都参与这个生命场中的生活和活动，就都是生态性的存在，它的美就都是一种生态美。对于生命体来说，从生态关系去考察事物的美才是对实体观念真正的突破。

生命基于生态，孤立地作为实体而自足存在的生命是不存在的，是绝对没有的。生态性本是生命存在和生命活动不可或缺的基础属性。因此，对生命之美的审视决不能没有生态之维，决不能脱离其所处的生态关系和生态环境，因此也决定了审美活动的生态性质。这就是生态视角对于美学的重要意义。由此可见，生态美学强调生态之维并不是要取代生命美学，而是以其对生命的生态性质的揭示去深化对于美和审美的本质的认识，去除把生命抽象化的实体思维的弊病。同时，这也有助于从世界存在本体的生态本质考察美的本质，探究美和审美的深层奥秘。这样的思维进路作为对生态文明历史潮流的积极回应，还可以在与生态性的统一中认识和推进世界和人的向美生成进程。

（《美与时代》2021年第9期）

---

① 马克思：《1844年经济学哲学手稿》，第125页。

原天地之美而达万物之理
——论怀特海有机宇宙论的生态美学意义

一、天地之美与万物之理

要概括说明怀特海的有机宇宙论哲学的美学特征，庄子所说的"原天地之美而达万物之理"这句话，算是最贴切不过了。这就是说，天地之美乃是有机世界的根本性质，万物之理都可以依凭或遵循这种审美的性质来加以解释。像庄子这样把万物之理诉诸天地之美的哲学家，在西方除了古代希腊的毕达哥拉斯有此意向，现代就该只有怀特海了吧。

在《意义的分析》一书中，怀特海这样论及自己的哲学："在现在，因为大家的忽视，最富成果的起点是我称之为美学的价值理论那一部分。我们关于人类艺术价值或者自然美的欣赏，我们对强加于我们的明显的粗俗和丑陋的尊敬——所有这些经验的模式必然地抽象为相对的明显。但是它们显然揭露了事物的真正意义。"[①]

这是怀特海晚年对自己哲学的整体特征的重要说明。在这里，他明确指出自己的哲学的最富成果的起点是"称之为美学的价值理论那一部分"。同历史上许多成体系

---

① 怀特海：《怀特海文录》，陈养正等译，浙江文艺出版社，1999年版，第278页。

的哲学不同，在他的哲学中，美学不是最后的或顶峰的部分，而是"起点"，是基础，是美学才"揭露了事物的真正意义"。在怀特海的思辨哲学中，世界作为"永恒客体"通过"包容"而生成的"现实实有"及其"结合体"和"现实世界"，它的原初状态本来就是审美的，或者说就是美的。后来的一切变化，包括由各种粗鄙的功利欲望和割裂世界整体的近代科学意识造成的抽象，将这原初本来的美遮蔽、撕裂和破坏。这样一来，人类艺术的价值或对自然美的欣赏，被从世界的原初状态中抽象出来成为"相对明显的事实"。不过，正是这些审美的事实才揭露了"事物的真正意义"之所在。也就是说，事物的真正意义其实就隐藏在这些审美价值创造和发现的事实之中。哲学应该还原这种意义，让世界回归它本来的审美性质。

正如美国学者菲利浦·罗斯所说："在怀特海看来，一切现实的或实在的关系都是审美关系，即主体与感觉价值的关系。最基本和最普遍的审美关系是原因和结果的关系，即被某个'所与物'或'他物'影响的关系或'感觉'。……在怀特海的体系中，一切实在的或现实的关系都用这些审美的或价值的关系加以规定。"[①] 既然如此，那么，只要懂得世界如何通过审美经验生成美，也就能够理解事物生成的根本道理了。这不正是中国古代的庄子说的"原天地之美而达万物之理"的意思吗？

《庄子·杂篇·列御寇》说到"天下大乱"之时，由于"贤圣不明，道德不一"，造成"天下多得一察焉以自好"的局面。"譬如耳目鼻口，皆有所明，不能相通。犹百家众技也，皆有所长，时有所用。虽然，不该不遍，一曲之士也。判天地之美，析万物之理，察古人之全，寡能备于天地之美，称神明之容。"这里说了两层意思：一是说感官各有职司，不能相通而得天地之全之美，二是说各种技术各有所用，亦各执一偏，亦不能达天地之全之美。这是在怀特海之前两千多年对感官知觉和科学技术的抽象性和片面性进行的批判。由于这种抽象和片面，它们就都不能得到天地之美，因为天地之美乃是天地之全即自然整体的性质。

庄子之后两千多年，怀特海哲学对世界之美的这种确定，可以说与庄

[①] 菲利浦·罗斯：《怀特海》，李超杰译，中华书局，2002年版，第6页。

子一样也是极其彻底的客观主义的观念。他其实是回归到了古代希腊一些哲学家对宇宙原生之美高度欣赏和赞美的立场，而与后来占统治地位的把世界之美视为人的赋予这种主观美学根本对立。怀特海认为："现实事实就是审美经验的事实。"① 因此，正如罗斯所说："与康德的唯心论或主观主义相对，怀特海审美经验观念的特征则是实在论或客观主义的。"②

怀特海本人就曾把自己的观点与康德相比较，他说："对康德来说，这种使经验得以产生的过程是一种从主体性到现象的客体性的过程。有机哲学则把这种分析倒转过来，把过程解释为从客体性进展到主体性的过程，也就是从外部世界借以作为材料的客体性到统一的个体经验据以形成的主体性。"③ 怀特海的这段话实际上概括了有机哲学关于现实世界生成过程的基本精神。在有机哲学里，现实实有通过包容的合生而不断创造新颖性的过程，就是审美经验的过程；这个过程是作为宇宙发生态而客观存在的。现实实有在包容的过程中作为能动行为的"主体"，同时又是"超体"。它的具有超越性的包容行为的主体活动，本来就是一个客观的进程。在康德那里，审美是人的主观精神的创造，美的根源在于主观。而在怀特海的哲学中，具有主体性的现实实有，最初是由客观地存在于潜在领域的永恒客体创造性地合"多"为"一"而成。这个按照审美和谐的原则合生而成的新的实有，就成了现实的具体存在。而现实实有一经生成，又会以主体的姿态去包容其他的永恒客体或现实实有，把这个创造新颖性的过程推向前进。这个现实的即审美经验的过程中的主体，是以客观存在的"多"和合"多"为"一"的活动为前提的。哪怕是人这样有意识的主体，也是这个生成过程客观地创生出来的。可以说，康德是主观造成客观，而怀特海则是从客观生成主观。显然，在怀特海看来，这个世界从一开始就是以审美发生的方式而生成的，审美乃是这个世界原生的本质特性。从这个"天地之美"的生成之道，就可以懂得"万物"之所以生成的道理。

---

① 怀特海：《过程与实在——宇宙论研究》，第 426 页。
② 菲利浦·罗斯：《怀特海》，第 5-6 页。
③ 怀特海：《过程与实在——宇宙论研究》，第 242 页。

在中国，从 20 世纪 50 年代中叶即开始流行的实践本体论哲学及其美学，由于遮蔽和抹杀了马克思主义唯物史观的自然史基础，放逐了马克思早年提出、恩格斯晚年深入阐述的"辩证自然观"（自然辩证法），也把美和世界的审美性质完全归于人的存在和创造，从断章取义曲解"劳动创造了美"的命题提出了"社会实践是美的根源"这一观点，也是其最有代表性的观点。这种观点实际上把马克思的哲学和美学"康德主义化"了。马克思和恩格斯继承了康德的自然客观目的论的思想，把包括人在内的自然界看作生成人的过程。马克思还明确肯定了"自然界的人的本质"和自然之美的客观存在。应该说，他们所说的自然界成为人的过程，就是自然界按照美的规律自我生成的过程。这就是说，美不仅是这个世界从一开始就客观存在的，而且是引领和推动这个世界自我生成——发展和进步的动力和理想。如果揭开怀特海哲学的独特术语和范畴的硬壳而深入理解其所包含的真实含义，我们看到，他的"原天地之美而达万物之理"加以概括的哲学，与马克思和恩格斯的哲学，应该说具有十分相近的美学精神。

二、哲学与诗歌同属一类

怀特海把审美经验和审美价值论作为自己哲学的出发点，把流行的哲学和美学来了个大颠倒：原本居于哲学塔尖的美学现在成了哲学的基础，原来是对世界加以向上提升的美学现在成了向现实世界的原初达成态深入掘进的基础。这样的颠倒，直接把美还给了哲学本身，从而形成怀特海对"哲学的性质"的独特认识。

在《哲学的目的》中，怀特海对"哲学的性质"发表了自己的看法。他说："一种我们不能彻底理解其全部无限涵义的真理，比起任何其他真理来说，或多或少是哲学性的。哲学的追求就是一种否定无所不知的志趣。"又说："哲学是一种关切尚未把握的学说的精神状态。"[①] 他认为，"哲学不愿满足于每一个有感知力的人都知道答案这个因袭的预设，一旦

---

① 怀特海：《怀特海文录》，第 295 页。

你心满意足于原有的观念,原有的命题,你便不再是一个哲学家"①。这让人想起中国的老子说的"道可道,非常道"。这就是说,真正的哲学总要面对某种模糊的、未知的东西,如果什么都洞若观火,明明白白,那就不是哲学了。

在《意义的分析》中,他还说:"哲学在它的前进中,必然包含着晦涩的表达和生动的措辞。""在人类经验中,哲学问题不可能得到最后的答案。"② 一方面是"晦涩的表达",这是因为语言难于穷尽其奥秘;一方面又是"生动的措辞",这是由于对象的审美性质本来就富有生命的诗性意蕴。

怀特海说这些话,绝不仅仅是表达他对人类认识能力和语言表达能力的有限性的清醒认识,更不只是一种智者的谦虚,而是对世界的审美底色的强调,是对世界原生的审美性的郑重肯定。正是世界作为有机整体本来的审美性质,要求哲学家有一种对世界的复杂性、模糊性和神秘性的执着的尊重。在他看来,面对17世纪以来的工业化造成的对世界和环境的分崩离析的意识,正是华兹华斯和雪莱等浪漫主义的诗歌还在探寻和歌唱自然界原本存在的神秘的美。这美有无尽的意味,只能在歌吟中领受和品味。工业化造成了对世界的抽象性误置,即用破碎片面的认知代替和掩盖了具体的整体,也就失去了只有在整体的具体中才能现身的美。真正的哲学要面对这个整体,并揭示出被抽象观念屏蔽的整体。但是,这个整体并不总是清晰而明确的,它的无限的隐秘和意味只能为哲学所提示而不可能穷尽。因此,哲学也像诗一样要面对世界乃至宇宙的整体奥秘,它在本质上也应该是诗性的。

怀特海之所以要强调哲学的诗性,从根本上说就因为他认为世界的最深层的本质是审美的,而审美本来就有不可言说的模糊性和神秘性。他说:"哲学的作用就是要保持一种基本观念的积极创新性以启迪社会体系,它把公认思想朝消极平庸方向的逐渐下坠逆转过来。如果你愿意简捷地描述它的话,那么,哲学是神秘的,因为神秘主义是直接洞察迄今未能

---

① 怀特海:《怀特海文录》,第296页。
② 怀特海:《怀特海文录》,第270页。

言说的深奥,但是哲学的目的是使神秘主义理性化;不是为神秘主义辩解,而是通过采用新颖的语言表述、理性的协调来刻画神秘。"因此,"哲学与诗歌同属一类,它们两者都试图表达我们称其为文明的至善的意识。在每种情况下,都存在着超越词语直接意义的参照形式,诗歌与韵律结盟,哲学与数学模式结盟"①。哲学和诗歌就这样以各自的方式做着同一件事,那就是"刻画神秘",把世界最原始也最幽微的奥秘指示出来,以引起人们的关注,启迪神思。

正是世界原初的审美性使对世界的认识不可穷尽,人类的思维和语言只能无限地接近它。世界的这种幽深的神秘性和模糊性,正是美的特性,也是诗的特性。怀特海说哲学是诗,正是从另一个角度对世界的审美本性的肯定和强调。显然,世界本来的审美性质,最终决定了哲学的面貌和哲学家面对世界应有的态度。"哲学的目的是使神秘主义理性化",就是要以理性直面直接的神秘,承认这神秘,敬畏这神秘,并努力使这神秘尽可能敞亮,为人所认可,使世界不至失魅。

哲学必须葆有诗性。对此,杜威在《确定性的探寻》中表达了同样的思想,只是怀特海更强调了哲学以诗性的态度对待世界的必要。哲学用语言说出这种神秘性的存在,以告知世人我们对世界秘密的探寻永远都在路上。而语言停止的地方,诗和艺术就用形象和节律让我们感受并神往于世界深邃的幽眇。

怀特海说哲学家是诗人,哲学比起科学来更近于诗。这个观念无疑拉近了哲学与美学的关系,或者可以说,哲学在极致上应该是诗学即美学。没有这种诗学和美学垫底的哲学,很难说是真正的哲学,至少可以说是发育不充分的哲学。在《科学与近代世界》中论述以华兹华斯和雪莱为代表的浪漫主义诗歌所表现的有机整体自然观时,他一再提醒读者说:"在我的理论中,必须完全放弃'事物在时—空中的基本形式是简单位置'这一概念。在某种意义上讲来,每一件事物在全部时间内都存在于所有的地方。因为每一个位置在所有其他位置中都有自己的位态。因此,每一个

---

① 怀特海:《怀特海文录》,第 298 页。

时—空的基点都反映了整个世界。"①滴水映大千，一花一世界，这不正是世界的诗意和魅力所在吗？

上面说的"时—空中的简单位置"就是普遍存在的对事物存在的抽象化认知。而事物和世界作为"关系"和"过程"的存在，总是具体的，是与世界整体内在关联的。揭开抽象观念下屏蔽的具体真实，是哲学的重要任务。因此，怀特海声言："我主张哲学是对抽象概念的批判。它的作用是双重的：第一，是从抽象的观点使抽象概念获得正确的相对地位，从而取得和谐。"②这就是回到事物本来的审美性。"第二是由宇宙中比它们本身更具体的直觉来做直接的比较以完成它们，因而促进更完整的思想体系的形成。伟大诗人的证言正好是在这种直接比较上才具有极大的重要性。这些诗句能流传千古就证明它们表现了一种深刻的人类直觉，洞察到具体事物的普遍性之中去了"③，这就是要以诗性的直觉和想象来引导哲学的致思之路。

怀特海说："十九世纪的文学，尤其是英国的诗歌，证明了人类的审美直觉和科学的机械论之间的冲突。雪莱生动地描述了盘桓在内在机体变化之上的永恒感官对象是如何变幻莫测的。诗人华兹华斯则把自然当成持续不变的场所，并认为其中包含着奥妙莫测的灵机。这里面还存在着他的永恒客观：'陆地与海洋，未曾见此光。'雪莱与华兹华斯都十分强调地证明，自然不可与审美价值分离。从某种意义上讲来，这种价值是整体对各部分的卵翼抚育累积起来的。因此，我们从诗人那里得出一种说法：一种自然哲学必须研讨六种概念：变化、价值、永恒客体、持续、机体和混合。"④从诗歌的审美经验得出对世界生成的最重要的哲学范畴的启示，这些范畴都是宇宙整体才具有的特征。这不就是"原天地之美而达万物之理"吗？如果说怀特海的哲学偏于理性，那么庄子的哲学则偏于诗性；他们二人都将哲学和诗融合。正是在这种融合中，他们才探寻到了宇宙世界

---

① 怀特海：《科学与近代世界》，第89页。
② 怀特海：《科学与近代世界》，第85页。
③ 怀特海：《科学与近代世界》，第85页。
④ 怀特海：《科学与近代世界》，第85页。

的深层奥秘。不言而喻,这两位前后相距两千多年的哲学家,都遵循的是"原天地之美而达万物之理"的致思之路。

三、审美经验与宇宙体系

对于怀特海哲学的美学特质,菲利浦·罗斯阐释得十分深入。他说:"怀特海的后期哲学是一种全新的努力,旨在发展出一种植根于审美价值经验的形而上学和宇宙论体系。"[①]

在罗斯看来,怀特海用事物存在的"关系"概念取代了机械唯物论的"实体"概念,把世界看作"关系"的存在,从而揭示了世界存在的有机性和整体性,赋予了世界存在的审美性及其价值这个原生的基础。他指出:"在怀特海的形而上学和宇宙论体系中,实在是根据关系得以规定的。栖身于这个关系世界之中的'事物'是由他们的各种关系构成的——一切存在物都是关系性存在物。此外,'事物'由它们的关系构成,而一切关系又进而被规定为价值关系,即具有某种肯定和否定性质的关系。这种价值关系从具有自我意识的存在物的审美反应到物理实体所特有的基本的吸引与排斥关系无所不包。因此,在这个价值关系的世界中,一切'事物'都不仅仅根据它们的关系得以规定,而且根据对感觉价值的关系性反应,即作为对某个'所与'事态所做的肯定或否定反应得以规定。……由此产生的这种新'世界观',消除了事实与价值之间的严格区分,从而支持了一个充满价值的世界。因为在这个世界中,价值与事实并无分别,而恰恰是事实的一部分——即'事物'自身结构的一部分。"[②]这就是说,正因为世界存在于"关系"之中,"关系"既决定了事物的性质,也同时决定了它的价值。"关系"作为世界存在的基础和本质,必然在对和谐和创进的追求和变化中呈现出审美的内涵和价值。

罗斯又说:"对怀特海来说,事物具有价值,而且此事物与其他事物处于一种审美的价值关系之中,这是实存本身根本的客观条件。实存的

[①] 菲利浦·罗斯:《怀特海》,第 1 页。
[②] 菲利浦·罗斯:《怀特海》,第 1-2 页。

形而上学条件是审美或价值关系的一个一般框架,即受某种'所与物'或'他物'影响的感觉关系。因此,对于怀特海来说,(与可能的存在物相对的)现实存在物是审美的、关系型存在物——由它们的关系价值所规定的存在物。"他认为,"注意到怀特海形而上学起点的关系性和价值性就足够了"[1]。为什么说"注意到怀特海形而上学起点的关系性和价值性就足够了"呢?因为这里说的"关系"就其原初的性质看就是审美经验中的关系,即事物之间按照审美的要求发生的关系。而这种关系同时又决定着价值,因为在怀特海看来,价值就是事物的关系所具有的生成性意义这个事实,而所谓价值首先就是指其审美价值。对存在的关系性和价值性的揭示,确定了审美性和审美价值对世界生成的原初和基础作用。这既然是世界最深的真实,也就理所当然成为认识这个世界的真实性质的出发点。

上述怀特海自己的话和罗斯的评述,从根本上说明了怀特海哲学的"关系—过程"性质对于其审美本质的意义。这就是说:第一,美与最原始的感觉价值相关,是世界最基本的因素。第二,美不在事物本身,因为一切事物都由关系规定,因此美也是一种关系质,即美在关系中所呈示的创造和生成的意义;从根本上说美乃是宇宙整体的系统质的感性显现(现代复杂性理论所谓的"涌现")。第三,一切关系都具有价值内涵,被规定为价值关系,而按其原初关系而言,首先是指审美经验的价值。

对此,罗斯进行了深入的阐述。他指出:"在发展其形而上学体系的过程中,怀特海把感觉价值的审美经验作为首要的经验事实。一切关系和性质等,都被规定为所有价值的原始审美关系的事例或抽象。"[2]罗斯在这里强调"怀特海把感觉价值的审美经验作为首要的经验事实",应该说这句话乃是正确理解"关系"和"价值"的前提。之所以说审美经验是首要的经验事实,是因为这种经验既是"感觉"的,又是"价值"的。在怀特海的有机哲学中,所谓经验发生于感觉的过程之中,而感觉乃是现实实有作为主体摄取对象以在合生中创造新颖性的活动方式。一切现实实有都是作为潜在因素的永恒客体多样统一综合而成的个体,而永恒客体则是色

---

[1] 菲利浦·罗斯:《怀特海》,第4页。
[2] 菲利浦·罗斯:《怀特海》,第3页。

彩、声音、形状等抽象性质。这些性质作为抽象的东西只存在于潜在的领域，而当它们综合起来成为多样统一的具体存在时，就成了现实实有这样感性具体的存在。怀特海把这种合生的结果称为审美学所成就的"审美鉴赏综合体"，就因为它本来就具有审美的性质。这个综合体从一出生就存在于内在的和外在的多种关系之中，可以说正是关系才成就了它的现实存在。这个综合体不仅是直接感性的存在，因此具有审美的形式，而且它还因为置身于世界生成创进的过程之中而具有创造性和理想性，这就被赋予了审美的价值。因此，罗斯说："对怀特海而言，从本质上看，一个因果关系就是一个可感的价值关系，及受影响的感觉关系。受影响的关系被规定为一种审美关系，这种关系需要一个'感觉'或'定向'中心作为结果的居所。"[①]"感觉"中的合生和创造性的"定向"就是"关系"的核心内容，并由此决定了关系的价值内涵。比起其他的价值来，直接源于感觉的合生中的审美价值才是最初的、最基本的。用怀特海的话说，这才是宇宙世界最深的真实。他的整个有机宇宙论就是以这种审美事实和价值为基础的。这正如罗斯所指出的，"事实上，怀特海的整个形而上学和宇宙论体系，最好被解读作关于整个世界价值论原理（即那些源于一般价值论的东西）的延伸和概括。关于他的哲学的任何东西——从他的方法论到他对语言一般的而有时是深奥的使用——都带有这种审美的、价值的取向"[②]。

"怀特海把审美理论或价值论作为他的出发点"[③]，这就是罗斯的结论。只要理解了这个作为出发点的"审美理论或价值论"的真正内容，也就能够理解它的有机宇宙论哲学所揭示的世界万物存在和生成的规律了。所谓"原天地之美而达万物之理"，不正说的这个意思吗？

四、美学价值与哲学起点

如前所述，怀特海明确地把"美学的价值理论的那一部分"称为自

---

① 菲利浦·罗斯：《怀特海》，第34页。
② 菲利浦·罗斯：《怀特海》，第3页。
③ 菲利浦·罗斯：《怀特海》，第4页。

己哲学"最富成果的起点",认为正是这个起点才"揭露了事物的真正意义"。但是,由于17世纪以来的科学的发展,科学分门别类的研究对世界的抽象化分割和隔离,造成了世界有机整体性的失落。与此同时,人类功利欲望的膨胀造成了对环境审美价值的忽视和破坏及整个世界的失魅。在这种情况下,只有在人造的艺术里还留存着一片狭隘而超然的审美的天地。宇宙自然被视为可以利用和剥夺的对象,而美只需要艺术家们去创造。自然界直接原生的美被视为蛮荒和芜秽,其审美价值与其生态价值一起遭到冷漠对待甚至野蛮摧残。哲学家们关于世界万物的存在与生成的思想,几乎全都被机械唯物论或者各种唯心论所盘踞。于是,由于对"天地之美"的否定,整个世界都被祛魅,对"万物之理"的认识也就与世界的审美本性日渐悖谬和乖离。面对这样的理性颠倒,怀特海从19世纪英国浪漫主义诗歌中发现了对世界原生的审美性的深沉咏歌。他指出,不仅雪莱和华兹华斯都证明了自然不可与审美价值分离,而且我们从诗人那里可以得出一种自然哲学必须研讨的基本概念,这些概念就是变化、价值、永恒客体、持续、机体和混合。正是作为宇宙世界的基本特征的这六个概念构成了有机宇宙论哲学的核心内容,世界本来原生的审美性质和价值才重新成为哲学研究的出发点,成为认识世界真实的基础和准绳。

世界原初的审美性质植根于审美的经验。于是,怀特海的思辨哲学落到了经验的大地上。他说:"我认为最后还是应当诉诸朴素的经验。这就说明我为什么要这样强调诗歌的证据。"[①] 诗歌中的审美经验就是朴素的经验,它直接而真切地表达出对世界本真秘密的感受。这种感受往往是模糊的、神秘的。因此,"在感性经验中,我认识的东西离开并超越了我们自身的人格"[②]。对于自然界之美的依恋和敬畏,必然修正我们固有人格中的抽象和偏颇,重新建立起与宇宙自然世界之间的有机联系和对世界整体生命精神的感悟。这些诗歌把被旧哲学长期颠倒的世界景象颠倒过来,于是世界得以复归于它原初的审美本性及其审美价值。

怀特海在《观念的冒险》中论述了"美"与"真"的关系,可以说

---

① 怀特海:《科学与近代世界》,第87页。
② 怀特海:《科学与近代世界》,第87页。

是对世界审美本性问题的明确结论。他说:"美就是经验中各种不同成分相互间符合,以产生最大的效果。所以,'美'是牵涉实在中各组成成分相互的关系、现象中各组成成分相互的关系,以及现象与实在之间的关系。因此,经验的任何一部分都可能是美的。宇宙目的论就是指向美的产生。""与'真'比较起来,'美'是一个更宽泛、更基础的概念。"① 这就是说,比起与实际相符合的认识之"真"来,美是更为本真的存在,因为被认识为"真"的"美"可能还只是真实存在的"美"的一部分。美是作为宇宙自然的真实本质而存在的普遍事实,是世界存在的基础。向美而生就是世界自我生成过程的主旋律。

在怀特海看来,现实世界首先就是美的生成和存在,而认识只有符合这种存在才成为"真"。春天的"绿叶"是先于人心中的"绿意"而存在的,"夕照"也是先于人心中的情感模式中的"光彩"和"对比"而存在的。"率直的真"即没有屏蔽和干扰的"真",总是对美的发现和认同。对于人类来说,很多实际存在的美还在我们自以为"真"的认识之外。既然如此,比起"真"来,"美"当然是一个更宽泛也更基础的概念了。这正如他举的例子:"宇宙中存在着享有价值和(通过其内在性)分享价值的统一体。试以原始森林中一块孤立的空地上的一朵花的美妙为例。人和动物都永远没有享受它的整个美的敏锐经验。但是,这种美仍然是宇宙中一个重要的事实。"② 显然,得到认可和阐释的"天地之美",才是打开"万物之理"这个宇宙奥秘的钥匙。难怪怀特海说:"的确,如果美学论题得到了充分的探讨,那是否还有什么东西需要讨论就是可疑的了。"③

五、自然之道与生态美学

怀特海曾经对中国学者贺麟说他的哲学与中国哲学的"天道"论相通,这是实情。在中国古代哲学中,天道即自然之道,亦即审美之道,自

---

① 怀特海:《观念的冒险》,周邦宪译,译林出版社,2012年版,第292页。
② 怀特海:《思维方式》,第112页。
③ 怀特海:《思维方式》,第59页。

然本来的生态性质和价值就是它的审美性质和价值。而这也正是怀特海的有机宇宙论哲学的"天道"论。

方东美指出，中国哲学"建立一套'体用一如'、'变常不二'、'即现象即本体'、'即刹那即永恒'之形上学体系，借以了悟一切事理皆相待而有、交融互摄，终乃成为旁通统贯的整体"。他认为，对于这种以统贯整体为核心的中国哲学，可以"借机体主义之光戴尔阐释之"。他说："机体主义，作为一种思想模式而论，约有两种特色：自消极方面而言之：（1）否认可将人物对峙视为绝对孤立系统；（2）否认可将宇宙大千世界化为意蕴贫乏之机械秩序，视为纯由注重基本元素所辐辏拼列而成者；（3）否认可将变动不居之宇宙本身，压缩成为一套紧密之封闭系统，视为毫无再可发展之余地，亦物创进不息、生生不已只可能。自其积极方面而言之，机体主义旨在：统摄万有，包举万象，而一以贯之。当其观照万物也，无不自其丰富性与充实性之全貌着眼，故能'统之有宗，会之有元'，而不落于抽象与空疏。宇宙万象，赜然纷呈，然就吾人体验所得，发现处处皆有机统一之迹象可寻，诸如本体之统一、存在之统一、生命之统一，乃至价值之统一。……等等。进而言之，此类披纷杂陈之统一体系，抑又感应交织，重重无尽，如光之相网，如水之浸润，相与洽而俱化，形成一在本质上彼是相因、交融互摄、旁通统贯之广大和谐系统。"① 这段概述把怀特海哲学与中国古代哲学共通的机体主义内涵揭示得很精辟了。正是在这个有机统一的世界中，才开放了灿烂绚丽的审美之花。

怀特海的这一观点，还可以在杜威的经验自然主义哲学中找到深层的呼应。杜威的哲学的顶点即"顶峰"是艺术论，但是这个顶峰是植根于广袤的"大地"即自然和日常经验之中的。杜威明确肯定了自然界中作为艺术基因的节奏的存在，肯定了自然界中在自我生长的过程中所显示出来的美和审美价值，更是明确肯定了作为经验的艺术与自然之间的连续性。实际上，所谓艺术无非是自然本来的美由于人的"做"和"受"而在经验中得到了充分而生动的表现。不过，无论杜威与怀特海有多少共同点，以美

---

① 方东美：《生生之德：哲学论文集》，中华书局，2013年版，第236页。

学为基础建立整个哲学的思辨体系，乃是怀特海哲学的特殊理论形态，也是它立于人类哲学之林的鲜明的特色所在。也正是对于美的这种原生性和基础性的确定，使怀特海的哲学不仅与美学同体交融起来，也使之成为生态美学最应倚重的重要理论资源。

陈奎德在《怀特海哲学演化概论》中指出："可以认为，怀特海哲学，就其本质而言，就是企图在推理与常识之间，在逻辑与直觉之间，在永恒与历史之间、在科学与人生之间，在理智与感情之间，在事实与价值之间取得某种平衡，从而调和分析哲学与大陆哲学的巨大分歧。他是本世纪（即20世纪）西方哲学中两种最主要的调节尝试之一：其一是实用主义的尝试，其二就是怀特海的过程哲学了。""两者虽然拟定了不同的形而上学纲领，然而在某些根本态度上却有类似之处。这点最明显地体现在对事实与价值关系的等价处理上，用泛生物学观点对宇宙的理解上（杜威，J. Dewey），以及对狭隘的实证主义观点的反对上。"① 应该说，正是在对世界本源之美的肯定这一共识上，杜威和怀特海接近起来，并在他们的渗透着科学精神的美学思想中把人文与科学两极结合和统一起来。美的生态本性，在杜威那里主要通过自然和世界的生长性本质得到解释；而在怀特海这里，则直接在世界的有机性和创造性中被赋予。他们都重视达尔文的生物演化论对世界生态进化本质的揭示，都用泛生物主义甚至泛心理主义的眼光看世界和解释世界。对于他们来说，世界在整体上就是一个有生命的、能够自我生成创进的机体。正是在这里，人类文化中的两极对峙和分裂，才从根本上获得了相互融合的土壤和温床。

对于自然之"道"的审美底蕴，许多艺术家都有真切的感悟。中国画家范曾在谈到宇宙那种妙不可言的永恒整体和谐时就说："我们不妨把这种和谐称为宇宙的大智慧，而把人类自文明初开迄至今日的一切睿智成果视为人类的小智慧。唯其宇宙的大智慧浩瀚无垠，人类的小智慧有可能一步步地更新和发展，逐步缓慢地趋近这大智慧，却永无达到的可能，因为其间包含着哲学上无限的概念。……宇宙有毋庸置疑的不可书诸文字语

---

① 陈奎德：《怀特海哲学演化概论》，上海人民出版社，1988年版，第4页。

言的、至大至诚、至刚至柔的和谐的力量,这力量使亿万星辰在横无际涯的天宇协奏,那是'大音希声'(老子语)的伟大的交响乐。只需从其中真正吸取一点儿灵感,便有贝多芬的雄浑博大的第九交响曲,便有司马文章、苏辛词赋。那才是人类一切文明取之无禁用之不竭的智慧之泉源。"[1] 艺术家们潜心自然感悟天道之美的佳话历代不辍,就是证明。

在中国古代诗学和美学中,"自然之道""自然之理""自然之法""自然之趣""自然之妙"之类崇尚自然原生之美的观念比比皆是。不特如此,马克思关于文学应该"更加莎士比亚化"的要求,实际上也是把自然性及生态性树为最高的审美原则。这样的艺术审美观念中所隐含的哲学,实际上与怀特海的以审美价值为基础和出发点的有机宇宙论是高度合拍的。对世间事物作审美的观照,乃是最高的价值审视。因而,这也是艺术审美之所以具有超越性批判功能的根本原因。

在这个"自然之道"中,生态性与审美性高度统一和融合,生态性即审美性,审美性即生态性。既然如此,怀特海这样"原天地之美而达万物之理"的哲学,可以说就是极深刻的生态哲学——一种以生态美学为基础和出发点的生态哲学,实际上就是一种生态美学。因此,它理应是建构笔者所主张的人本生态美学的极其重要的理论资源。与康德以来从人到自然的致思路向相反,这种哲学是从自然到人,即马克思所说的"自然界成为人"("自然向人生成")的哲学。前一种路向把人与自然分隔开来二元对立,后一种路向则在自然的基础上把人与自然有机统一相互融合。既然"原天地之美"才能"达万物之理",生态美学之重要意义就非同一般了。从生态美学出发看世界,过去那种从天上到地上的哲学才真正需要改天换地,转变成为从地上到天上的哲学。而这也正是笔者高度重视怀特海有机宇宙论哲学的当代意义的根本缘由。为了建构符合世界之"真"的元美学,这种转变是完全必要的。

(《美与时代》2017年第1期)

---

[1] 范曾:《范曾自述》,文化艺术出版社,2010年版,第295-296页。

从怀特海看宗白华美学的世界性品格

在发生于20世纪20年代中国哲学与怀特海的第一次握手中，中国现代最卓越的美学家宗白华也与怀特海的有机哲学邂逅。比较他们的哲学和美学思想可以看到，在都肯定自然世界的有机性和生成性的基础上，二者都肯定美与审美源于自然，"美"是自然之"真"；都认同世界生成过程中的创造性活力；都重视形式的有机性质和创生能力，肯定形式本来的精神意蕴；都高度重视作为宇宙生命最深奥秘的节奏与美和艺术的内在联系。以怀特海有机哲学的生态美学底蕴为参照，同样具有深厚的生态思维色彩的宗白华美学思想，鲜明地显示出世界性的学理品格。这同时也说明，怀特海有机哲学中蕴含的美学思想，一样具有世界性的学理品格。中国当代美学遮蔽了马克思主义哲学的"自然向人生成"的系统观，用"实践本体论"曲解了马克思主义的美学思想并长期居于主流。在这种理论情势下，宗白华的"活力论"美学独树一帜，为正确理解和阐释马克思美学思想并使之与中国传统美学精华相互融通，建设真正中国的也是世界的美学理论，保留了一条生机郁勃的思维通道。

一、第一次握手中的邂逅

怀特海有机哲学与中国哲学的"第一次握手"发生在

20世纪的20年代至40年代。

  以1925年出版的《科学与近代世界》为过渡，怀特海批判性地超越了逻辑分析主义和新实在论，开始建构他的有机宇宙论的形而上学哲学。他"尽精微而致广大"的思辨哲思，很快就吸引了一大批正在努力建构现代中国哲学的学人。据王锟《怀特海与中国哲学的第一次握手》一书的梳理，有张申府、牟宗三、方东美、张东荪、贺麟、谢幼伟、谢扶稚、张岱年、瞿菊农、朱宝昌及金岳霖、唐君毅、张君劢、熊十力、张荫麟、黄子通、沈有鼎、全增嘏等。[①]怀特海本人曾明确认为自己的有机哲学与中国古代哲学相接近。他在与贺麟和谢幼伟的谈话中，就认为胡适全面抛弃中国传统文化有些过火，关心中国人是否还读老子和孔夫子这些中国古典的书籍。他说自己的哲学著作东方意味特别浓厚，也许中国人反而容易了解、容易欣赏些。他还明确指出他的著作里就含蕴有中国哲学里极其美妙的天道观念，并认为中国人的"天道观"很好。[②]在《过程与实在——宇宙论研究》中他也特别指出："就一般的立场来看，有机哲学似乎更接近于印度或中国的某些思想特征，而不是像西亚或欧洲的思想特征。"[③]这应该就是怀特海的哲学之所以吸引大批中国学人的重要原因。

  正是在这第一次握手的幸会中，宗白华也与怀特海邂逅了。在宗白华大约写于1928年至1930年的《形上学——中西哲学之比较》中，首先以"中西哲学之异点"为题，一开始就引述了怀特海的一句话："将无价值的可能性（即物质材料）执握而成超体的赋形的价值。"后面注明"（怀特海，十一章）"，并接着解释道："这种活动是本体底活动，这本体底活动是任何关于形上学境界的静的要素之分析所省略的。被分析的要素，是本体活动之诸种属性。"[④]这句话文字不多，却高度精练地概括了怀特海有机宇宙论的精髓。其中的"无价值的可能性"指的是潜在的"永恒客体"，它是构成"现实实有"的基元材料；"执握"又译"抱握""摄

[①] 王锟：《怀特海与中国哲学的第一次握手》，北京大学出版社，2014年版。
[②] 贺麟：《现代西方哲学讲演集》，上海人民出版社，2012年版，第114页。
[③] 怀特海：《过程与实在——宇宙论研究》，第15页。
[④] 宗白华：《宗白华全集》（1），安徽教育出版社，1994年版，第584-585页。

入""包容",指"永恒存在"被摄取包容而成为具体的现实存在,即"现实实有";"赋形"指"现实实有"具有了主体形式,成为一个个体的存在。其中说的"超体"现仍译为"超体",指每一个"现实实有"并非一个终结性的实体和主体,它作为一个自我生成过程中的存在,还会在创造性的变化中超越自身;"超体"就是有自身超越能力的主体。这里涉及的"永恒客体""现实实有""抱握""赋形""超体"等概念,都是怀特海有机哲学的基本范畴,它们一起表达了其有机宇宙论的核心内容。

在论述希腊哲学及其后斯宾诺莎、莱布尼兹、休谟等的观点后,宗白华写道:"康德以理性检讨理性,成立批评哲学,亦欲打开实践道德之地位,及信仰之地位,叔本华发现'盲目的生存意志',而无视生命本身具条理与意义及价值(生生而条理)。黑格尔,使'理性'流动了,发展了,生动了。而仍为欲以逻辑精神控治及网络生命。无音乐性之意境。至今怀德特之哲学乃显以一'全体性的生机哲学',调和'价值界'与'数理界'。"① 这里的"怀德特"应该就是怀特海。②

宗白华认为叔本华"无视生命本身具条理与意义及价值",而黑格尔"仍为欲以逻辑精神控治及网络生命。无音乐性之意境"。他接着指出"怀德特之哲学乃显以一'全体性的生机哲学',调和'价值学'与'数理界'",这正是怀特海哲学的总体精神所在。恰恰是怀特海认为真正的哲学类似于诗,而他的有机宇宙论是以价值论(审美价值论)为核心的,并强调振动与节奏的作用,应该是有音乐性之意境的。怀特海认为价值是存在于事物关系中的客观事实,晚年还写了《数学与善》,强调其"调和'价值学'与'数理界'"的主张。显然,这次思想上的邂逅,正是对世

---

① 宗白华:《宗白华全集》(1),第586页。
② 《宗白华全集》的编者在这一页下面给文中出现的"Hume"和"黑格尔"都加了注释,却没有给"怀德特"加注,可能是不知其为何人的缘故。但"全体性的生机哲学"即"整体性的有机哲学",正是怀特海对自己哲学的称呼。当时中国学者对怀特海的译名尚未统一,有怀惕黑(张申府)、怀悌黑(瞿世英)、怀赫迪(方东美)、怀黑德(谢幼伟)、怀梯黑(张君劢、张岱年)等。"怀德特"与通常的译法相去甚远,但其原文中包含有这三个音节,应该是宗白华自己临时的特殊译法。从对其内容的介绍看,实际上指的就是怀特海。

界的有机性的理解和对其"音乐性之意境"的认同,特别是二人都感兴趣的"天道"观念,搭起了东西方古今哲学和美学之间相互沟通的桥梁,建构起具有宇宙视域的美学思维空间。

宗白华曾与方东美同为少年中国学会的主要成员,他们之间应有许多意气相投之处。方东美对怀特海哲学情有独钟,极力将其与中国古代的机体哲学相互贯通。他反对近代科学的宇宙观,认为合理的哲学思想中的世界,应该是"诗的境界",是一有情趣的、有价值的宇宙。因此,他非常欣赏和认同怀特海的"诗的宇宙观"。怀特海说哲学是诗,把世界的诗意和审美性视为其本来的价值。应该说,宗白华之所以特别注意到怀特海的有机哲学,也正是由于这种有机主义的"诗的宇宙观",不过他说的是"音乐性的意境"。正是有机的诗意的宇宙观,使怀特海思辨哲学的美学与宗白华的生命哲学的美学在这个重要的精神幸会中相遇了,并昭示了中西古今美学以"天道"观为切点而交汇融通的态势。

二、宇宙目的与审美本源

中国古代哲学和美学自来就把天地自然视为审美的本源,认为"天地有大美而不言"(庄子),艺术也要"师法自然",以"妙合自然"而美,以自然本色为最高境界。这种由中国古代美学精神培育起来的审美存在观念,在宗白华身上可以说是深入骨髓。对于宇宙自然中本来的美的沉醉、探寻和追索,从其美学生涯开始就是坚定不移、贯穿始终的。

把美和审美看作宇宙自然最本真的原初性质,实即认为宇宙自然是美和审美之源,恰好也是怀特海有机宇宙论的基本观点。在《意义的分析》中,怀特海这样论及自己的哲学:"在现在,因为大家的忽视,最富成果的起点是我称之为美学的价值理论的那一部分。我们关于人类艺术价值或者自然美的欣赏,我们对强加于我们的明显的粗俗和丑陋的尊敬——所有这些经验的模式必然地抽象为相对的明显。但是它们显然揭露了事物的真正意义。"① 所谓"事物的真正意义",就是其审美价值。在怀特海看来,宇宙从一发生就是为审美学所成就的,即遵循审美的目的和理想自我生成的。这个不断进行审美创造的世界,乃是一切生命(当然也包括人类)的母胎和家园。

怀特海的有机宇宙论认为,现实世界是由"永恒客体"这种潜在的抽象实有通过"包容"生成为"现实实有",再由多样的"现实实有"结合而成。怀特海明确指出,这个现实世界原本就是一个"审美鉴赏统一体"。这个合生过程首先就是通过"纯粹审美的补充"(本能地按照审美和谐摄入对象到主体之中)来进行的。即使是"理性逻辑的补充"也追求的是新的和谐,尽管这种和谐不如纯粹审美补充达成的和谐那么美妙圆融。这就是说,宇宙从一发生的原初状态就是审美的存在,它的生成从一开始就是进行审美创造的过程。到了人类出现,这个过程在人类历史中才发生了变化。在怀特海看来,特别是 17 世纪兴起的科学对自然的分割和抽象的研究,屏蔽和破坏了自然作为有机整体所具有的美。而 19 世纪英国浪漫主义诗歌才重新发现了自然本来的美,揭示出"事物的真正意义"。他的有机宇宙论就是要还原这种事实,让自然世界回归它本来的审美之"真"。基于这种哲学,怀特海明确指出,"现实事实就是审美经验的事实"②。这正如菲利浦·罗斯所说:"怀特海的后期哲学是一种全新的努力,旨在发展出一种植根于审美价值经验的形而上学和宇宙论体系。"③

出于这种审美的宇宙本体论,怀特海才说:"与'真'比较起来,'美'是一个更宽泛、更基础的概念。"④ 这就是说,比起与实际相符合的认识之"真"来,美是更为本真的存在,因为被认识为真的美可能还只是真实存在的美的一部分。美作为宇宙自然的真实本质到处存在着。"美就是经验中各种不同成分相互间符合,以产生最大的效果。所以,'美'是牵涉实在中各组成成分相互的关系、现象中各组成成分相互的关系,以

---

① 怀特海:《怀特海文录》,第 278 页。
② 怀特海:《过程与实在——宇宙论研究》,第 426 页。
③ 菲利浦·罗斯:《怀特海》,第 1 页。
④ 怀特海:《观念的冒险》,第 292 页。

及现象与实在之间的关系。因此，经验的任何一部分都可能是美的。宇宙目的论就是指向美的产生。"[1]这就把宇宙自然的审美性质说得极其明彻和通透了。

在怀特海看来，世界首先就有美的存在，而认识符合这种存在才成为"真"。春天的"绿叶"是先于人心中的"绿意"而存在的，"夕照"也是先于人心中的情感模式中的"光彩"和"对比"而存在的。而在怀特海的有机哲学中，自然的现实存在本来就是和谐包容的产物，本来就是美的。"率直的真"指没有屏蔽和干扰的"真"，总是对美有所发现和认同。事物的美本来存在着，至于它是否作为"真"被认识到，则有待于人的知觉。对于人类来说，很多实际存在的美还在我们自以为"真"的认识之外。既然如此，比起"真"来，"美"当然是一个更宽泛也更基础的概念了。这正如他举的例子："宇宙中存在着享有价值和（通过其内在性）分享价值的统一体。试以原始森林中一块孤立的空地上的一朵花的美妙为例。人和动物都永远没有享受它的整个美的敏锐经验。但是，这种美仍然是宇宙中一个重要的事实。"[2]

宗白华深受中国古代主要是道家的哲学和美学的滋养，而这种哲学本来就是一种朴素的有机自然观，即把天地自然和人看作一个相互密切关联互动的整体。同时，他当年又深受西方生命哲学的影响，与之可说是一拍即合。因此，他也理所当然认为美就是世界之真。比如他很早就说："诗人底文艺，当以使人个性中真实的精神生命为出发点，与宇宙全部的精神生命为总对象。"这里就明确地把文艺之美与宇宙的精神生命联系起来。他自称这一认识是看了自己的朋友郭沫若《生命底文学》一文后受到的启发。[3]在《生命底文学》中，郭沫若表达了他出自泛神论的生命观，认为"一切物质皆有生命。无机物也有生命。一切生命都是 Energy 的交流。宇宙全体只是个 Energy 的交流。"[4]值得注意的是，郭沫若的这一观点虽然

---

[1] 怀特海：《观念的冒险》，第 292 页。
[2] 怀特海：《思维方式》，第 112 页。
[3] 宗白华：《宗白华全集》（1），第 172 页。
[4] 郭沫若：《郭沫若论创作》，上海文艺出版社，1983 年版，第 3 页。

发表于怀特海1929年系统阐述有机宇宙论之前,但其所表达的基本观念却与怀特海相当切合。怀特海也把有机性赋予宇宙的整体和宇宙中的一切存在,包括通常所谓无机物,而且也特别重视事物之间的"能"的交流。在那个时候,宗白华与郭沫若两颗青春的心正灵犀相通,因而对怀特海的有机宇宙论哲学必然心领神会。

这样一种宇宙原生审美性存在的观点,在宗白华早年的著述中就已有明确的论述,其中最为集中的就是在写于1920年的《看了罗丹雕刻以后》一文中。在该文中,宗白华写道:"'自然'是美的,这是事实。""自然的美终不是一切艺术所能完全达到的。你看空中的光、色,那花草的颤动,云水的波澜,有什么艺术家能够完全表现得出?所以自然始终是一切美的源泉,是一切艺术的范本。"① 在后来论及中国画的"形似"时,也曾说:"盖中国古代绘画,实先由形似之极致,而超入神奇之妙境者也。花鸟虫鱼之为写实不论矣;即号称理想境界之山水画,实亦画家登高远眺之云山烟景。……其实,真山水中之云烟变幻,景物空灵,乃又过于画中山水者。且画家所欲画者,自然界之气韵生动。"② 而在言及"空灵"之时又说:"形式之最后与最深的作用就是它不只是化实用为空灵,引人精神飞跃,超入美境。而尤在它能进一步引人'由美入真',深入生命节奏的核心。"③ 这就是说,美乃是宇宙生命的真正的真实。深入宇宙生命节奏的核心,就是深入宇宙的审美之真。美乃是宇宙的真实的存在。因此,"艺术的里面不只是'美',且包含着'真'。""艺术同哲学、科学、宗教一样,也启示这宇宙人生最深的真实……而'美'是它的附带的'赠品'。"④ 在他看来,"天地是舞,是诗(诗者天地之心),是音乐(大乐与天地同和)"⑤。美乃是宇宙自然的本来属性。

不过,宗白华说的"真"与怀特海的"真"有所区别。怀特海说的

---

① 宗白华:《宗白华全集》(1),第310页。
② 宗白华:《宗白华全集》(2),安徽教育出版社,1994年版,第52页。
③ 宗白华:《宗白华全集》(2),第71页。
④ 宗白华:《宗白华全集》(2),第72页。
⑤ 宗白华:《宗白华全集》(1),第369页。

"真"指的是认识所达到的"真",即所谓真知、真理,而并不是宗白华所说的真实存在意义上的"真"。尽管有这样的区别,但在认定美和审美是宇宙的原初之真,是宇宙存在的本质特征这一点上,二者却是高度一致的。

把美视为宇宙中的客观存在,在古代希腊哲学中是很普遍的观念。尽管柏拉图将其归之于"神性",它却也还是客观的存在。但在17世纪以后,特别是康德把世界主观化之后,美在世界中的客观存在就被严重屏蔽了。科学的发展把宇宙世界的整体加以分割,宇宙的有机性被机械唯物论抹杀,同时实用功利的观念压倒了一切,世界本来的美遭到漠视和破坏,自然的真正意义也被否认。正是痛感宇宙之美的整体失落,怀特海以自己的思辨哲学重新高扬起古代希腊的观念,在进化论、相对论、量子力学等新的科学成果的基础上,雄辩地论证了宇宙自然的审美本性的原初存在,把宇宙生成的生态性与其审美性高度统一起来。这对于近代以来的美学,无疑是一个根本性的拨正。宗白华的美即宇宙自然之真的观念,恰好与之不谋而合。发生在20世纪20年代的这场邂逅,说明中西古今美学之间的遇合绝非偶然。

三、创进生成与创造活力

怀特海的思辨哲学从事物互动生成的过程来阐明宇宙之美的根源,而宗白华则将其朴素地归因于宇宙间的活力。在他们看来,宇宙自然本来就充盈着有机生命。这有机生命在宗白华就是他一再称道的"创造活力";在怀特海则更加充实为事物通过"能"的作用而合生创进的过程。宗白华的"活力"是"创造活力",怀特海的"过程"是"创造性"过程,它们都特别重视这个有机世界的创造本性。

宗白华的"活力说"的直接思想资源乃是中国古代的气论和气韵论,但是从西方生命哲学吸取了"创造"的灵魂。而对于怀特海来说,世界的生成作为整个宇宙存在的机体生命的表现,本来就是一个合"多"为"一"的"创造性"过程。"多""一"和"创造性"是他的思辨哲学的三个"终极性范畴",其中"创造性"更是处在核心地位。怀特海说:"'创造性'是表征终极事实普遍性中的普遍性。正是通过这种终极性原则使得'析取'的世界之'多'变成'合取'的世界之'一'个现实机缘。创造性存在于事物本性之中,使多进入复合统一体。"[①]这里说的"现实机缘"就是"现实实有",它本身是合生的主体,同时又能够通过新的合生成为超越自己的"超体"。活动着的主体同时就是超体,这就是它的创造性的本质。

对于怀特海来说,创造性本来就是现实世界的根本性质。他说:"现实世界中各种现实实有相对于一个确定的现实实有的'客体化',构成了那个现实实有产生的动力因;追求'满足'的主体性'目的'构成终极因,或诱导力,由此而产生了确定性的合生;而所获得的'满足'仍然是创造性目的内容中的一个因素。这样,就有一种创造性的超越;这种超越造成了确定性的客体化,使各种现实合生的过程超出了那个满足了的超体而获得更新。"[②]这段几乎概括了他的思辨哲学核心内容的话,揭示了世界的创造性本质及其实现过程。怀特海说"'创造性'是表征终极事实普遍性中的普遍性",这就明确指出"创造性"这个范畴的普遍性所具有的终极意义,即现实世界从宇宙的整体性出发就普遍具有的根本特性。创造性作为世界的本质,就是实际存在的这个世界的终极原则和灵魂。

怀特海还进一步阐释道:"'创造性'是新颖性原则。一个现实机缘就是一个新颖的实有,不同于由它统一起来的'多'中的任何实有。因此,'创造性'在'析取'的世界之'多'的内容中引入了新颖性。'创造性进展'是把创造性这个终极原则运用于它所产生的每一个新的情境。"[③]这些话把创造性的内涵和表现说得很清楚很深入了。这就意味着,不只是抽象的活力或过程,而是更为深刻的创造性,才为这活力和过程注入了善和美的价值内涵,赋予其灵魂。

正是对创造性的高度推崇,成了宗白华和怀特海的美学共有的灵魂。

---

① 怀特海:《过程与实在——宇宙论研究》,第36页。
② 怀特海:《过程与实在——宇宙论研究》,第136页。
③ 怀特海:《过程与实在——宇宙论研究》,第36页。

在这里,中西古今的美学哲思达到了交融无间的境界。只不过怀特海的思辨哲学用艰涩的概念表达的哲理在宗白华那里则表现为诗意的感悟。

在《看了罗丹雕刻以后》一文中宗白华就说:"我自己自幼的人生观和自然观是相信创造的活力是我们生命的根源,也是自然的内在的真实。你看那自然何等调和,何等完满,何等神秘不可思议!你看那自然中何处不是生命,何处不是活动,何处不是优美光明!这大自然的全体不就是一个理性的数学、情绪的音乐、意志的波澜么?"① 在回答"什么叫作美?"的问题时,宗白华说:"自然万象无不在'活动'中,即是无不在'精神'中,无不在'生命'中。艺术家要想借图画、雕刻等以表现自然之真,当然要能表现动象,才能表现精神、表现生命。这种'动象的表现',是艺术最后目的,也就是艺术与照片根本不同之处了。"② 他用罗丹的话说明艺术表现"动象"是怎么回事。罗丹说:"画家与雕刻家之表现'动象'就在能表现出这个现状中间的过程。他要能在雕刻或图画中表现出那第一个现状,于不知不觉中化入第二个现状,使我们观者能在这作品中,同时看见第一现状过去的痕迹和第二现状出生的影子,然后'动象'就俨然在我们的眼前了。"这种"动象"表现的乃是"宇宙活力"。"这个自然的活力凭借着物质,表现出花,表现出光,表现出云树山水,以至于鸢飞鱼跃、美人英雄。所谓自然的内容,就是一种生命精神的物质表现而已。"③ 罗丹对"动象"的过程性的解释简直可以说在宗白华与怀特海之间搭起了直通的桥梁。

罗丹说的"动象"颇有点怀特海说的"现实实有"的味道。日本学者田中裕就将"现实实有"译为"活动性存在"。作为怀特海思辨哲学的八个"存在范畴"之一的"现实实有",本来就是一个有机能动的即活动的现实存在。它在活动中存在,也通过活动自我超越。作为世界生成过程的一个节点或中介,它既有自己的过去,也在走向未来,因此是一个过程性的存在。它的"动"姿表现在这个过程性中,而过程性就是其"动"的时

---

① 宗白华:《宗白华全集》(1),第309页。
② 宗白华:《宗白华全集》(1),第312页。
③ 宗白华:《宗白华全集》(1),第313页。

空展开。

宗白华在谈到自己对自然深处的美的感受和认识时曾说,自己随着年岁的增长,"经验多了,同这个实际世界冲突久了,晓得这空间中有一种冷静的、无情的、对抗的物质,为我们自我表现、意志活动的阻碍,是不可动摇的事实。又晓得这人事中有许多悲惨的、冷酷的、愁闷的、龌龊的现状,也是不可动摇的事实。这个世界不是已经美满的世界,乃是向着美满方面战斗进化的世界"。他给"创造活力"添加了"战斗进化"的内容,这就犹如怀特海在普通的和谐之外更强调了和谐的"强度"。自然世界到处都可看到这种具有战斗姿态的"创造活力"。对此,宗白华充满了生命的激情。他说:"你试看那棵绿叶的小树,它从黑暗冷湿的土地里向着日光,向着空气,作无止境的战斗。终竟枝叶扶疏,摇荡于青天白云中,表现着不可言说的美。一切有机生命皆凭借物质扶摇而入于精神的美。"①

从自己对美的内在活力的真切感受中,宗白华得出了这样的结论:"大自然中有一种不可思议的活力,推动无机界以入于有机界,从有机界以至于最高的生命、理性、情绪、感觉。这个活力是一切生命的源泉,也是一切'美'的源泉。""自然无往而不美。何以故?以其处处表现这种不可思议的活力故。照相片无往而美。何以故?以其只摄取了自然的表面,而不能表现自然底面的精神故。(除非照相者以艺术的手段处理它)艺术家的图画、雕刻却又无往而不美,何以故?以其能从艺术家自心的精神,以表现自然的精神,使艺术的创作,如自然的创作故。"②宗白华明确指出美所表现的自然的精神,而怀特海更深入阐释了一切存在都具有"物理极"和"精神极"。在他们富于诗意的思维中,物质与精神之间的隔膜都被消融和化解了。

方东美在以怀特海的有机宇宙论为参照和借鉴对中国哲学中的机体主义思维进行深入梳理时,就曾用《易经》的"生生之德"这一思想统贯中国的机体主义哲学。他甚至直接用怀特海的重要范畴"creative creativity"

---

① 宗白华:《宗白华全集》(1),第310页。
② 宗白华:《宗白华全集》(1),第310页。

与"生生之德"的"生生"对译,并认为它们意义相当。这里说的"生生"之理,就相当于怀特海说的"创生性"即"创造性",是天地万物得以生生不辍的本体和动力。对于中国人的自然观的机体主义内容,方东美概括地论述道:"对我们来说,自然是宇宙生命的流行,以其真机充满万物之谓。""它本身是无穷的生机,它的生机充满一切,但并不和上帝的神力冲突,因为在它之中正含有神秘的创造力。"[①]以方东美说的"生生之德"为参照,宗白华和怀特海真是达到了心有灵犀的神会。

四、生命形式与宇宙精神

作为诗人和美学家,宗白华主要是从审美的角度来考察形式问题。他极为重视形式对于美和审美的作用,在他的论著中不乏对形式的形而上的分析和诗意的描述。他说:"美与美术的特点是在'形式'、在'节奏',而它所表现的是生命的内核,是生命内部最深的动,是至动而有条理的生命情调。'一切的艺术都是趋向音乐的状态。'这是派脱(W. Pater)最堪玩味的名言。"[②]这段话可以看作他的审美形式论的总纲。这里把形式与节奏并提,说明了形式与节奏不可分离。又说这种有节奏的形式所表现的是生命的内核,这指明了审美形式的生命内涵即其生命表现的特性。还说它是生命内部最深的"动",指出它是生命本质的动态和动力性的存在,这就是说,审美形式以其"动"的特质表现出生命的能动本质。最后还说它是至动而有条理的生命情调,说明审美的形式在活力与秩序统一的生命动势中会呈现出特有的神韵、风致和境界,一种情感的调子。而正是这种情调能够感应和融入宇宙的韵律这个天籁之中。

那么,怀特海对于形式在世界审美生成过程中的地位和作用是怎么认识的呢?

在怀特海的有机宇宙论哲学中,"主体形式"是八大存在范畴之一。

---

① 方东美:《生生之德:哲学论文集》,第125页。
② 宗白华:《宗白华全集》(2),第98页。

由于怀特海认为一切现实实有都是能动的主体性存在,他所说的"主体形式"实际上就是一切事物皆有的形式。这个形式以其特有的结构一方面表现了主体的个体性质,另一方面在主体自我超越的包容行为中发挥着能动的作用。它通过对新对象的摄入和整合而生成具有新颖性的"审美鉴赏统一体"。在这个生成过程中,首先是通过"纯粹审美的补充"来进行包容的。这个创造性生成既然本来就是一个审美生成的过程,那么这里说的形式的作用实际上也就是对于美和审美生成的作用了。

《思维方式》是怀特海晚年具有总结性意义的重要著作。其中第五章专门讲"过程的形式"问题。怀特海把世界和事物看作有机的过程性的存在。正是这个有机性与过程性的统一,也是时间性和空间性的统一,赋予其"形式"概念以特殊的品质。他说:"在有机哲学中,'永恒的'不是实体而是'形式'。形式经历着种种变化着的关系;现实实有就主体性来说是'永恒地消逝着'的,但就客体性来说,是永恒的。"① 这就是说,形式及其活动贯穿世界生成过程的各个环节,它既是永恒的又是变化的;作为活动着的主体形式,它要变化,并通过自身的变化推进着现实的创造性生成。而不管怎么变化,它都是客观存在着的,始终是存在中的重要因素。这就是说,这个世界的审美生成,始终离不开形式的存在和作用,更要仰仗形式的能动的变化。有形式的变化,才有新颖性的创造,才有事物的自我超越,才有现在向未来的广延和扩展,才有审美创生永无终结的进展过程。

正如怀特海在《意义的分析》一文中所说:"过程是由于它的形式而形成的,并且形式作为过程的本质而存在。"② 从过程看形式,形式在过程之中,而且形式本身也是一个过程性的存在。在这里,形式似乎已经成了世界审美创生过程的一个聚焦点,成了推动和控制现实审美生成的关键性能动中介。正是形式的活动和过程赋予生命的内涵。

怀特海认为形式存在于自然界并表现着自然界。他说:"我们在感性知觉中分辨出了外部世界及其各不同部分,后者由关于质的形式描绘出

---

① 怀特海:《思维方式》,第48页。
② 怀特海:《怀特海文录》,第280页。

特征，并通过表达分离和结合的形式而相互发生关系。这些质的形式是感性材料，如蓝色的色调、声音的音调。表达区别和联系的形式是空间和时间形式。通过仅仅关注感性直觉的这些形式来解释的世界，我称之为'自然界'。"① 自然界中的事物，靠了"质的形式"而具有自身的特征，形式把多样的质料"分离和结合"起来，并且使之相互发生关系。因此，形式就是具有一定空间结构和时间结构关系的存在。形式作为"感性的材料"，就是以"空间和时间形式"而"表达区别和联系的"。这样的形式必然表现出事物的个体性质。

形式不仅具有内在关系，也具有外在关系。它不是时空孤绝的"实体"，也不是封闭孤立的结构，而是一个关系性的存在。怀特海指出形式"关系到生命和运动，关系到包含和排斥。它关系到希望、恐惧和意向。把这种说法说得更一般一些，它关系到欲望。它关系到将形式加以实现并且超越形式的现实性的发展。它关系到现在、过去和未来"②。这样的形式实际上负载着事物生成的全部机能。形式作为生成过程的展开，就具有了有机活力和创进的势能。形式的过程性正是形式与生命运动的本质联系所在，这说的就是形式在过程中的功能。形式在世界生成过程中的关系对于创造新颖性的作用，也决定了它的价值，首先就是其审美的价值。

在生成过程中发挥功能的形式具有目的，这种形式目的论是怀特海的重要观点。他指出："在多种多样的潜在的东西的形式中就存在着稳定的目的；也正是由于这种方式，在有限的现实事物的有限的重要性之外还有重要性。"③ 这是什么意思呢？形式虽然属于潜在的领域，但它"存在着稳定的目的"，这就是说形式是有其本身所决定的"目的"的，这个目的源于追求新颖性的欲望，源于对自身结构的调整即自我组织的功能，也源于对环境的适应及对特定对象的摄取和建构的意向。这个能动的目的，突出表现了形式的有机的生命机能，它因此才可能实现对自己的改变和更新，而使主体成为"超体"。这就是形式的自我超越性。

---

① 怀特海：《思维方式》，第70页。
② 怀特海：《思维方式》，第67页。
③ 怀特海：《思维方式》，第81页。

正是由于活的形式具有这种自我超越性，它才"在有限的现实事物的有限的重要性之外还有重要性"。形式总是存在于有限的事物身上，它规定和表现了这个事物的有限的意义和价值，这就是它的有限的重要性。同时，这个处在生成过程中的形式又能够自我超越，洋溢着对于未来的欲望，追求着更高的新颖性，因此它又能指向更高更新的重要性，一种超越了自身的现在而指向未来的重要性，也就是从有限向无限超越的重要性。正是形式作为关系性、过程性和超越性的存在，使它能够启示和表现宇宙生命深处最幽眇的神韵。

怀特海的思辨形而上学对形式的生命精神内涵的揭示和论证，在宗白华那里可以看到诗性感悟的对应。跟怀特海一样，宗白华也认为"宇宙是无尽的生命、丰富的动力，但它同时也是严整的秩序、圆满的和谐"。"和谐与秩序是宇宙的美，也是人生美的基础。"这一切都通过形式表现出来，"美是丰富的生命在和谐的形式中"。[1]他论及形式在艺术中的三种作用时，指出其第一是把对象组织成有机体的"消极作用"。第二是组织、集合、配置即构图使之成为内在自足的小宇宙的"积极作用"。这在怀特海那里是形式在包容中所发挥的功能。第三个作用是"形式之最后与最深的作用，就是它不只是化实相为空灵，引人精神飞跃，超入美境。而尤在能进一步引人'由美入真'，探入生命节奏的核心"[2]。这不正是形式的超越性的生动表现吗？西方的思辨智慧与东方的诗性感悟之间的微妙会通，在此达到了令人惊叹的程度。值得注意的是，"由美入真"本来就是怀特海的观点，他认为美才是世界最深、最率直的真。

五、节奏和力与生命之舞

宗白华明确指出："中国民族很早发现了宇宙旋律和生命节奏的秘密。"[3]因此他极为重视审美形式与节奏的关系。他说："美与美术的特

---

[1] 宗白华：《宗白华全集》（1），第57-58页。
[2] 宗白华：《宗白华全集》（1），第70-71页。
[3] 宗白华：《宗白华全集》（1），第402页。

点是在'形式'、在'节奏',而它所表现的是生命的内核,是生命内部最深的动。"由此可知,形式之所以充盈创造活力,是由于这形式是与生命的本质特征——节奏结合在一起的。也正因此,他对"一切的艺术都趋近于音乐"的说法才情有独钟。在论及中国画的空间意识时,他说:"我们的诗和画中所表现的空间意识,不是像那代表希腊空间感觉的有轮廓的立体雕像,不是像那表现埃及空间感的直线甬道,也不是那代表近代欧洲精神的伦勃朗的油画中渺茫无际追寻无着的深空,而是'俯仰自得'的节奏化的音乐化了的中国人的宇宙感。"① 这里更把"节奏化""音乐化"与"中国人的宇宙感"联系起来。实际上,早在古代希腊,以毕达哥拉斯为代表的一些学者,就感悟到宇宙的音乐性了。而中国古代哲学和美学的气论和气韵论,更是把弥贯天地的"气"和天地自然之"道"视为音乐化的存在。这种"节奏化的音乐化了的宇宙感"并非人的主观意识所赋予,而是宇宙生命本来的存在特性,因为节奏正是活力与秩序的有机结合。由此可知,宗白华对节奏与生命活力的关系的论述实际上抵达了宇宙自然审美存在原生的本体特性,即宇宙生命最深的真实。他说:"'道'的生命和'艺'的生命,游刃于虚,莫不中音,合于桑林之舞,乃中经首之会。音乐的节奏是它们的本体。……这生生的节奏是中国艺术境界的最后源泉。"② 这无疑是对节奏的审美本体地位的明确肯定。

宗白华用古代中国山水画的"三远"法阐释其空间意识说:"'远'不是以堆叠穿斫的几何学的机械式的透视法表现出。而是由'似离而合'的方法视空间如一有机统一的生命境界。由动的节奏引起我们跃入空间感觉。直观之如决流之推波,睨视之如行云之推月。全以波动力引起吾人游于一个'静而与阴同德,动而与阳同波'的宇宙。"③ 画中"动的节奏"就具有这样的"波动力",能够生发出如决流推波、行云推月的动势,而与宇宙本来的"动的节奏"相感应。在这里,节奏成了一个普遍的中介,把身与心、人与物直至宇宙共融为相互感应的节律之中,而达到与宇宙生

---

① 宗白华:《宗白华全集》(1),第423页。
② 宗白华:《宗白华全集》(1),第332页。
③ 宗白华:《宗白华全集》(1),第434页。

命幽深的融合。宗白华还进一步指出:"世界上唯有最抽象的艺术形式——如建筑、音乐、舞蹈姿态、中国书法、中国戏面谱、钟鼎彝器的形体与花纹——乃最能象征人类不可言状的心灵姿势与生命的律动。"① 谈到"线纹"的表现性,他还说:"抽象的线纹,不存于物,而存于心,却能以它的匀整、流动、回环、曲折,表达万物的体积、形态与生命;更能凭借它的节奏、速度、刚柔、明暗,犹如弦上的音、舞,写出心情的灵境而探入物体的诗魂。"② 这里说的一切,归结到一点,就是节奏的审美本体地位和审美表现功能。

正是出于对"节奏化的音乐化了的宇宙感"的沉浸和神往,宗白华的著作中一再发出对这种生命律动的深情咏叹,同时还从音乐幻化出宇宙之舞的意象。他说:"音乐和建筑的秩序结构,尤能直接地启示宇宙真体的内部和谐和节奏,所以一切艺术却像音乐的状态、建筑的意匠。"③ 他还进一步说:"然而,尤其是'舞',这最高度的韵律、节奏、秩序、理性,同时是最高度的生命、旋动、力、热情,它不仅是一切艺术表现的究竟状态,且是宇宙创化过程的象征。""在这舞中,严谨如建筑的秩序流动而为音乐,浩荡奔驰的生命收敛而为韵律。艺术表演着宇宙的创化。"④

怀特海也非常重视节奏在现实世界审美生成过程中的存在和作用,并且常常把节奏与物理的"力"和"振动"相联系以突出其生命内涵和动力机制。俞懿娴指出:"怀特海并不认为意识是生命与无生命现象之间的界线,'韵律'(rhythm)是生命现象的表征,而不是意识。'有生命'的电子、原子、分子,只要展示'韵律'的活动,便是'有生命'。因此,怀特海并不同意柏格森的生机论,他打破传统'有生命'与'无生命'现象的界线,为机体论开拓更大的领域。"⑤ 这就是说,怀特海认为"'韵律'(rhythm)是生命现象的表征"。怀特海曾说:"一个持续发音的音

---

① 宗白华:《宗白华全集》(1),第71页。
② 宗白华:《宗白华全集》(1),第127页。
③ 宗白华:《宗白华全集》(1),第333页。
④ 宗白华:《宗白华全集》(1),第336页。
⑤ 田中裕:《怀特海——有机哲学》,包国光译,河北教育出版社,2001年版,第37页。

符被解释成为空气振动的结果,一种稳定的色彩被解释成为以太振动的结果。要是用同样的原则来解释物质的稳定持续状态,我们就会认识到每一种原始要素都是潜能或潜在活动所产生的振动波。"①"振动波"就是物质的"原始要素"。这个在一定周期中形成"一个振动的实有"就表现为"韵律"。一切事物都因"韵律"而具有生命,是"韵律"把有机界与无机界,也把人与物与宇宙贯通融合起来。"韵律"是生命的本体特征,它必然能在事物审美生成的过程中发挥自己独特而重要的功能。

正如怀特海自己所说:"最后,我们的结论必然是:我们终于又回到老毕达哥拉斯理论的一个说法上来了。""他认识到研究抽象概念的重要性,尤其是他使人们注意到数学能说明音乐中音符的周期性这一事实。因此,周期性这一抽象概念的意义,从一开始就是欧洲哲学和数学所共同提供的贡献。"这就是世界的"振动存在"的性质。这个周期性的"振动存在"就是韵律和节奏。怀特海在这里曾发出自问:"这会不会是神圣的天才的闪现,洞察到事物最奥秘的本性中去了呢?"②回答应该是肯定的。正是在这个最本质的奥秘里隐含着美和审美的本体基因。

节奏是负载着"力"的,也可说是"力"的运动形态。对这个与节奏共生的"力",怀特海也有所论述。他指出"力"的概念原本是"关于种种实体概念的基础",机体论对"力"应该有新的解释。他说:"另一个结论是:'现实事物'按其本质说是'结构'。力是结构的推动力。一切其他类型的结构都是达到现实事物的阶梯。最后的现实事物是力的统一性。力的本质在于推向自为的审美价值。"又说:"一切力都是从达到自为的价值这个结构的事实中派生出来的。不存在别的事实。力和重要性是这一事实的两个方面,它构成了宇宙的动力。它是保持它的生存力的动力因,它是在创造物中保持其创造欲望的目的因。"③这些话可以看作是对宗白华的"活力说"的哲学和科学的说明。

---

① 怀特海:《科学与近代世界》,第44页。
② 怀特海:《科学与近代世界》,第45页。
③ 怀特海:《思维方式》,第110-111页。

六、世界美学与深生态学

对于宗白华的美学思想,学界往往会从"中华性"的角度对其加以审视和关注。但是,通过从以上几个重要方面将其美学思想跟怀特海哲学的美学内涵加以对照,我们清楚地看到,无论是其有机宇宙论的哲学观念还是其具体的美学思想,既是中华的又不只是中华的。应该说,他的美学思想具有鲜明的"世界美学"的意义。

在写于1932年的《介绍两本关于中国画学的书并论中国的绘画》一文中,宗白华曾明确提出了"世界美学"的观念。他说:"将来的世界美学自当不拘于一时一地的艺术表现,而综合全世界古今的艺术理想,融合贯通,求美学上最普遍的原理而不轻忽各个性的特殊风格。因为美与美术的源泉是人类最深心灵与他的环境世界接触相感时的波动。"又说:"中国的艺术与美学理论也自有它伟大独立的精神意义。所以中国的画学对将来的世界美学自有它特殊重要的贡献。"① 在这里,宗白华对所谓"世界美学"提出了两个要求和一个根本点。两个要求是综合性与普遍性:综合性指的是全世界古今艺术理想的综合和融会贯通;普遍性指的是要有美学上最普遍的原理,这些原理要具有普遍的涵盖性而不轻忽各种个性的特殊风格,即要有对各种个性特色的解释力。一个根本点,就是他说的"美与美术的源泉是人类最深心灵与他的环境世界接触相感时的波动"。之所以说这是根本点,因为它既深深触及了审美活动的生态根基,那就是有机体与环境相互作用的"相感";同时他还揭示了审美活动的本体特征即"波动"。如前所述,他的美学基本上具有这"两性一点"的品质,应该说是他自觉追求"世界美学"这一学术理想的卓越成果。

当我们把宗白华坚持一生的美学思想与怀特海有机宇宙论的美学内容相互对照之后,宗白华美学的世界性品格就更是分外敞亮了。我们不仅可以看到他们共同的有机宇宙论的哲学内容,还看到了在最重要的美学理论上的高度一致。怀特海的哲学思维追求的是对世界存在的普遍性问题的阐释,要求自己能够对世界存在和生成问题具有普遍的阐释力。这样一种

---

① 宗白华:《宗白华全集》(1),第43页。

有机宇宙论的世界观，正是为宗白华所倾心信仰的。他说："中国人感到宇宙全体是大生命的流行，其本身就是节奏与和谐。"①又说："中国哲学是就'生命本身'体悟'道'的节奏。'道'具象于生活、礼乐制度。'道'尤表现于'艺'。灿烂的'艺'赋予'道'以形象和生命，'道'给予'艺'以深度和灵魂。"②这里说的"道"正是怀特海深感兴趣的"天道"。借助于怀特海有机哲学的世界性，宗白华美学的世界性特质就十分鲜明了。

源于古代希腊的西方有机哲学历经两千多年的间隔，到怀特海的《过程与实在——宇宙论研究》一书时又在科学成果的坚实基础上系统复生。以宗白华为中介，中国古代的有机自然主义哲学及其美学也在与现代生命哲学的融汇中得以重现。可以说，宗白华美学的世界美学特质乃是中西古今哲学和美学的一个独特的大综合的结晶，无论他在具体的学理上还有多少未及圆融通达之处，他的基本观念却是具有"世界美学"所要求的普遍性和终极性这一特质的。

宗白华的美学不仅是世界性的，而且还具有超越了"现代性"的"后现代性"。这种后现代性来自他与怀特海共同的有机宇宙自然观。正是这种宇宙观的"关系"说、"过程"论和"整体"观，超越了现代哲学中人类与自然、主观与客观、物质与精神、有限与无限、价值与事实相分离隔绝的流行思维。美国学者格里芬的《怀特海的另类后现代哲学》一书专门论述怀特海哲学的后现代性，并指出它与那种流行的"解构"的后现代主义不同，乃是一种"另类的"即积极的、建设性的后现代主义哲学。

格里芬指出怀特海"所创立的哲学就是用来解决'现代世界观'中显然存在的某些根本的本体论和认识论前提。他认为，不拒斥那些前提，哲学无望有实质性的进步"。他又说："我相信，把怀特海的哲学描述为后现代的，有助于发掘出他哲学中的那些本可能会被错过或至少被低估的方面。我甚至觉得，怀特海的哲学不仅是后现代主义的一个种或一种体，它更是一种高级的后现代主义，因为他最好地处理了人们普遍认为分明的现

---

① 宗白华：《宗白华全集》（1），第413页。
② 宗白华：《宗白华全集》（1），第367页。

代哲学所造成的那些问题。"①值得注意的是,格里芬在阐释怀特海哲学的后现代性时,特别明确地指出它是一种"深生态学的世界观"。这就意味着,与怀特海同调的宗白华美学实际上也蕴含着深厚的生态学底蕴,它实际上也就是一种渗透着生态思维的美学。生态思维与审美思维在有机宇宙论中的遇合说明,真正的"世界美学"就应该是生态学化的美学,是回归到宇宙自然的审美本性的美学。在这个意义上,真正科学的具有"深生态学"性质的生态美学,也必然具有世界性的学理品格。通过近百年前与怀特海的邂逅而彰显中国古代美学的世界性意义,乃是宗白华对世界美学的建构所做的极其宝贵的贡献。而这,实际上也是怀特海哲学的美学内涵所具有的品格。通过以上的比较可以看到,在怀特海有机哲学的思维平台上对中西古今美学智慧精华加以融通,一种具有世界性和人类学品格的美学已经呼之欲出。

(《河北学刊》2016年第4期)

---

① 格里芬:《怀特海的另类后现代哲学》,周邦宪译,北京大学出版社,2013年版,第2页。

《向美而生的人：怀特海有机哲学的人学内涵》前言

1844年，26岁的马克思写出了《巴黎手稿》（即《1844年经济学哲学手稿》，以下简称《手稿》），以"自然向人生成"（又译"自然界成为人"）为核心命题概略地阐述了他的以生成本体论为基础的自然史观，明确肯定"人是自然界的一部分"，首先是自然生成物和"自然存在物"，并在此基础上成为以实践为本质的"社会存在物"。

1859年，马克思明确论述了自己的唯物史观。就在这一年，达尔文阐述进化论学说的重要著作《物种起源》出版。马克思读了之后对恩格斯说："它为我们的观点提供了自然史的基础。"

也是1859年，后来被称为"美国的黑格尔和马克思"的杜威出生。比杜威稍晚，怀特海于1861年来到这个世界。

直接受到达尔文影响的杜威，在人的问题上首先面对的就是人与自然之间的关系问题。杜威指出："我们需要根据一种时间上的连续体来形成一种自然论和一种关于人在自然中（而不是人对自然的联系）的理论。"[①] 这种"人在自然中"的理论，就是杜威的经验自然主义的人论最重

---

① 杜威：《经验与自然》，傅统先译，江苏教育出版社，2005年版，第161页。

要的观点。同对自然的认识一样，杜威对人的认识也是植根于那个时代的科学成就之上的。他说："仅仅在近一百年的时间内（事实上比这还少一些），生物学、文化人类学和历史，特别是关于'物种'方面的历史这类科学已经发展到了这样一个阶段，把人类和他的业绩完完全全置于自然界以内了。"①把人看作自然界的一部分，把人"完完全全置于自然界以内"，这就是杜威经验自然主义人论的根本点。

在杜威的经验自然主义哲学中，人不是作为与自然相分隔和对立的存在来对待的。而现代哲学"不幸地""建立了一个能知的中心和主体以与作为所知的'自然'相对抗。所以'能知者'实际上变成了自然以外的东西"，"这种在自然之外的能知'主体'，与作为'客体'的自然世界相对抗"。②对这种二元分隔对立的流行哲学进行消解和廓清，把人从超然于自然之上的绝对主体拉回到自然的大地上来，还人以生态存在的本性，乃是杜威的人论的根本精神之所在。

杜威说自己的哲学是"自然主义的人本主义"，明确地把落脚点放到自然中的人上。它对自然与人的关系和人的本质的揭示都是从人同自然环境之间"做"与"受"的交互作用生成的"经验"出发的。然而，在怀特海的有机哲学中，"经验"不再是人所专有，而是一切现实存在的事物、一切现实实有都具有的机能，是表示现实存在的事物相互作用的活动事态。杜威从经验与自然界的连续性揭示人与自然的内在联系，而怀特海则径直在宇宙视域中展开他的思辨，直接从宇宙的自然发生说起，揭示其通过漫长的向美而生的过程创造出人的真实来。杜威有专题文集《人的问题》，而怀特海没有这样的专门著作，但是他的几乎所有的哲学著作，特别是后期的《观念的冒险》《思维方式》和《教育的目的》等，却都具有十分深刻而独特的人学内涵。怀特海的人学思想与杜威有很多共同之处，不过怀特海的人论主要存在于独标自然主义的有机哲学之中。尽管如此，正如马克思所说："彻底的自然主义或人道主义，既不同于唯心主义，也不同于唯物主义，同时又是这二者结合的真理。我们同时也看到，只有自

---

① 杜威：《经验与自然》，第250页。
② 杜威：《经验与自然》，第241页。

然主义能够理解世界历史的行动。"① 他还说:"社会是人同自然界的完成了的本质的统一,是自然界的真正复活,是人的实现了的自然主义和自然界的实现了的人道主义。"② 而怀特海的自然主义正是这种"实现了的"自然主义。他独标自然主义,无非是要在自然主义的进路上追寻得更加深入更加彻底,直至人类和文明的生成。

怀特海心仪的实用主义哲学家威廉·詹姆士在《多元的宇宙》中说:"在像哲学这样的一种学科里,不和人性的原野联系起来,而且只按行规的传统来思考,确实是致命的。"③ 怀特海避免了这个致命的脱离,把他的哲学与人性的原野密切联系起来了。

怀特海集中系统阐述其有机宇宙论的代表作《过程与实在——宇宙论研究》,没有专门的章节论述人的问题,然而却最终都归结到人的存在,因为宇宙自我生成迄今的最高成果就是人。他用来描述宇宙生成过程的不少关键性术语,如作为存在本质的"创造性",揭示现实实有特殊性质的"主体—超体",作为肯定性包容的"感觉",作为事物相互作用事态的"经验",作为包容合生中的"私自性事实"与"公共性事实",具有情绪和意识等精神性特征的"主体形式",还有与物质极对应并生的"精神极",以及社群结构理论等,都使人想起人的生命特征和机能。人们称怀特海的哲学是"泛经验主义"或"泛心理主义"的,他把主体性归于一切现实事物,表现出"泛主体论"的特色。这些,实际上都赋予自然界乃至整个宇宙以生命性质,把自然界和宇宙看作孕育了各种个体性生命形态的生命整体存在,而他晚年的《思维方式》一书确实是把自然界作为整体看作生命存在的。这使人不禁想起马克思在《手稿》中说的"自然界的人的本质"。马克思说:"人体解剖对于猴体解剖是一把钥匙。反过来说,低等动物身上表露的高等动物的征兆,只有在高等动物本身已被认识之后才

---

① 马克思:《1844 年经济学哲学手稿》,第 124 页。
② 马克思:《1844 年经济学哲学手稿》,第 79 页。
③ 威廉·詹姆士:《多元的宇宙》,吴棠译,商务印书馆,2011 年版,第 9 页。

能理解。"① 应该说，怀特海正是出于其对人的深刻认识才理解了宇宙中表露出的人的征兆。

再看怀特海的其他著作，比如《科学与近代世界》《宗教的形成》《符号的意义和效果》《观念的冒险》和《教育的目的》等，都直接论述的是人类存在和活动的某一方面。这些著作，既肯定了人性生成中的创造和进步，也揭示了这个生成过程中的种种局限、偏颇和危险。特别是怀特海晚年具有哲学遗嘱性质的《思维方式》，把有机宇宙论的基本学理转化为认识和理解世界的思维方式，深刻地阐发了文明的人所应有的"最高的理智"和"终极的良知"，直接就是一部作为创造者的人所应有的创造思维论。在怀特海看来，意识和心灵是人类存在的特征。因此，他对这种思维方式的论述，实际上具有极为重要的人学意义。

笔者在写作《向美而生的世界》一书时，原本设置了关于有机哲学的人学一章。后来发现，怀特海的美学并不把人作为世界审美生成的出发点和根源；相反，人本来就是宇宙和自然界向美而生的产物。从人出发去确认美和审美的发生这个流行的思路，在怀特海那里是不存在的。他像中国古代的庄子一样主张"原天地之美而达万物之理"，包括人之所生和人的本质的道理。从他对美和审美的论述，我们可以看到人的本质在其中的表现，但是这并不意味着人是美的发生根源。在"宇宙向美而生"的自我生成过程中，是美和审美经验创造了人。人作为"宇宙的产儿"，本来就是宇宙审美生成迄今最高级别的成果。在自然界的母胎和家园中生成的人，只是因为最具灵性地承续了宇宙审美生成的创造性本质，成了自觉的创造者，也使宇宙成为"文明的宇宙"。由美而生的人类，通过艺术活动而成为自觉的美的创造者。因此，在阐述有机哲学的美学底蕴时，没有必要也不应该设置人学一章横亘其间。如果按照有机哲学的自身逻辑将其放到最后，又会因为相关内容太多而造成累赘。于是，我把原来拟定的书名"向美而生"改为"向美而生的世界"，为专门论述"向美而生的人"留下必要的空间。由于人是宇宙审美生成的创造物，对人的论述也是对其美学的

---

① 中共中央马克思恩格斯列宁斯大林著作编译局：《马克思恩格斯选集》第二卷，第23页。

重要延伸和补充，于是便有了这本书。

怀特海说的宇宙自我生成的过程，可以说就是马克思的"自然向人生成"这一过程的扩展和深化。在他们看来，人是由自然界生成的，人与自然界有机地融合在一起，因此，决不能离开宇宙和自然界去抽象地认识人。有机哲学的人学内涵也这样存在于对世界生成过程的自然主义的阐发中。而这正是怀特海人学思想的独特和深刻之处。这样的人学思想，在今天追求生态文明的历史潮流中，应该具有十分重要的独特意义。它说明，不只是人类需要自然界，自然界也需要人类，从而启示我们深入认识人类对自然界的重要意义。

在人类思想史上，人在自然界和宇宙中地位的问题，一再地凸显在哲学思维的前沿。在近代，康德的哲学人类学把人置于哲学思维的中心，到舍勒直接提出了"人在宇宙中的位置"的论题。自20世纪中期全球生态危机出现以来，这个问题更从形而上的思想变成了严峻的现实实践课题。是"人为自然立法"，还是自然为人确立行为尺度？对于这个世界、这个地球，人类应该和能够做什么？应该怎样自处和作为？对这些问题的回答，都有待对人在宇宙中的地位这个终极问题的深入理解。近年来，量子物理学家再三告诫人类要清醒地认识自己与宇宙的关系，提醒人们要对宇宙报以虔诚的敬畏。生态学家针对"拯救地球"的观念，提醒人们不是地球需要人类，而是人类需要地球。这个观点虽然忽视了人类对地球的意义，却也说明亟待拯救的是变得狂妄愚蠢的人类自己。写作了畅销书《宇宙》的萨根，更明确指出21世纪人类的前途决定于对宇宙的理解。这些都说明，从自然界和宇宙来认识人的这个自然主义的维度，具有特别重要的意义。即使从人和人的实践、人的生命存在出发，也必须把人学的思维扩展到自然界和宇宙的视域，把人置于宇宙自我生成的过程之中，只有这样才能正确认识人自己，认识人的来路和去路，认识人立于宇宙之中所应担当的责任。

对于主要从事美学研究的笔者来说，怀特海人学思想之所以特别重要，则主要是由于它对美学基本学理建构所具有的"拨乱反正"的意义。

在怀特海的人学思想中，宇宙在其向美而生的自我超越这一过程中最终生就了人，这个由美生人的观点，既是人学的元逻辑，也应该是美学的元逻辑。于是流行几十年并权威化的"人创造美"即"由人生美"的逻辑被颠倒了。应该说，这就是怀特海人学对中国当代马克思主义美学思想流行阐释的颠覆性挑战。一言以蔽之，那种认为美源于人的创造的流行观点是根本错误的——不是人首先创造了美，而应该颠倒过来，是美首先创造了人。

在中国近百年的思想历程中，由于种种原因，"劳动创造了人""劳动创造一切"的观念以革命的名义不胫而走，至今仍根深蒂固。在美学界，这表现为在美的发生论上对马克思"劳动创造了美"这一命题的错误理解坚执至今。早在改革开放之初，北京的自然博物馆恢复开馆，事前邀请一些专家对陈列进行审查。面对展墙上"劳动创造了人"的标语，专家们指出其不科学，不符合恩格斯的原意。根据专家们的建议，这条标语改成了恩格斯的原话："在某种意义上不得不说：劳动创造了人本身。"①但是这个事件对于美学界似乎并无触动。20世纪80年代中期，当时流行问卷考察。记得党内一种问卷的选择题中就有一个命题："劳动是一切财富和文化的源泉。"由于某种思维惯性，应试者普遍选择了肯定。殊不知这个引自马克思的重要著作《哥达纲领批判》的命题，恰恰是他予以严厉批判的机会主义者拉萨尔所主张的观点。马克思直斥这是"资产阶级的观点"，并指出自然界是财富的第一源泉。这个命题之所以遭到马克思的尖锐批判，不仅因为它否定了自然界作为财富第一源泉的重要地位，而且掩盖了劳动只有与自然界提供的生产资料相结合才能创造财富的道理，而这也就掩盖了资本占有生产资料并借以剥夺工人劳动的事实。这个观点把一切财富即价值都归结于劳动，也就否定了自然界的价值（包括审美价值）的客观存在，否定了工人占有生产资料的必要性。这个观点无视马克思对人与自然界的生成性联系这一根本思想，把人和人的劳动从自然界的生成过程中孤立起来，与对马克思说的"劳动创造了美"的误读如出一辙。尽管当时美学界也有对此的辨析与批评，但并未触动其已形成的思维定式。经过如此阐释的马克思主义美学，与自来主张"天地大美""师法自然"的中国传统美学赫然相左，于是只好各说各话，马克思主义美学的中国化

---

① 恩格斯：《自然辩证法》，第149页。

也成空谈。

　　这样的思维惯性弥漫于中国当代美学界，被曲解和误读的"劳动创造了美"的命题和由此而来的"实践是美的根源"的观点，依然贴着马克思主义的标签长期盘踞着人们的头脑，占领着美学的主流讲坛。于是，美和审美就顺理成章只是人类社会的事情，而人类生成之前的自然界中存在的美被横蛮地从根本上否定和抹杀。在对美的历程的探寻中，只见人类创造的艺术的印迹，根本不见作为艺术之美渊源的自然和宇宙之美的踪影。即使勉强承认自然美的概念，也要抹上社会性的油彩或者注入社会性的内涵。由于没有从根本上正确认识人与自然的关系，没有真正懂得人在宇宙中的位置，中国当代的马克思主义美学研究，就这样在所谓"实践本体论"的引领下误入歧途，迷失本性，贻误至今。

　　20世纪80年代初，以纪念马克思逝世百年为契机，笔者正式开始学习和研究马克思的美学。从一开始，笔者就没有接受实践本体论哲学和所谓"实践美学"的阐释。在发表于1982年的《运用系统原理进行审美研究试探》一文中，笔者明确指出《手稿》中表达的哲学和美学思维是以"自然—人"大系统为视域的，"自然向人生成"是这个大系统的生成性规律，并且作为这个大系统的整体质从根本上规定了真、善、美三大价值。在这样的思维格局中，美和人其实都源于自然，马克思多次明确肯定过自然美的客观存在。可以说，人及其实践原本就是这个大系统遵循马克思说的"美的规律"自我生成的产物。这样看来，所谓"自然的人化"，首先不是因为人的实践造成的主体力量的对象化，而是自然界向人生成的演化，实践本身也是在这个过程中生成的。人的社会性也不过是自然事物的社群结构的发展形态，只是后来因为实践而生成了新的形式和性质。在马克思对"自然向人生成"规律的揭示中，从宇宙诞生开始的自然存在就与后来出现的现实的人类之间存在着内在的生成性联系了。这个人类自然生成的过程决定了人类存在的生态本质。理解这种累积到人与自然的共时态联系中的历时态联系，对于认识人的生态本质和审美活动的生态本性极为重要，而长期以来被完全忽视和遮蔽了。

　　显然，怀特海的有机宇宙论关于人与自然关系的思想，在自然生成论的意义上与马克思和恩格斯的观点是根本相通的。从马克思到怀特海，这种生成论哲学前后相续，昭示了人类哲学思维中一条对于文明进步至关重要的思想进路。在贯彻科学发展观和新发展理念的今天，深入探究有机哲学的人学内涵，对于正确理解马克思和恩格斯哲学思想的根本精神，包括严肃看待恩格斯的《自然辩证法》对于马克思主义哲学的重要意义，从而纠正长期以来的严重误读乃至曲解，以及由此引起的误用，其重要性当不难理解。同时，这也有助于重新认识近代以来生成论哲学潮流的整体面貌及其理论价值，并打通其与中国传统的生成论哲学的关系。

在一些人看来，凡是没有成为人的直接实践对象的自然都是马克思所批评的"抽象的自然界"，而这样的自然界对人来说就是"无"。在《手稿》中，马克思确实说过："被抽象地理解的，孤立的，被认为与人分离的自然界，对人说来也是'无'。"[①]这是千真万确的，因为实际上并不存在这种与人无关的、孤立的、抽象的自然界。自然界在自我生成的过程中生成了人，人成了自然界的一部分，这自然界就与人发生了内在的有机联系，自然界的任何变化都关系着人的生存。对于人类，不存在可以当作"无"来看待的自然界。拿自然科学客观地研究的自然事物来说，尽管并不把自然界与人的关系放在眼前，但其研究对象和结果，归根到底都会与人发生各种直接的或间接的、现实的或潜隐的复杂关联。可以说，正是这种关系的客观存在，自然科学才在根本上具有为人的伦理价值。这乃是科学与人文不能分离和对立的根本原因。在怀特海看来，最抽象的数学也是与"善"密切相关的。自然界之于人，绝不只是人的实践对象。应该说，如果没有事先就存在的与自然界之间的生成性关联，并由此造成了彼此的对象性联系，也就根本不会有后来在实践中的关系。后者无非是前者的自觉性活动而已。所谓"抽象的自然界"，在这个真实的世界上本来就不存在，如果说有，那也只是存在于那些昧于人与自然界的生成性联系的头脑中。实践本体论把实践同自然生成的过程脱离开来，无视其与自然界的对象性基础，其实就是在把自然界抽象化的同时也把实践抽象化了。这样从抽象化的实践言说自然界，未经实践对象化的自然界也就成了"抽象的

---

① 马克思：《1844年经济学哲学手稿》，第135页。

自然界"。这样言说的自然界，完全不存在与人之间本来的生成性联系，而没有这层联系也就不能正确理解其在实践中的地位。正是由于人与自然界之间的这种生成性的联系，马克思才提出了"自然界的人的本质"（或者"人的自然界的本质"）[①] 这个极为重要的概念。如果没有"自然界的人的本质"，人是绝不可能从自然界中生成的。正是因为"自然界的人的本质"的存在，自然界才与人之间发生了生成性联系并最终生成了现实的人。所谓实践，无非是对"自然界的人的本质"进行能动发现和积极利用的生命活动。所谓社会关系，无非是实践中人与自然界的关系在人与人的关系中的直接现实的表现。因此，人在实践中与自然界的关系才真正决定和表现了人的本质，而"社会关系的总和"不过是其直接的现实表现而已。

怀特海把自然界视为宇宙整体性作用下的自我生成过程，努力把自然主义的思路贯彻到底，作为彻底的自然主义也实际上具有人本主义的内涵，形成了一种自然主义的人学。这样的人学，更充分而深刻地揭示了自然界与人之间的生成性联系，有助于从自然的维度更深刻地了解人，从而也更深入地了解人与自然界的生态关系，懂得人对自然界应有的价值诉求尺度及人对自然界的责任。还由于他始终坚持从宇宙的视域审视自然界和人，就更能帮助我们真切认识人与宇宙的关系，认识人在宇宙中的独特地位。

——怀特海的人学从宇宙自我生成的过程来考察人的生成根源，把人归结为"宇宙的产儿"，从根本上揭示和肯定了人作为"躯体模式"的生命存在和"完全有生命的社群"与宇宙之间的生成性联系。这就意味着，从宇宙的自我生成过程中生成的人，必然承继了宇宙的创造性本质。由于宇宙的自我生成是审美地生成即向美而生的过程，因此人就是世界审美地生成的结果，是向美而生的人。同时，由于人是有意识的存在，他就成了自觉的审美创造者，并因此而成为文明化的人。

——怀特海的人学坚决反对心物二分的流行观念，认为心灵与身体的统一才成为人。他以物质极与精神极并生互动的理论解开心物二分这个世

---

① 马克思：《1844 年经济学哲学手稿》，第 85 页。

界死结,提出了"宇宙生命"的概念。在此基础上,他从人的身体与自然界和宇宙的统一出发深入阐述了人的心灵与身体相统一的关系,这就从根本上回答了人之所以能够成为认识主体、实践主体、价值主体和审美主体的必然性和合理性,揭示了人作为自觉创造者的生命依据。

——怀特海的人学从"文明的宇宙"观念出发,揭示了人与文明互为因果的关系。这就是说,人既是文明之因又是文明之果。他把"真""美""艺术""冒险精神"和"平和"确定为文明的品质,而以"美"为核心,这就意味着,"美"作为人类生成的内在动因,实际上就是文明的基因。因此,文明就是宇宙整体生命精神的自觉的现实表现。人的活动,包括宗教、科学和教育,都应自觉体现文明的品质,人在自觉创造文明的同时也应把自己造就成具有这些品质的"文明化的人"。

——怀特海的人学把有机宇宙论的哲学转化为创造性的思维方式,认为这是作为自觉创造者的人在认识和理解世界时所应自觉掌握的。他把这种思维方式称为"文明的最高的理智"和"文明的终极的良知"。这就意味着,作为创造者的人不仅要以这样的思维方式来武装自己的理智,正确而深入地理解和表达宇宙自我生成的活动形式和过程,重视宇宙整体作为"上帝"的终极动力和理想目的,而且要将它作为终极的良知付诸实践,成为"知行合一"的自觉创造者,创造融审美性和生态性于一体的文明世界。

本书集中阐述怀特海有机哲学中上述的人学内涵。全书四章,分别以"宇宙的产儿""身心的统一""文明的因果"和"终极的良知"为题阐述上述四个方面的内容,力求较为全面地解读怀特海人学的基本内涵,突出人作为宇宙审美生成的产物所具有的向美而生的创造性本色。怀特海有机宇宙论中的世界是"向美而生的世界",在这个世界中生成的人当然应是"向美而生的人"。于是,有了本书的书名。

怀特海的哲学曾被视为人学的空场。通过本书的探究,这个判断应该得到有力的纠正了。从"向美而生的世界"到"向美而生的人"的深入,把怀特海的美学聚焦到他的人学研究,有机哲学那原本森严的学术气象因其对人性生成的深切关怀而变得亲切。在宇宙创造性本质的基础上认识人的本质,有助于深入认识宇宙与人之间的关系,从而把对人的认识深深地植根于对宇宙的理解之中。怀特海的人学告诉我们,人类固然离不开大自然，同时大自然也不能没有人类。进一步，这种人学还让我们知道大自然需要什么样的人——那就是秉承了宇宙的本质而具有自觉创造性的人，能够以包容合生的活动创造新颖性的人，遵循审美生成的方式自觉追求和谐和完善之美以推进文明的人；一句话，就是自觉地"向美而生的人"。或者换句话说，就是"文明化的人"或者"完全文明的人"。对于"文明的宇宙"，怀特海以极大的热情进行紧张的思索。他的人学与他的美学一样，对于今天的人类理解文明的品质和推进文明进步，也应该是有教益的。

怀特海给晚年重要著作《思维方式》题词道："谨将此书留给我的后代子孙"。作为后来者，我们当以真诚的感恩之心接受这份精神遗产，珍视它，更要努力理解它。

（《向美而生的人：怀特海有机哲学的人学内涵》，四川大学出版社2021年初版，2024年再版；以《我们是宇宙的产儿》为题发表于《绿叶》2020年第4期）

人本生态美学的学理性及对现实问题的回应
——曾永成教授访谈

提　要：曾永成教授是国内较早基于马克思的自然生成论进行美学思考、提出人本生态美学的学者。2020年8月4日，曾永成教授接受了济南大学刘艳芬教授的网络采访，就人本生态美学的发展历程和学理性做了详细阐述。他认为：生态美学以审美关系为起点，生态美学思维实际上是对美学本身的生态学化；基于生成本体论的人本生态观与节律感应说的结合，是其人本生态美学的基本特点和主体内容；从生态系统观和生态文明观出发，任何审美活动都具有生态性质，也都可以是生态批评的对象，生态美学可以影响甚至指导生态批评，生态批评可以说是行动中的生态美学；生态美学的价值和意义首先就在于敞亮了美和审美活动的生态本性，生态美学思维应聚焦于对人类审美活动的生态本性的探究，中国传统美学作为自然主义的美学，本身就具有生态内涵，已经成为我国国策的"新发展理念"，彰显了生态美学的巨大的现实意义；生态美学的发展前景就是各种美学观念在生态思维指导下的大融汇和重构。

刘艳芬（以下简称"刘"）：曾老师，您好！多年来，您一直把马克思的"自然向人生成"论、杜威和怀特海的哲学和美学、达尔文对动物美感的论述结合起来进行研究，取得了丰硕的科研成果，请您谈一谈您的第一篇生态美学论文是在什么学术背景和机缘下写作并发表出来的，并大致概括一下您的生态美学学术研究历程和研究成果。

曾永成（以下简称"曾"）：我的第一篇生态美学论文是发表于1999年的《人本生态观与美学问题》①。这是此前我于1998年发表的《从生成本体论到人本生态观——对马克思"自然向人生成"说的生态哲学阐释》②一文的美学延伸，实际上，正式提出了我的"人本生态美学"。

我对生态问题较为集中的关注始于20世纪90年代中期。那时我完成了国家社科基金项目"文艺政治学"，正在思考文艺生态问题的同时，为后现代思潮中"建设性"一派的观点所吸引，深感应该重视生态哲学并由此重新思考美学问题。对于流行的"实践本体论"美学，我从20世纪80年代初正式涉足美学起就未认同，而是从马克思的"自然向人生成"论去理解他在《1844年经济学—哲学手稿》中表达的美学思想，形成了我的从审美关系（把审美活动作为"关系"来研究）出发的美学思路。世界性的生态危机使人与自然的关系凸显，让我意识到自己基于自然生成论的美学观念更能切入生态问题。20世纪80年代初我在《运用系统原理进行审美研究试探》③中用系统思维阐释马克思的"自然向人生成"说，并以此为基础论述了几个美学基本问题。从系统思维到生态系统思维再到人本生态观，顺理成章。可以说，我的生态美学思维实际上是从20世纪80年代初就起步了。相继出版的《以美育美：美育理论与实践》④和《感应与生成——感应论审美观》⑤先后明确而系统地阐述了我的基于马克思的自然生成论的美学思考。在这个思维进路中，达尔文对动物美感的论述很早就

---

① 曾永成：《人本生态观与美学问题》，《西南民族学院学报（哲学社会科学版）》，1999年第1期。

② 曾永成：《从生成本体论到人本生态观——对马克思"自然向人生成"说的生态哲学阐释》，《成都大学学报（社会科学版）》，1998年第4期。

③ 曾永成：《运用系统原理进行审美研究试探》，《四川师院学报（社会科学版）》，1982年第4期。

④ 曾永成：《以美育美：美育理论与实践》，成都科技大学出版社，1989年版。

⑤ 曾永成：《感应与生成——感应论审美观》，成都科技大学出版社，1991年版。

引起了我的注意,支撑了我对自然生成论的信念。

近20年,曾繁仁、袁鼎生、程相占等学者先后提出了自己的生态美学主张,形成了各有特色的思维进路和学理形态。我的生态美学思维的主要进路是深入发掘和阐释马克思和恩格斯哲学的生态思维及其美学思想,对现存美学观念进行生态学化的改造,追求的直接目的是生态学化的美学,或称生态论美学。我认为,尽管李泽厚最早在美学中表达了生态关怀,但他所提倡并得到广泛赞同的实践本体论美学把美说成人的实践的创造(即美是人的本质力量的对象化和人化的自然),却从根本上隔断了美和审美与自然界的关系。这种历史本体论把实践抽象化,遮蔽了美和审美的生态本性。在《人本生态观与美学问题》[①]中,我针对那种生态学将推动受美学理论支配的现代化新浪潮的观点指出:"并非任何一种'美学原理'或者'美学知识'都能发挥这种作用"。因此,当务之急不是应用美学去解决生态问题,而是要使美学本身具有生态精神和生态学理。我认为:"美学要能对人类的生态优化发挥应有的作用,就必须从生态学中吸取智慧,获得必要的学理启示和价值诱导,使美学生态学化。"我还认为,由于生态学的终极性,对美和审美的生态本性的揭示就是对其本体特性的终极性探寻。因此,真正生态学化的美学实际上就是"元美学",而不是人们说的"交叉学科"或者"应用美学"。

生态美学是以生态世界观为基础的美学,是对既有美学的深化和改造。马克思的自然史观即自然生成说,是空前深刻的生态世界观,他的美学正是以此为思想基础的。20世纪90年代初发生的"实践美学"与"后实践美学"的争论,被称为中国当代美学的第三次大讨论。这场论争直接推动了我对美学的生态思维的自觉化。论争初起时,我写了《"后实践美学":前进还是倒退?——对世纪之交中国美学理论走向的思考》[②]这篇文章。我在这篇文章里表达了对世纪之交中国美学理论走向的思考。

---

① 曾永成:《人本生态观与美学问题》,《西南民族学院学报(哲学社会科学版)》,1999年第1期。
② 曾永成:《"后实践美学":前进还是倒退?——对世纪之交中国美学理论走向的思考》,《四川师范大学学报(社会科学版)》,1998年第1期。

我认为："否认和轻视人类审美活动的生物性前提，把人类审美活动独断地同动物'原美感'活动隔绝和对立起来，可以说是美学自掘根基、数典忘祖的虚妄，也背离了马克思主义哲学的人本主义与自然主义高度统一的精神。"我指出，生态学的新浪潮"是寻求美学的现代化意义的一个重要契机。生态学启示我们，实践不是美的根源，只有自然界运动中隐在的美的规律才是美的根源，同时也是实践之所以能创造美，乃至实践本身之所以美的根源"。这场论争中对"实践美学"的进一步反思和对"后实践美学"的思考，直接推动我明确了对美学的生态化追求。我在1998年和1999年先后发表的《从生成本体论到人本生态观——对马克思"自然向人生成"说的生态哲学阐释》和《人本生态观与美学问题》中，开始了对生态论美学的学理探寻和建构。2000年出版的《文艺的绿色之思：文艺生态学引论》①在阐释文艺的生态问题的同时，也系统阐释了我的人本生态美学观念，明确提出了以"生、和、合、进"四个字概括的生态价值观念和审美价值观念。在2005年出版的《回归实践论人类学——马克思主义文艺学新解读》②一书中，我又进一步深入阐释了生成本体论和人本生态观，把马克思的哲学归结为"实践论人类学"，同时系统地梳理和阐释了《手稿》中的美学思想。

2007年退休后，我集中精力研究杜威和怀特海的哲学和美学。研究杜威是因为他的"节奏"说早在20世纪80年代就吸引了我，一直到2007年才等到他的《艺术即经验》的中译本问世。研究怀特海，是因为20世纪90年代中期我就知道了他的哲学被建设性后现代哲学家称为"深生态学"，而且杜威与他有些纠结。经过细读式的研究，我发现他们的思想，特别是怀特海的"有机宇宙论"与马克思的自然史观实质上相通并有所深入，他们的美学思想把审美性与生态性统一起来，可以看作生态化美学的重要理论形态。与人合著的《杜威经验论美学的生态精神研究》已于2018年在中国社会科学出版社出版。研究怀特海美学的《向美而生的世界》

---

① 曾永成：《文艺的绿色之思：文艺生态学引论》，人民文学出版社，2000年版。
② 曾永成：《回归实践论人类学——马克思主义文艺学新解读》，人民出版社，2005年版。

2017 年已基本完成，因获得国家社科基金后期资助，现尚在等待结题出版。关于怀特海人学的《向美而生的人：怀特海有机哲学的人学内涵》一书明年将由四川大学出版社出版[①]。该书指出，首先是美创造了人，而不是人创造了美，这才是马克思的观点，因此也与生态美学密切相关。对杜威和怀特海美学思想的解读，实际上就是我自己的人本生态美学学理的推进和拓展，颇有借他人的酒杯浇自己块垒的意味。对他们美学思想的解读推进了我在人本生态美学方面的思考。

从 20 世纪 80 年代初至今约 40 年，实际上就是我走向人本生态美学的 40 年。发表于 2012 年的《作为自然界的自我意识的人本生态观及其美学》[②]一文，是对人本生态美学思维进路和基本学理的概括性阐述，只是对生态价值问题尚未深入。发表于 2016 年的《向美而生——曾永成教授生态美学研究访谈录》[③]一文，把我的人本生态美学的理论建构过程概括为"经过感应论美学、生态思维，回归实践论人类学的原典解读这样的三部曲"。这个"三部曲"主要是在持续发掘和深入阐述马克思的人本生态观及其美学思想。如果把这个三部曲看作三个乐章，那么后来对杜威和怀特海美学的生态内涵的发掘和阐述可以说就是第四乐章了。他们的思想不仅使人本生态美学的学理内容更加充实、丰满和精细，而且在相互映照中彰显出马克思美学思想的深厚生命力和当代意义及其世界性美学品格。

刘：通过您的介绍，对您的人本生态美学的理论建构过程了解得更为清晰了，知道了您的"人本生态美学"研究不仅是对马克思的人本生态观的研究，而且受到了杜威、怀特海的哲学美学影响，谢谢曾老师。那么，在您看来生态美学具有怎样的独特性？请您简单概括一下。

---

① 该书已于 2021 年出版，并于 2024 年由四川大学出版社再版。
② 曾永成：《作为自然界自我意识的人本生态观及其美学》，《河北学刊》，2012 年第 1 期。
③ 艾莲：《向美而生——曾永成教授生态美学研究访谈录》，《鄱阳湖学刊》，2016 年第 6 期。

曾：生态美学的独特性正如它的名称所示，就在于它是贯注了生态意识和生态精神的美学，是立足于生态世界观、贯穿了生态思维的美学。因此，它特别重视美和审美与包括人在内的自然界之间的关系，以人与自然界的生态关系为出发点。不过，不同的生态美学主张对此有不同的思考，形成各自的学理特色。

我的生态美学思维聚焦于对人类审美活动的生态本性的探究，其中有三个致思点居于中心地位：

第一，对马克思主义哲学原典中的生态思想的持续发掘和深入阐释。比如，除自然生成论、人是自然界的一部分之外，还有"对象性"及其与主体性的关系、精神的本体性、"自然界的人的本质"、抽象的自然界对于人等于"无"、"历史之谜"的真正解答和人是"自然界的自我意识"等，都先后被发掘出来并予以阐释。

第二，对美和审美的生成的发生学思考。基于自然向人生成的根本观念，我认为美和审美是在自然界的自我生成过程中产生的，是美和审美创造了人，而不是人创造了美。达尔文关于动物美感通过性选择影响生命进化的论述，为此提供了科学的实证。怀特海甚至认为宇宙的自我生成就是审美生成（向美而生）的过程。这就从根本上拒绝和纠正了对马克思说的"劳动创造了美"的误读和曲解。因此，必须从人与自然界之间的生态关系去认识美和审美的生态本质，把人的审美活动这种特殊关系视为一种重要和基本的生态关系调适活动。这是我的生态美学最重要的内容。

第三，着力探究美和审美活动的本体特性即其生态性质。20世纪80年代中期我把中国古代的"气"论和"气韵"说与现代物理学"波粒二象性"的观点相参照，得出审美活动的本体特性在于"节律感应"的观点，对此不仅在1986年发表专文《审美特性"初感"再思》[①]予以论述，并在几种专著中反复阐释。到正式提出人本生态美学时，"节律感应"就成了它的核心范畴。我认为，人与自然环境的生态关系不只是物质的和能量的，还应该包括信息的生态，而且在物质生态和能量生态的基础上，信息

[①] 曾永成：《审美特性"初感"再思》，《四川师大学报（社会科学版）》，1986年第2期。

生态越来越发挥着主导的作用。节律感应就是一种原生的、极其重要的信息生态交流方式。节律形式不仅因其表现性而具有审美意蕴，而且还具有原生的生命动力作用。表现性与动力性相结合，赋予美和审美生动的、真正人的生命内蕴，这就与认识论美学从根本上区别开来，也划清了与情感论、价值论美学的界限。杜威和怀特海关于"节奏"和"振动和波"的观点，对此提供了有力的学理支撑。对美和审美的本体特性即生态本性的揭示，乃是生态美学安身立命之地。由此出发，方可建立审美需要与审美功能耦合对应这一理论轴心。

总的来说，人本生态美学就是对马克思美学思想的深层阐述。如果把马克思的基于实践论人类学的美学思想称为"实践美学"，那么人本生态美学就是对其生态本性的深度展开。我认为，马克思的《1844年经济学—哲学手稿》是孕育马克思全部学说的"胚胎"，是其"基因"所在。我甚至认为，不懂得《手稿》的基本精神，就不会真正懂得马克思学说的思想实质。基于生成本体论的人本生态观与节律感应说的结合，就是人本生态美学的基本特点和主体内容。它不仅坚守和敞亮了马克思美学的根本精神和基本内容，而且在学理上有所丰富和发展。

刘：您谈到您的人本生态美学着力探究美和审美活动的本体特性即其生态性质，请您以一个现实生活中的实例来谈一谈生态审美活动的特点。

曾：我的生态美学思维实际上是对美学本身的生态学化，即还原美学的生态本色，因此它不存在特殊的对象和方式。审美活动是人与环境之间的生态关系的调节方式，任何一个审美活动都以审美需要与审美功能耦合对应为轴心，这就是审美活动的生态性质所在，而不是另有一种生态的审美活动。审美活动的功能就是通过审美的节律感应进行生态调节的功能。因此，原则上对任何一种审美活动都可以进行生态化的阐释或批评。只是由于自然生态危机的严峻性及其在人类生态系统中的基础性，生态美学才把自然审美问题加以突出，以至于被视为专门面对自然生态问题的美学。

在我的生态观念中，以自然生态为基础，社会生态、文化生态和人性生态作为人类生态系统的重要内容，也进入生态思维的视域。这是为生态的整体性（地球的乃至宇宙的整体性）决定的。没有社会生态、文化生态和人性生态的适应性调整和综合优化，自然生态的问题是解决不了的。从这样的生态系统观和生态文明观出发，任何审美活动都具有生态性质，也都可以是生态批评的对象。

生态系统的整体效应极为复杂，生态美学必须充分重视当代复杂性理论的启示。在这个意义上，真正的生态美学要面对的正是这种生态复杂性。比如先秦时楚灵王建章华台，以"崇高、彤镂为美"。这是讲的景观之美，与环境有关。而大臣伍举表示反对，提出"夫美也者，上下内外大小远近皆无害焉，故曰美"的主张。他认为建造这样高大豪华的楼台，劳民伤财，不利于社会和谐，这是从社会生态出发的批评。可见生态美学面对的审美实际很不简单。

刘：您在前面说到，在《文艺的绿色之思：文艺生态学引论》一书中您用了"生、和、合、进"四个字概括了您的生态价值观念和审美价值观念，那么您认为人本生态美学的关键词还有哪些？请您简要概括一下。

曾：人本生态美学的关键词应该有生成本体论，人本生态观（对象性、对象化、多样统一性、整体性、生成性、主体性、自然性、复杂性），实践论人类学，审美生成论，审美关系，节律感应，审美需要，审美功能，审美价值，生态价值（"生、和、合、进"），审美情境。

刘：曾老师，您不仅写了很多生态美学的论文，而且还写过《"自然界的自我意识"与生态批评的主体精神》等生态批评论文，那么您是如何看待生态批评与生态美学的关系与异同的呢？请您简要说一下。

曾：生态批评和生态美学两者是相互交叉的关系。生态批评是基于生态思想的文化批评，包括生态美学的批评，但远不止于此。生态美学首先是一种美学基础理论，它可以影响甚至指导生态批评，但它的理论域限止于各种审美活动和审美创造的实践。以生态美学的思维审视对象的生态批评，可以说是行动中的生态美学。

刘：前面您提到"崇高、彤镂为美"讲的是景观之美，与环境有关。

您认为生态美学与环境美学的区别与联系有哪些?

曾：生态这个概念指的是有机体与环境之间的关系，因此生态美学以审美关系为起点。环境美学如果以环境与人的关系为关注点和着力点，它就是生态的。如果把环境作为独立的审美对象来对待，甚至把环境美学简单化为景观美学，就可能失落甚至背离生态美学的精神。因此并非任何关于环境的美学都是生态美学，正如不是任何自然美学都是生态美学一样。

任何审美活动中的对象，都是一定环境的构成因素，即使舞台上和博物馆中的艺术品，也是人的环境之一，因而具有环境的意义。所谓环境美学面对的环境有特定的内涵，一般指的是围绕特定主体、能为其所感知的物质和精神存在的总合。广义的环境包括室内环境和室外的环境，狭义的环境则只是指的室外环境以及自然环境。审美活动具有其本来的生态本性，因此环境美学既然是美学，就应该具有生态美学的内涵。这就必须从其与人的生态关系来考察和研究环境的美学问题，处理好美与审美同物质生态、能量生态和信息生态相互交集的关系，自觉避免和矫正种种反生态的环境美化行为。

刘：您认为应怎样建立起中西方之间关于生态美学合理的沟通路径? 西方环境美学的发展和理论建构可以给生态美学提供怎样的借鉴?

曾：中国传统美学作为自然主义的美学基本上具有生态内涵。怀特海说他的有机宇宙论与中国的"天道"论是相同的，因为这两者都具有生态学的内涵和精神。可见，中西方生态美学的沟通路径是实际存在的。中国当代对马克思主义美学的阐释形成的实践本体论美学，由于隔绝了审美与自然界的生成性联系，从根本上了丧失了生态精神，因此造成与贯穿生态思维的中国传统美学相融通的严重障碍。人本生态美学对马克思美学的生态化阐释为这种融通敞开了通道，"自然向人生成"就是天道之根本。与马克思的自然生成论实质相同的杜威和怀特海的美学，就分别主要相通于孔子的儒家和老庄的道家。还有海德格尔的美学也具有这样的精神。在中国当代，曾经与怀特海思想邂逅的宗白华的美学就具有这样中西融通的势态，并因此具有世界性的品格。

要进行这样的互通，对于中国传统美学来说，需要在现代科学的基础上进行阐释和提炼,才能同建立在科学基础上的马克思(和恩格斯)、杜威、怀特海和海德格尔等的现代观念实现融合,进行范畴借代与转换,最终形成一种具有中国表达特色而又具有中西共通学理内容的美学形态。在中国的"气"和"气韵"说已经可以从杜威的"节奏"说和怀特海的"振动和波"说得到科学解释的情况下,那些过去有东西方之分的美学观念最终会走到一起,从而在东西互通共融中成为体现人类"类本质"的世界美学。

刘:您提到东西方的美学观念最终会走到一起,在学术领域,您认为生态美学和生态批评研究的价值和意义有哪些?

曾:生态美学的价值和意义首先就在于敞亮了美和审美活动的生态本性,并进而实现对美学学理的生态化建构。由于生态学所具有的终极性质,这样的学理建构也具有终极探寻的意义。这样一来,审美需要和审美功能之间的生态耦合和对应互动成为展开美学基本理论内容的学理轴心,形成体现生态关系的基本逻辑。由于审美性与生态性及其在价值上的深度统一,这就实际上把美学推进到与世界(宇宙)自我审美生成的本质一致的水平,使美学成为真正的"第一哲学"。

——这样的美学有助于引领审美活动的生态化实践,在审美价值与生态价值的统一中发挥美感的生态调适功能,提高审美主体的生命质量,增进其生态意识,并影响其生态实践,以促进改善现实生活中的生态状况。

——这样的美学重新恢复并突出自然美的地位和作用,使审美主体深刻感悟并体认自然界对于人的生态意义,特别是在精神生态层面上的生态意义,培育对自然美的热爱、珍惜和敬畏之情,并启迪其向自然界学习生态智慧和生态创造性的自觉性。这就能够从人性深处帮助克服人与自然界的对立和冲突,为消除人与自然界的对抗(马克思)、实现人与自然界的和解(恩格斯)发挥切实的作用。

——这样的美学把审美性与生态性、生态价值与审美价值统一起来,使审美活动的过程既是审美生成的过程,也是生态生成的过程。在这个过程中,美感与生态意识相融合,这就有助于培育具有生态品质的审美人格,即真正文明化的人。

——这样的美学由于其哲学基础的根本归正,在生态世界观所展示的视域和有序结构中能够对美学理论中存在的很多混乱和难题给予新的解释，或者开启新的探究路径，从而把美学研究实质性地推向新的水平，实现美学理论思维范式的总体跃升。

刘：您认为生态美学对我们当前的文化观念、生活方式有哪些启示？

曾：植根于自然（宇宙）生成论的生态美学乃是真正的"第一哲学"（马克思和杜威、怀特海的美学就是这样的）。从根本上说，真正贯注了生态思维和生态精神的生态美学，对于当前的文化观念和生活方式以及生产方式的启示就是普及和深化生态意识，敬畏和珍爱自然界，维护和优化生态关系，并在此基础上优化人的生存的整体的生态质量。

对于消费主义的生活方式和艺术观念，生态美学应该积极干预，加以引导，推广绿色、低碳、简朴和"不买东西的消费"的生活方式。这样的生活方式不仅更有利于人的健康和美化，提高人的生活质量，而且可以有效地遏制物资和能源的过度消耗，减少高质量生活的生态成本，有效地缓解地球的生态压力。这也有助于社会的生态公正和人与人之间的生态和谐。

人类文明史证明，美作为文明的核心品质同时也是文明的基因。生态美学对美和审美生成过程的揭示，有助于加深对生态文明内涵的理解，在生态文明的建设实践中积极发挥美作为文明"基因"的引领作用和艺术作为"轴心"的推动和杠杆作用。已经成为我国国策的"新发展理念"，就体现了生态性与审美性高度统一的精神。在这些理念指导下的实践，把建设生态中国与建设美丽中国结合在一起，就彰显了生态美学的巨大的现实意义。

刘：是啊，生态美学具有巨大的现实意义。我们应该怎样构建具有中国特色的生态美学（生态批评）？中国传统文化对构建生态美学有什么启示？

曾：生态美学是对世界生态性本质的认识。由生态的世界（宇宙和地球）整体性所决定，生态无国界，在本质上它不存在所谓"中国特色"的问题。如果要说中国特色，无非吸收了中国古代的有关思想资源，还有就是生态实践上有各自国情所决定的具体方式上的差别。但是，诚如怀特海所说，他的学说与中国的天道论是相通的。经过科学阐释的中国古代观念实际上也是世界的。人们津津乐道的"气韵""意象""意境"和"感应"等概念，并不只属于中国。不是说"越是民族的就越是世界的"吗？审美和艺术没有国界，生态美学应以追求普遍性的审美理念为己任。我们要做的是，努力把中国的生态审美观念积极融入这个具有全人类意义的伟大工程。

刘：您认为生态美学与生态批评在当下亟待解决的问题或面临的理论困境有哪些？

曾：生态美学已呈多元化的局面，不同的主张各有不同的问题和困境（也可能某些主张只有问题而没有困境）。我以为生态美学现在首先需要解决的问题是：第一，世界存在的审美性与生态性的关系，这也就是审美关系与生态关系之间的关系；第二，美和审美的发生即生态生成问题，这也就是美和审美与人的发生学关系的问题；第三，美和审美的对象性特征即本体特性的问题，这直接涉及美和审美的本体特性。这些问题的解决直接关系到生态美学学理体系的建构，也关系到对其学科性质和地位的认定。如不能切实解决，生态美学就永远在困境之中，甚至成为贴着"生态"标签的空洞言说。

刘：您曾于1998年写过《"后实践美学"：前进还是倒退？——对世纪之交中国美学理论走向的思考》，二十多年过去，您认为未来生态美学（生态批评）的发展前景和趋势会是怎样的？

曾：由生态本身的普遍关联和整体综合性所决定，我以为生态美学的发展前景就是各种美学观念在生态思维指导下的大融汇和重构，这将是美学学理经过综合包容而实现的全局性的进步，最终结束各说各话的局面。这种综合超越，还包括对相关科学成果的积极吸收。这就要求美学研究者从美学是第一哲学的观念出发，关注生态科学的成果，重视生态学的终极性质，调整和改变知识结构。倘能如此，就会在新的更高的平台上继续推进美学学理的深化、细化和实践性转化，在完善其学理体系的同时提升其实践性品格。果能如此，就可能开启新一轮的螺旋形上升。到了这一步，生态思维已经化为美学的内在精神和具体学理，"生态"这个标签就可以不再继续了。如果还有生态美学，那就是针对具体生态问题的一种应用型的分支美学。生态美学应该有这样的情怀和格局。当然，这可能只是一种理想化的憧憬，而实际的情况还是各说各话的局面继续下去。从事生态美学研究的学人，在涉足这个领域时都有一种自觉的历史使命感，因此一定会各尽所能，协力同心，共同创造生态美学的更加美好的学术前景，并推进其向生态实践的积极介入。以生态精神从事生态美学的事业，生态美学的研究之路伸向前方，我们还在路上。

（刘艳芬主编《生态美学在中国——专家访谈录》，山东文艺出版社，2022年）

追溯人本生态美学的近代源头
——康德"自然辩证法"的生态思维内涵阐释

康德在《判断力批判》中明确而深入地阐述的自然辩证法,以有机系统中部分和整体关系的原理为自然事物生成的先验根据,具有极为深刻而重要的美学意义。从部分与整体的辩证关系考察"现象"与"物自身"及人和自然的关系,蕴含了深厚的生态思维内涵。这个观念穿越了两个世纪的时空,与20世纪末出现的人本生态美学精神相通,互为呼应。人本生态美学是笔者通过对马克思的"自然向人生成"说的生态哲学阐释而提出的。后来,又在对杜威和怀特海美学的解读中有所深化和丰富。迄今时隔二十多年重习康德的美学,发现如果以康德的自然辩证法观点中阐述的有机系统中部分与整体关系的原理来理解他的美学,其人本生态的内涵竟灿然在目。这就是说,康德这个近代的美学思想,可以说就是人本生态美学的近代源头。了解这个源头与人本生态美学的关系,不仅有助于更深入理解和拓展人本生态美学的哲学基础和学理内涵,也有助于深入理解康德美学中隐含的生态思维及其可能根据,从而进一步认识康德美学在人类走向生态文明进程中的意义。

一、在自然目的论的共同基础上生发的生态思维

人本生态美学的直接诞生地是马克思的《1844年经济学

哲学手稿》（以下简称《手稿》）。20世纪80年代初，笔者运用系统原理阐释马克思的"自然向人生成"（后译为"自然界生成为人"）思想，到20世纪80年代末形成了以"节律感应"为核心范畴的系统论的生命美学。① 20世纪末，笔者又从生态哲学阐释马克思的"自然向人生成"说的生态思维内涵，并将其概括为生成本体论基础上的人本生态观，进而把《手稿》中的美学思想阐释为"人本生态美学"。这一称呼，当即在刘宏建关于当时国内生态美学的评述中正式确立下来。

这个思路彰显了人本生态美学与康德美学的内在联系，因为马克思的"自然向人生成"的思想就来自康德的自然目的论，即自然以人为终极目的自我生成的理论。在《手稿》中，马克思明确肯定了康德宇宙生成论；后来恩格斯不仅赞赏康德的生成论，而且更充分地阐释过自然界生成为人的过程。与康德不同的是，恩格斯特别突出了劳动在人的生成中的决定作用。以自然目的论为基本内涵的客观目的论是康德美学的本体论哲学基础。康德哲学的"自然向人生成"的内核被马克思接受，在现代生态理论的阐释中以其人本生态观的内涵成为人本生态美学的出发地。从这个本体论哲学基础可以看出，人本生态美学的思想源头实际上可以追溯到康德的美学。具体地说，可以追溯到康德关于自然事物生成的先验原理，即他提出的自然辩证法。

"自然向人生成"的思想，内涵了自然主义与人本主义相统一的哲学视域和思维方法。马克思在《手稿》中论述对象性与主体性的关系后指出："我们在这里看到，彻底的自然主义或人道主义②，既不同于唯心主义，也不同于唯物主义，同时又是把这二者结合的真理。我们同时也看到，只有自然主义能够理解世界历史的行动。"③ 在阐释自己的共产主义观念时，马克思又说人道主义就是实现了的自然主义，并把自己的哲学同

---

① 见曾永成：《感应与生成——感应论审美观》，成都科技大学出版社，1991年版。
② 这里的"人道主义"原文为Humannismus，又译人本主义。学术界曾有讨论，后来带倾向性的意见是，作为伦理学概念译为人道主义，作为哲学概念则译为人本主义。在《手稿》中，这两个意义都存在，只是在不同语境中显示出区别。无论哪个意义，从人出发、为了人和以人为本都是其基本含义。
③ 马克思：《1844年经济学哲学手稿》，第102-103页。

时称为"实践的唯物主义"和"实践的人道主义"。正是由于这个统一,马克思才说自己的哲学既不是唯心主义也不是唯物主义,而是"把这二者结合的真理"。"自然向人生成"说就是从这个哲学思维的总体结构中形成的。应该说,正是思维方式上自然主义与人本主义的统一,才把人和自然界统一于一个共生的有机大系统之中,也才赋予"自然向人生成"说以深刻的生态学内涵,因而能够从中生发出人本生态美学来。

从自然主义与人本主义的统一的视域反观康德的哲学,可以看出,他的自然生成论也根源于相同的思维格局。《宇宙发展史概论》是康德美学的壮丽的开端,从"宇宙之美"出发一路讲到人类的美,就具有了"自然向人生成"观念的基因,同时也有了自然界作为环境与人互动共生的生态思维的雏形。这也告诉我们,自然主义与人本主义的结合与统一的思维格局,很早就存在于康德的哲学思维之中了;甚至可以说,这就是康德哲学的真正出发点。

对于哲学家康德来说,牛顿和卢梭是对他影响最大也最深刻的两个人。牛顿以其科学成就和思想最早受到康德的尊崇,促成了康德对各种科学的热爱和学习,并力求用牛顿的理论去解决哲学问题,这决定了康德哲学的自然起点和基础。与此同时,康德热爱自己的同类,对人性抱有浓厚的兴趣,并因卢梭的启发而在心中树立起为人性的成长服务的信念,滋生起强烈的人文情怀。这样自然关注和人文情怀的结合,亦即科学主义与人文主义的结合。1765年左右,康德在谈到自己的伦理学课程时曾经明确表示,他是"要通过人性中之不朽的东西,通过人在宇宙中的适当位置来研究人"[①]。在人和自然的生成性关联中研究人的根本思路,此时就十分明确了。康德最终把人和自然统一在具有自我生成机能的自然大系统这个存在本体之中,既揭示出自然界以人为其目的的生成趋向,又把人的存在和活动深深植根于与自然的实践关系之中。这样一来,康德哲学就形成了将自然主义与人本主义相统一的基本思维格局。这个思维格局所具有的哲学视域和系统结构乃是其能够内在地通向人本生态美学的最深根源。

---

① 转引自卡西尔:《卢梭·康德·歌德》,刘东译,生活·读书·新知三联书店,2002年版,第25页。

二、自然辩证法是"自然目的论"的先验根基

从马克思"自然向人生成"说出发的人本生态美学，从康德找到了自然目的论这个更远的源头。而康德的自然目的论的根基，就是康德的自然辩证法这个先验原理。

康德是从反思判断遭遇的二律背反提出这个自然辩证法的。关于这个二律背反，康德是这样表述的："这种反思的第一个准则是如下命题：一切物质的东西及其形式的产生都必须被判定为按照单纯的机械规律才是可能的。""第二条准则是反题：某些物质性的自然物不能被判定为按照单纯的机械规律而可能的（对它们的判定需要一种完全不同的因果性规律）。"① 质言之，这个二律背反就是事物生成规律上机械论准则与有机论准则之间的矛盾。从当时科学思想发展的实际情况看，这也就是旧的力学规律和正在兴起的生物学规律之间的矛盾。

康德认为解决这个矛盾就是寻求自然目的性生成的"根基"。当时流行的是植根于牛顿力学的机械论原理。康德指出："人类理性在遵循这条准则，按这条路线前进时，永远不能发现一丝一毫构成自然目的特殊性质的东西的根基，不管以这种方式可以发现多少其他有关自然规律的知识。"因此，"必须为自然界的某些形式构想出不同于以自然的机械作用为其可能性的基础的原理的另一种原理"②。这"另一种原理"就是有机论的目的性因果作用的原理，是"自然之可能性的内在地完全充分的原理"，而"这种原理存在于超感性的东西之中"。③ 这里说的"超感性的东西"，就是作为存在本体的"物自身"，康德称为"自然总体"。在康德看来，这个能够从根本上揭示自然事物生成规律的原理，就存在于"物自身"之中——质言之，就存在于作为世界本体的"自然总体"这个无限巨大的生态系统之中。

康德的思路是要寻求"一种完全不同的原始的因果作用"。他说："这种因果作用不可能包含在物质自然或物质自然的理智性的基础，亦即一种

---

① 康德：《康德美学文集》，曹俊峰译，北京师范大学出版社，2003年版，第636页。
② 康德：《康德美学文集》，第637-638页。
③ 康德：《康德美学文集》，第638页。

具有建筑技能的知性之中——作为根基？对于这些问题，在事关因果性的概念——如果这一概念应该被先验地详加说明——时，我们受到严格限制的理性是绝对不能提供任何答案的。"他又说："对于反思判断力来说，如下说法是一条完全正确的原理：对于事物明显地按照目的原因的结合，我们必须构想出一种与机械作用不同的因果关系，也就是说，要设想一个按目的行事的（有理智的）世界原因。"[1] 康德认为，"具有建筑技能的知性"遵循的是由部分组合成整体的建构方式，有机物的生成不可能是这样的。自然界的自我生成是目的因果关系在发挥作用，它需要一个"按目的行事的"的原因来推进整体的生成。如果把这个原因归于理智，就有了"上帝"的观念。但在自然中这种生成的原因不是出于理智，而只是似乎有理智的"世界原因"，即世界整体所具有的目的性生成机能。

旧的目的论以建基于牛顿力学的机械论来解释事物生成的规律。在康德看来，这种原理甚至根本不能解释哪怕是自然中一根草茎的生成，更何言自然界中那些极为复杂的事物。面对这种受旧理论束缚的理性，康德展开了"批判"。他从艺术创造中获得灵感，在与自然事物生成规律的"类比"中，突破知性"建筑机能"的有限性，从反思判断力寻求自然生成规律的新思路。在这里，目的不只是规定部分的形式，而且要直接作用于部分在整体中的自我生成，即整体要生成部分。于是，他的思维从机械论提升到有机论，从而提出了他的自然辩证法。

这个自然辩证法的基本内容就是自然有机系统中的部分与整体之间的辩证关系。无论是康德的自然目的论，还是马克思的"自然向人生成"说，都是以辩证法为先验根基的。从系统观看，自然就是一个有着特定系统性秩序的巨大系统，在这个系统里，各个部分彼此关联和依存，互动共生，形成具有特定生成性功能的结构。通过这个整体性的结构产生出系统整体的整体质，即向人生成的生命机能。这样一个自我生成的过程，显示出向人生成的趋向并最终成为现实，这就是自然的目的。所谓自然的目的性生成，其根据就是目的因果作用，即目的对生成过程的控制和引导。自然目的论就是对自然系统这种根本性的运动规律的概括性表达。对于自然

---

[1] 康德：《康德美学文集》，第638页。

的目的性生成来说，在部分与整体的系统性关系中起决定作用的是有机系统的整体性及其整体质。

对此，康德说："一个用为自然目的的事物首先要求的是：各部分（按照其存在和形式）只有通过他们的总体的关系才是可能的。""如果一个作为自然产品的事物自身及其内在的可能性中还包含着一种与目的的关系，也就是说，只是作为自然目的，没有外在于事物的理性存在者的概念的因果作用就成为可能的。"机械系统的构成就是由"外在于事物的理性存在者"，即这个机械系统的设计制造者和操作者来决定其因果关系的。与此不同，有机系统的生成依据的"另外一个要求就是：事物的各部分是以如下方式结合成为总体性的统一体，即各个部分互相成为其形式的原因和结果。因为只有这样如下情形才是可能的：总体的观念反过来（交互地）又规定了一切部分的形式和结合方式。"不仅如此，更重要的是："一个物体，如果它本身以及按照其内在的可能性都应该被判定为自然目的，那就要求这一物体的各个部分按其形式和结合来说都要互相产生，并从其固有的因果作用中产生出一个总体来，而那个总体的概念反过来又……按照一种原理而成为总体的原因，因之有效原因的连接又可以被判定为由目的原因而产生的结果。"① 整体作为原因作用于各个部分的形式和彼此结构，同时又是各个部分的相互结构的结果，部分与整体之间还要"互相产生"。在这里，目的不是外在赋予的，而是"它本身以及按照其内在的可能性"自我生成的。这样的目的因果作用最后成就了自然的目的性生成。

凭借了对有机系统中部分与整体互动共生的原理，自然辩证法成了"自然目的论"的先验根基，同时也就成了自然存在以及美和审美的生态本质的先验根基。

三、自然辩证法决定了美和审美的生态本性

人本生态美学的核心观点是对美和审美的生态本性的认定。它认为，无论是美还是审美活动的生成和存在，都是人类与自然生态系统关系中的

---

① 康德：《康德美学文集》，第 622-623 页。

重要形式。美作为现象，是作为部分对存在整体的反映，是对存在本体的生命本质的生动表现。通过对美的感应，事物在美的激发和范导下自我生成。任何生命存在不可须臾离开其环境，而最大的环境就是作为自然整体的这个本体即"物自身"，因此都是生态性的存在。而美和审美正是其生态系统中极其重要的存在。物质和能量交换的生态关系固然重要，美和审美层面上的生态关系也不仅不可或缺，而且表征着生态系统的文明水平。对于生命体和人类来说，没有美的存在和美感作用的生态关系系统是不完全的。笔者一再强调生态美学不是交叉学科和应用学科，就因为它本来就该是生态学和生态哲学中不可缺少的有机部分。

人本生态美学是从对马克思的"自然向人生成"说的生态哲学阐释出发而建立起来的，并以此为由提出把美学加以生态学化的学术目标。"自然向人生成"是包括人在内的自然大系统的真实本质。在这个大系统中，人是自然界的一部分，二者之间发生特殊的"对象性关系"，即需要和功能相互耦合。美和审美活动就是在这个生态系统中形成并发挥其特殊的生态作用的。对"自然向人生成"说的哲学阐释说明，这个命题首先表达了一种生成本体论的观念，在此基础上形成了可以概括为"人本生态观"的生态思想。之所以称之为"人本生态观"，因为这个包括人在内的生态系统所表达的就是人与自然界之间的生态关系：一方面，人作为生态存在，其生命之本就在于自然生态，离开生态就没有人；另一方面，人是自然生态之本，不仅是生态价值的主体，也是生态实践，包括维护和优化生态的实践主体，人是解决生态问题的唯一可依靠的主体力量。从这个人本生态观去改造既有的美学，将其生态学化，就有了人本生态美学。[①]

康德的自然辩证法对现象和"物自身"关系的阐释，在宏观上包含了对美和审美的生态本性的指认。自然辩证法从自然系统中部分与整体的辩证关系来看现象与"物自身"的关系，现象是部分，"物自身"是整体。审美中鉴赏判断作为反思判断力的运用，是要为特殊寻找普遍，即为作为部分的现象找到其所表征的"物自身"这个存在本体的整体性生命本质。

---

① 可参看曾永成：《文艺的绿色之思：文艺生态学引论》，人民文学出版社，2000年版。

这个存在整体的目的性作用于主体的意识，在审美中从这个目的性判断对象的主观合目的性，于是做出美的判断。而从客观上说，自然的客观和目的性决定着"自然的美"。贯穿于这个判断中并最后决定判断的就是作为现象的各部分与作为整体的"物自身"之间的目的因果关系。部分与整体的关系，正是有机体与环境的关系，因此也就是生态关系。

从这个自然辩证法来看美，它是以"物自身"这个本体存在为根基的。因此，美不是现象独自的性质，而是产生于与"物自身"这个终极环境的相互作用，因此美必然是生态性的存在。同样，审美活动是在有机体与所在存在整体这个环境的关系中进行的，鉴赏判断的反思性质决定了它是关系于生命存在整体的活动，要判断和感受的是与环境之间的关系。审美鉴赏的"主观合目的性"说到底就是现象与"物自身"相互关系的体现。鉴赏判断中的"无利害感""无概念的普遍性"和"无概念的必然性"，都是这种关系的不同侧面。因此，可以说，审美活动本身就是作为有机体的人与自然环境及存在本体之间以美为中介的一种特殊的生态活动。

从康德的自然辩证法出发可以达成这样的认识：在世界自我生成的过程中，审美性与生态性是相互统一和融合的；生态性乃是美和审美的本性。这里的生态性不只是局限于现象层面的人与自然之间的关系，而深入了与作为现象根基的本体这个终极性的环境的关系。

四、回归康德美学的美生本体论的整体论格局

人本生态美学在其自我深化的进程中，最后认为，世界和人都是向美而生的过程，美学首先是对世界的美生本质的探究，并主张在美生本体论的基础之上建构美学的理论格局，而不能只是局限于对审美活动的研究。这就是说，美学首先是关于世界和人的美生之学，而不只是审美学。这就是说，把美学仅仅局限于审美活动，这无论是从逻辑上看还是从历史上看都是不合理的。

从逻辑上看，世界上如果没有美或者说存在本来就没有可供审美的性质，审美活动就无从建立，审美活动的特性就无从解释。按照马克思关

于事物之间的"对象性关系"的观点，审美关系中的主体和对象之间的关系就是以美为特殊适应性的对象性关系，这就犹如人不能吃泥土和石头充饥，他的食物必须具有可食性。不具审美性质的事物是不能成为审美对象的。马克思以音乐为例说明审美活动的对象性前提，就表达了这个意思。这就意味着，美学必须先探究和说明美在世界中生成和存在这个事实，先弄清楚美在世界存在中的特殊性质和可能的生命功能，才能进一步探究审美活动在世界美生过程中的形成和作用。从理论逻辑上说，只有先弄清美究竟是怎么回事（这就是通常所谓"美的本质"问题）才可能进一步说清楚什么是审美，而不至于陷入流行美学中"美"与"审美"（还有美感）循环互释的尴尬局面。

从历史来看，康德就发现和肯定了"宇宙之美"，就是说在人类在地球上出现之前，宇宙中就存在着美了，并伴随"自然向人生成"的全过程。在《判断力批判》中，康德也曾论及自然界通过"自由的造形活动"创造美（比如晶体的美）的能力。躯体形态的个体生命的出现，是世界美生进程中的巨大事件。在美的感应中生成的生命体，实际上受着美的规律的导引和规范（用康德的话说就是"为自由立法"），使生命体不断自我超越和提升，最后生成了人，而人乃是自然的美的最充分的表现。人一经产生，就以实践活动把自我超越的生命精神自觉化和自由化，把"自然的美"提升到"人格"这种道德之美。人在自然之美的作用下成长起来，把原本自发的动物性感美活动提升为自觉的审美活动。达尔文对动物美感的论述揭示了人类审美活动的动物性前提和原生本性。达尔文特别论述了美感在动物的性选择中的积极作用，说明了美感对于生物进化的重要意义。由于生态性与审美性的统一和协调对直接自我生成目的的调节作用，世界的美生本质才决定了人的生成的可能性。这就是说，历史的事实说明，先有美之后才有人，也才有人的审美活动。那种认为美是人的实践创造的观点是与自然史的事实相悖的。从根本上说，人的实践乃是发现和运用美及其规律的自觉活动。

显然，真正的美学的全部学理应该建立在美生本体论的地基上。所谓美生本体论，实际上就是康德和马克思相继主张的"自然向人生成"的本体论。在康德，这个本体论在"目的论判断力批判"最后才坐实。由于知性不能掌握这个本体（"物自身"），因此在《纯粹理性批判》中只能诉诸信仰。由于实践靠了意志的自由能够深入这个本体却也只能触及其一部分，因此《实践理性批判》以自由概念打开把握这个本体的大门。这个理论不能认知、实践不能全知的本体，只能在《判断力批判》中交给反思判断力去处理。在鉴赏判断中，它通过主观合目的性在美感中彰显自己的存在，而在目的性判断中才敞亮了存在整体所具有的以人为生成目的的美生本质。

在马克思的《手稿》中，这个本体及其自由生成的本质，则是在阐释他自己的共产主义"目的"时才出现的。全面审视马克思的美学思维也可看出，他也认为在人类之前的自然界就存在着美，人类之所以审美也是因为美和"美的规律"本来就存在于对象世界之中。因此，马克思美学思想的总体格局也是在美生本体论基础上探究审美活动和艺术创造的。而这就是人本生态美学最终把对世界美生本质的探究放到首位的根据。① 美学思维的这个总体格局，可以说在康德的美学思想中就基本形成并确立起来了。

五、人本生态美学的本体特性探究与康德美学的联系

人本生态美学在对美和审美的本体特性的探究中，确立了"节律感应"这个核心范畴。

它认为，美和审美的本体特性是作为生命的本质特征的节律（其原初的形式即节奏）。美作为一种生命现象，以节律形式为其基本特征。有机体作为生命存在，也都具有在生命生成历程中形成的生命节律。在人身上，这种生命节律可以分为生理的、心理的和意识的三个子系统，它们以生理节律为基础，以意识节律为主导，以心理节律为中介，构成具有整体性的生命节律系统。对于生命体来说，节律活动不仅表征着生命的存在，还表征体验自身的生存状况和生命质量，甚至还在节律的活动中享受自己的生命，也通过节律活动调节自己与环境的关系。自然（乃至宇宙）所谓

---

① 参见曾永成：《生成与审美：马克思〈1844年经济学哲学手稿〉导读》，江苏凤凰文艺出版社，2022年版。

生命存在，最早就生成了以节律为中介的对象性关系——感应性，那就是通过节律之间的相互感性来体认、调适和优化自身的生命节律。显然，这是物质和能量交换之外的另一种生态关系——一种极其敏感而深刻的生态关系。原初的感应是认知和体验、感受合一的混沌形态，后来随着感官的生成才有了专司认识功能的感觉器官，开始了信息交流方式上的分工。与此同时，感官经验与身体经验之间也就造成了各种分隔和屏蔽。但是，"节律感应"这种身心整体性的生态互动依然伴随着生命体的成长，并且继续发挥着生命调节的功能。人本生态美学认为人与自然之间的审美关系就是以"节律感应"这种特殊的也是原初的整体的生命活动方式为本体特征的。正是这种"节律感应"从根本上形成了发生生态关系的双方在需要和功能上的耦合。① 这种关系得到了现代物理学的"波粒二象性"理论的支撑。

人本生态美学对审美活动的本体特性的上述认识得到来自马克思论述审美活动的对象性关系时以音乐欣赏为例的启示。因为一切艺术都趋近于音乐，节奏感是审美能力的基本因素，联系到中国古代美学的"气"论和"气韵"说以及"物感"说等思想资源，都为"节律感应"的观念提供了坚实的理论支持。在这个问题上，中国古代的"气物二相"观念与西方现代科学的"波粒二象性"理论高度吻合。正是"节律感应"作为特殊的生态关系的性质，确证了美和审美的生态本性；它也因此成为人本生态美学的核心范畴。

康德没有像马克思那样重视音乐，但是他注意到"感官的调子（Tone）"和感官的"敏感性"。他论述听觉和视觉的"感觉的艺术游戏"时说"值得注意的是：这两种感官除了对于印象的敏感性之外，还需要更多的敏感性，以便借助于这些印象获得外在对象的概念，还要有能力感受到一种特殊的与之结合在一起的感觉"。他又说："我们不能肯定地断言，一种

---

① 笔者对"节律感应"的阐释，形成于20世纪80年代中期，最早的系统阐释可参看《以美育美：美育理论与实践》（成都科技大学出版社，1989年版）和《感应与生成——感应论审美观》（成都科技大学出版社，1991年版）。还可参看《文艺的绿色之思：文艺生态学引论》（人民文学出版社，2000年版）。

颜色或一种声音只是一种舒适的感觉,还是它们本身就是一种感觉的美的游戏,并因此在被审美地赏评时其形式就带有一种愉快。如果我们承认,光的振动速度,或者在第二种情况中空气的振动速度,很可能远远地超过我们所有直接靠直觉来判断时间间隔比例的能力,我们就应该相信,我们所感觉到的只是那些振动在我们身体的弹性部分所造成的一种效果。"①

在这些论述中,有这样几点值得注意:第一,康德说感官的敏感性除了对外在对象的印象外,还"感受到一种特殊的与之结合在一起的感觉",这就是心物感应、物我交融合一的美感经验,而这正是"节律感应"所达成的效果。第二,他明确提出了视听感觉中的"振动速度",而这正是颜色和声音共有的"波"的属性,即一种具有节律性的特征,一种能够激发感应、驱动融合的形式因素。第三,他几乎是直接谈到了类似"节律感应"的作用了。他说,由于振动的作用,"我们所感觉到的只是那些振动在我们身体的弹性部分所造成的一种效果",这不就是振动感应造成的效果吗?不过,他还不知道,我们的身体上不只是有"弹性部分",而是整个身体和心灵都有节律造成的"弹性"存在。同时,他对振动由于"时间间隔"造成的节奏没有认识,因而认为"与颜色和声音结合在一起的一切都只是舒适,不是与他们的结构相联系的美"②。其实,所谓节奏或节律就是由于结构的作用而形成的各种各样的调子,具有丰富且生动的意味,也就必然联系着美。

康德进一步指出:"我们对音乐中和对音乐的评判中这些振动比例所能说出来的数学关系是确定的,并可合情合理地按照与音乐的类比来评判颜色的差异。"可见,他已经认识到音乐中的"振动比例"在审美中的作用,而且把颜色与音乐的声音类比,说明"振动比例"是颜色和声音共同具有的一种活动特性。他还提到有的人有最好的视觉却不能区分颜色,有最灵敏的听觉却不能区分音调,而那些具备这种能力的人却能感受到色谱和音阶里不同强度的变化的质,因此,"我们就可能感到不得不承认那两种感官所提供的感觉不是单纯的感官印象,而是对多种感觉的游戏中的形

---

① 康德:《康德美学文集》,第575页。
② 康德:《康德美学文集》,第575页。

式的一种判断的结果。"①节律不仅属于感官，而且是整个身心的共同特性。感官作为身体的一部分要与身心整体发生感应性的节律互动。因此，感觉所得到的不只是认识性的"感官印象"，而是"多种感觉的游戏中的形式"，即节律活动本身的结构所形成的特定活动模式，一种具有独特节律结构的生命活动形式。其中超出了"感官印象"的那些感觉就是"节律感应"带来的身体经验。不仅如此，即使是"感官印象"本身，也会以其节律形式带来更丰富更生动的生命感觉。

康德虽然没有认识到生命节律在审美中的本体性作用，但他已经明确意识到"振动比例"的深刻作用，意识到审美中的感觉有比"感官印象"更多的感觉，甚至已触及"节律感应"的现象。应该说，他的思路已经走到"节律感应"论的门前了。在他的这些见解中，其与人本生态美学的"节律感应"观念之间的联系已经依稀可见。更值得注意的是，与"振动比例"相同的节律，正是现象与"物自身"这个本体共有的特性，因而成为审美中现象与本体相互感应融合的中介。

六、追溯人本生态美学近代源头的意义

穿越整整两个世纪的时空，人本生态美学与康德美学这个近代源头相通，这个事实具有十分重要的美学意义。这说明，人本生态美学对美学的生态学化，既是一个思维进路上的"旋升"，同时又是对康德美学这个源头的深度回归。一句话，美学的生态学化是美学自身发展深化的必然趋势。在这个意义上，人本生态美学并不是与生态学交叉的学科，也不是运用于生态关系系统的应用美学，而是对美学原本应有生命内涵的展开。康德的美学以其对世界存在本体的美生性质的揭示而具有"第一哲学"的性质，而这也正是人本生态美学所具有的。

从康德美学这个人本生态美学的近代源头可以看出：

第一，自然主义与人本主义的统一是美学探究必须有的理论视域和整体基础。从这个涵盖一切事物及其整体存在的视域看世界，才能避免科学

---

① 康德：《康德美学文集》，第 576 页。

思维对世界的分解、抽象和分格化，才能在自然界与人的生成性和互动共生关系中深刻认识世界的真实本质，而不致把世界碎片化和零碎化。也只有从这个与世界存在本体相对应的视域中去考察美和审美的问题，才能深入其奥秘之中，解开包括"美的本质"在内的一连串的美学之谜，并认识到美才是世界存在的最深的真，所谓"存在之真理"就会在审美和艺术中涌现和绽放。

第二，康德的自然辩证法所说的自然有机系统中部分与整体关系的先验原理，对于美学具有极为重要的方法论的意义。在康德的哲学和美学中，这个辩证法揭示了现象和"物自身"的真实关系，指出"物自身"作为存在整体这个本体是现象的根基，这就从根本上开启了解决美的本质这个美学核心问题的思路，在此基础上，对其他美学问题的探究也才有了可靠的依傍。值得注意的是，康德的自然辩证法居然被忽视和屏蔽了两百多年。直到20世纪现代系统论从生物学中产生，并很快就主要以系统工程学、系统组织学等无机领域展开其运用研究，但在哲学上也只是作为具体的思维科学方法加以论述，而远远背离了康德开辟的探究世界生成和美生规律的初衷。即使有过将其运用于美学研究的呼唤和试探，也没有得到应有的注意。与这个自然辩证法长期失之交臂的学术盲视，在把康德美学平面化和粗陋化的同时，也极大地延误了美学研究的进展。这个现象无疑值得深长思之，那种对前人建树浅尝辄止和"六经注我"的学风是不利于学术的积累和进步的。

第三，从这个自然辩证法认识美和审美的关系性存在，就自然而然打开了美学生态思维的大门，从确认美和审美的生态本性出发，美学学理从整体上生态学化成了顺理成章的事情。这说明，生态美学绝不是给美学贴上"生态"的标签或者掺入些生态学内容，而是美和审美本来的生态内涵的展开，是向美学原本的生态精神及其思维内涵的回归，是从人类在自然界中的生态生成关系中探究美和审美的生态本性，从而确立美学应有的生态立场和生态根基。然后在此基础上，才可谋求美学更加深入全面的生态学化，并且推动其积极适应新的生态文明的实践要求，以继续在人类的生态进步中发展自己。这个源头说明，对生态文明的认识和实践必须有"人本生态美学"这样的生态美学的介入，以从生成性的源头上真正弄清楚为什么人的存在和发展一点也不能离开自然界整体这个终极性的生态环境和以其为根基的生态系统。可以说，康德的自然辩证法所说的有机系统论，就是现代人类生态系统论的先声和基础。康德在论述世界的美生本体论的"目的性判断力批判"中提出它，就说明了它在哲学和美学上极其重要的本体论和方法论上的意义。应该认识到，这乃是开启康德美学"密码"的钥匙，舍此决不能真正理解康德美学的精髓，从而也不能深刻认识康德美学对于现代美学理论建构所起到的奠基作用。

第四，康德的自然辩证法所内含的生态意蕴，说明他绝不是长期以来被认定的那样，以其对人的主体性的片面张扬而堕入笛卡儿式的"人类中心主义"。康德认为人应该自我生成为"本体的人"即"道德的人"，他阐释道："现在如果世界上的事物——按其存在来说是从属性的存在物——需要一个按目的活动的最高原因，那么人就是创造的终极目的，因为如果没有人，互相从属的目的系列就完全没有最后的落脚点了。只有在人身上，也只有在作为道德主体的人身上，才能遇到目的方面的无条件的立法活动，因此只有这种立法活动才使人有资格成为终极目的，从目的论角度看整个自然界都要从属于这终极目的。"[①] 作为"终极目的"的"道德的人"就应该有对自然的发自内心的热爱和对其他生命的尊重。他把"自然的美"视为自然系统生成的产物，说"美是道德的象征"，这显然就是对各种自然生命之美的生态地位的尊重。早在《宇宙发展史概论》中，他辛辣地嘲笑一种自视为存在中心的昆虫之后就明确表示："无限的造化是包罗万象的，它所创造的无穷无尽的财富都同样是必要的。从能思维的生物中最高的一类到最受轻视的昆虫，没有哪一个对造化是无关重要的；而且哪一个也不可缺少，否则就会损害它们相互联系的整体的美。"[②] 这样的生态整体观和对生态整体之美的肯定，跨越两百年之后不还是很前沿吗？

(《鄱阳湖学刊》2023年第3期)

---

① 康德：《康德美学文集》，第688-689页。
② 康德：《宇宙发展史概论》，上海外国自然科学哲学著作编译组译，上海人民出版社，1972年版，第204-205页。

下编：向美生本体论的美学范式推进

康德"批判哲学"走向美生本体论的思维进路

《康德传》的作者古留加说："康德把美学看作是'全部哲学的入门'。这就是说，系统地研究哲学应当从美的理论开始，这样一来善和真就会被解释的更加充分。阅读第三本'批判'应当在阅读前两本'批判'之前。"[①]之所以这么说，是因为康德的美学通过审美直达世界存在的本体。古留加的说法，使人想起庄子说的"原天地之美而达万物之理"，由此可见作为"第三批判"的《判断力批判》对于康德哲学何等重要，因为这是康德对"人是什么"这个总问题的最后回答。对这个问题的回答的思维进路，总的来说就是从"现象"逐步进入本体即"物自身"，以期认识作为人的最高生成目的的"本体的人"。因此，要读懂康德的美学还是应该按照康德"批判哲学"实际的思维顺序去理解：从第一批判到第二批判再到第三批判，即从认识理论到实践理论再到审美理论，最后落脚到目的论判断的美生本体论。这个过程就是世界存在的本体向人逐渐彰显其本质并最后实现为人所应有的自由本质的过程。

---

① 古留加：《康德传》，贾泽林等译，商务印书馆，1981年版，第189页。

一、方法论：宇宙生成视域中的有机系统思维

李泽厚在《批判哲学的批判——康德述评》中讲到康德前期科学著作具有哲学家的特征，那就是重视方法论、整体观点和理论概括。把握这个特征特别是整体观点对于理解康德哲学特别是其本体论思想十分重要。早在《宇宙发展史概论》中这种以宇宙整体为哲学视域的整体观就已具雏形了。在康德看来，宇宙作为一个整体性的存在就是具有活力而自我生成的，不仅显示出"宇宙之美"，并且最终生成了星球上的人类居民。这个宇宙整体观念与后来的自然目的论中的自然系统观念前后呼应，形成贯穿康德整个哲学思维过程的系统整体性的方法论，即始终从世界存在——宇宙和自然界的整体性出发去认识事物及其性质；这也就是在综合的前提下进行分析并进而通过综合判断达成认识的方法。这个方法，在《判断力批判》中被称为自然辩证法，即破解世界存在秘密、回答现象与"物自身"关系的根本大法。

这个系统整体视域把自然界和作为自然界的一部分的人结合在一起，把自然与人的关系贯穿其中，实际上把牛顿和卢梭结合和统一起来了。这不仅体现了李泽厚说的"科学"（牛顿）和"民主"（卢梭）的统一，而且也可以说就是自然主义与人本主义的统一。这就实现了对自然主义的"超越"，为"自然向人生成"的目的论提供了可靠的理论原则，并最终形成"哲学人类学"及其美学。

康德批判哲学就是在这个系统整体观念中展开其理论思路和框架的。三大批判作为一个整体，从自然与人的关系出发，最终在美学领域回答了"人是什么？"这个哲学人类学的核心问题。基于此，主要阐述美学理论的《判断力批判》也应放到"批判哲学"的系统性整体中才能深入认识其理论内涵，包括充分认识其崇高观念的超越精神，正确认识其下卷《目的论判断力的批判》的美生本体论实质及其作为康德哲学的最终完成的重要地位，康德多次谈到整体性的问题。在他所追求的科学的形而上学中，"整体"是一个极为重要的概念和思维对象，因为形而上学本来就是一种整体性的思维。在谈到休谟对自己的影响时他说："我远未达到赞同他的结论的地步：他的结论之所以产生，只不过是由于他未在整体上来设想自

己的问题,而是仅仅着眼于它的一个部分,而如果不考虑整体,一个部分是不能说明任何东西的。"①他后来明确提出的自然辩证法,就是从有机系统的整体出发认识部分与整体关系的先验原理。

康德在论及经验时也谈到整体与部分的关系。他说:"任何单个的经验都只是经验视域的全部范围的一个部分,而所有不能经验的绝对整体本身并不是一个经验,尽管如此却对理性来说是一个确定的问题。"②这就是说:第一,单个的经验不是孤立自足的,而是"经验领域的全部范围",即全部经验综合形成的整体中的"一个部分",因此,它与其他经验以及全部经验的整体是相互联系、交互影响的。第二,存在着不能经验的"绝对整体",这本身不是一个经验,即不能为我们的感官所感知,不能为知性所规定而成为理论认识。这个所谓"绝对整体"就是包揽一切、至大无外的无限的存在。这个终极性的最高存在就是他说的"物自身"。第三,这个绝对整体尽管不能诉诸经验,不能在经验中被认知,但它对于理性来说是一个确定的问题。在理性的思维中,它是一个确定的存在,只不过因为不可认识而作为一个"问题"而存在,并且付诸信仰。这个被称为"绝对整体"的问题存在,对于理解康德哲学的本体论至为重要。

在《实践理性批判》的序言中,康德说:"这就是正确地把握整体的理念,并从这个理念出发,借助于通过某种纯粹理性能力把一切部分从这个整体概念中推导出来,而在其彼此之间的交互关系中紧盯住那一切部分。"③可以说,没有这个"整体"观念,就没有康德的形而上学;不理解这个"整体"观念,不仅不能理解他的认识论和实践论的实质和意义,也不能理解他的美学的根本精神和核心内容。李泽厚说:"'物自体'学说则是整个康德哲学的中心,它贯穿康德整个哲学体系。"④这个"物自身"就是绝对整体的存在。康德在批判哲学中对"物自身"的层层推进的

---

① 李秋零主编:《康德著作全集》第四卷,中国人民大学出版社,2005年版,第261页。
② 李秋零主编:《康德著作全集》第四卷,第331页。
③ 杨祖陶、邓晓芒编译:《康德三大批判精粹》,人民出版社,2001年版,第280页。
④ 李泽厚:《批判哲学的批判——康德述评》,天津社会科学院出版社,2003年版,第229页。

探究，最后的落脚地就在美学。

这个系统整体观所包含的部分与整体的辩证原理，为认识现象和"物自身"这个存在本体之间的关系提供了根本方法。后来，这个系统整体观还在自然辩证法中从机械系统论提升到有机系统论，成了认识"自然向人生成"的目的性的思维原则，这当然也是理解世界本体和人的美生本质所依凭的思维原则。只有了解了这个康德说的"先验原理"，才能够理解康德美学的思维进路，以进一步理解其美学思想的具体观点和基本内容。

二、认识论：知性的界限与对"物自身"的信仰

在《判断力批判第一导论》中，康德说："我们按照高级认识能力的程序的所有判断就可以分为理论的、感性的（审美的）和实践的三种。我们只把感性的判断理解仅仅作为与高级认识能力的判断力的某种原理相关的反思判断，而感觉的感性判断则直接处理表象和内感官（在某种程度上也是情感）的关系。"① 这里说的"理论的"认识能力就是《纯粹理性批判》所阐述的"认识哲学"的基本内容，而居于核心地位的就是"现象"与"物自身"的关系。

康德的崇拜者和解读者叔本华说，"康德的最大功绩是划清现象和自在之物［两者］之间的区别"，并认为"从此现象和自在之物间的区别就获得了一种绝大的意义和更深远得多的旨趣"②。确实，不理解康德的"现象"概念也就不能理解其"物自身"这个本体概念。正如张世英所说："他（指康德）讲现象界实系建立本体界。"③ 作为本体界的"物自身"是与现象界相对的存在，不理解现象界也就不可能理解"物自身"的存在和意义。可见，《纯粹理性批判》作为认识论而实际上关联着本体论。因此，邓晓芒也说："它是认识论，同时也是建立在认识论上的'本体论'

---

① 康德：《康德美学文集》，第384页。
② 叔本华：《作为意志和表象的世界》，石冲白译，商务印书馆，1982年版，第569页。
③ 张世英等：《康德的〈纯粹理性批判〉》，北京大学出版社，1987年版，第1页。

（存在论）。"①

康德认为认识是从感官经验出发的，而理论认识的工具是知性，知性对经验进行分析，然后用概念将其表达出来，因此，知性所达成的认识只是对象整体中呈现于感官的那一部分，而且是经过感官和知性以概念为之"立法"的结果，这个结果就是"现象"，亦即感官经验之中的"显像"。由于认识过程的双重的中介性转换，这个现象就不能等同于对象世界的世界存在，也就是说，在显像之外还存在着我们尚未认识，而且凭借知性不可能认识的"物自身"。在《未来形而上学导论》中，康德说："正是因为知性把经验的对象仅仅当作显像来认识，它才必须承认物自身（本体）。""理性既不局限于感官世界之内，也不游荡在感官世界之外，而是像一种界限的知识固有的那样，仅仅限制在处于现象之外的东西与包含在界限之内的东西的关系上。"②"现象之外的东西"是"物自身"，"界限之内的东西"即"现象"，这界外界内的分别，就是"物自身"与"现象"（显像）的关系。值得注意的是，康德特别指出"关系"是一个"原因的概念"。这实际上就是说，"现象"与"物自身"之间的"关系"并不是抽象的，而必须从这个"关系"去理解"物自身"的存在。

虽然"物自身"不为知性所知，但康德说："我们应当设想一个非物质的存在者，一个知性世界和所存在着的一个最高存在者（纯粹的本体），因为理性惟有在作为物自身的这些东西上才能找到完成和满足。"③这个"非物质的存在者"存在于经验之外，而经验永远不能完全满足理性，理性就会对之进行追问和探究。在《纯粹理性批判》第二版序言中谈到认识的界限时，康德说："事物自身就其自己来说是实在的，但对我们却处于不可知的状态。因为那必然推动我们去超越经验和一切现象之界限的东西就是无条件者，它是理性必然在物自身中、并且完全有理由为一切有条件者追求的，因而也是诸条件的系列作为完成了的系列所要求的。"④

---

① 邓晓芒：《康德哲学诸问题》，生活·读书·新知三联书店，2006年版，第5页。
② 李秋零主编：《康德著作全集》第四卷，第366页。
③ 李秋零主编：《康德著作全集》第四卷，第360页。
④ 杨祖陶、邓晓芒编译：《康德三大批判精粹》，第54页。

因此，不能因为我们自己不理解这个"非物质的存在者"和"无条件者"，就轻率地忽视它甚至简单地否定它的存在及其意义。

康德指出："自然科学永远不给我们揭露事物的内部，也就是说，永远不给我们揭露不是显像但却能够用做显像的最高解释根据的东西。"① 理性要追问的就是这个作为"显像的最高解释根据的东西"，这个东西就是"物自身"，就是世界存在的本体。对于"现象"来说，这个本体是最高的解释根据，足见其对于世界存在的重要性。正因为它如此重要，这个"物自身"才被康德的认识论置于"信仰"的领域。显然，康德坚信有那么一种更为根本的存在和力量，理性只有把握了它才能真正明白世界生命存在的使命和价值。康德的美学就是对这个本体的美生本质的揭示和阐释。

《纯粹理性批判》的认识论是在感性、直观、思维、知性、概念、统觉、图形、本体、幻想整体、最高存在者、至善理想、最高目的（良知）等一系列基本范畴的联系和推衍中展开的，这些范畴都与自在之物有着特定的关系，而其中"幻想整体""最高存在者""至善理想""最高目的（良知）"等与自在之物的关系最为密切，这就意味着康德实际上是把"物自身"看作存在的本体的，而"幻想整体""最高存在者""至善理想""最高目的（良知）"等可以说就是从不同角度和层面对它进行的解释或指称。

三、实践论：意志自由对知性界限的超越

对人的理性的实践性的高扬是康德哲学的重要精神特征。如果说知性为自然立法表现了人作为认识主体的主体性，那么，对理性的实践本性的肯定和重视更使这种主体性提升到实践的高度。正如张世英所指出的，对于人类，"作为实践的主体要高于作为认识的主体，这就是实践高于认识，自由高于必然，道德高于知识"。② 正是实践在理性面前打开了一条

---

① 李秋零主编：《康德著作全集》第四卷，第358页。
② 张世英等：《康德的〈纯粹理性批判〉》，第40页。

通往自由和道德的必由之路，这也是通向美和审美的必由之路。由于实践，与美和审美密切关联的"自由""目的""创造"等概念，才得以生成。可以说，康德的美学就是建立在实践论的基础上的——这就是其实践论对于美学的意义所在。

在康德的实践论中呈现出如下的范畴链：理性、实践、意志、自由、价值、目的、道德、最高法则、自律。在这个范畴系列所展示的思维进路中，实践通过意志的自由达到体现了以自然生成的最高目的为法则的道德自律，以其道德性的价值创造而在实践中向着"道德的人"这个最高目的生成。于是，"物自身"的价值意义最终在人的道德生成中得以敞亮和实现，人也因此实现自身现象与本体的统一，成为"本体的人"。康德认为实践乃是"道德的人"得以生成的必由之路，而"美是道德的象征"，因此实践也是人类美生的必由之路。

"实践理性"概念的提出，深化了理性所应有的人学内涵。在康德哲学中，理性绝不只是限于认识，它更要把认识变成现实，因此这个理性更要体现在实践的意志上。康德明确指出："纯粹理性是实践的，亦即能够独立地，不依赖于一切经验性的东西而规定意志。""它实际上是实践的，也就是通过理性借以规定意志去行动的那个德性原理中的自律。"[①] 康德把实践归于意志的行动性，这种要求行动的意志有自己独立的脾性，不受经验的限制和规定，也就是说，他在行动中既可以运用已有的知识，也可以突破既有知识的限制——这就是它的自由性品格。实践的意志是一种自由创造的意志，即把自己欲求的东西"做出来"的意志。于是，意志、目的、自由和价值创造所遵循的道德法则，就成了实践哲学的核心内容。

康德的实践论不是探究"实践知识"，即知识在实践中的运用的理论，而是深入实践中的价值创造和价值效果，进而寻求价值追求的最高目的，并由此探究实践所应遵循的道德法则。正是在这个意义上，它的实践理论又称为"道德理论"或"伦理学"，其最终的落脚处就是人的道德生成即"道德目的论"。在《判断力批判》的导论里，康德明确地把实践分

---

① 杨祖陶、邓晓芒编译：《康德三大批判精粹》，第 315 页。

为"技术—实践"和"道德—实践",表达了他对实践的道德—价值效果的重视。

正是在道德实践中,理性才突破知性的限制而进入"物自身"。在认识论中诉诸信仰的"物自身",在实践论中成了实践理性与之打交道的对象。在认识中,理性通过知性为自然立法;在实践中,则是理性通过意志为自由立法——前者彰显了自然的必然性对认识的限制,后者则在自由中达成了与自然必然性的统一,此即人的自我生成与世界本体的自我生成目的的统一。通过实践,存在本体的自由性引领和推进着人的自由意志向善向美的生成。

在康德看来,理性按其本性就是要走向实践,这是生命的活动本质所决定的,此外没有什么外在的理由。他说:"把理性设想为可能的作用因,以及设想成为规定意志的原因。在这里,必须完全不存在动机,一个理知世界的这一理念本身就是动机,或者是理性原初感兴趣的东西。但是,使这一点可以理解,恰恰是我们不能解决的课题。""如今这里就是一切道德研究的最高界限。"①知而必行、知行合一,就是纯粹实践理性,这是从真正的道德即道德的最高境界而言的。这就是说,直接从理念出发而不需要别的动机,这才是纯粹的实践理性。由此出发,才有真正的道德。道德在这里就是理性对自由的立法,即为自由确定价值目的追求的法则,赋予自由以具体合理的实践内容。

康德把自己的实践论称为道德理论,说明弄清实践与道德的关系十分重要。实践如果只是把欲求的对象做出来,那只需要运用必要的知识,遵从自然的必然性就行了。这种以"做出来"为目的的实践只是技术性的,它属于知识的领域,而且只具有某种"交换的价格"。如果从实践结果对于自然和人的生成的意义来看,这才有了"价值"。价值直接与人的自我生成目的和尊严相关联,它不是可以交换的"价格",而是具有道德性的价值。可见,康德所说的价值并不是通常所谓伦理性的价值。他的道德形而上学所标举的目的乃是人作为自我生成的目的的自由实现。在《道德形

---

① 康德:《康德美学文集》,第420页。

而上学的奠基》关于幸福、偏好和善的意志等问题的论述中,"价值"概念作为一个中心词频频出现,诚信和仁爱都是"内在的价值",并以真正人的"尊严"拒绝"感情价格"和"市场价格"等外在的东西。在这样一种"自律"的基础上,就形成了为自由立法的道德律令。

康德的基于宇宙生成论的实践观,以超越认识的自由品格,把实践理性引导到对"自然向人生成"目的的追求,把世界本体的生命精神实现在实践活动及其成果之中。通过实践,"物自身"与"现象"之间的生成性联系彰显出来,显示出实践对于认识的超越性,从而把实践概念的哲学地位提升到空前的高度。康德说:"在实践方面,自由的小径却是唯一使得有可能在我们的所作所为方面运用其理性的道路;因此,最精妙的哲学与最普通的人类理性一样,都不可能用玄想除去自由。所以人类理性必须假定,在同一些人类行为的自由和必然性之间,并没有真正的矛盾,因为人类理性既不能放弃自然的概念,也同样不能放弃自由的概念。"① 在认识论中受到限制的理性,在实践中的这条"自由的小径"上生成了意志的自由。在这个意义上可以说,比起认识论来,康德的实践论更具有"哥白尼式革命"的意义。

对于实践理性,康德说了这样一段话:"这个批判再三叮嘱,要把经验的对象本身,甚至其中我们自己的主体都看作现象,但又要把自在之物本身作为这些现象的基础,因而并不把一切超感官的东西都看作虚构,也不把它们的概念看作空无内容的;则实践理性自身现在就独立地、未与那个思辨理性相约定地,使原因性范畴的某种超感官的对象,也就是自由,获得了实在性(尽管是作为实践的概念,也只是为了实践的运用),因而就通过一个事实证实了这个在那里只能被思维的东西。"② 康德又说:"自由概念对于一切经验论者都是绊脚石,但对于批判的道德学家也是开启最崇高的实践原理的钥匙。"③ 这就是实践对于人的根本意义。通过实践实现的自由,在现象界与本体界之间搭起了桥梁,这就是去往审美世界的通

---

① 李秋零主编:《康德著作全集》第四卷,第464页。
② 杨祖陶、邓晓芒编译:《康德三大批判精粹》,第276页。
③ 杨祖陶、邓晓芒编译:《康德三大批判精粹》,第278页。

道。这就是说，不经实践，人就不能成为自觉的审美主体，也不会成为向美而生的存在。

四、本体论：从鉴赏判断走向对本体目的性的确认

以自由为拱顶石构成的思辨理论的大厦，敞开了通向本体世界的大门。不过，这个与本体会合的路程分为两步：第一步是在鉴赏中以情相会，通过情感感受它的存在；第二步才通过目的论判断去理解其本身的实存，达成对世界存在本体的目的性生命本质的确认。在这里，作为第一步的审美论实际上展示的是对本体的特殊认识方式，本体的身影已经在此被意会，因此成为本体论的序曲。从批判哲学的思维进路看，审美论可以说是认识论的延伸，而其后的目的实在论则可以说是实践论的深入和归宿；二者结合一体才构成本体论的内容。

在康德看来，对于"物自体"这个知性不能把握的存在，就只有鉴赏才能在感性经验中加以体验而与之神会。康德通过《判断力批判》打开了这条通道。这个出发点就明确说明，审美的鉴赏是在知性认识即理论认识之外的一种感性的认识方式，这就把审美的认识与理论认识区别开来。对于世界存在的本体，知性是无能为力的，在这里需要的是具有反思性质的鉴赏，从中得到一种范导性而非规定性的判断，并诉诸情感上的愉快和不愉快的反应。

在此，康德提出的"生命感"的概念值得注意。与认识不同，审美鉴赏是"表象完全是与主体相关，更确切地说则是与被称为愉快或不愉快的情感的主体的生命感（Lebensgefuhl）相关，这种情感建立起一种非常特殊的区分能力和判断能力"[①]。这里说情感是主体的生命感，说明情感作为一种心理现象具有生命的整体性内涵，其中包含了认知、意志和目的意识等因素；它不仅与感官经验相关，而且深入身体经验，是身心整体的内

---

① 康德：《康德美学文集》，第451页。

在体验。[①]因此，情感反应中的判断，主要是生命价值体验中的目的判断。"显像中形式的合目的性是美。"[②]这个目的不是某种有限的功用目的，而是生命整体所欲求的内在目的，生命感就是从这个目的出发的判断所引起的感受。

知性不能掌握美。在对美的鉴赏中起作用的是反思性的判断。《判断力批判》的上卷论述的就是这种鉴赏性的活动。其中无论是对美的分析还是对崇高的分析，都是基于为特殊寻找普遍这样的反思性判断原则。这种判断的内容实际上就是对作为显像的审美对象所表征的"物自身"这个本体的生命意蕴的判断；前者是特殊的对象，后者是"量"上的"无概念的普遍性"及"关系"上的"主观合目的性"。

关于有机系统的自然辩证法为理性开辟了从现象通向本体的思维途径，这是一种诉诸生命感的途径。这就是通过形式这个中介把形而下与形而上沟通起来的途径。于是，美就这样超越了表象本身的有限存在，而以自身形而下的显像彰显出世界本体的无限精神。反思判断就这样为现象的有限规定性祛蔽，昭示出它作为一个部分所反映的存在整体的本质。在此，那个在认识论中只是诉诸信仰的最高存在即"物自身"终于走进人的心灵，并通过情感融入人的生命感之中。在这样的生命感中，就有了对世界存在本体的感悟和共情。

不过，作为实践主体的人并不满足于对这种审美愉快的享受，他还要在实践中通过对道德性价值的追求生成为"道德的人"，以实现自然生成的"最高目的"。出于人类追求超越的生成本性，在已经达成的合目的性的终点上必然生成更高目的的审美理想。理想呼唤自觉生成的实践精神，于是"崇高的分析"出场。"崇高的分析"寄寓了康德对本体生成性的特殊重视，因此他把崇高称为"精神情感"。[③]这就是说，比起美的享受来，崇高具有积极超越的精神内涵。这种超越的冲动如果通过天才表现出来，就有艺术的创造。在天才和艺术的创造中，世界本体作为无限存在的自由

---

① 康德：《康德美学文集》，第452页。
② 康德：《康德美学文集》，第406页。
③ 康德：《康德美学文集》，第452页。

精神得到生动的表现。通过艺术，人的自我生成向着最高的道德目的奋然前行，把世界本体的生成进程从自然目的推进到道德目的。于是，人在审美的鉴赏判断中与本体精神融合，成为"本体的人"，达到"人是目的"的自由境界。

《判断力批判》的下卷《目的论判断力的批判》，是对具有美生本质的世界本体存在的论述，这就是康德哲学体系中最重要的美生本体论，即一种以美为最高象征和追求的生成本体论。美是道德的象征，作为世界最高目的的"道德的人"就是在美的启迪和引领下向美而生实现的。在此，就从根本上回答了"人是什么"的终极之问。批判哲学的本体探寻，最终在此落脚和完成。这个美生本体，作为现象界的"根基"，也是一切美之所以美的终极根源。

如果说鉴赏判断是从主体自由意志的目的意识出发对对象的反思判断，那么，目的论判断力的批判就是从有机体的目的性系统出发对自然存在和生成的客观判断。这两种反思判断都以有机系统观为基础，只是在鉴赏判断中它内在地作用于主体的目的意识，而在后者则是世界本体的客观实在。因此，有机系统内部分与整体的关系在这里不仅是认识本体的方法，更是本体自身存在的内在关系；在这里方法原理与本体事实达成统一，即以本体本来的样子达成对本体的意识。康德明确提出自然辩证法，就是用这个方法在现象中敞亮本体的存在及其生命本质。康德先是把自然类比于艺术而意识到整体作为目的对部分的作用。但是他发现这种技术构造的机械性质，不能解释有机物的生成，比如按照这种机械的系统观连一根草茎的生成都解释不了。于是，他的系统思维从机械系统提升到有机系统。他说："有机物作为自然的内在目的无限地胜过我们通过技艺而产生相似表象的一切能力。"[①] 对于认识本体存在的本质来说，最重要的就是这个有机系统观；这成了康德《判断力批判》下卷即《目的论判断力的批判》的核心内容，借以引入一种新的因果作用原理。

在"目的论判断力的分析论"中，康德首先讨论的是自然的目的。他

---

① 康德：《康德美学文集》，第634页。

指出被看作自然目的的事物是有机物。康德说:"一个用为自然目的的事物首先要求的是:各部分(按照其存在和形式)只有通过它们的总体的关系才是可能的。"这就是整体作为目的规定整体。这种关系在人工制造的产品中也存在,而自然事物的生成与此不同,它不是为外在的理性力量所规定,而是自身内部的力量使然。这种情况就是:"事物的各部分是以如下方式结合成为总体性的统一体,即各个部分互相成为其形式的原因和结果。"这样,事物就成为多样性的东西构成的"系统统一体"。在这个系统中,"物体的各个部分按其形式和结合来说要互相产生,并从其固有的因果作用中产生出一个总体来,而那总体的概念反过来又(在一个存在者之中,这个存在者包含着一种按照概念与这一产物相适应的因果性)按照一种原理而成为总体的原因,因之有效原因的连接又可以被判定为目的原因而产生的结果"。"在这样的自然产品中,每一个部分都要被思考为由于一切其余部分而产生的,又好像为另一部分和总体而存在的。"不仅如此,"一个部分还要被思考为产生出其他部分(每一部分与其他部分都互相产生)的器官。……只有这样并且由这一原因这种产物才可能是一个有机的而且自身有机的存在物,才能被称为一个自然目的"①。

根据这样的系统观念,作为现象总和的自然界也就是一个这样的系统性存在。在这个系统中,生成了自然的目的,也生成了"自然的美"。康德说:"一旦从自然目的——这种自然目的是有机体提供给我们的——的角度对自然的目的论判断使我们有正当理由达到一个自然的巨大系统的观念,那么,自然的美,也就是在我们把握和评判自然现象时,自然与我们的认识能力的自由游戏之间的协调一致,从这种观点出发也可以被看成是自然在其总体中的客观的合目的性。"②这段话明确肯定了自然的美与自然自我生成目的的关系,对于理解康德的美生本体论至为重要。

在阐明了自己的有机系统观之后,康德就"物质存在物"与"物自身"的关系说了这样一段话:"把物质世界看作单纯现象,把某种不是现象的东西,亦即物自体设想为现象的基体(Substrat),这至少是可能

---

① 康德:《康德美学文集》,第 622-623 页。
② 康德:《康德美学文集》,第 630 页。

的。而这要有一种与之相适应的理智直观（尽管那不是我们的直观）作为基础；这样就会为自然找到一种我们不可认识的超感性的实在根据，而我们自己就构成了自然的一部分。"① 这段话从根本上说清了作为物质存在的自然与那个超感性、不可认识的整体即"物自身"之间的关系，明确肯定了"物自身"作为终极整体是现象的根基。最后说人是自然的一部分，这就明确了人与自然整体这个"物自身"之间的关系：人作为自然的一部分，也理所当然是以"物自身"这个存在整体为根基的——既是其之所以在自然中生成和存在的根基，也是人的理性思维能力包括思维方式的根基。

关注人的现实处境的康德，对于作为自然目的的人在自然中的实际境况是很清醒的。他指出人虽然是自然的目的，但并非自然的宠儿，人仍然与自然有种种生存性的矛盾，无论是外部自然还是内部自然都还存在着种种问题，"因此人永远只是自然目的链条中的一个环节"②。基于此，康德把"世界存在的终极目的，也就是创造本身的终极目的"的问题突出出来。他说："终极目的是那样一种目的，这种目的不需要任何其他目的作为其可能性的条件。"③ 康德指出这个目的就是"本体的人"。康德认为："人是惟一一种这样的自然创造物，他的客观性质能够使我们在他身上认识到一种超感性的能力（自由），甚至觉察到因果规律及其对象，人能够把这种对象设定为最高目的（世界上最高的善）。"④ 这就是说，人在自然中一经生成，就要凭着自己的意志自由在实践中追求"最高的善"，使自己成为"道德的人"。这个最高目的，康德在《实践理性批判》中已经阐述过了。人是自然的目的，而自然的最高目的则是"道德的人"。作为理性存在物的人，应有自觉的生成目的，现在需要明白的是理性如何明确这个"目的王国"（或"目的系统"）中的最高目的——一种超越了感性限制而达于真正自由之境的目的，即道德哲学所论证的那个以道德法令自

---

① 康德：《康德美学文集》，第660页。
② 康德：《康德美学文集》，第683页。
③ 康德：《康德美学文集》，第687页。
④ 康德：《康德美学文集》，第688页。

律为目的的最终目的。

人应该自我生成为"本体的人",这就是康德对"人是什么"这个问题的根本回答。他阐释道:"现在如果世界上的事物——按其存在来说是从属性的存在物——需要一个按目的活动的最高原因,那么人就是创造的终极目的,因为如果没有人,互相从属的目的系列就完全没有最后的落脚点了。只有在人身上,也只有在作为道德主体的人身上,才能遇到目的方面的无条件的立法活动,因此只有这种立法活动才使人有资格成为终极目的,从目的论角度看整个自然界都要从属于这终极目的。"[①]所谓"终极目的"就是"道德的人",而这个道德包括了对自然的发自内心的热爱和对其他生命的尊重。不少人把康德的这段论述视为造成生态危机的"人类中心主义"的渊薮,这实在是对康德思想的绝大误解。

美是道德的象征,这说明不是道德决定美,而是相反,美启示道德,美具有引导道德生成的作用。在审美论中,美还只是一种反思性的判断,而在本体论中,向美而生就成了世界本体的本质,因而也就是一切现象之美得以绽放和涌现的最深根基。于是,作为康德美学最重要内涵的美生本体论得以确立。

五、康德批判美学的思维进路和总体结构

康德的美学思维在对基于知性和旧目的论的认识论美学的批判中,显示出这样一个基本的思维进路,即从认识论到实践论再到审美论,最终达到本体论的动态格局。这实际上就是一个世界存在本体逐渐彰显其美生本质的过程。

这个本体不可为知性所认识,但可凭理性直观而神会,这正是它的诗性所在,表现了哲学本体论言说的诗性特征。之所以如此,因为那个本来为"空"的本体原本就是空灵的诗性的存在,且只能付诸诗性言说。至此,康德的哲学人类学在其美学中以诗性的含蕴得以完成。这说明,康德

---

① 康德:《康德美学文集》,第 688-689 页。

的批判哲学绝不只是人们再三申言的所谓主体性的认识论，而是深入实践论而最后达成的美生本体论。这种哲学是康德对旧的形而上学包括其目的论深刻批判之后建立起来的新的形而上学的理论体系，是真正的"第一哲学"。

雅斯贝尔斯在论及康德哲学的"体系"时说："他显然对各种秩序极其满意，在体系的完善性上也做得相当合理。但人们永远无法获取这'体系'。这是一个事实。承认这一点，而不遗忘各具特点的系统性，这似乎是对我们来说至关重要的。这样才不致失去康德思想的广度和深度，不致牺牲掉他那博大的理性。……掌握这些系统，是研究他的著作的结果，这样做也是为了通过自由自在的阅读来独一无二地体会康德的真正思想。只有坚持不懈地这样做，才会在丰富的思想的联系中意识到康德的基本思想。"[①] 我们尝试着这样做，已经可以窥见康德批判哲学中美学思维的宽度、厚度和深度，而且可能还远未达到应有的结果。

在这样一个整体性思维的进路和结构中，凸显出康德美学如下四个方面的基本内容：第一，康德以有机系统中部分与整体辩证关系为主体内容的自然辩证法，作为以整体性为核心的方法论，是开启其美学奥秘、解读其审美"密码"的钥匙。第二，康德把"现象"与"物自身"区别开来，认为这个不可认识而又存在的"物自身"作为世界存在本体，就是一切现象的"根基"。因此，理解这个"物自身"的存在特征及其"根基"作用，对于认识康德哲学和美学的深度和理论意义极为重要。无视这个概念，绕开这个概念，就不能真正理解康德哲学和美学深邃的理论内涵。第三，审美以形式为对象，艺术以对形式的创造为目的，因此，"形式"概念处在康德美学的核心地位。形式既是"现象"与"物自身"沟通的中介，也是"现象"透视"物自身"生命本质的"镜子"。形式因此成为美和审美"密码"的载体。第四，实践哲学在康德的哲学和美学中都具有十分重要的意义。人的意志自由和目的意识都是在实践中生成的，而这正是人能够成为审美主体的前提条件。"美是道德的象征"，而康德所说的为

---

① 雅斯贝尔斯：《大哲学家》，李雪涛主译，社会科学文献出版社，2005年版，第375页。

自由立法的道德作为自然的最高目的正是在道德性的实践中才可能成为可以期许的现实。理解其实践论与审美论和美生本体论的关系，也是一个不可忽视的理论环节。

这就告诉我们，仅仅局限于《判断力批判》的上卷，是绝对不会认识康德美学的全貌，也不能探知其所达到的深度，进而也不可能认识其对于现在的美学建构（包括生态美学的建构）所具有的奠基性意义的。就像"物自身"是一切现象的"根基"一样，康德美学也是我们今天建构新的形而上学美学的"根基"。

（《河北师范大学学报》哲学社会科学版2023年第5期）

从康德"自然辩证法"看《周易》的有机系统思维

康德在《判断力批判》下卷《目的论判断力的批判》中深入探究自然的合目的性何以生成的问题，他说："只有在有机物这个范围内，物质（有机物）才必然地包含着它作为一种目的的概念，因为在这里它具有一种当然是特殊的同时又是自然产物的形式，但现在这种概念必然会把我们引向总体自然的观念，这是作为按目的规律而构成的一个体系的总体自然。"① 对于这个"按目的规律而构成的一个体系的总体自然"的生成原理，康德最后归结为自然辩证法，即在机械系统论和有机系统论的二律背反中，明确主张以有机系统论来解释自然事物生成的先验原理。② 康德在机械系统论和有机系统论的二律背反中形成其自然辩证法，是基于尚在襁褓中的生物学的启示，从有机系统中部分与整体的互动共生关系揭示了生物自我生成的先验原理。从其根本精神看中国哲学可以发现，此前两千来年的《周易》以"图形"方式表达的对于世界本体生成图景的认识，实际上就是可与康德自然辩证法相呼应的特殊形态的自然辩证法。这个东方古代的自然辩证法主要采取了康

---

① 康德：《康德美学文集》，第629页。
② 康德：《康德美学文集》，第636页。对于康德自然辩证法的学理内涵和哲学美学意义，笔者另有论述。

德所说的"图形"的方式表达对世界本体的认识，因为正如康德再三强调的，这个本体不能凭借知性和概念去明确把握和言说，而图形的方式可以是一种"心领神会"的表达，虽然模糊，但有"立象尽意"之功。由于图形的特殊功能，它所表达或蕴含的内容可以更加丰富和微妙，因此它不仅表达了与康德自然辩证法相通的基本思想，且以更为直观的方式呈现了世界本体的系统性质及其结构，还提供了更多深刻的思维启示。从康德的自然辩证法来审视《周易》的图形表达，也可以更深入地认识其中关于部分与整体互动共生关系的系统思维，同时也可发现其所表达的本体论思维比起康德的自然辩证法来还更为全面和深刻。尽管它因主要运用于占卜而被赋予了不少神秘甚至荒谬的东西，但它仍然是中国甚至世界哲学中系统思维的巨大成果。从康德自然辩证法角度加以审视，是深入理解《周易》系统思维中本体论内涵的重要视角。

一、"周易"的字义所蕴含的自然本体论系统思维

如果从伏羲制卦、文王卦辞和周公爻辞算起，到西汉综合各家本体论思想于其中，《周易》的形成大略有两千多年的历史。《周易》有《易经》与《易传》，前者是对周易卦象的经典阐述，后者是后人对经文的专门阐释。三个概念中，"易"为核心，没有"易"，无论"周易"还是"易经""易传"都无从说起。因此，对"易"的含义的理解就成了关键。

对于"易"字，两千年来有过各种解释，而以其为蜥蜴象形的说法最为流行。这种说法以蜥蜴颜色多变来附会"易"的变易之意，其实是舍近求远。"易"的字形很明白，那就是日光的象形——其上为"日"即太阳，其下为太阳投射到大地上的光芒。世间事物的变化移易最直观、最普遍、与人关系最密切因而最受人关注的，就是这日光。这日光不仅从早到晚在变，一年四季在变，而且日光的变化还引起万物性相和生养化育的变化。在一切变化着的事物中，无疑只有日光的变化与人类的生存关系最为密切，意义最为重大，也最受人关注，引人观察、思考和探究。

不仅日光的变化意义重大，日光还把"阴阳"之分以最直观的方式诉

诸人，这从"阴阳"二字的构形即可见出。"阳（陽）"字构形是早晨的日光（"昜"是日光，"陽"字右部为"旦"即朝阳之光）投射到山体或土丘上，其受光一侧即为"阳"；"阴（侌）"是日光照不到的那一边云气郁积的样子。杜甫《望岳》诗中说"造化钟神秀，阴阳割昏晓"，这阴阳就是日光分割出来的。而阴阳之分乃是造化之功最为神奇的表现，正是从这里生成了"一阴一阳之谓道"的观念。

"易"以日光普照为象，在日光的照耀之下，万物才有各种变化更易，才有各种生命和新旧生命的更替。日光之下，阴阳区分而更替，变易自化，始终伴随着世界万物生成的过程。《易》讲的就是这样一种"日光变易"之理。这既是经验的，又是先验的；既是平易的，又是神秘的；既是自明的，又是需要探究理解的。其间种种变易之象，更易之理，统统都在日光之下发生，纳入其光照之下，这就自然而然会形成一个"象罔"似的系统思维模式。

"易"是如此，再来说"周"。

所谓"周易"，通常以为"周"指周公，因为周公即周文王是最早创立并阐发这"易"的道理的人。其实，与其将"周"坐实为"周公"，莫若将其视为对"易"的一种特殊说明和规定。究竟是说明和规定了什么，那就得理解"周"字特殊而丰富的含义。

"周"在甲骨文中的构形，是在划定四方形中纵横二分为四格，每格有一点于其中。金文中在其下加口，后去掉四格中的点，于是成"吉"于其中。结合后来的"稠""调""雕"等字看，似含周全、周密、周到之意，也有划界而自成整体之意。"稠"是说按此规矩播种长出的禾苗就会稠密，"调"是按此规矩调节调动。以"周"为中心，还有周转、周流、周期、周遍、周围、环周等词。而这个各部分关系的调节过程，就是节奏性的"周（週）期"。据成中英讲，"周易"之前曾有过"连山易"和"归藏易"，都是讲的局部生活事务中的变异，而郑康成说"易道周普，无所不备"，因此命名为"周易"。①

---

① 成中英：《易学本体论》，北京大学出版社，2006年版，第36页。

下编：向美生本体论的美学范式推进

甲骨文　　金文　　小篆　　隶书

可以相与印证的是《易经·系辞》中说的："与天地相似，故不违。知周乎万物，而道济天下。故不过。"这里说的"周乎万物"中的"周"就是周遍、周全的意思；引起周全，故能"道济天下"。由此可见，"周易"就是周乎万物之易。就是说，这已经不是只涉及某个特殊范围内的事物变异之理，而是包揽涵盖了世间万物的变化更易之理，是关于世界万物的整体的变化更易之理。在这样的意思里就有了部分与部分和部分与整体的关系，就自然蕴含着系统性存在的意思。从"周"字的构形看，把划定的方形分为四格，这本身就有了各个部分之间分合之意。下面加"口"，可以理解为是在强调那个原本未予分割的整体，或者指示被分为四个后那个可能被忽略的整体。这样，部分与部分之间、部分与整体之间的关系及对整体性的强调，就都表达到了。因此可以说，这个"周"字就是对原始的系统思维方式的表达。最后其中心以"吉"而成字，更突出了这种周全、周密之法的积极意义。即使在今天，周全、周到、周详、周密这些概念都还是对系统思维的基本要求，也是成功的保证。在这种系统性的关系之中，自然也就有了更复杂的多维结构形式，包括立体的网状和动态的思维结构的存在了。

显然，"周易"之称，作为对"周乎万物"的变易之理的昭示和言说，其包含的普遍性、包容性和整体性，就已昭示出一种系统和整体的观念，因此可以将其视为图式化的有机系统思维模式。这就意味着，在18世纪后期才在康德哲学中出现的自然辩证法对有机系统中部分与整体关系的揭示，在中国两千多年前的《周易》中就以图形的方式出现了。

二、从周易卦象的整体图形看其系统整体性

康德自然辩证法的有机系统论强调的是自然总体系统的整体性，认

为这种终极性的整体才是自然目的性和自我生成性的根源。周易主要是以"图形"的方式来表达思想的（如图）。这个图形包含了太极生两仪、两仪生四象、四象生八卦等基本层次，如果再加上由八卦再生成六十四卦，那就构成了一个始于太极而包揽万物的庞大的系统。

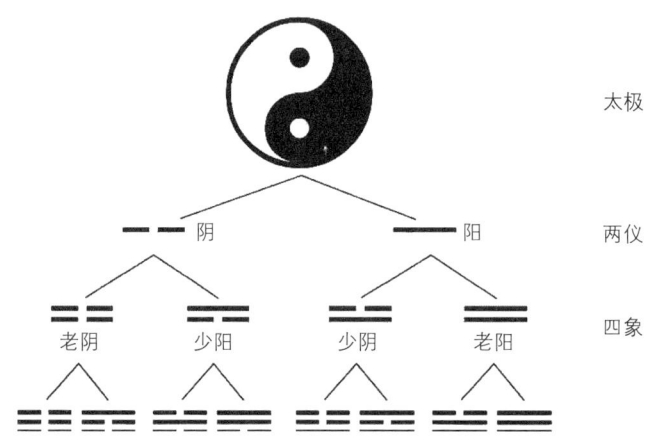

从这个架构可以看出，宇宙（天地）之生始于"太极"，这是一个天地未分、阴阳浑融的存在。对于这个"元一"或"大全"，康德称之为"原初存在"，怀特海称为"原初的现实实有"；而且他们都称之为"上帝"。这就是万物得以生成的母体和胎胞，是包揽万物和生成万物的根源，具有生成世界存在的终极系统的一切机缘和力量。

作为世界生成之起点的"太极"，最早的自我生成结果就是分化为"两仪"，即阴阳二气。这个分化作为自我生成进程的起点，意义至关重大。日光照耀大地，不仅有向背而生的阴阳，还有昼夜交替的阴阳，以及一年四季周而复始更替变化的阴阳。正是在这样的阴阳变换之中，万物各依其性而滋生长育和衰败死灭。有了阴阳之分，本来浑然一体的太极就有了整体与部分的构成：阳以一横为象（连线），象征初出日光从草间云气中射出的光芒，是以为"乾"；阴则一横中间断开有缺（断线），表示分合之间吸收包容之态，有如种子可伸展根苗于土中，是以为"坤"。阳光灿然可见，阳光照耀之下，万物显其实存。"好山万皱无人见，都被斜阳拈出来"说的就是这番情景。而代表"阴"的断线，其与"阳"的连线相对应的实际上是中间断开之处现实的虚线,两端实线乃是对此虚线的陪衬;没有这两段实线那虚线就表现不出来。显然,阴的虚线对于阳的实,有"虚己待物"的意思,其含义是承接、吸收、含摄和包容。它们又各依其秉性而分别对应于天、男、父和地、女、母,同时显示出它们对立互补而达于统一的性质和机能。

接下来两仪生四象,有了老阴、老阳和少阴、少阳的区分。于是系统中包含的部分更加丰富多样。这里的老少之别,不仅指的是力度、强度和热度等量上的区分,而且有了上下位置上的不同。老阴和老阳是量的区分上的两极,各个坚守着或阴或阳的本性。而少阴和少阳的"少"犹如少年那成长中的生命力,则表示量上由小到大、由弱到强的变化:少阳为乾上坤下,是阳转阴的变化,阳气渐弱;少阴为坤上乾下,是阴转阳的变化,阳气渐强。四象的生成表示了量及其变化对生成过程的介入,透露出量变与质变的关系。四象显示出各个部分间的差异的多样化,为万物的生成提供了更充分的质料和形式,这显然是太极系统自我生成中有着独特意义的一个环节和层级。它的作用包含在八卦的结构之中。

有了四象,它们各因第三个因素的加入生成了八卦。八卦包括:震(☳)、离(☲)、兑(☱)、乾(☰)、巽(☴)、坎(☵)、艮(☶)、坤(☷),它们分别对应雷、火、泽、天、风、水、山、地,以象征的方式表明它们各自特殊的生命秉性。所谓"三生万物"在此得到具体体现,因为有八卦成对生成的六十四卦,就构成了可以象征世间万物不同性质和功能性相的基本系统。由于相互结合的方式即结构的不同,形成了八卦各自不同的性相,生成了更加多样而活跃的部分,太极系统于是有了更充分的生机和创生可能。八卦与四象的对应关系有助于理解量变的差异对于事物性相的影响。

从太极到六十四卦的多层级的多样化生成图景,就这样展现了中国古人对于世界系统构成的朴素而深邃的认识。这个从太极出发生成的多层级的系统,具有以下基本特征:

第一,有机性。诚如牟宗三所说,中国古代哲学的关注中心在于生命。体现《周易》基本思想的这个太极图,从太极这个阴阳二气浑融的起点开始,就是对宇宙生命生成机能的表征。世间万物和各种生命都在这个系统的化育之中发生和成长并相互纠结。从太极到六十四卦,就是一个多层级有贯通的、富有生机、呈现出生生机能本质的系统。

第二,整体性。万物生发于太极,这就从根本上决定了它的整体性。在这个系统中,无论两仪还是四象、八卦以及六十四卦,都从太极这个根基分化生成,同时相互结合和包容,以多层级多维度的关联形成统一的整体。植根于太极的生成精神贯穿这个整体并对各个各部分发挥作用。所谓"易道"就是这个系统整体所具有的超越并作用于各部分的整体质。

第三,自生性。这个系统的生成性动力和生机来自太极自身,因此是一个具有自我生成机能的系统。这种机能贯穿在太极生两仪、两仪生四象、四象生八卦、八卦生成六十四卦的整个过程和全部系统质中。除太极和由太极自我生成的这个系统之外,没有任何事物是在其外生成的。自我生成,就是这个系统根本的生命精神。

第四,共生性。从太极到两仪、到四象和八卦,再到六十四卦,这个生命变易的过程可以看出,系统中任何事物的生成都是在部分与部分和部分与整体的相互作用中,通过彼此的互动而共同完成的。离开了这种相互的作用,没有任何事物可能生成。这种共生的初级形式是对生和互生,这在四象和八卦中看得很清楚。共生的高级形式则是更多因素共同作用的整生。从根本上说,所有的事物都是源自谈及的这个系统的整体作用,没有这个整体的生命生成的整体质的神秘机能,任何事物都不可能生成。所谓一花一世界说的就是这个道理。由于整生,系统中生成的一切事物都会以自己的特殊形式反映出这个系统的整体生命本质,而这正是美之为美的深层奥秘所在。

三、从自然生成论看"易道"生生不易的整体生命精神

康德的自然辩证法把世界看作一个目的性的自我生成过程,在这个过程中生成了各种自然事物和人类。这正是《周易》所表达的"生生不易"的主旨,这就是所谓"易道"。刘纲纪在回答"《周易》何以对美学产生巨大的影响"的问题时说:"从哲学上看,就因为生命问题是《周易》哲

学的中心，而美与生命是不可分离的。"① 可见，《周易》的生命论没有像康德那样遭遇机械论与有机论二律背反的纠结，而是一开始就体悟和肯定了天地宇宙的生命本质，也就是将其视为有机的存在。

《系辞上传》说"生生之谓易"，这就是对易道精神的明确概括。它说明《周易》所示的道就是万物有生，不仅物各滋生化育，且生而又生，生生不息，连绵不绝，整个变易过程就是一个生命的自我生成过程。易是看得见的现象，道是贯穿于易中的规律和周遍万物贯穿始终的大道。宗白华说："《易》云：'圣人以神道设教'，其'神道'即'形上学'之最高原理，并非人格化、偶像化之神。其神非即希腊哲学所克服、超脱之出发点。而为观天象、察地理时发现'好万物而言'之'生生宇宙'之原理。"②

"易道"又称"阴阳之道"或"乾坤之道"，更明确地表达了其生命生成的内涵。《系辞上传》说："乾坤其易之缊邪！乾坤成列而易立乎其中矣。乾坤毁则无以见易。易不可见，则乾坤或几乎息矣。"又说："夫乾，其静也专，其动也直，是以大生焉。夫坤，其静也翕，其动也辟，是以广生焉。"《系辞下传》说："其道甚大，百物不废，俱以终始，其要无咎，此之谓易之道也。"这就是说，这易道对乾坤、八卦的揭示，将其直接对应于父母或者男女，就更是直接将其"生生"之义明白表达出来。冯友兰解释八卦说："各卦中的连线是阳的符号，断线是阴的符号。乾卦、坤卦分别纯粹由连线、断线组成，所以各是阳阴的典范。其余六卦都假定是由乾坤交合而生。这样，乾、坤就是父、母，而其他六卦在易传中阐释说是乾、坤的子女。"比如"震"卦是"长男"，"巽"卦是"长女"，"坎"卦是"中男"，"离"卦是"中女"，"艮"卦为"少男"，"兑"卦为"少女"。"乾坤结合而生其余六卦，这种过程，也就是阴阳结合而生天下万物这种过程的象征。阴阳结合而生万物，与男女结合而生生物，是相似的。由此可知，阳是男道，阴是女道。"他还解释《系辞传下》中"天地氤氲，万物化醇，男女构精，万物化生"说："天地是阴阳的物质

---

① 刘纲纪：《周易美学》，湖南教育出版社，1992年版，第43页。
② 宗白华：《宗白华全集》（1），第586页。

表现，乾坤是阴阳的象征表现……阴阳生成万物的过程，与男女生成生物的过程完全相似。"①

《系辞上传》说："神无方而易无体。"而《系辞下传》又说易"其为道也屡迁，变动不居，周流六虚。上下无常，刚柔相易。不可为典要，唯变所适"。成中英阐释说："'无体'在强调易为变化之机，创造之源，但又是与天地万物不相隔离的，但易却是一个整体、一个过程，固谓无体之体在此一意义上说，易是形而上之道，但却不离于形而下之器。"②

从《周易》对"易道"的描述可以看出，这个"道"所具有的生命本质和存在形态，与康德说的"物自身"高度一致，只不过前者强调的是其生生机能，而后者指认的是其存在和根基地位。它们都源自宇宙整体本身的生命本质，且都是非感性、非实体的超验的存在。唯所不同者，康德的"物自身""空"而无所依凭，而"易道"则有"气"相伴，这"气"作为中介在形而上之道与形而下之器之间架起了互相沟通的桥梁。

四、从"道气"关系看"气"对于"道"本体的意义

《周易》的"道气"合一的本体论表现了对康德自然辩证法的重大超越，对此应有更加深入的认识。

道气合一是周易系统论的重要特征。作为易道根基的太极本来就是元气充盈的存在，阴阳二气混融一体，蕴含了无穷的创生力量和机能。在整个天地宇宙系统中，道都是通过气发挥其生成化育的作用。太极生两仪，两仪生四象、四象生八卦、八卦生六十四卦而成就万物，这个过程贯穿着阴阳二气交织转换和建构协调的活动。所谓"乾坤其易之缊邪！乾坤成列而易立乎其中矣。乾坤毁则无以见易"。又说"乾坤其易之门邪"。可见，没有乾坤这阴阳二气，易道就无所着落。所谓易道，就是阴阳二气的分合变易之道。

---

① 冯友兰：《中国哲学简史》，北京大学出版社，1996年版，第123页。
② 成中英：《易学本体论》，北京大学出版社，2006年版，第45-46页。

对于道与气的关系，朱熹说得很明白。朱熹的力学谓"道"为"理"，他说："天地之间，有理有气。理也者，形而上之道也，生物之本也；气也者，形而下之器也，生物之具也。是以人、物之生，必秉此理，而后有性；必禀此气然后有形。"① 他又说："疑此气是依傍这理行，及此气之聚，则理无存焉。盖气则能凝结造作；理却无情意，无计度，无造作。……若理则只是个净洁空阔的世界，无形迹，他却不会造作。气则能酝酿凝聚生物也。但有此气，则理便在其中。"②

不仅如此，在《周易》卦象的衍生系统质中，还可以看到阴阳二气凝聚成物的过程。从八卦到六十四卦，每一个卦象都是由阴阳二气以一定的结构包容合生而成。这些卦象，既是气质凝聚，因而必然生气充盈、生机勃郁。这里所展示的是一个极为重要的存在本质，那就是可与现代物理学的"波粒二象性"学说相呼应的"气物二相"规律。根据这个规律，万物都是气所凝聚，而且又都存在于充盈宇宙系统的气场之中，于是"气"就成了万物相互作用和沟通的普遍中介和动力因素，同时也就成了天地宇宙整体之道对万物发挥作用的普遍中介。

把《周易》所展示的宇宙自我生成系统与康德自然辩证法所表达的有机系统中部分与整体关系的原理相比较，可以看到，《周易》的有机系统以道气融合的形态体现了世界存在本体的完整面貌。康德指出了这里整体与部分相互生产的关系，但是这个关系还是空洞的，没有形而下的基础。而在《周易》这里，"道"与"气"并生共在，道以气存，气以道生，"道"乃"气"之道，"气"乃"道"所存。没有"道"，"气"就不会有生生不息之机；没有"气"，"道"则无由以生，更无以发挥作用。"气"充盈于这个天地宇宙的系统质中，周流不息，无所不在。"道"无非是这"气"在终极系统意义上的整体质罢了。因此，只有"道"与"气"二者融合，才形成世界存在的真实本体。由此看来，康德以"物自身"为存在之本体，还只是完成了本体论的形而上这一半的工程，而形而下的一半则在《周易》中就已经明白存在了。有了形而下的这一半，所谓

---

① 朱熹：《答黄道夫书》，《朱文公文集》卷五十八。
② 朱熹：《朱子语类》卷一。

"现象"与"物自身"的关系才可能从根本上得到合理的解释,"物自身"的存在的特殊性质也才能理解。这样,对"物自身"说的主观唯心论的误解也才可以彻底消除。

在西方哲学中,怀特海在20世纪30年代以其有机宇宙论弥补了康德的世界存在本体论的不足。借助于现代物理学的量子理论成果,他把宇观一极的宇宙整体与渺观一极的"波与振动"结合起来解释本体存在的样态。这两极与中国哲学的"道"与"气"正好对应。他还进一步引进量子物理学的"波粒二象性"理论来说明粒只不过是波的凝聚状态。这个"波粒二象性"理论也与中国古代的"气物二相"说相对应。跨越东西方两千多年的巨大时空,西方的本体论思维终于达成了与中国本体论观点的全面融通。这个哲学事实不仅对于认识中国哲学本体论的高度和深度意义重大,而且对于估量中国古代哲学在世界哲学发展中的地位及其现代意义,也足以使人另眼相看。

五、《周易》中的"结构"形式在"道气"关系中的作用

比起康德的自然辩证法来,《周易》的卦象系统更加突出了系统中部分与部分之间以及部分与整体之间关系的"结构"方式,因此也更突出了形式在事物生成中的地位和作用。尽管康德也谈到了"结合方式",甚至还提出了"自组织"的概念,但是他并没有展开深入的阐述。而在《周易》里,这方面的内容却以图形的方式得到极为鲜明而深刻的表达。

可以说,结构的因素在太极图中就已经出现了。从两鱼首尾相接、互含旋转的图形看,不仅有阴阳对立互补互动的意思,而且表达了对宇宙整体运动形态的感悟。这无疑是天象运行中星云涡旋的启发。

在两仪生四象的变易中,量的变化也是一种结构方式。进一步四象生成八卦,不仅有第三方因素的加入,而且结构更为多样。从八卦生成的六十四卦,更是淋漓尽致地展现了结构的变易及其对事物性相和机能的作用。现代系统论所说的"结构—功能原理",在这里得到生动的表达。

近代化学中发现的同分异构体,最能说明结构对事物性质和功能的决

定作用。所谓同分异构体，就是构成事物的元素类型和数量都一样，只是因为这些元素之间的结构不同，其性质和功能就会大为不同，甚至相反。从《周易》八卦的图像可以看到，它们都由乾坤两爻构成，很多卦中两爻的数量都是一样的，只是由于上下及位置即结构不同，或者包容和谐，或者对立冲突，最终生成性质和功能都不同的卦象，象征不同甚至性质相反的事物，比如震（☳）与艮（☶）和坎（☵），离（☲）与巽（☴）和兑（☱）。在六十四卦中，这种情况更是多见。

结构作为形式，在事物生成中的作用极为重要。现代哲学中的结构主义思潮凸显了这种重要性。现代系统哲学包括各种系统工程学所关注和探究的中心也是系统的结构。所谓创新，除对新的因素的综合之外，最重要的就是对各因素进行综合的结构形式的作用。怀特海在其有机宇宙论中，把形式称为"主体形式""活动形式""过程形式"，并将其列为八个存在范畴之一，就是因为在事物的生成中除作为治疗的因素（部分）之外，起决定性作用的就是这个被他称为形式的结构。怀特海的观点启示我们，正是结构形式把"道"和"气"连接和贯通起来。通过这个结构的形式，形而上的"道"与形而下的"气"才结合起来，共同实现"生生之易"和"生生不易"的生命生成的生生机能。

《周易》卦象中展示的结构形式变易决定事物性相变异的景象，可以说在两千多年后才被西方重视并形成相应的理论。在西方，结构的重要性是在科学的发展中才逐步显示出来并进一步推进了科学的发展。而在中国，对结构形式的发现却没有对科学发挥作用，竟然长期被神秘化，只是将其用作卜筮的依据。在人们以为《周易》是中华文化的核心的同时，难怪有人一度把中国科学的滞后归罪于《周易》，这是值得人们深长思之的。

对于《周易》卦象中的结构，还有一个特点决不可忽略，那就是其结构的动态性质。马克思说："生命如果不是活动，又是什么呢？"[①] 既然《周易》的卦象是一个生命系统的象征，那么其结构就应该表现出生命的活动特性。因此，卦象中的结构作为生命活动的表现都是动态性的，而不

---

① 马克思：《1844年经济学哲学手稿》，第3页。

能以静态的眼光抹杀其动态的生命本质。

这个动态首先在太极图中生动地表现出来，其最大的特征就是涡旋状的旋生，这个动态结构贯穿整个系统的生成过程。表示阴阳二气的断线和连线虽然简单至极，也应该视之为动态的象征：断线中的虚线显出包容、开合收放之态，连线则以直线的意味显示出伸展、锐进和坚持的样貌。至于四象、八卦和六十四卦，其结构方式主要是上下组合。从生命活动看这个上下关系，不应从静态的稳定结构去看，而应在向上向下的互动中去解读：在上方者为向上运动，在下方者为向下活动。之所以这样解读，是基于"易"的构形树立了一个根本的标准，那就是日在上而光往下。向上向下的生命性质则基于"易"的构形意味。"易"为日光从上而下普照大地之象，在天地相合中发挥阳光滋养化育的生命生成作用。这就决定了，阳气和乾卦应该是向下活动的规则。因此之故，阴气要与阳气相合，就应该是向上的动势。这样向上向下的动势，就形成了阴阳坤乾之间或者对立冲突相互纠结，或者迎就抱摄相互和谐的不同效果，并进一步生成具有不同性相的事物。这里试以"咸（感）"卦和"损"卦为例来说明这种动态结构对于解读象意的作用。

先看"咸"卦（䷞）。"咸"卦卦象为"艮"（少男）在下而"兑""少女"在上。其卜辞为："咸，亨，利贞；取女，吉。"《荀子》解释说："《易》之'咸'，见夫妇。夫妇之道不可不正也，君臣父子之本也。咸，感也。以高下下，以男下女，柔上而刚下。"这里说的"以高下下，以男下女"，都说的是向下的动作。《彖》解释说："咸，感也。柔上而刚下……天地感而万物化生，圣人感人心而天下和平。观其所感，而天地万物之情可见矣。"孔颖达《周易正义》也说："咸，感也。此卦明人伦之始，夫妇之义，必须男女共相感应。"要感应就必须相向迎就，和合相谐，"以高下下，以男下女""柔上而刚下"的活动姿态正是达成感应的条件。如果做静态结构来理解，感应的效果就没有了。与"咸"卦的结构相反，"损"卦（䷨）是"艮"在上位，"兑"在下位而向下动，这样二者正好北向而动，不得"综合"，结果空老精神，故谓之"损"。又如"泰"卦（䷊），卦象中"坤"在上表示向上而动，"乾"在下表示向下而动。坤为地而乾为天，地气上升而天气下润，两相融合，万物长顺，当然安泰。如果把上下位置视为静态,天在上而地在下,如此天地翻覆,哪有"泰"之可言?那个"否"卦(☷)就是"乾"在上即向上动去,"坤"在下即向下动去,天地相悖而不合,理当为不祥之兆。对卦象结构的动态理解,更加生动地彰显了其所表达的生命生成的根本精神。

由于结构的作用,在同构对应的系列性关系中,就生成了卦象的象征功能,而这正是它可以被长期运用于卜筮的原因,当然同时也为中国古代美学中的"意象"说提供了哲学的基础。对于这些作用,章学诚的论述值得参考。

他在论及"以象取类"时说:"物相杂而谓之文,事得此而有其类。知事物名义之杂出而比处也,绯闻不足以达之,非类不足以通之;六艺之文,可以一言尽也。夫象欤,兴欤,例欤,官欤,风马牛之不相及也,其辞可谓文矣其理则不过曰通于类也。故学者之要,贵乎知类。"以象取类的关键是结构形式的相似,《周易》正是这样以象取类的。

章学诚还指出了"象"对于"道"的表现作用。他说:"象之所包广矣,非徒《易》而已,六艺莫不兼之;盖道体将形而未显者也。……万事万物,当其自静而动,形迹未彰而象见矣。故道不可见,人求道而恍若有见者,皆其象也。"这样就从根本上说明了"象"作为感性存在与不可知的"道"的关系,而康德也正是以现象的"形式"这个意象来表现"物自身"的本体意涵的。章学诚还说:"有天地自然之象,有人心营构之象。天地自然之象,《说卦》为天为圜诸条,约略足以尽之。人心营构之象,睽车之载鬼,翰音之登天,意之所至,无不可也。然而心虚用灵,人累于天地之间,不能不受阴阳之消息;心之营构,则情之变易为之也。情之变易,感于人世之接构,而乘于阴阳倚伏为之也。是则人心营构之象,亦出天地自然之象也。"[①]天地自然之象与人心营构之象的这种内在沟通的对应,正是艺术创造可以表现世界的美生之"道"的根本原因。

---

① 章学诚:《文史通义校注》,叶瑛校注,中华书局,1985年版,第18-19页。

在这里，钱锺书关于《易》象为"指示意义之符"，而诗之象乃"显示意义之迹"的论述十分重要。基于此，决不能把审美意象与易卦的意象相等同。

结语

从康德美学的自然辩证法出发对《周易》的考察，昭示了中国古代这个经历了两千余年的创生、扩展、深化的图形化系统思维，不仅比康德的自然辩证法的理论内涵更为全面，而且更加深入。特别是其"道气共融""气物二相"及结构意识的内容，在西方哲学中直到20世纪才真正形成。不过，前者成就于中国古代哲学的诗意直观和思辨智慧，而后者则是科学发展基础上的哲学思辨的成果。对《周易》来说，也许过早的"周全"和"周密"反而造成了"早熟"的保守和自负，结果是超越的理性严重屏蔽和阻遏了感性与经验对于世界的认识和实践所具有的积极作用，因此失去了科学发展的动力。《周易》中围绕"道气"这个本体中心呈现的"气物""虚实""意象"等观念，对于美学的理论建构都很重要，它们是中国美学和艺术的根本性的哲学基础。现在需要的是，在现代科学和哲学积极成果的基础上对之重新阐释，将其神秘的内涵理性化，也要对其内在的逻辑进行梳理、剔析和建构。这个客体，无论对于认识中国古代哲学和美学的整体内涵及其在世界哲学史上的地位，还是建构世界性的哲学原理，以及马克思主义哲学的中国化，都具有十分重要的意义。

（《中华文化论坛》2023年第6期）

康德美学是当代生态美学的思想渊薮和理论根基
——曾永成教授访谈

康德（1724—1804）作为德国古典哲学的创始人，凭其格局宏大、逻辑严密、思想深刻的哲学体系建构，推动了近代西方哲学的革命性飞跃。他集大成的形而上哲学思想体系，具有超越时代的理论价值。他的思想于后世哲学而言，依然是一座凌于绝顶而众山皆小的高峰。哲人其萎，后世继之。当代生态美学的重要研究者曾永成教授，长期以来从对马克思、杜威、怀特海等哲学家的生态美学思想溯源中，探索出基于生成本体论的人本生态观的人本生态美学的思维进路。他关于人本生态美学的论述，已经成为当代生态美学中颇有影响与代表性的理论形态之一。在年届八旬之际，他又把注意力转到康德，并且独辟蹊径地析出了康德美学的自然辩证法内涵与美生本体论格局，展示出全新的康德生态思想景观。他明确认为，具有深厚生态思维内涵的康德美学，应该是当代生态美学的思想渊薮与理论根基。这意味着，康德美学作为超越了审美学的美生学，蕴含着深刻的生态思维，乃是当代生态美学元理论的学理依据。可以说，这一美学思维的跃升，实际上预示了当代美学的一场新的"哥白尼式的革命"。今年，2024年，恰逢康德300周年诞辰，笔者受《鄱阳湖学刊》委托，对曾永成教授进行了康德美学专题的学术访谈，请他谈谈康德美学的生态思维内涵，以帮助我们深入认识康德美学与当代生态美学的关系。

走进美生本体论——人本生态美学的范式旋升

龚丽娟[①]：曾教授您好！我们知道，您基于生成本体论的人本生态观而建构的人本生态美学，已经成为当代中国颇具代表性的生态美学理论之一。您的人本生态美学本于对马克思自然哲学的生态哲学阐释，后来又从杜威和怀特海得到坚实的学理支撑，为什么现在还要回到两百多年前的康德？

曾永成：这得从我最初的美学研究说起。四十多年前，我发表了第一篇研究马克思美学的文章《运用系统原理进行审美研究试探》[②]，对其"自然向人生成"的自然史观进行系统论的阐释，认为"自然向人生成"就是人作为其一部分的自然大系统的系统整体质，而美就是这个整体质的感性表现。此后，我就一直坚持这一观点进行美学探究和阐述。后来我发现，杜威，还有怀特海，都表达了这样的生成性意向。我从怀特海的美生思想联想到庄子说的"原天地之美而达万物之理"的思想，转而再阐释马克思的美学思想，发现他说的"自然向人生成"其实也是向美生成的过程，因为向美生成才有了人的生成。有学者说怀特海乃是20世纪的康德，我也隐隐觉得怀特海的思路与康德极为相似，便决定重新深入探究康德的美学思想。这次我沉下心细读原著，梳理其内在逻辑，体会其真实学理。由于我素来就重视自然辩证法的理论，恩格斯的重要著作《自然辩证法》曾给我的生态美学研究提供宝贵的思想资源和学理支撑，于是，《判断力批判》中论述自然生成中的"二律背反"时提出的自然辩证法的概念犹如电光火石般吸引了我的注意。在了解了康德对这个"二律背反"的具体阐述之后，我理解了它的自然辩证法实际上讲的就是有机系统中部分与整体的辩证关系这个先验原理。我认识到，这个有机系统论既是康德美学的本体论，也是他的方法论。这与我在四十年前主张的自然系统观正好隔空呼应。当然，康德对有机系统论的阐述比

[①] 龚丽娟（1981年生），博士，广西民族大学文学院教授，生态美学方向博士生导师。

[②] 曾永成：《运用系统原理进行审美研究试探》，《四川师院学报》，1982年第4期。

我的深刻全面得多，是我所不可比拟的。令人兴奋的是，由于我早就有了根深蒂固的系统整体观和超越性整体质的观念，很容易就理解了康德说的"物自身"作为"自然总体"的实质和意义。经过深入的探寻，我发现，那个自然辩证法乃是开启康德美学奥秘的钥匙，而作为存在本体的"物自身"在康德美学中则是美和审美的本体根基。纵观两百多年来人们对康德美学的浩如烟海的解读，这两点竟然都是普遍的学术盲点。忽略了这个"钥匙"和"根基"，还能认识康德美学的真义吗？显然不行。这个发现使我异常惊异，一直以来备受重视和崇仰的康德美学何以遭遇如此的失落。我的幸运只是在于，我早就有系统整体观的坚定意识，并且四十年间一直关注系统哲学的进展，深知这一观念对于认识世界包括研究美学的重要性。我坚信依靠康德自己提供的"钥匙"和"根基"，一定可以把康德美学的真义展示在世人面前，使长期被撕裂肢解的康德哲学得以还原并且重生。那种由于误解与盲视而发出的"康德过时"论，也必然会因此而消解。

龚丽娟：这真是一个很有意义的学术故事。您的这个发现，意义重大，可喜可贺。据我的阅读印象，您对康德、马克思、恩格斯、怀特海等的生态哲学与生态美学的阐释是自洽且融贯的，并站在这些思想巨人的肩膀上形成了自己的学理形态。长期以来，康德的主体论哲学一直被认定为人类中心主义的源头，被斥之为反生态的思想。尤其是"人为自然立法"等思想，被视为造成人类生态危机的根源，甚至说康德是人类中心主义的始作俑者。您是如何把康德与生态思维、生态美学联结起来的呢？

曾永成：要认识康德美学的生态思维内涵，首先应对这个哲学有一个全面整体的了解。通常的康德美学研究局限于《判断力批判》的上卷《审美判断力批判》这一部分，于是康德的美学也就只是"审美学"，并形成美学即审美学的思维定式。某些生态美学也因此把主题定位在"生态审美"。这里说"全面"就是要尽可能把包含了康德的美学思维的全部著作作为研究对象。具体地说，就是从前批判时期的《宇宙发展史概论》《对美感和崇高感的观察》直到后来的《判断力批判》下卷《目的论判断力的批判》都作为研究对象。主要讲认识论的《纯粹理性批判》和主要讲道德论的《实践理性批判》,都与美学思维有关,因此都不可忽略。这就是说,美学思维实际上贯穿了康德哲学思维的全过程。

通过全面而有重点的研读,对于康德美学整体上的内容和基本精神,我形成了如下四点认识:

第一,对宇宙的自我生成本质和"宇宙之美"的论述是其美学思想的"壮丽开端"。《宇宙发展史概论》生动地描述了宇宙"向美向人生成"的壮丽景象,提出了生成、系统、宇宙整体和宇宙之美的概念。这个宇宙自我生成的壮丽开端也就是康德美学的壮丽开端。

第二,康德把美感与崇高感相区分,把"美的分析"与"崇高的分析"分开来讲,这体现了他不满足于美生目的的相对成果,而特别看重世界和人追求美的理想的、积极进取的超越性生命精神,因此追求无限的生成意义,才是其哲学和美学的灵魂。我把这个体现了康德真实人格的观念称为其美学的"崇高情结"。

第三,三大批判总体来看,就是对那个不可知而只能付诸信仰的"物自身"即世界本体的存在方式及其作用的探究。《纯粹理性批判》指出知性的限制,因其不可知而诉诸信仰。《实践理性批判》开出通向这个本体的自由小径。有了这个自由的前提,《判断力批判》发掘出为特殊找到普遍的反思判断力这种特殊的心灵能力。这种反思判断力作为感性与理性的中介,先是通过对形式的主观合目的性的判断而获得美感,然后通过对实质的客观合目的性判断达成对世界美生本质的认识——先是"自然的美",然后是人在实践中生成的道德的即"人格"之美。于此,美生本体论得以建立,美学因此成为其哲学的最后完成。

第四,康德的美学以有机系统论的自然辩证法为基础,以"生成"概念为核心,实际上是一种崭新的世界观。这种世界观终结了以牛顿力学为基础的机械构成论及旧的目的论,而在生物学的启示下揭示了世界的有机系统性和目的因果作用之下的自我生成的生命本质。这个世界观是"像生物学那样思维"的最早最辉煌的成果。由于它高度超前的先验特色,造成长期不能被人真正理解,而只能将其撕裂肢解,犹如瞎子摸象,形成各种匪夷所思的误读和曲解。将其视为现代人类中心主义根源,就是种种误解之一。

龚丽娟:看来理解康德哲学中的生态思维即其生态美学思想的关键,就在于对其自然辩证法的把握。您所说的康德的自然辩证法被很多中译本译为"自然的辩证律"。您能否谈谈康德自然辩证法的具体内涵,尤其是它的生态思维内涵?

曾永成:康德的生态思维主要在其自然辩证法这个兼有本体论和方法论意义的思想之中。不过,康德的生态思想并不只在这里,而是伴随其美学思维同时存在的。我们说《宇宙发展史概论》是康德美学的壮丽开端,这同时也是他的生态美学思维的壮丽开端。古留加论及康德的形而上学时说:"由于他在哲学中首先重视系统性,所以他本人乃是一位伟大的系统学家。"[1] 这种系统思想在《宇宙发展史概论》中就存在了。康德的系统思想特别重视系统的整体性和自然的"整体性的美"。康德明确指出:"从能思维的生物中最高的一类到最受轻视的昆虫,没有哪一个对造化是无关重要的;而且哪一个也不可缺少,否则就会损害它们相互联系的整体的美。"[2] 这个自然整体美的观念,与自然整体性的观念,在今天的深生态学及其美学中,已经成为核心的概念。这一思想所包含的有机系统观念,在康德的批判哲学及其美学中一以贯之,不断深化,最后形成了他的自然辩证法理论。可以说,这个自然辩证法原本是他长期贯通而深刻的生态思维的结果。

自然辩证法又译成"自然辩证律",前者突出其方法论意

---

[1] 古留加:《康德传》,第182页。
[2] 康德:《宇宙发展史概论》,第205页。

义，后者突出其本体论意义，其内涵是一个东西，那就是自然有机系统中部分与整体的互动共生关系的先验原理。在这里，世界作为有机系统，具有自我生成的性质，以诸多现象作为部分而本体作为整体。这个系统整体由内涵隶属关系的多层级结构，在整体的综合作用下形成目的性因果关系，形成自然向美、向人生成的目的性生成本质。康德特别指出这个系统中部分与整体相互生产，在多样统一的整体的作用下具有自组织的生成机能。有读者说，如果康德真的提出了自组织的观念，那他岂不是当代复杂性系统理论的先驱？白纸黑字，事实就是这样。显然，自然辩证法所说的这个具有目的性生成机能的有机系统，实际上就是生命得以生成的生态系统，这个有机系统论就是生态系统论。在这个意义上，康德就是生态哲学和生态美学的开创者。

龚丽娟：看来，这个自然辩证法中蕴含了康德生态思维包括生态美学思维的重要内容，愿闻其详。

曾永成：我们先从生态哲学的角度上看。第一，有机系统中部分与整体的关系，实际上就是生命体与其环境的关系。部分与整体的相互生产正是这种关系的主要内容，并造成了生命体与环境之间互含互生的对象性关系。第二，康德明确指出人是从这个自然系统中生成的一部分，因此这个有机系统实际上就是人类生态系统，这就内在地确定了人的生成与自然系统这个环境之间的生态关系。第三，最重要的是，这个有机系统的有机性决定了它的生态性本质。康德通过"一棵树"与"一座钟"的比较，深刻地区分了有机系统基于生物学的"生成"本质和机械论基于物理学的"构成"性质的不同，指出有机系统中的目的因来自系统生命本身，是一种自我生成，而机械制造的目的因来自外在的理性存在者，并因此最终追索到上帝。第四，对自然有机系统的构成，康德指出其是具有隶属关系的层级性结构，这正是现代生态理论所揭示的自然生态系统的结构特征，并因此有生态位的观念。在这样的系统结构中，显示出生态生成中发展演化和进化的生态秩序。在此基础上，就能认识人在自然生成的生态系统中所拥有的特殊地位和庄严责任。

龚丽娟：研究康德绕不开被康德视为世界存在本体的"物自身"。作为非感性存在的世界本体，"物自身"向来是激烈争论的核心，在哲学史上一直趋于被否定和被拒绝。康德哲学中的"物自身"究竟是一种怎样的存在？它与康德哲学的生态思维有什么关系？

曾永成：这也是自然辩证法的重要内容，只有从这个辩证法才能理解"物自身"的存在和意义。康德的自然辩证法所说的自然有机系统的整体，其最高的层次即终极性的整体就是作为"自然总体"的"物自身"。康德坚决反对从具体的自然存在去寻找和指认这个本体，比如说它是火、是水之类。康德说它是不可知的，是非感性的、无条件的存在，是囊括万物的"大全"，是一切现象存在的"基体""根基"和"根源"。雅斯贝尔斯解释"物自身"说，"物自身"不是一般意识所认知的物，而是物之所由出的那个"自体"。这个"物"之所由出的"自体"（自身），作为"大全"就是指的自然总体这个至大无外、无远弗届、无所不包又无处不在的宇宙整体。由于人只是其中的一个部分，而这个整体是无限的存在，因此人的知性不可能认识它。这就好比"不识庐山真面目，只缘身在此山中"。因为它的机能是这个终极性整体的"整体质"，即整体综合中生成的一种超越各部分及其总和的性质。这种性质只能诉诸理性的直观，而不能够被感官所认知，因此它是非感性的。这种"物自身"的整体质，生成了根本性的生成机能、自然秩序和万事万物。康德还强调这个整体绝不是像机械制造那样由现成的各部分构建起来的后继存在，而是那个宇宙生成之初的"元始存在者"，又称"原初存在者"或"第一存在者"，也就是怀特海说的"原初的现实实有"。这个原始存在者作为生成万物的母体，在创生万物的同时作为整体自身也在继续生成之中，以至演进到现在的形态。这个包揽和生成万物的整体以自己的生成机能创生了万物，形成了我们所面对的生态巨系统。一切生命体作为感性的存在，归根到底都是这个非感性的整体存在的生成物。中国古代哲学所谓"道"，无非是这个整体的生成机能及其秩序的表达，而"物自身"则指的是它的实存以及与感性的"物"的关系。"道"生万物，反作用于万物，还表现于万物。刘勰就说自然事物的色、声、形都是"道之文也"。"物自身"也跟这个"道"一样与万物之美密切相关，因此它也是生态美学之根。

"物自身"作为世界存在的本体，对于理解自然生态系统至关重要。我们谈到生态系统，一般只看到感性的事物构成的环境，而看不到非感性的终极整体乃是最大也最根本的环境，看不到整个生态系统的原生根基。这样的生态观念实际上只是"生态科学"而非"生态哲学"，因为它缺少了"物自身"作为本体这个形而上的存在。而这正是很多生态观念流于肤浅的原因。生态学中有所谓"深"与"浅"之分，在我看来，这区分的界线就在于是否肯定和重视这个终极整体的环境。深生态学之所以深，就在于它有宇宙整体的视域，把人作为一部分纳入自然整体之中，把这个有机系统看作自然向人生成的目的性生成过程，从而确认人在其中作为最高目的和自觉主体的"生态位"。那种主张一切生命的生态价值平等的所谓生态中心主义，实际上并不"深"。那种只从"景观"考察生态之美的观点，也实际上不懂得美之为美的生态本性，不懂得生态性与美生性的内在关系。

龚丽娟：您从自然辩证法入手，解决了"物自身"之谜，澄明了康德美学中作为整体性审美存在的世界本体的生命意蕴，并以审美鉴赏为中介关联知性与理性（包括认识理性和实践理性），还原了形而上与形而下两个领域相互统一的整体性生命世界本质。那么，康德美学中反思性的审美判断力作为其审美论的出发点，它是一种具有生态思维内涵的心灵能力吗？审美判断力与目的判断力具有何种生态美学的内在逻辑？

曾永成：看您的这些问题，我们的讨论现在进入生态美学本身的中心地带了。在此我首先要说明一下我对美学与生态美学关系的认识。早在20世纪末我刚走上生态美学探究之路时，针对那种生态学将推动受美学理论支配的现代化新浪潮的观点，我在《人本生态观与美学问题》中指出："并非任何一种'美学理论'或'美学知识'都能发挥这种作用。"[①]因此，当务之急不是应用美学去解决生态问题，而应该是美学本身具有生态精神和生态学理，也就是美学本身的生态学化。我认为，"真正生态学化的美学实际上就是'元美学'，而不是人们说的'交叉学科'或者'应用美学'"[②]。我甚至认为，当生态思维已经化为生态美学的内在精神和具体学理知识，"生态"这个定语就可以不再使用。如果还有生态美学，那就是针对具体生态问题的一种应用型的分支美学了。[③]可见，我的生态美学探究实际上就是把美学生态学化，使之深入生态学所指向的终极之处。在这个意义上，我以有机系统论的自然辩证法为钥匙对康德美学的探究，实际上就是对美和审美的生态奥秘的揭秘，它本身就是生态美学的。

康德之所以在《判断力批判》中才对早在《纯粹理性批判》中就提出的自然辩证法进行深入具体的论述，就因为它是反思判断力这种特殊心灵能力得以建立的基础。所谓反思判断力是在特殊中找到普遍的能力。知性只能分析对象，理性可以在想象力的帮助下直观对象，但不能在对象上找到特殊与普遍的关联。基于有机系统观的反思判断力，从部分与整体的关系中找到了这种联结，即任何现象作为部分都是整体的生成物，都要反映整体的性质，即在自己的特殊中表现出整体赋予万物的普遍性。具体地说，这种普遍性就是自然有机系统自我目的性生成的生命本

[①] 曾永成：《人本生态观与美学问题》，《西南民族学院学报（哲学社会科学版）》，1999年第1期。

[②] 转引自刘艳芬：《生态美学在中国——专家访谈录》，山东文艺出版社，2022年版，第5页。

[③] 转引自刘艳芬：《生态美学在中国——专家访谈录》，第16页。

质——一种超越和创造的生命精神。由于这是超越了人们世俗感性目的的自由性的精神，就只能在超越日常功利关系的自由情境中通过对象的形式而与之意会或神会。达成这种意会的能力就是审美的鉴赏判断力。在审美中，这种判断力通过对象形式的主观合目的性判断而获得美感。

龚丽娟：这就是说，作为反思判断力的审美判断力，实际上就是沟通现象与本体的一种特殊的中介。由于这个中介，在认识领域中知性不能认识的本体即"物自身"，得以在对象的形式中意会，由此就生成美感和美。康德的自然辩证法对于美学最重要的意义就在于此吧？

曾永成：正是这样，你的理解是对的。有机系统的自然辩证法就这样开辟了从现象通向本体的思维途径，这是一种诉诸"生命感"的途径。这就是通过对形式的生命感受这个中介把形而下与形而上沟通起来的途径。于是，美就这样超越了表象本身的有限存在，而以自身形而下的显像彰显出世界本体的无限精神，这就是常说的"存在的澄明"。反思判断就这样为现象的有限规定性祛蔽，昭示出它作为一个部分所反映的存在整体的本质。

前些日子，我看到已故著名现象学学者张祥龙的一篇文章，他在文中说："如果现象是按照它天然的样子呈现的话，就一定是带有美感的。"又说："（现象学还原了的）纯粹现象就是美的现象。"[①] 这个"天然的样子"和"纯粹的现象"，其实就是康德说的"无利害感"的形式。为什么这样的现象就是美，还需要进一步的说明，而不能就此独断。康德就是从自然辩证法的有机系统中部分与整体的关系来说明的。在这个系统中现象作为部分而本体作为整体通过形式这个"无利害感"的存在联结起来。

---

① 张祥龙：《现象学如何说明"美感"与"神秘"》，《中国现象学与哲学评论》第32辑《张祥龙与现象学的中国时刻（纪念张祥龙教授专辑）》，上海译文出版社，2023年版。

从作为本体的"物自身"目的性生成性的生命本质找到了美的根源。而这正是专注于现象的现象学所没有认识到的。

龚丽娟：对审美判断力的论述是《判断力批判》上卷的内容。长期以来，人们研究康德美学都把眼光局限于此。您认为这个批判的下卷对"目的论判断力"的论述是很重要的美学内容，这是为什么？

曾永成：我认为《判断力批判》的下卷《目的论判断力批判》，是对具有向美而生本质的世界本体存在的论述，这就是康德哲学体系中最重要的美生本体论，即一种以美为本体特征和追求目标的生成本体论。美是道德的象征，作为世界最高目的的"道德的人"就是在美的启迪和引领下向美而生实现的。在此，就从根本上回答了"人是什么"的终极之问。批判哲学的本体探寻，最终在此落脚和完成。这个美生本体，作为现象界的"根基"，也就是一切美之所以美的终极根源。

根据这样的系统观念，作为现象总和的自然界也就是一个这样的系统性存在。在这个系统中，生成了自然的目的，也生成了"自然的美"。康德说："一旦从自然目的——这种自然目的是有机体提供给我们的——的角度对自然的目的论判断使我们有正当理由达到一个自然的巨大系统的观念，那么，自然的美，也就是在我们把握和评判自然现象时，自然与我们的认识能力的自由游戏之间的协调一致，从这种观点出发也可以被看成是自然在其总体中的客观的合目的性。"[①] 这段话明确肯定了自然的美与自然自我生成的客观合目的性的关系，而自然的客观目的性的自我生成就是世界本体所具有的根本性质和机能。这段话对于理解康德美学极为重要，它从根本上揭示了自然美的存在和根源，明确肯定了自然客观合目的性对于美的决定意义。"自然的美"在有机系统中的生成，是自然向人生成的非现实阶段的美生成果，其

---

① 康德：《康德美学文集》，第630页。

最高的表现就是人在形貌肢体上的美生达成。康德认为人作为自然自我生成的最高目的，不只是具有自然形式上的美，还必须在实践中把自己造就成自觉地以道德律自律的"道德的人"即"本体的人"，这就是超越了一切自然必然性的真正自由的人。这样的人以其"人格"之美实质上达成自然的客观合目的性的实现。这样，在人身上就最终达成了现象与本体的统一，这就是康德说的"美的理想"的实现。

龚丽娟：自然辩证法决定反思判断力，主观合目的性判断产生愉快的情感反应即美感，客观合目的性判断及目的论判断确认美的存在，彰显出世界在现象与本体的统一中达成的美生本质。这个逻辑关系很清楚。我以为说"物自身"这个本体是美和审美的根基这个思想，在康德美学中是最紧要的内容，曾老师能说得更深入些吗？

曾永成：在我看来，康德在"美的分析"中对美的判断提出的四个"要点"即规定，都是根源于"物自身"这个本体的，即都是"物自身"的性质在作为对象的形式上的表现。第一，"物自身"作为非感性的本体存在本来就是自由的不受限制的，这种性质反映在形式上就是"无利害感"，其引起的美感就是无利害的愉快感。第二，本体的生命本质作为整体质要反映到一切现象及其形式上，使之表现为一种不可言说的普遍性，这种性质万物皆有，这就是"无概念的普遍性"。第三，"物自身"作为有机系统的整体质就是向人生成的合目的性的生命精神，这种精神在鉴赏中与鉴赏者的"生命感"中的目的意识两相遇合，相互激荡，引起情感反应。由于这个目的只是尚不明晰的自我意识，因此是"无目的的合目的性"。第四，由于有机系统中部分与整体之间相互生产的关系，本体的生命精神在作为现象的部分身上的表现是必然要涌现出来的，由于这种涌现的直觉性，因此是"无概念的必然性"。在这个有机系统中，部分无限多样，本体则只是一个。一本万殊，而又万趋归一。多样性在系统的综合中达成统一，这就是世界美生本质的综合涌现和绽放。这一切都最终归结于"物自身"这个本体的存在及其作用。由于这个本体是一个非感性、不可知的存在，这一切就深邃奥妙而神秘，美也因此而自有其不可亵渎的神圣性。你看，审美判断的四个方面不都是源于"物自身"这个根基吗？

此外，崇高作为一种"精神情绪"，也表现的是本体自我生成的能动超越精神。这种本体精神，在艺术家身上表现为强烈的创造冲动，那就是"天才"。存在于这个有机系统中的自然事物因为反映其客观目的性而成为"自然的美"。作为自然最高目的的"道德的人"就是"本体的人"。这一切就是"物自身"作为美的本体根基的表现。

龚丽娟：应该说，您把这个问题基本上说透了。给人的印象是，离开"物自身"这个本体的根基作用，就没有美，也没有康德的美学。在您对康德美学的生态逻辑的阐释中，美学既不是鲍姆嘉通的"审美学"，也不是抽象的形而上学，而是以世界整体为审美生成基础的"第一哲学"。人本生态美学一直强调美学与生态学的内在同一性，认为生态美学的最深根源在于美和审美的生态本性，康德的美学是如何解释这个问题的呢？又是如何体现美学作为"第一哲学"的内涵的？

曾永成：这的确是理解康德美学生态思维的关键。首先要说明，这里不存在什么特别的生态思维，自然辩证法所指的自然生成的有机系统观，本身就是生态学范式的思维方法。有机系统中部分与整体之间存在内在隶属性的层级关系，把"物自身"作为存在本体的终极整体性质凸显出来，它就是自然生成的原始动力和秩序组织的根源。生态学作为研究有机体与其环境关系的科学，以"生态系统"为核心范畴，而且这个系统理所当然是有机系统。这说明，所谓生态思维就是这样一种系统性关系思维提升到有机系统的观念。我们知道，在19世纪后期创立生态学的海克尔是生物学家，20世纪中叶提出一般系统论的贝塔朗菲也是生物学家。现代系统哲学的代表人物拉兹洛最终也提升到有机系统的观念，并以

"阿卡莎场"指称生成万物的终极存在和本源。现在，"像生物学那样思维"的呼声越来越强烈。任何生命都是在生态系统中生成的，并且归根到底是宇宙整体这个终极性生态系统的产物。离开这个生态系统就没有生命。因此，生命总是生态的，生态总是系统的，生态性乃是一切生命的终极性质。那种非系统甚至反系统的、孤立的生态学，真是天方夜谭。康德所在的18世纪，生物学尚在襁褓之中，他就以灌注了强烈生成精神的心灵深刻感应了"一棵树"身上的有机系统的存在，把流行的机械论思维方式改变为生命体那样的有机系统的生成性思维方式，实际上建立了崭新的生态范式的思维方式。他用这样的思维去解决美学问题，必然贯穿着生态思维的精神和方法。以有机系统的眼光看自然的生成，这就是最深刻的生态思维。"物自身"作为万物生成和存在的"基体"，作为美的终极根基或根源，这个整体与部分的关系，就是环境与其中的生命体之间的互动互生的关系。在这样的关系中生成的美，必然具有生态本性，其美生性和生态性是融合在一起的。没有这样的生态性因果作用，有差异和矛盾的多样的存在不可能达成统一，向美而生的目的就不会实现。我所主张的人本生态美学力主以美和审美的生态本性为出发点，并认为这乃是生态美学得以成立的基础，而不是给原有的美学添加些生态学的作料或者标签而已。康德的自然辩证法从有机系统的生态思维揭示了"物自身"这个本体的存在及其生成万物的作用，同时也揭示了万物之美的根源，这样一种地地道道的世界存在本体论学说，当然奠定了其作为"第一哲学"的学理地位。

龚丽娟：的确，美生规律贯穿从宇宙、自然到人的整体环链。康德的自然目的论指向的是审美的人或曰美生的人，他认为人是自然的最高目的，这是康德哲学作为哲学人类学最核心的观点。但是，这个观点正是他被视为人类中心主义始作俑者的主要理由。应该如何重新认识他的这一观点呢？

曾永成：这个问题，对于理解和肯定康德美学的生态内涵来说，是很多人难以跨越的一道坎。这里的关键，是如何理解人的生态本性及其在宇宙生态系统中的地位即生态位。自从尼采宣告"上帝死了"因而"人也死了"以来，人在宇宙中的地位的问题就突出到了哲学的前沿。鉴于人类遭遇的生态问题之严重，在科学兴盛中鹊起的"人类中心主义"成了生态思潮讨伐的对象。人们纷纷把批判的矛头指向康德，指认他的主体性思想是人类中心主义的根源。这里面存在着对康德思想的很多严重的误读和曲解，存在着对生态系统层级结构和生态生成性的简单化认识，需要深入的清理和辨析。我在这里只能说这样几点看法：首先，康德在其早期著作《宇宙发展史概论》中就明确地表达了深刻的生态观念，并以宇宙之美内整体之美的观念表达了其基本的生态美学观念。有这样明确的认识垫底，他绝不可能走向极端的人类中心主义。

其次，备受诟病的是康德说的"人为自然立法"，认为这就否定了自然及其规律的客观存在，把人与自然对立起来了。问题是康德所说的自然只是进入了人的感官因而为人所经验的存在。这个自然是人的知性对世界的抽象并以自创的概念加以规定的结果，它永远都只是自然总体中被明晰把握的一部分。这个意义上的"立法"只说明了人对世界的认识的主观上的局限性，同时告诉还有那个更加广远浩大的未知世界客观地存在着。即使世界的种种呈现于人的感官之中的"显像"都被认识了，也还有作为终极整体的"物自身"这个不可知的本体在人的感官和知性之外客观地存在着。康德坚定地肯定这个本体的存在及其对生成万物和人的根基作用。由于不可知，而先是要求诉诸信仰，继则在实践论中提出另一个"立法"，以肯定这个本体的根基意义。这个"立法"就是理性通过对意志对自由的立法，要求人的自由意志必须服从实践的最高原则即"道德法则"，从而达成真正的自由，即超越了一切感性需要目的的自由。在此，归根结底还是自然总体即存在本体通过意志为人立法，通过这个立法，人才可能生成为"道德的人"，从而实现人的美生。

再次，康德的自然辩证法表达了极其超前而又极为深刻的生态范式的思维方法，这可以说是他早期生态思维的继续和深化。重要的是，这个有机系统的生态观明确地把人作为自然中的一部分看待，肯定人是自然自我生成的产物，这就从根本上肯定了人这个特殊生命形态的生态本质，因此决不能离开生态系统去认识人的生命存在和本质。

最后，最要紧的是康德把人确定为自然生成的最高目的。这个定位似乎赋予了人对其他生命的主宰大权，因而被认为否定了其他生命的生态价值。对此应该有深入的辨析。在康德看来，直接在自然总体的系统运动中生成的人，即自然人，并不就是自然的最高目的。刚刚从动物中提升起来的这种自然人，还深陷在自然必然性的束缚中。康德说："如果我们走遍整个自然界，我们将不会在作为自然的自然中发现一种存在物具有可以要求成为创造的终极目的的优越性的；而且我们可以先验地证明：对于自然来说可以成为最后目的（letzler Zweck）的东西，按照人们能够赋予它的一切想象得到的规定性和性质，作为自然物仍然永远不是终极目的。"① 按照旧目的论的观念，动物是植物的目的，这些先在的生命的目的则是为了人，因为人是地球上唯一能够形成目的的概念的存在物。康德不赞成这种观念，也不赞成林奈那种似乎是相反道路上的回溯。康德十分关切人的当下处境，也清醒地了解人在当下所达到的人性水平。他指出："自然远未把被视为众多动物种类之一的人类当作最后目的，而且自然没有使人类免于破坏性的力量，就像同样没有使人类失去创造性的力量一样，同时在使人类屈服于盲无目的的机械力量方面也没有丝毫格外开恩。"② 这还真有"天地不仁，以万物为刍狗"的意思。这就意味着，自然直接生成的仍然是自然的人，这并不就是自然的最高目的。他指出，如果人以自身的"幸福"为目的，那么要成为最后目的就根本不可能，因为这种世俗的幸福，只是自然目的而不

---

① 康德：《康德美学文集》，第 679 页。
② 康德：《康德美学文集》，第 680 页。

是自由的目的。对于自然人的局限,康德看得很清楚。一方面,自然并没有将其视为特殊的宠儿,还在给他制造种种磨难。另一方面,"人类自身内部的自然倾向的荒谬使他进一步陷入他自己造成的不幸之中,通过暴力的镇压、战争的野蛮破坏等,使他的同类受苦受难;而人是尽其一切可能来消灭同类——假设自然的目的指向我们人类的幸福——在地球的自然系统中也永远不能达到,因为我们内部自身的自然不易于接受这种幸福。因此人永远只是自然目的链条中的一个环节"①。人类要从自然的必然性的束缚中挣脱出来,得靠自己在实践中努力造化,突破"幸福"目的的感性限制,树立起真正自由的目的,这才是自然的最高目的。康德指出:"终极目的是那样一种目的,这种目的不需要任何其他目的作为其可能性的条件。"②即不受制于任何自然目的。这样不依赖自然条件而本身又是必然的存在者的人,就是"本体的人",即超越了现象界的种种必然限制而与存在本体的自由本质达成一致的人。在这个意义上,"人是惟一一种这样的自然创造物,他的特有的客观性质能够使我们在他身上认识到一种超感性的能力(自由),甚至觉察到因果规律及其对象,人能够把这种对象设定为最高目的(世界上最高的善)"③。只有这样的人,才能成为自觉的生态主体,在享受生态成果的同时担负起维护和优化生态的崇高责任。

应该说,这是康德对人在自然生态系统中的独特生态位的深刻分析和确认。只要承认生态有机系统基于生成性的进化进程,就应该认识到,康德的这一观点既肯定了人在自然生态系统中的主体地位,同时又肯定了人类对于维护生态系统稳定和进化的神圣责任——在这一点上,人类乃是所有生命之中唯一可期可靠的自觉能动的力量,这种力量远远超过生态系统中那些主要发挥

---

① 康德:《康德美学文集》,第683页。
② 康德:《康德美学文集》,第687页。
③ 康德:《康德美学文集》,第688页。

"分解"功能的生命存在。在康德的自然目的理论中，最高目的不是孤立的存在，而是在无数目的的层级结构中形成的"目的王国"中生成的。这个系统作为最高目的的基础和根基，与最高目的相依相成。如果没有了这个目的系统，也就没有最高目的。这正如康德在《宇宙发展史概论》中说的，从能思维的生物中最高的一类即人类到最受轻视的昆虫，没有哪一个对造化是无关紧要的；而且哪一个也不可缺少，否则就会损害它们相互联系的整体的美。哪一个都不可能缺少，哪一个都是人的生态支撑。这样的观点，肯定了人在生态系统中的特殊地位，与所谓人类中心主义有本质上的区别。这个问题是理解康德生态观念的关键，应该有深入的研究。

康德哲学本来就生成于康德对自然和人的双重关怀。牛顿与卢梭在其生命体验中的结合，形成了自然主义与人本主义相结合和统一的根本性的思维格局和价值关怀。这正是其深厚而热烈的生态情怀的基础。特别要注意的是，这里说的自然与人的统一，乃是在生成过程中的统一。正是其生成性决定了生态在动态平衡中的进化，也才有人这个最高目的的存在和意义。由此看来，生态主体性与生态生成性这样关系生态思维深度的观念，早就存在于康德的有机系统生成论世界观之中了。

龚丽娟：在康德那里，"头顶的灿烂星空"与"心中的道德律令"同等重要且彼此贯通，而"道德的人"正是自然自我生成的终极目的。所以说，康德认为道德是本体精神在人格中的表现，崇高则是经由审美向更高的道德目的生成的动姿。康德说"美是道德的象征"应该包含了这些意思。康德把美的分析与崇高的分析分开来，这对生态美学有意义吗？崇高与生态崇高之间有何关联与区别？

曾永成：问得好！"星空"与"道德律"的结合与统一，就是自然主义与人本主义的结合与统一，因此这本身就具有生态思维的内涵。"星空"指的是宇宙整体这个有机系统。在这个系统的整体性生成机能之中，人不仅成了自然的直接目的，而且成了最高目的，即遵从道德律的"道德的人"。在此，天心成人心，人意即天意，这就是中国人说的"天理良心"（天良）所应有的真实内容。在这个关系中，生态意识就成了道德律的当然内涵。罗尔斯顿说生态学是终极性的学科，在这里得到证明。

这样在生态思维中认识美和道德，为理解康德说的"美是道德的象征"提供了一个重要的，也应该是根本性的思路。美是以"物自身"为根基的生态生成的结果，道德是人在这个系统中通过实践自我生成的最高目的，二者都根源于"物自身"这个本体。正是由于这个共同的根基，这种象征关系才得以建立。美是自然客观合目的性的自由涌现，康德说的道德是以自由为前提的意志自律，这样的精神贯通乃是所谓"象征"的根本内涵。不是任何道德原则和行为都是美的，只有体现和符合美的生命精神的人格和实践才是美的。在这里，美是道德的启示和引领。因此，不能把康德美学说成道德美学。可以说，康德说的道德，乃是具有生态伦理蕴含的道德。

康德把美与崇高相区别，分开来加以分析，充分体现了他对世界的生成性本质的重视。没有这种生成性，就没有美的实现，更没有不断超越提升的"美的理想"。而理想的实现就需要积极主动的生成性行动，这就是崇高。在道德论中，崇高与人的道德生成行动相联结，表现在"人格"之中。在这样的崇高观念中，蕴含着生态平衡的动态意识和生态进化的积极追求。因此，对康德美学精神的理解应该在"生成"这一生命本质的基础上把美与崇高结合起来，这样也有助于更加深入地理解康德生态思维的深刻性和积极的能动精神。

龚丽娟：听了您以上的讲述，我想起您在评述怀特海的美学时曾多次提及庄子说的"原天地之美而达万物之理"的思想。刚才您又提到罗尔斯顿说生态学的终极性的观点。这二者有什么联系吗？这对理解康德美学的生态思维有什么意义？

曾永成：这个问题很好，把我们的讨论推进到事情的终极之处了。可以说，这是对康德美学的终极之问。庄子说"原天地之美而达万物之理"，这个命题可以说是对美和美学的哲学意义最早也最深刻的论断，它说明了美与世界万物之间最深的本源关系。所谓"原天地之美"就是探究天地之美——包括天地间万物的美和天地作为世界总体的"宇宙整体之美"的根由。探究下来，就是自然生成的有机系统的生成性本质，就是"物自身"这个终极整体的根本的生命机能。一句话，就是世界的生态性这个终极性的本质。懂得了这个美之为美的根本缘由，也就能够达到对"万物生成之理"的认识了。流行的生态科学，只在物质与能源的层面下功夫，而这不过是真正的生命即美生存在的物质基础，而远未达到生命本质的根本。这样的生态学还是不完全的生态学。因为完全的生态学应该是在物质生态基础之上的美生生态，即把物质与精神结合和统一起来的生命形态。这样的生态，就是生态美学研究的对象。

龚丽娟：您如何看待自己的康德美学研究与李泽厚先生基于人类学历史本体论的康德美学研究的不同？

曾永成：李泽厚先生对中国当代美学研究的贡献很大，其中之一就是以他的重要著作《批判哲学的批判》把康德引进了美学思考和论争。他把康德与马克思联结起来，打破了过去一直只说马克思与黑格尔联系的局限，这一直影响到今天"要康德还是要黑格尔"的讨论。我自己在美学研究起步时发现马克思的"自然向人生成"说是对康德的自然客观目的论的继承，虽然主要是学习马克思《1844年经济学哲学手稿》的结果，但也与他的启发有关。

他的《批判哲学的批判》，副题"康德评述"。全书共十章，"认识论"占六章，讲实践论的"伦理学"占两章，最后一章是"美学与目的论"。其第六章讲认识论中的"二律背反"，不涉及自然生成的机械论与有机论的"二律背反"，因此没有关于自然辩证法的内容。第七章讲"物自体"，肯定"物自体"是感性来源,又说它只是"理性理念",并提到恩格斯关于实践和工业是对不可知论最令人信服的驳斥的观点,这实际上否定了"物自体"的存在及其本体意义,而以道德为本体。这些,与我对康德哲学的理解大不一样。第十章讲"美学与目的论",他说《判断力批判》作为认识论与伦理学的桥梁是康德哲学的终结点:以人为中心。又说康德的"人是什么"的真正答案在美学。这是对的。他讲到机械论与目的论的"二律背反",并指出康德有机论的特点在于整体与部分、部分与部分互为因果,具有自组织功能,认为机械论不能解释生命,必须有目的论原理。在这里,他没有区分机械论的目的论与有机论的目的论,更没有认识到这个康德称为自然辩证法的原理对于康德美学的根本意义。他最后阐释了康德的"人是自然的最终目的"观点,称之为"康德的自然向人生成",由此归结到马克思的"自然的人化"。李泽厚说:"从唯物主义实践论观点看来,沟通认识与伦理、自然与人、总体(社会)与个体,并不需要上帝,不需要目的论,只需要美学。"这样把目的论与美学分开,说明他没有理解康德从有机系统观引出的目的论对于其美学的意义。由于没有把康德的自然自我生成目的论与旧目的论分开,他对目的论一概加以否认,这就必然没有康德的美学了。他接着又说:"真、善、美,美是前二者的统一,是前二者的交互作用的历史成果。"这就是说美只存在于历史之中,为人的实践所创造。不过他说:"美不只是一个艺术欣赏和艺术创作的问题,而是'自然的人化'的这样一个根本哲学—历史学问题。"他在这段话中逐字加上着重号,强调其重要,其中却又隐含着美生观念。接下来他又说:"康德看到这个问题,但作了主观唯心主义的解决,把审美当作主观合目的性的形式,这样不可能解决'自然向人生成'这个巨大课题,于是又搞了个目的论殿后。但康德美学比起目的论部分,就哲学本身和哲学史的发展说,都更为重要。"[①] 显然,他不理解康德的目

---

① 李泽厚:《批判哲学的批判——康德述评》,第394页。

的论的实质及其在康德美学中的意义，不理解审美判断力与目的论判断力的关系。把康德美学定位于"主观唯心主义"，更是对那种简单化误解的认同。

龚丽娟：既然如此，可以从生态思维的角度谈谈您对他的美学的看法吗？

曾永成：对康德的美学的不同理解，就造成了我与他在美学思想上巨大的差别，最重要的就是对"自然向人生成"的不同理解。我把美学建立在这个自然客观目的论的基础上，承认美的自然生成，并以"自然向人生成"的生命本质规定美的本质和价值。这与他把美的产生诉诸"人的本质力量的对象化"即人的实践创造大相径庭。据我所知，在中国美学界李泽厚最早表达了对人类生态危机的关切，但是他的美学却与此根本矛盾。我曾写过题为《论实践本体论美学的哲学失误和美学成果》的文章表达我的看法。[①] 我指出他的美学忽略了实践的对象性基础，把"人是自然界的一部分"的观点作为旧唯物主义而简单摒弃，这就使他根本上不可能从人与自然的生成性关系去认识人与自然的关系及人的本质。其结果必然是不能理解马克思说的"自然向人生成的"深邃内涵。这样把自然和人都抽象化，最终把人与自然两者分隔和对立起来。这也就是把自然主义与人本主义割裂开来，对立起来，使他的美学成了有人而无自然的美学，而人也是脱离了自然基础的人。结果，自然、人和实践都被抽象。由于这个哲学上的根本失误，就既不能正确解释自然美的生成与本质，更不可能触及美与审美的生态本性。这样的美学就只能是真正"人类中心主义"的。

顺便说一下他暮年说生态美学为"无人美学"的批评。显然，他全然不知道还存在着我所主张和阐发的人本生态美学，当然也就不知道其所具有的人本内涵。也许，确实存在着某种只

[①] 曾永成、艾莲：《论实践本体论美学的哲学失误和美学成果》，《文艺理论与批评》，2010年第6期。

从自然谈生态的美学，就像早有只从自然说美的"无人美学"一样，这样的美学当然是应该质疑的。但是，主要阐释的马克思美学思想的人本生态美学，以及我所阐释的杜威和怀特海的美学，特别是我现在阐释的康德美学，都是以人为本，包括以生态为人之本的美学。这样的美学深刻地阐明了人与自然之间的生态关系，指出了人的生命生存和存在的生态根源，揭示了人作为自觉的生态主体所担负的生态实践的责任，绝不是什么"无人"的美学。应该说，我四十多年的美学探究一直是在与李泽厚美学对话和辩论。

从康德开创的以自然自我生成论为基础的美生本体论来看世界万物之美的生成史，那就同时是一部世界（宇宙）万物生态生成的过程史。那本被奉为经典的《美的历程》，严格地说名不副实。尽管如此，其对理解中国艺术中的美生历程，仍然具有难以超越的意义。其中对这段历史的很多独具慧眼和真切感受的理论阐发和诗性言说，毕竟是史无前例的。

至于其他的康德美学研究，包括我所尊崇的宗白华先生在内，基本上都只研究《判断力批判》上卷的审美论，都把康德的自然目的论视为唯心主义的东西，因此也把其美学归为主观唯心主义。不可否认，其中很多具体问题上的积极成果，值得认真看待。作为康德在中国的接受史的重要内容，研究这个课题必要而又重要。

龚丽娟：您的康德美学研究从逻辑起点到思想论域，确实都更为宏阔深邃。当代社会忽视甚至拒绝实践的道德取向，追求技术至上，这一观念及其后果令人忧虑。这个问题直接涉及人的思想意识即康德说的"人格"。您在《文艺的绿色之思：文艺生态学引论》中曾把人类生态系统分为自然生态、社会生态、文化生态和人性生态几个层次，并认为种种生态危机归根到底都是人性生态失衡和扭曲造成的。康德哲学把认识的、实践的、宗教的问题最终归结为"人是什么"，表达了对人性生成的热切关怀。那么，在人性问题上,康德生态思维有什么值得重视的观念呢?

曾永成:谢谢你提出这个问题。可以说,康德美学的生态思维最终就是归结于此。康德把人的向美生成看作自然生成的最高目的,这个向美生成的全面内容包括自然的美和"人格"即道德的美。这实际上就是现象与本体、感性与理性相统一的美。美本来就是现象与本体、感性与理性统一的形式表现,人的美也理当如此。人性生成和存在于生态大系统之中,这决定了它的生态本性。而人性本身作为一个特殊的精神活动系统,可以从不同的视角去多维度地加以考察。马克思论"历史之谜"时则是从存在与本质、对象化与自我确认、自由与必然、个人与类来说的。我以为人性生态无论多么复杂,根本上就是感性与理性两个方面的结构和互动关系。康德认为人的生成先是在自然生成过程(进化)中生成体貌形态的美,然后在实践中通过与自然的自觉能动的相互作用而生成"道德的人"。人的美生的实现是这两个方面的最终统一,而不是单纯的道德成长。道德生成是美生的实质性内容,作为美它必须有感性的表现。道德生成在实践中实现,这实践本来就是感性与理性结合和统一的生命活动过程。因此,人性的道德内涵必须表现于感性的生命形态之中。只有美才把能知的人、技术的人与道德的人统一于感性的形式之中。在这个意义上,人的美乃是现象与本体的统一。人首先是现象的存在,所谓"本体的人"只是精神抽象,实际意思指的是体现了本体自由性生命本质的人,而不是把人抽象为道德原则的化身或幽灵。席勒把形式冲动下的审美视为从感性的人到理性的人的过渡,把理性的人视为最终目的,这不符合康德的本意。马克思把与歌德所推重的"莎士比亚化"相对立的文学创作称为"席勒式"倾向,就是不满于他的理性偏执。马克思在论及希腊艺术的永久魅力时谈到人类幼年时期的不同人性类型,指出希腊民族是感性与理性平衡的"正常的儿童",而理性缺失的野蛮民族是"粗野的儿童",某些东方民族则是感性偏枯的"早熟的儿童"。正是作为"正常儿童的"希腊人才创造了具有永久魅力的艺术,这说明只有感性与理性平衡交融的生态正常的人性，才具有鲜明的美生本质。马克思的这一观点，显然更符合康德美学的精神。这个问题关系到康德美学中道德与美的关系这个重要议题。

龚丽娟：非常感谢您的解答，经过您的解释，康德美学确实体现出深刻的生态内涵、壮丽的美生景象。您如何看待康德美学中的生态思想与当代作为生态美学元理论的美生学之间的关系？对美生学的未来，您有何看法与建议？

曾永成：这是我长期思考的问题，现在可以明确地说：像康德那样从自然辩证法即自然生成的有机系统出发而展开的美生本体论，作为美生学的美学就是生态美学的元理论，其中理所当然地蕴含着生态美学最深刻的内涵。这就是我所主张的"美学的生态学化"的基本成果。可喜的是，早在两百多年前，伟大的康德就以其超绝的睿智为此打下了坚实的基础。作为后来者，我们应当诚挚而热烈地感谢他。同时，也为这太过迟到的理解和认同而躬自反省。

对于美生学的未来，我持乐观的态度。我们现在已经打开了作为真正美学理论形态的美生学的大门。广西民族大学袁鼎生教授2021年出版《美生学——生态美学元理论》，首次明确提出"美生学"，并对其进行了基础性的建构与论述。接下来应该做的，首先是对康德的自然辩证法进行深入理解和阐释。这不仅需要哲学自身的观念和范式更新，还需要借鉴和吸收现代自然科学，特别是量子物理学、宇宙学、生物学、系统哲学和复杂性生态学的成果，真正做到在自然主义与人本主义相统一的视野和框架中探究美和审美的奥秘。与此同时，还应该深入追溯马克思、杜威和怀特海对康德有机系统论的美生哲学继承、发展和深化完善的成果。同时，还需要将其与中国传统美学相比较，以考量其在中西互补共融中建构世界美学的可能性。顾名思义，美生学要追溯美的生成过程，实证地揭示美在宇宙生成过程中自我生成的历史，包括自然史中的美的生成过程和人类历史中创造美的过程，书写出一部名副其实的"美的历程"，以敞亮自然和人类生成的"率直的真"。这无疑是一个浩繁巨大的工程。须知，虽然这个工程的完成有助于美生学理论的充实和完善，但要有效地做好这个工程又必须有正确的美生学理论作指导。这是逻辑与历史相互校正又相互促进并最终达成统一的过程。"原天地之美而达万物之理"，"致广大而尽精微"，内涵何其渊深！意义何其重大！这个具有人类性意义的工程令人神往。我已无力于此，只能寄希望于具备与美学这门涵盖一切的学问相匹配的知识结构，并对世界和人的美生本质持有坚定信仰的后来者。一切刚刚开始，成功已在招手，目的决定因果，享受贯穿过程，需要的是虔诚的素心和持久的努力。

龚丽娟：非常感谢您的解答！经过您的系统阐释与详尽解释，康德美学已然呈现出深刻的生态内涵、壮丽的美生景象，让我们对康德美学有了全新的认识，也对您所讲的主题"康德美学是当代生态美学的思想渊薮和理论根基"有了更深入的理解。您的阐发给我深刻的印象，这样的康德就是我们时代的康德，他的思想活在正确的阐释之中。不由得要感叹：深邃的康德，永远的康德！

  关于康德的哲学和美学研究，您已经发表了《康德"批判哲学"走向美生本体论的思维进路》《康德美学从"宇宙之美"起步的壮丽开篇——〈宇宙发展史概论〉的美学内容》《追溯人本生态美学的近代源头——康德"自然辩证法"的生态思维内涵阐释》和《从康德"自然辩证法"看〈周易〉的有机系统思维》等系列文章，有幸读过，深受启发，为我们学习、研究康德提供了独特而全新的理论视角。期待未来您有更多康德美学研究成果问世，希望您以《树与钟》为书名的康德美学研究新著早日面世。再次感谢您！

（《鄱阳湖学刊》2024 年第 4 期）